U0840243

寻塔聊史

人德题

一座座古塔
因为有了故事和传奇便有了文化和诗意

刘克明 著

中国地图出版社
·北京·

寻塔聊史

图书在版编目（CIP）数据

寻塔聊史 / 刘克明著. — 北京 : 中国地图出版社，2023.12
ISBN 978-7-5204-3950-3

Ⅰ. ①寻… Ⅱ. ①刘… Ⅲ. ①古塔—介绍—中国②中国历史—通俗读物 Ⅳ. ① K928.75 ② K209

中国国家版本馆 CIP 数据核字 (2024) 第 029074 号

出版发行 中国地图出版社
社　　址 北京市白纸坊西街 3 号
邮政编码 100054
电　　话 010-83543863
地图教学网 www.ditu.cn
电子邮箱 ditujx@sinomaps.com
印　　刷 河北环京美印刷有限公司
经　　销 新华书店
成品规格 169mm × 239mm
印　　张 28.5
版　　次 2023 年 12 月第 1 版
印　　次 2023 年 12 月河北第 1 次印刷

书　　号 ISBN 978-7-5204-3950-3
定　　价 88.00 元
审 图 号 GS（2023）4633 号

写在前面的话

十多年来，笔者专注于寻踪系列书稿的编写，陆续出版《历史寻踪》《寻古闲谭》《史迹图考》和《山陵稽古》等书，涉及的历史内容很多，但却没有过多涉足古塔的内容。这是因为之前笔者认为古塔与中国历史虽然有关联，但关联度不大，所以也没有寻思写些什么。

事实上，在笔者二十多年的寻踪过程中，古塔是一个绕不开的话题，几乎走到哪里都能够看到矗立的古塔。古塔是中国历史建筑重要的组成部分。笔者很喜欢构筑精美的古塔，也经常会登塔眺望。寻访多了，笔者发现其实古塔虽说始于佛教，但实际上在历史的长河中，也扮演了多种角色，或成为某位历史人物的印记，或成为某个历史事件的纪念，或成为文化昌盛的标志，或成为交通要道的标识，等等。可以说，许多古塔是一段历史的重要见证者。从这个意义上来说，古塔不仅是一种独特的古建筑，也是历史和文化的重要组成部分。无论这些古塔是历史遗存的还是后世修复的，其蕴涵的历史之事千年不泯，穿透岁月之墙，向我们述说一段段远古的沧桑。

一般来说，人们参观古塔，更关注古塔的外形，常常忽略了这些古塔自身及其延及的历史故事，其实，这些历史故事才是这些古塔的真正魅力所在。鉴于此，笔者萌发了写一本关于古塔寻踪的书稿的想法。当然，笔者选择编写的古塔，定义为历史古塔，即不管它是佛塔还是其他纪念塔，都必须关联或见证过一段历史。

基于这一思路，笔者在中国繁多的古塔中选择了二十二座。这些古塔都与某一段重要历史有着密切的联系。每一座古塔，都可以串联起一段历史。而这二十二座古塔，基本上囊括了我国各地重要的古塔，通过古塔这个媒介刚好把中国历史上重大的历史事件串联起来，形成一个较为完整的历史画面。

为了与寻踪系列丛书相匹配，也为了让读者通过古塔更好地了解历史，本书对每一座古塔的叙述都分成三部分。第一部分是“浮屠记胜”，“浮屠”

即塔的别称，“记胜”就是叙述塔的结构和历史。既然是寻塔聊史，介绍塔的特点和历史就是其中非常重要的一部分。为了帮助读者对我国古塔有一个初步的了解，在这二十二座古塔的选择过程中，一方面要考虑尽可能地把中国历史上一些著名的古塔囊括其中，另一方面要顾及塔修建的不同时期，同时，还要力求把中国古塔的几种类型都呈现给读者，包括楼阁式塔、密檐塔、覆钵塔和金刚宝座塔等。希望通过这部分的叙述，使读者对中国古塔有一个大致的认识，从而为下一部分内容的展开作一个铺垫。第二部分是“史事钩沉”，叙述由古塔引出的一段段历史故事，这部分也是本书的重点，因此笔者尽可能地把这一段段与塔关联的历史事件的背景、经过作一个较详尽的介绍。当读者读完与这二十二座不同时期的古塔相关联的历史故事时，不同时期的历史画面就以寻塔聊史的形式呈现在读者的面前，从而达到换一个角度讲历史的初衷。第三部分是“史迹博萃”，这是对前面部分叙述的历史事件中所涉及的相关历史古迹的介绍。这些介绍不仅有书本上的知识，还有笔者实地考察后的描述和感悟，情真意切。这是寻踪系列丛书的一个特色，也是最受读者欢迎的方面。概而言之，本书由“浮屠记胜”“史事钩沉”和“史迹博萃”三部分组成一个整体，它们互相呼应，互相衔接，构成本书的一个特色。

中国悠久漫长的历史，上下五千年，历史文化的积淀造就了文明古国的累累果实，散落在中国大地上的古塔就是其中重要的部分。站在古塔前，往往能引出许多尘封的历史往事。中国历史上修建的古塔数不胜数，它们或仍较完整地保留了原貌，或湮没在历史的洪流中，但它们都是一代代的记忆载体，在这里，我们可以与历史对话。高耸的古塔阅尽世间的沧桑变幻，繁华也罢，衰败也罢，文明也罢，野蛮也罢，都默不作声，但却演绎了人类沉浮与兴亡的历史。

为了确证史实的准确和古迹的真实，本书中所展现的每一个古迹都有据可查。呈现的照片，也都是笔者亲自寻访后拍摄的。其实，对笔者来说，寻踪古塔不仅仅是为了编书，更重要的是寻找历史的真相，而寻访的过程和感受就是笔者编写此书的源泉。这种寻访过程，虽说是千辛万苦，但其中更多的是精神享受和心灵的震撼，这是一种外人无法领略的欣喜。寻访历代古塔，就像亲手触摸着历史刻下的纹理，使人感慨良多。一座座古塔就是一段段原汁原味的历史。多少次，在不同的季节，望着映在落日中的古塔，瞬间觉得历史如此之近，仿佛伸手可及。

这些古塔身上，发生了太多的历史故事，见证了许多朝代的荣辱兴衰，荆轲的易水悲歌、梁武帝的舍身献佛、隋炀帝的琼花盛宴、唐玄奘的黄灯译经、宋徽宗的仓皇辞庙、梁红玉的阵前击鼓、明成祖的御驾亲征、清圣祖的木兰秋狝……历史长河中那么多的故事，我们都无法亲历，但不必遗憾。这些我们错过了的历史传奇，在被错过之后，皆成就了瑰丽的想象。

祖国大地上，有太多的历史遗迹让我们去追寻和想象，都是沧桑厚重的历史积淀。古塔也以一种独特的方式诉说属于自己的故事，书写着属于自己的历史。试想，这些古塔蕴含的历史故事，竟发生在自己身边，怎不让人心潮澎湃，想一探究竟。这些年来，遍访散落在祖国各处的古塔，是笔者最惬意而有韵味的生命经历。伫立塔前，千百年前的刀光剑影、恩怨情仇俱上心来。个人的一生也许只是历史长河中的微微一瞬，但史海钩沉依然令人无限感慨。

拍摄照片是辛苦的，但收获是巨大的，一方面笔者一次次的外出拍摄，寻访到了许多没有到过的重要历史遗迹，从心理上得到了极大的满足；另一方面通过实地拍摄，加深了对许多历史事件的了解和理解，尤其通过实地观察，对不少历史事件发生的环境、过程和细节等有了进一步的了解。从这个意义上来说，每个寻访的日子对笔者而言都是良辰。

《寻塔聊史》编写的宗旨既为名塔竖碑，又为历史张目。为此，编写过程中，尽可能地把中国大地上著名的古塔都囊括其中。当然，为了串起历史脉络，少量不太知名的古塔，甚至部分复建的“古塔”也被选入其中，这完全是因为本书编写的需要。由于本书的篇幅和编写的宗旨，一定会有一些知名古塔被遗漏，毕竟本书不是介绍古塔的专著，历史内容才是本书最重要的部分。此外，本书由于是以塔说史，需要顾及塔本身的自然串联，因此历史的叙述也是有选择性的，但笔者尽可能使读者通过这些与塔有关联的历史叙述，能够对中国历史有一个初步的了解，从而激发起珍视中国历史、爱护中国文物的自觉意识。

多年来，外出参观考察对笔者来说已经逐渐成为生活的重要组成部分，积累的丰富独特的经历是笔者人生阅历的重要一部分，这些记忆是笔者的财富。在这里，笔者还要特别感谢一直陪笔者同行的袁廷虎、王兵、俞嘉红等多位好友。他们的一路同行，不仅使笔者曾经孤单的寻访活动变得热闹和愉快，而且还增加了寻访活动的安全性。他们的学识也使笔者受益匪浅，笔者会铭记他们给予的帮助。

一本有韵味的书，少不了书法大家的墨香。华人德先生是我国著名的书法家，也是笔者十分敬仰的书法界前辈，这次欣然为本书题写书名，是笔者之幸，是本书之幸，在此深表谢意！

笔者也要特别感谢中国地图出版社，这是我国最具影响力的出版社之一，有一支业务精湛、态度严谨的编辑队伍，编辑出版了各类高质量的图书，这是笔者最信任的出版社之一。本书已经是寻踪系列丛书在中国地图出版社出版的第三本书。在近几年的出版过程中，中国地图出版社的社长、总编和编辑都倾注了大量的心血。本次《寻塔聊史》的出版，他们一如既往地给予了极大的帮助。出版社的高度重视和关心，以及编辑的精心设计、审校，使《寻塔聊史》能够如此完美地呈现给大家，对此，笔者充满感激。同时，笔者也很感谢朱海蓉、薛权开两位老师对本书所作的最后校订，使本书的质量更有保障。

笔者虽然尽最大努力给读者提供有关这些古塔所能寻访到的古迹，尽可能通过这些古塔给读者展现一个中国历史的基本面貌，由于受出行时间、交通条件、专业水平等方面的限制，笔者对许多古塔所蕴含的历史信息还把握不准。这本书的内容也许不够精彩，文字不够优美，照片也不够专业，但实实在在是笔者多年积累的结果。

中国大地上有数不清的形态各异的古塔，它们犹如一颗颗璀璨的明珠，镶嵌在祖国的每一个角落，它们的形态、故事和传奇成为一道道亮丽的风景线，为各地增添着异彩。作为历史遗产的重要部分，我们不仅要保护好古塔这一文化瑰宝，更要进一步挖掘古塔的人文历史价值，只有这样才能使我国悠久的历史、灿烂的文化代代传承，唤起更多的人特别是年轻人珍惜祖国的历史与文化，并由衷升腾起对中华大地的挚爱，这就是笔者写这本书的宗旨。

一座古塔，因为有了与自己关联的故事和传奇，有了岁月的打磨，有了历史的浸润，从而就有了文化，有了诗意，有了恒久的印记。世人从这些斑驳的遗迹中，引发出绵绵不绝的追忆和怀想，而这些故事中的历史事件和主人公也会随同古塔流传千古。

刘克明

2023 年 10 月 1 日于南京

本书主要古塔分布示意

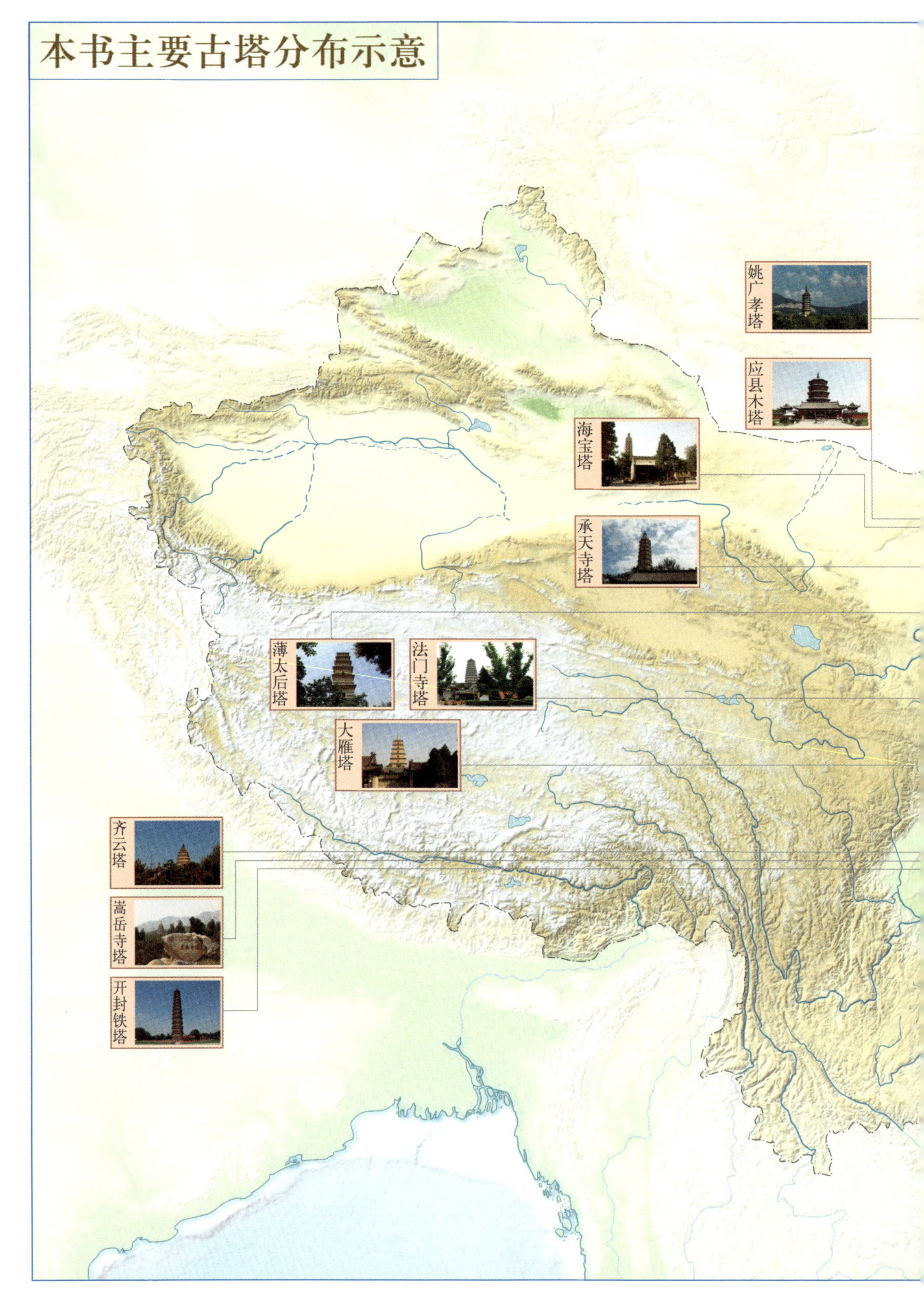

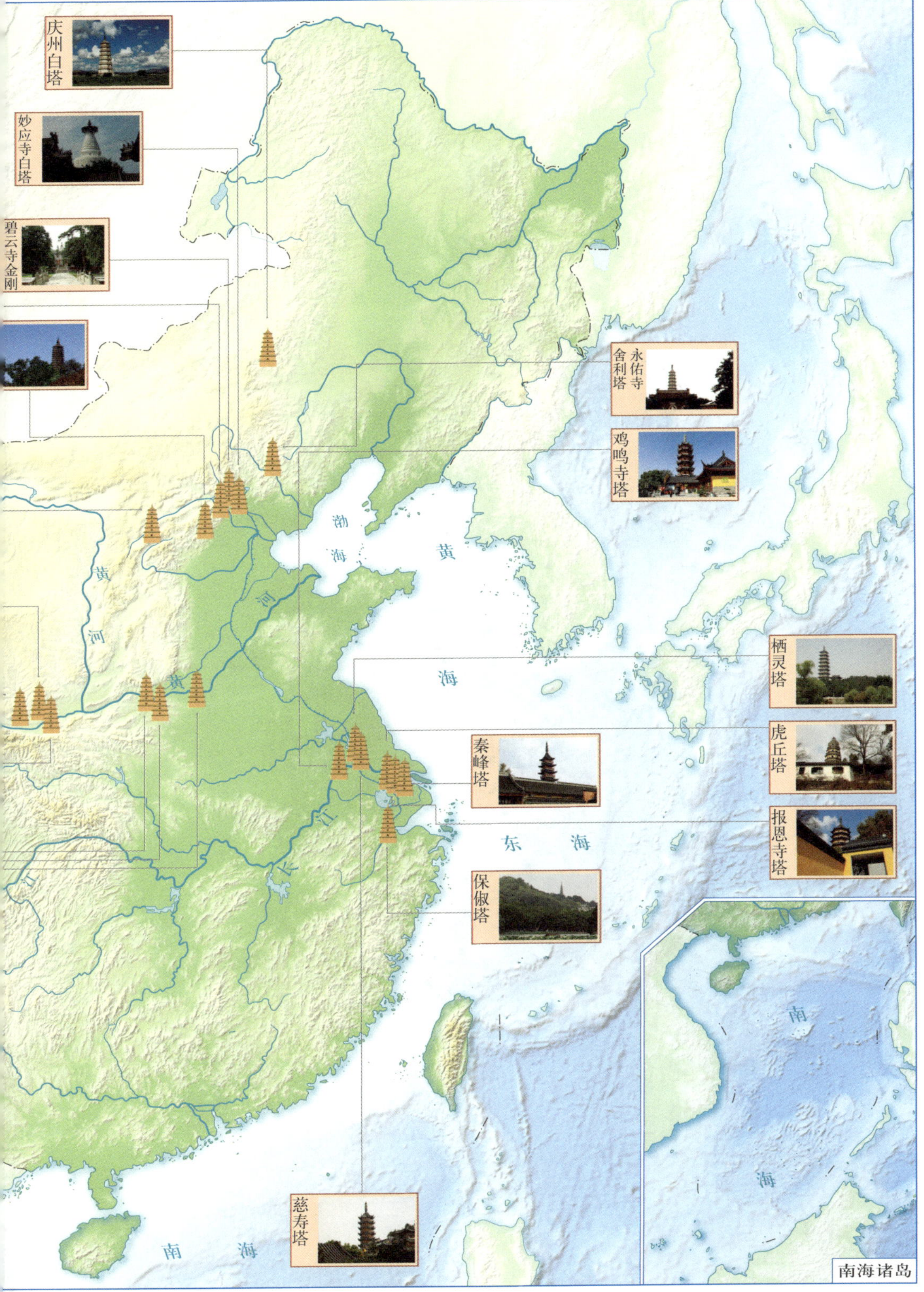

庆州白塔
妙应寺白塔
碧云寺金刚
永佑寺舍利塔
鸡鸣寺塔
栖灵塔
虎丘塔
秦峰塔
报恩寺塔
保俶塔
慈寿塔
渤海
黄海
东海
南海
黄河
长江
南海诸岛

中国古塔构造示意

目录

本书地图图例

图例	图例
都城、首都	湖泊
郡、州、省级驻地	运河
重要地点	战场
政权部族界	山峰
国界（未定 古 / 未定 今）	桥梁
海岸线（古 / 今）	长城
河流	关隘、城门

注：地图中灰色注记为今内容

第一章

山塔常叹吴王事

苏州虎丘塔

浮屠记胜

苏州城西北虎丘山巅的云岩寺塔，是中国现存最古老的砖塔之一。虎丘山素有“吴中第一名胜”的美誉。宋代大诗人苏东坡曾说“到苏州不游虎丘乃憾事也”，云岩寺塔正是虎丘山的标志性建筑和古城苏州的重要象征。古往今来，参观云岩寺塔的游人络绎不绝，人们在观塔之余，一定会徘徊在塔下的虎丘剑池，望着寒气逼人的临崖深池和扑朔迷离的吴王阖闾陵墓，想起春秋时期吴越争霸的遥远故事。

虎丘山，原名海涌山，唐代为避唐高祖李渊祖父李虎名讳，曾一度改名武丘。虎丘的得名据载与吴王阖闾有关。相传春秋时吴王夫差葬其父吴王阖闾于此，葬后有白虎踞于其上，故名虎丘山，简称虎丘。

其实，虎丘得名应与山形酷似蹲虎有关。虎丘山有很多名胜古迹，人文景观极为丰富，最著名的无疑是云岩寺塔。据载，六朝时的虎丘就已建有佛塔，南朝陈时期的张正见、江整二人在咏虎丘诗中有“远看银台竦，洞塔耀山庄”和“宝塔据高垄，经台镇岭头”的句子，可为佐证，这是虎丘见于记载的最早的塔，可惜此塔后来废毁。如今的云岩寺塔始建于五代后周显德六年（959 年），最终落成于北宋建隆二年（961 年），至今已有 1000 多年历史，是

宋塔中年代最早、规模宏大而结构精巧的实物。

云岩寺塔因位于苏州虎丘山上，故又称虎丘塔，堪称十世纪长江流域砖塔的代表作，为仿楼阁式砖木套筒式结构，塔高 47.5 米，七级八面，底层原有副阶周匝，现已毁。每层施以平座、腰檐、柱额、斗拱及门窗，平座、腰檐、勾栏等均由砖砌，现平座已毁，每个面上都有一扇壶门状拱门，外檐每层转角处，均砌作圆形倚柱。外檐斗拱为砖木混合结构，塔檐为仿木斗拱，飞檐起翘。塔体内部由外壁、回廊、内壁和塔心室组合而成，整座塔是由 8 个外壁和 4 个内壁支承的，形成内外两层塔壁，仿佛是一座小塔外面又套了一座大塔，其层间的连接以叠涩砌作的砖砌体连接上下和左右，内壁之间有十字通道与回廊沟通。塔心室位于回廊之内，其结构颇富变化，无论是空间形制、色彩配合，还是斗拱梁柱，都给人以和谐古朴的感受。塔内采用木制浮搁活动梯，每层只以楼层与外壁联系，较以后把楼梯砌于塔体内的结构更为古老。原塔刹已毁，明代曾补建，1957 年修缮虎丘塔时又重新修建。整座塔结构复杂，建筑工艺高超，每层高宽层层递减，给人以比例协调、稳重雄伟之感。此外，塔身设计完全体现了唐宋时期的建筑风格，砌作、装饰等极为精致华美，尤其是塔门、额枋、斗拱和天花藻井等处的绘画，是白灰粉和红、黑二色绘制的彩画，色彩协调，图案精美，是国内较早的建筑彩画之一。

历史上，虎丘塔饱经沧桑。据载，虎丘塔自南宋建炎年间（1127—1130 年）至清咸丰十年（1860 年），曾经历七次火灾，原来的塔顶遭雷击，铁制塔刹也塌毁，各层的塔檐均遭毁坏，塔的第七层也被损坏，现塔仅存砖筑部分。从明代起，虎丘塔开始向西北倾斜，现在塔顶中心点距中心垂直线偏离 2.3 米，成为我国著名的斜塔，被称为“东方比萨斜塔”。1957 年，苏州市政府邀请古建筑专家采用铁箍灌浆法，加固修整，终于保住了这座古塔。当年在维修过程中，在塔的第一层和第二层夹层内发现一石函，内贮经匣，上面写有“辛酉岁建隆二年十二月十七日丙午入宝塔”字样，同时，还发现了经箱、铜佛、铜镜、越窑青瓷莲花碗等大批珍贵文物。虎丘塔在 1961 年被列为我国第一批全国重点文物保护单位。

虎丘山虽不高，但古树参天。笔者每次游览虎丘都会在云岩寺塔下的千人石上徘徊，在剑池前凝想，千人石的刀痕血色，剑池的幽奇神秘，令人遐思无穷。尤其是古朴雄奇的云岩寺塔，带着历史的沧桑，无声地矗立在山巅之上，像是一位历史老人，以一种肃穆的姿态临风沐雨，阅尽了千年的刀光剑影、恩怨情仇。斑驳的古塔，使人们感知岁月的力量，风云变迁，物易时移，唯历史永恒。

史事钩沉

相传吴国是由周文王的伯父泰伯和仲雍奔荆蛮创建。据载，商朝晚期，迁居周原（今陕西扶风、岐山间）一带的周族首领古公亶父生有三个儿子，即长子泰伯、次子仲雍和小儿子季历。古公亶父特别宠爱季历及其子昌，有意传位于季历。泰伯和仲雍看透父亲的心思后，为了实现父亲的心愿，就不辞而别，一起避居到了江南。当时中原是文化发达的地区，长江以南一带尚未得到开发，是所谓的荆蛮不毛之地。泰伯和仲雍到了江南以后，接受当地的风俗，“断发文身”。不久，他们的德行为当地居民闻之，于是由“义之”而“敬之”，进而“君事之”，泰伯受到当地居民的爱戴与尊敬，被拥立为部落首领，后逐渐建立“勾吴”（又作“句吴”）小国，吴国历史就此起始。泰伯带领大家开发荆蛮之地，大力兴修水利，发展农业生产，使江南一带有了一定程度的发展。泰伯去世后，仲雍即位，他把“勾吴”国事料理得很有生气，受到了人们的尊敬，泰伯和仲雍成为“勾吴”小国的两位开山祖。他们定都梅里（今属江苏无锡），并建造城郭，人们称之为“吴城”。不过，其时“勾吴”尚为一个十分弱小的国家，与中原其他诸侯国接触很少。

泰伯和仲雍避居江南梅里，成为“勾吴”小国的两位开山祖（摄于 2010 年 7 月 1 日）

周王朝正式封周章为勾吴国君，成为姬姓诸侯国（摄于 2014 年 6 月 19 日）

再说泰伯、仲雍出走后，古公亶父如愿让季历继承了周族首领之位。季历去世后，其子姬昌继位，就是著名的周文王。姬昌为灭亡商朝作了周密的准备，其子姬发即位后，最终击败了商纣王，建立了周朝。周朝建立后，周武王封泰伯、仲雍的后裔周章为吴君，立国于长江下游一带。春秋中期，晋国与楚国争霸，为了夹击楚国，晋国帮助吴国改进军备。吴地盛产优质铜、锡，冶炼技术精良，所造兵器驰名天下，逐渐发展成为军事强国。公元前 585 年，吴国的十九世君主寿梦开始称王。寿梦即位第一年，他就到洛邑朝见周天子，沿途访问了不少中原国家。在他的倡导下，吴国学习中原国家的先进文化和技术，同时，加紧军事建设，引进在楚国遭排挤的申公巫臣，教练吴国使用战车和射箭等军事技术，形成一支强大的陆军。吴国还建立了我国历史上第一支水军。此时，吴国已经有相当的实力，并开始向外扩张，逐步吞并了原来属于楚国的一些小国，扩大了自己的版图。吴国在东南的崛起，使中原诸国不再对其等闲视之。

寿梦之子诸樊即位后，由于政治势力扩张和经济发展的需要，诸樊把都城从梅里迁到吴（今江苏苏州），并修建了小城，称为“吴子城”。此时，吴国国力已经相当强盛，据有今江苏、上海的大部和浙江、安徽的一部分。

诸樊去世后，根据兄终弟及的传统，王位由其弟弟余祭和余昧相续继承，但其小弟季札虽然德行最高，却无意王位，屡辞不受。因此，余昧去世后，余昧的儿子僚继承了吴王位。这就引起了诸樊之子公子光的不满，他认为叔父季札不接受王位，那么王位理应由作为诸樊长子的自己来继承。现在由僚继位，公子光很不服气。为此，他开始暗中积蓄力量，伺机取而代之。刚巧楚国的伍子胥因父兄受谗言被楚平王杀害，被迫辗转投靠吴国，投入公子光的门下。伍子胥才能出众，为公子光出谋划策，并把侠士专诸推荐给公子光。专诸（？—公元前515），吴国堂邑（今江苏南京六合）人，是一位敢于赴难的勇士。公子光如获至宝，厚待专诸。公元前 515 年，吴王僚趁楚平王新丧之机，派公子掩余、烛庸率军攻打楚国，没想到楚国的军队早有准备，遭楚军分兵迎击，吴军进退两难。吴国国内守备空虚，公子光觉得这正是除掉僚的大好时机，于是他置备酒席请吴王僚赴宴。吴王僚也很警惕，带着一批卫士赴宴。当他饮酒正酣时，公子光让专诸把烧好的鱼进献上去。此时，专诸已经把一把锋利的匕首放置在鱼腹中，然后端着鱼盆走到吴王僚的跟前，专诸掰开鱼腹，迅速用匕首刺向吴王僚，吴王僚毫无准备，当场被刺中毙命。反应过来的侍卫人员手忙脚乱地诛杀了专诸，公子光立即招呼早已埋伏在周围的武士攻击吴王僚的卫队，并很快全部消灭了他们，这就是历史上著名的“专诸刺王僚”的故事。公子光由此夺得吴国王位，史称吴王阖闾。

吴王阖闾在位期间，正是春秋诸侯争霸后期。这一时期，周王室

公子光策划“专诸刺王僚”，由此夺得吴国王位（摄于 2014 年 6 月 23 日）

吴王阖闾在孙武、伍子胥的辅弼下攻破楚国郢都（摄于 2016 年 10 月 4 日）

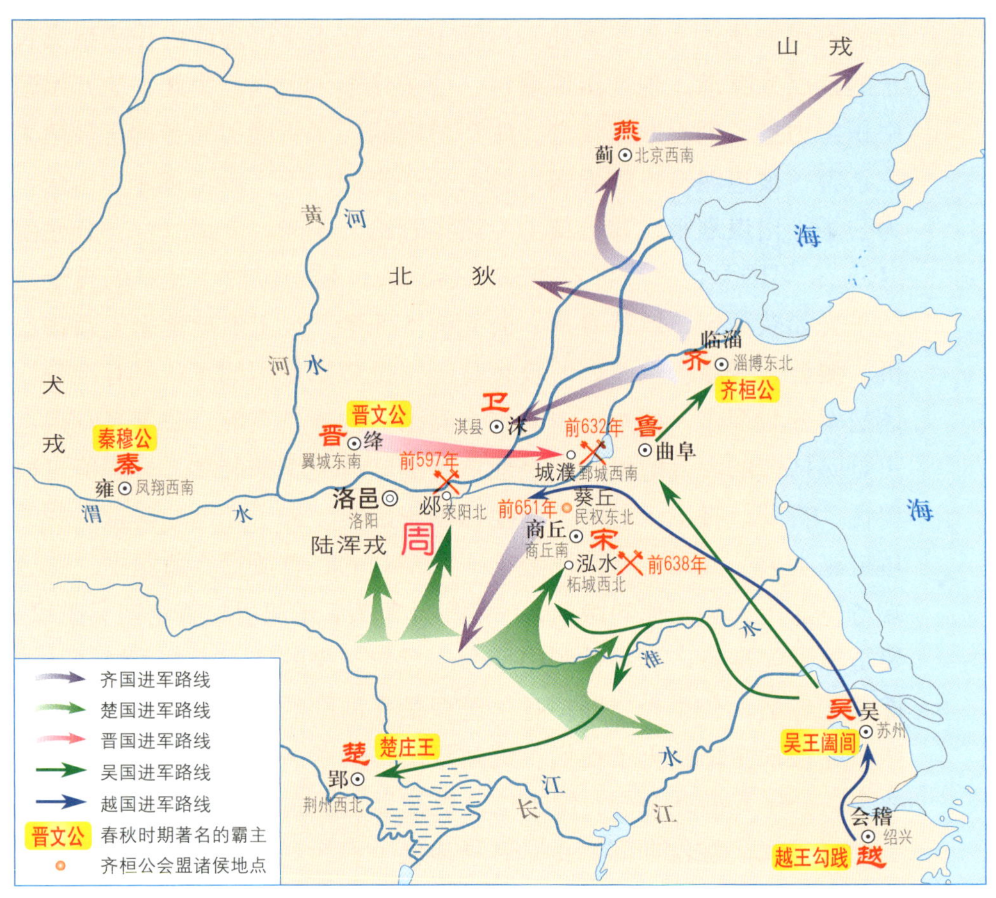

春秋争霸形势图

日益衰微，大权旁落，诸侯国之间互相征伐，战争频繁，齐国、晋国、楚国先后称霸中原。吴王阖闾不甘落后，加入了争霸行列。他以伍子胥为相，以齐人孙武为将军，采取一系列举措使吴国成为春秋后期最强大的诸侯国之一。公元前 506 年，吴王阖闾派孙武、伍子胥率领吴军进攻楚国。在吴军的凌厉攻势下，曾经强大的楚国竟频遭败绩。吴军连战皆捷，一举攻克了楚国都城郢（今湖北荆州江陵西北），楚昭王出逃。据载，伍子胥率吴军进入郢都后，想起父兄的冤屈，不禁怒上心头，便令部下掘开楚平王的陵墓，并怒鞭楚平王的尸体三百下以泄怨愤。后来，楚国大夫申包胥入秦乞师，据传他在秦廷哭了七天七夜，才使秦国出兵助楚复国。此外，楚国为从背后牵制吴国，早在吴国强盛之初，就采取联越制吴的策略，扶持并鼓动吴国的南方邻国越国随楚攻吴，吴、越遂成世仇。这次吴王阖闾破楚入郢，越国趁吴国后方空虚之际袭击吴国，为楚声援。

公元前 496 年，越王允常去世，其子勾践即位。吴王阖闾积多年的怨愤，乘越王新旧交替之际，起兵伐越。刚刚即位的越王勾践率兵迎战，双方在槜李（今浙江嘉兴）摆开战阵。由于吴强越弱，故越王勾践先发制人，派出三列勇士先行持剑冲向吴军阵前，临阵高呼并自刎，吴军争相观看，放松了戒备。勾践突然发起猛攻，吴军大败。越大夫灵姑浮以戈击伤吴王阖闾的一个脚趾。阖闾在败退途中因伤重去世，临终叮嘱其子夫差一定不要忘记对越国的仇恨。

夫差接任吴王后，葬父亲阖闾于苏州城西北的虎丘山。他不忘父亲的嘱托，抓紧练兵。公元前 494 年，夫差悉发精兵击越。吴越两军大战于夫椒山（今江苏太湖洞庭西山），越军战败，损失惨重，仅剩五千残兵，退守会稽山（今浙江绍兴南）。吴军乘胜追击，占领会稽城（今浙江绍兴），包围会稽山。越王无奈，采纳了大夫文种、范蠡的建议，由文种通过贿赂吴国太宰伯嚭，最终说服吴王夫差准许越国求和，把越王勾践囚禁于吴国。在三年囚禁中，勾践不惜卑躬屈膝地侍奉夫差，但伍子胥洞察勾践的心机，曾几次劝夫差杀掉勾践，骄傲自大的夫差不仅不听伍子胥的劝谏，反而在伯嚭的鼓动下，把勾践放回了越国，而且不作任何防范，一心北上与晋国争霸。

回国后的勾践犹如归山之虎，他时刻不忘受辱的情景，立志报仇雪耻。据载，为预防安逸的生活消磨自己的志气，勾践在自己的屋里挂了一个苦胆，每逢饭时，就先尝一尝苦味，以不忘会稽之耻。他还用柴草当作褥子，这就是后人传颂的“卧薪尝胆”的故事。他在文种、范蠡等人的辅弼下，对内进行政治改革。勾践平时身着粗布，顿顿粝食，

夫差为报父仇，悉发精兵击越，迫使越王勾践投降（摄于 2013 年 11 月 30 日）

勾践不忘会稽之耻，卧薪尝胆，最终灭吴，成为霸主（摄于2017年5月18日）

跟百姓一起耕田播种。勾践夫人带领妇女养蚕织布，发展生产。同时，又加强全民军事战斗教育和训练，使越国甲坚兵利，民富国强。对外，勾践实行“结齐，亲楚，附晋，以厚吴”的策略，并采用文种的建议，利用吴王夫差穷兵黩武、好大喜功、骄傲自满等弱点，不时贿赂吴王，以麻痹对方，还施用美人计，送西施给吴王，使其不问政事等。经过“十年生聚，十年教训”，越国早已虎视眈眈，伺机伐吴，吴王夫差对此竟毫无警觉。公元前482年，吴王夫差亲自带领大军北上，大会诸侯于黄池（今河南封丘西南），夺得霸主地位。不料勾践乘虚突然发动袭击，很快击败吴都守军，俘获了吴国太子友。夫差得到报告，匆忙领兵归国，士卒疲惫，连战不利。于是吴王夫差被迫屈辱求和，勾践觉得灭吴时机尚未成熟，于是同意讲和。之后，吴国屡遭楚、越攻击，国势日下。公元前473年，越国乘吴国灾荒，调动全国军队与吴国决战。吴都被攻破，夫差求和不成，最终被擒。越王勾践欲把夫差流放甬东（今浙江定海），夫差在绝望之下拔剑自刎。据载，夫差临终前对人说：“悔不听伍子胥之言，死后也无脸去见他，请你们在我脸上蒙一块遮羞布。”吴国就此灭亡。

越国灭吴后，勾践声威大震，迁都琅邪（今山东青岛市黄岛区西南），与齐、晋等诸侯会盟争霸。不过此时，春秋行将结束，霸政趋于尾声。

史迹博萃

「泰伯、仲雍遗迹」

吴国从公元前十二世纪泰伯和仲雍远奔江南建立“勾吴”小国到夫差亡于越国，历25位君主。“勾吴”的建立促进了江南经济和文化的开发，泰伯和仲雍成为吴国的先祖。泰伯作为古公亶父的长子，其一生中先后让位给三弟季历、其侄姬昌（即周文王）和二弟仲雍，其三让天下的谦让精神，一直被传为美德。孔子十分推崇泰伯的品德，称泰伯为“至德”；司马迁在《史记》里也把他列为“世家”第一。

江南人民不忘先贤，泰伯和仲雍的祠墓留存至今。泰伯墓位于无锡梅里鸿山西南麓，依山而建。墓道前有月牙池，池后为花岗岩石牌坊，上书“至德墓道”四个大字，牌坊后为建于清代的享堂，门旁石柱上刻有一副对联：“志异征诛三让两家天下，功同开辟一抔万古江南”。享堂后立有刻着“泰伯墓”的四棱碑，其后有两座华表立于墓前。墓冢呈圆形，高约2米，直径4米，由青石砌成，顶部用土覆盖。墓四周建有围墙，整个墓地掩映在苍松翠柏之中。仲雍墓位于常熟虞山。虞山原名乌目山，因仲雍葬于乌目山，仲雍又名虞仲，遂改名虞山。仲雍墓在虞山东麓的山腰上，墓道石级上依次耸立着3座建于清乾隆

江苏无锡泰伯墓墓道（摄于2010年7月1日）

江苏无锡泰伯墓
（摄于 2010 年 7 月 1 日）

江苏常熟仲雍墓
（摄于 2009 年 5 月 14 日）

年间的石牌坊。第一道牌坊在山脚下，上书“敕建先贤仲雍墓门”。牌坊稍后的山坡上有祭祀仲雍的“清权祠”。第二道牌坊横额书有“南国友恭”。第三道牌坊横额为“先贤虞仲墓”。两旁石柱对联：“一时逊国难为弟，千载名山还属虞”。仲雍墓并不大，圆形墓冢由石块垒成，墓顶芳草萋萋。墓后石墙嵌有多块石碑。墓周绿树环抱，古意盎然。此外，江南一带建有多处纪念泰伯的建筑，如苏州和无锡梅里均建有泰伯庙，它们经过历代的修建，形成一组庄严辉煌的建筑群。苏州还把横跨胥江的一座拱桥命名为泰让桥，充分表达了江南人民对泰伯、仲雍的崇敬。

江苏苏州泰伯庙（摄于 2014 年 9 月 21 日）

「吴国遗迹」

在吴越争霸史上，吴王阖闾是个非常重要的君王。阖闾（?—前496），姬姓，名光，他是吴王寿梦之孙，吴王诸樊之子，通过策划“专诸刺王僚”的事件夺得吴国王位，成为春秋时期吴国第24任君主，并通过一系列措施使吴国成为春秋后期最强大的诸侯国之一，修建都城是其中重要内容。公元前514年，刚刚登上王位的阖闾就命伍子胥在吴（今江苏苏州）扩建吴子城，修建新都。据载，伍子胥采用“相土尝水，象天法地”的方法选址，新都城建有陆门八座，水门八座，城中有河道三横四直，史称阖闾大城。此外，阖闾任贤使能，短短数年间，吴国便西破强楚，北胁齐晋，南服越国，可称一代英主。公元前496年，吴王阖闾在槜李之战中伤重去世，葬于江苏苏州城西北的虎丘山。

据载，当年为修建阖闾墓，其子夫差征调了大批劳力穿土凿池，积壤为丘。相传，阖闾下葬时，其棺柩外套有三重铜椁，池中灌注水银，以金凫玉雁随葬，还陪葬了“扁诸”“鱼肠”等三千名剑。这一切引起秦始皇和东吴大帝孙权的窥视，他们先后派人来此凿石求剑，但宝剑没有得到，却留下了神秘莫测的剑池，从此成为虎丘最神秘、最吸引人的古迹。唐代大书法家颜真卿特此书写了“虎丘剑池”四个

江苏苏州阖闾大城遗址（摄于2013年6月16日）

江苏苏州虎丘剑池及阖闾墓（摄于 2009 年 1 月 30 日）

气势磅礴的大字。据载，明正德年间，剑池池水干枯见底，人们发现了池壁上紧关着的石扉，疑为阖闾墓穴入口，为此，明代王鏊、唐伯虎等文人学士在石壁上留有题记。1955 年，政府抽干剑池之水时，也发现这个洞穴及穴内叠封的三块巨石，但不能确定是否为阖闾墓门，在未经考古发掘证实之前，这一切仍将是千古之谜。

阖闾之子夫差即位后，吴国南败越国，北威齐国，强盛一时，但由于骄傲轻敌，最终夫差自刎而亡，墓冢难觅。不过，其为越王勾践所送美女西施建造的一些宫殿、花园遗迹尚存。坐落于今苏州城西灵岩山上的馆娃宫就是其中之一，现尚存吴王井、梳妆台、浣花池、玩月池、响屧廊等遗迹。此外，西施故里——浙江诸暨也留有西施浣纱处、西施殿等遗迹。

江苏苏州吴王井遗迹（摄于 2010 年 10 月 4 日）

江苏苏州西施玩月池遗迹（摄于 2010 年 10 月 4 日）

「伍子胥遗迹」

吴国在诸侯争霸中能够脱颖而出，伍子胥功莫大焉。他是春秋时期楚国人，名员。其父兄均为楚国大臣。楚国曾是春秋强国，楚庄王为春秋霸主之一，但楚平王在位时，楚国已经渐趋衰落。楚平王即位的第二年，派大夫费无忌为太子建迎娶秦女，不料楚平王见秦女漂亮，在费无忌的迎合下，竟占为己有。因怕太子建怀恨在心，在费无忌的恶意诽谤下，楚平王诬陷太子建谋反，并把太子建的老师伍奢及长子伍尚杀害。伍子胥听到父兄被害的消息后，只身投奔吴国。民间流传伍子胥在吴楚交界的昭关（在今安徽含山北），曾因无法出关而“一夜白了头”，幸亏得到东皋公的帮助，才得以出关。在吴国，他帮助公子光刺杀吴王僚。阖闾即位后，封伍子胥为大夫，又起用军事家孙武，整军治国，国势逐渐强盛。之后，伍子胥与孙武率领吴军直捣楚都郢，威震一时。夫差即位后，为报父仇，在夫椒之战中击败越国，但听信伯嚭的说项，放归了越王勾践。伍子胥洞察勾践东山再起之心，力谏乘势灭越，但夫差不纳。伍子胥预见吴国今后必为越所灭，为保全子嗣就将儿子托于齐国鲍牧，伯嚭借此诬陷伍子胥，夫差听信谗言，赐属镂剑命伍子胥自裁。此后，越起兵灭吴，终应其言。

伍子胥遗迹主要分布在安徽、江苏、湖北等地。昭关位于安徽含山县北部不远的小岘山口，因这里曾演绎过“伍子胥过昭关”的传奇

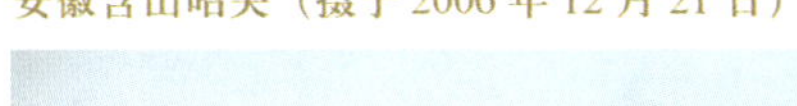
安徽含山昭关（摄于 2006 年 12 月 21 日）

江苏苏州胥门
（摄于 2013 年 4 月 9 日）

江苏苏州伍子胥墓
（摄于 2013 年 6 月 16 日）

历史故事而闻名遐迩。古昭关在历史上屡遭破坏，现今的昭关为现代重建。苏州是吴国故都，当年，伍子胥率员不辞辛劳，“相土尝水，象天法地”，筑成了周长 47 里的大城，虽经 2500 多年漫长历史的演变，姑苏城址始终未曾移动，世所罕见。现在苏州胥门西北建有伍子胥纪念园。传说伍子胥被夫差赐死后，其遗骨被装在皮袋内抛入江中，其遗体被当地百姓捞起，安葬于胥江边，并建庙纪念。今墓位于苏州吴中区胥口镇胥江南岸，为石块砌成的圆形墓，约 1 米高的封土芳草萋萋，墓碑书有“古吴伍员鸱夷藏处”的篆体字。

江苏苏州胥王庙（摄于 2013 年 6 月 16 日）

「孙武遗迹」

在世界军事史上，中国古代的孙武子无疑是军事家中的佼佼者，他著述的《孙子兵法》是我国经典军事著作，在我国军事史上久负盛名，影响深远。其实，在历史上，关于孙子的记载很少，因此，对其生平也有多种说法。根据各种传说和记载，大致可以确定，孙武又称孙子，春秋末期齐国人，生卒年月不详。其故里具体在齐国哪里，目前尚有争议，出现了惠民说、广饶说、博兴说、临淄说等。孙武少时因避战乱奔吴国，在此写就了世界上第一部军事著作——《孙子兵法》。据载，孙子以《兵法》十三篇献给吴王阖闾，吴王任其为将。《史记·孙子吴起列传》中记载：吴王阖闾以宫女试兵，吴王的两个爱姬各为队长，结果她俩无视军令，嬉笑不止，被孙子问斩，宫女们这才听从号令。经过孙子的努力，吴国训练出了一支所向披靡的军队，并在他与伍子胥的指挥下，以六万之师打败了楚国二十万大军，攻入楚国郢都。但胜利后的吴王阖闾开始溺于酒色，不纳臣谏，于是孙子隐遁山林，后逝于苏州。

东汉时期袁康的《越绝书》中有关于孙武葬于苏州巫门外的记载，其他史料也有此记载，但由于历史久远，孙武墓踪迹难觅。后来，专家根据史料记载和长期考察，认为孙武墓在苏州相城区元和街道境内。

山东广饶孙武祠（摄于 2019 年 10 月 2 日）

江苏苏州穹窿山孙武隐居处（摄于 2010 年 10 月 4 日）

江苏苏州孙武墓（摄于 2015 年 6 月 18 日）

2005 年，相城区建造了孙武墓园，让千古“兵圣”有了个“安息之地”。此外，在今苏州境内还有许多有关他的胜迹。有专家考证《孙子兵法》写作地点在苏州城西的穹窿山，因此人们在穹窿山建造了孙武苑，苑中有孙武隐居处、碑刻廊和兵圣堂等纪念性建筑。孙子“演阵斩姬”的故事后来广为流传，今天在苏州城西枫桥西南建有孙武子桥，虎丘山建有孙子亭，吴中区胥口则有教场山，山上有二妃庙和二妃墓等遗址。

江苏苏州孙武演兵场遗址（摄于 2021 年 2 月 14 日）

「越国遗迹」

吴越争霸的主角之一是越王勾践，但勾践之死在史籍中并无详细记载，只知道勾践灭吴后，为问鼎中原，迁都琅邪，后病逝于琅邪台，墓冢不知所在，但其在琅邪台所建望越楼遗址尚存。1996 年，在绍兴印山发现了一座春秋时期的大型土墩墓，经确定为春秋末期的越王陵墓。从考古挖掘情况来看，印山大墓具有规模大、规格高、构筑形制特殊、保存基本完好的特点。笔者特地参观过印山大墓，它凿岩而成，是一座由墓道、墓穴组成的平面呈“甲”字形的竖穴土坑墓。木椁墓室保存基本完好，平面作狭长巷道式，横截面呈三角形，墓室分前、中、后三室，中室放置有独木棺一具。

印山大墓在历史上多次被盗，仅出土玉龙杖、玉镇、玉镞和石剑、青铜铎等随葬品。专家们根据规模及文献记载，最终确定印山越王陵的主人是越王允常。允常（?—公元前 497），春秋末期越国国君，在其父夫谭去世后继位。其在位时期，开疆拓土，始称越王，并与吴国争霸。允常去世后，其子勾践即位，葬父于浙江绍兴西南。勾践后来迁都琅邪时，曾派 2800 人在此伐木为桴，故称这里为木客，《越绝书》明确记载：“木客大冢者，勾践父允常冢也。”

山东琅邪台望越楼（摄于 2017 年 5 月 18 日）

浙江绍兴越国王陵（摄于 2017 年 8 月 24 日）

勾践灭吴，主要得益于其大臣范蠡和文种的辅佐。范蠡深知兔死狗烹的道理，也了解勾践的为人，故在助越灭吴后辞官远遁。文种则选择继续辅佐勾践，最后因勾践听信文种要反的谗言，将其赐死。范蠡墓在山东菏泽定陶区。据载，他辗转至陶，自称陶朱公，在此经商，曾三致千金，被后人尊为商祖，死后葬于陶。笔者寻访时，发现范蠡墓坐落在一片农田之中，墓周有围墙，墓冢封土高 3 米，在墓前正中立有一通刻有“陶朱公之墓”的石碑。范蠡生前富甲天下，归宿地却如此简陋。文种墓在浙江绍兴府山东北坡，府山被认为是当年勾践越王宫台故址所在，现建有越王台。府山又称种山，据载，因勾践葬文种于此山而得名，不过文种墓早已湮没不可考，现墓为今人重建。墓冢为圆形，高约 1 米，石墙围挡，黄土覆顶，墓前建有一座石亭，亭内立有“越大夫文种墓”的墓碑。范蠡和文种都是越国名臣，笔者专程拜谒他们的墓地，发现其墓冢都坐落在空旷无人的山间田野，寥落清冷，给人一种零落萧条之感，不禁唏嘘不已。

山东定陶范蠡墓
（摄于 2013 年 9 月 28 日）

浙江绍兴文种墓
（摄于 2013 年 11 月 24 日）

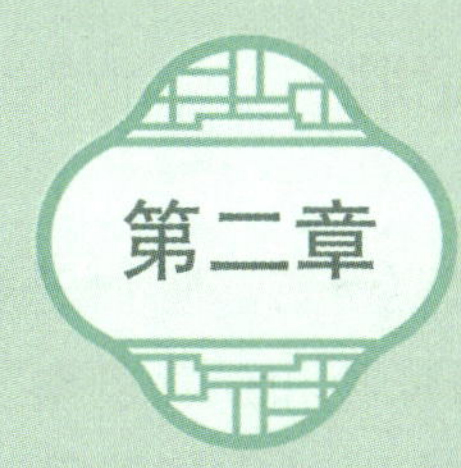

第二章

高塔犹闻荆轲吟

易县荆轲塔

浮屠记胜

燕赵自古多慷慨悲歌之士，荆轲无疑是其中的代表。荆轲易水畔的慷慨低吟和孤身刺秦王的壮举，令后人景仰。如今，易水河畔，荆轲塔高耸，仿佛依然回荡着荆轲震撼人心的绝唱：“风萧萧兮易水寒，壮士一去兮不复还！”

荆轲塔位于河北易县城西南一千米处的荆轲山山巅，易水河在山南呜咽流过。塔原名为圣塔院塔，因矗立于荆轲山上，故又名荆轲塔。荆轲塔现塔高 26 米，是一座平面八角十三层的砖石结构密檐塔。塔基为石筑须弥座，呈白色，束腰仿木雕斗拱，上下竖壁雕饰花纹，座顶雕塑三层错叠莲瓣承托塔体。塔底层高大，南北东西四面辟有拱门，斜面置直棂假窗，倚柱则作三层经幢式，门顶额枋饰如意，上施斗拱叠涩出檐，筒瓦短脚。之上为十二层密檐，砖叠密檐不设窗洞，为实心结构。每层八隅曾各悬风铎，清风吹动，清脆悦耳，音传四野，可惜今已不存。顶部为塔刹，由小座、覆钵、露盘和宝珠组成。整座塔形制典雅古朴，并因为荆轲而平添了一层神秘而悲凉的色彩。

据载，荆轲山即荆轲的衣冠冢，相传当年在此建有荆轲馆。《直隶易州志》有记载：“荆轲山在州西五里，昔燕丹馆轲于此。”燕太子

丹派荆轲前往秦都咸阳（今属陕西咸阳）行刺秦王，在易水河畔与荆轲诀别后，知道荆轲此行必定有去无还，为纪念荆轲的悲烈壮举，于是便收其衣冠，在荆轲馆旁修建了一座荆轲衣冠冢。衣冠冢由沙石堆积而成，冢高 34 米，占地面积 2400 平方米，后来，人们称荆轲衣冠冢为荆轲山。辽代乾统三年（1103 年），人们在荆轲衣冠冢上修建了圣塔及寺院，但不久寺与塔俱毁。金大定七年（1167 年），刺史刘楷在此将舍利子 200 粒贮以金瓶银阁，葬于地宫，并复建塔于上。当时这一带已经被金占领，不属于辽朝辖地，但塔旁的碑刻铭额仍为“大辽易州重修圣塔记”，采用了南宋纪元，可见当地人民依然不忘故国。元代张柔基于荆轲的壮举，在荆轲衣冠冢前修建了石像生，并在山上栽植松柏。明万历六年（1578 年），荆轲塔又重建，之后，清康熙、乾隆年间均有修葺。中华人民共和国成立后，亦经多次修葺，但荆轲塔仍然保留着辽金密檐塔的风格。

笔者久仰荆轲的名望，不远千里专程拜谒了荆轲衣冠冢和荆轲塔。临近荆轲山，很远就能看到山巅矗立的荆轲塔形如利剑，直指苍天。沿台阶前行，首先看到衣冠冢前荆轲的塑像，只见荆轲左手握剑，右手持图，远视前方，英气逼人。继续沿绕山步道登山，来到山巅的荆轲塔下。荆轲塔并不算高大，且经过岁月的侵蚀，有些破旧，但造型典雅。我国北方有很多相似的密檐塔，荆轲塔因为以壮士的英名命名，被赋予了特殊的涵义。塔旁有数块古碑，其中一块刻立于明万历十四

年（1586年）丙戌五月的石碑半埋在地里，露出由明御史熊文熙题的“古义士荆轲里”几个字。另一块刻立于清代的碑石上则有“寺与塔为山而设，为荆轲而设也”等语。从碑文可知，荆轲塔在历史长河中毁建不断。荆轲塔的修建，应为佛教的产物，但当地却广传是为纪念荆轲而建，而且也因为以荆轲命名，才使荆轲塔声名远扬。据载，塔内曾供有田光、荆轲和高渐离三位义士的牌位，古时每至清明节，周边的乡民都会在荆轲塔上张挂白幡，设三牲祭品，为荆轲招魂，故俗称“招魂塔”。平时，每当风和日丽之时，常有文人墨客会聚于荆轲山上饮酒赋诗，闲聊荆轲故事。

荆轲刺秦王是六国抗秦的最后一次壮烈之举。荆轲刺秦王的故事，除了荆轲的侠义勇气，还有燕太子丹的嫉恶如仇和樊於期的殉身壮举。他们的作为和经历都为荆轲刺秦这部历史大剧增添了悲壮的色彩，也引起后人的同情和景仰，因此人们在易县燕子村为燕太子丹建造了燕子塔，在易县血山为樊於期修建了镇陵塔。荆轲塔、燕子塔和镇陵塔虽然风格各异，但串联在一起，加上“慷慨倚长剑，高歌一送君”的易水，构成了一组“荆轲刺秦王”的完整历史画面。笔者在拜谒荆轲塔之后，徘徊在易水畔，想起骆宾王的诗句：“此地别燕丹，壮士发冲冠。昔时人已没，今日水犹寒。”

史事钩沉

荆轲是战国末期卫国淇（今河南淇县）人，齐国庆氏的后裔，人称“庆卿”，后改姓荆。他喜好读书和击剑，性情豪爽，为人侠义。曾凭借剑术游说过卫元君，但未被重用。后游历到燕国，遇到隐士田光和高渐离，意气相投，常在一起击筑唱和。后由田光推荐给燕太子丹，从而卷入了燕国与秦国的纷争之中。

燕国位于我国的东部偏北。据载，周公东征后，召公姬奭被封于燕，都于蓟（今北京西南）。因召公留辅王室，所以让其子就封，成为第一代燕侯。封国范围约在今北京及河北北部、辽宁西部一带。燕国虽立国日久，但周围分布着诸多戎、狄部落，仅东南与齐邻接，故与中原各地交往很少，经济文化也较中原落后。战国初期，中原各国纷纷进行变革，唯独燕国悄无声息，恪守旧制。战国后期，燕国有了一定的发展，成为战国七雄之一。但七雄之中，燕国实力最弱。历史上，燕国还经常受到北方山戎的侵扰，为此曾一度南迁都城，后来借助齐国“尊王攘夷”的军事救援，才阻止了山戎的南下。

燕国南临强邻齐国。虽然燕国历史上曾得到齐国的帮助，但在大多数的情况下，齐国为向北扩张，常常会北攻燕国。公元前 314 年，

燕国立国虽久，但早年恪守旧制，毫无生气（摄于 2021 年 6 月 5 日）

齐宣王趁燕国内乱之机伐燕，攻占大片燕土，燕几近亡国（摄于 2016 年 10 月 12 日）

燕昭王在燕下都修筑规模宏大的黄金台，用以招纳贤士（摄于 2016 年 8 月 8 日）

燕国发生了内乱，齐国趁机伐燕，50 天内就占领了燕国，燕王哙被杀，周边的中山国也趁机攻占燕国大片土地，燕国几近被灭。后来，由于其他诸侯国不愿齐国吞并燕国，秦、魏、韩出兵救燕，并败齐于濮水之上，才迫使齐国在占领三年后撤出燕国。

在韩国做人质的燕国公子姬职被赵武灵王护送回燕，立为燕王，是为燕昭王。公元前 311 年，燕昭王登位后，立志报仇雪恨。为摆脱困境，他整顿内部，励精图治，复兴燕国。同时，考虑到燕都蓟城位置偏北，为从经济上沟通与中原的联系，并加强南部军事力量，选择在易水畔修建了燕下都。从此，燕下都成为南部政治、经济和军事重镇，燕国一些重大的军事行动也是在燕下都策划的。其中，早期最著名的是燕昭王在燕下都修筑规模宏大的黄金台，用以招纳贤士。最终吸引了许多贤才争相投奔燕国，最著名的是乐毅。

在燕下都谋划的第二件大事，就是“荆轲刺秦王”。这一历史事件发生在战国后期。从公元前 230 年开始，强盛的秦国发动了翦灭六国的统一战争，东方其他诸侯国都已经不是强秦的对手，燕国就更是难以抵挡。

公元前228年，秦国攻破曾经强盛一时的赵国，俘获赵王迁。很快，秦将王翦的军队就兵临燕国边境。当时燕国的国君是燕王喜，他好大喜功，又不自量力，在秦军威胁已经迫在眉睫的时候，不是联合各国抗击强秦，而是不断乘赵国危亡之机挑衅赵国，结果损人不利己。但是他的太子丹却比较清醒。燕太子丹曾被送至秦国当人质，秦王对其非常不友好，后来，燕太子丹从秦国逃回了燕国。太子丹归国后，眼见秦国大军汹涌杀来，燕国危在旦夕。因燕国弱小，燕王喜无计可施，太子丹不愿束手就擒，想用孤注一掷的方法挽救危局，派勇士行刺秦王嬴政，以达到复仇救国的目的。

最初，太子丹与太傅鞠武商议寻找能够刺杀秦王的勇士人选时，鞠武向他推荐的是燕国著名的“节侠”田光。据载，当田光前来拜见太子丹时，太子丹不仅亲自出门迎接，还倒行躬身为田光引路，跪着为田光拂拭座席。田光深受感动，但他深知自己年事已高，无法担此重任，于是想到了此时正游历燕国并与自己是知己的勇士荆轲，便将荆轲推荐给太子丹。太子丹听闻荆轲行侠仗义、智勇双全的豪侠行为，十分欣赏，立即就让田光引荐荆轲，并希望田光不要泄露其复仇的想法。田光回来后，就把太子丹准备刺杀秦王的想法告诉给了荆轲，希望荆轲能前去拜访太子丹，荆轲表示同意。田光为了表明自己不会泄露太子丹的机密，在嘱咐完荆轲后，就刎颈自尽了。荆轲见田光如此侠义，便很快去拜见了太子丹。当太子丹知道田光殉义后，当场跪地

秦将王翦率军抵燕国边境，燕国情势危急（摄于2016年8月16日）

而拜，痛哭流涕。之后，太子丹向荆轲分析了当时的形势，提出了自己的计划，想派一位勇士前往秦国，用重利诱惑秦王并劫持他，让他归还侵占的各国土地，如不行，就趁势杀死他，并恳请荆轲能够担当此事。荆轲感于太子丹的信任，毅然应诺。太子丹大喜过望，立即尊荆轲为上卿，每天前去问候、陪宴，礼遇周全。

此时，秦军已抵易水，燕国危在旦夕。太子丹知道他的入秦行刺秦王的计划必须马上实施。于是，他与荆轲商议，荆轲提出，去秦国必须带有能够让秦王接见自己的礼物。他让太子丹准备两样东西：一件是燕督亢（今河北易县、涿州、固安一带）地图，另一件则是秦国逃亡将军樊於期的头颅。荆轲认为如果带这两样东西进献秦王，就能获取秦王的信任，才有机会接近秦王，相机行刺。樊於期为秦国将领，因伐赵兵败于李牧而得罪秦王，后逃往燕国，被太子丹收留，待为上宾。太子丹不忍杀害樊於期。于是荆轲只好私下拜见樊於期，告以实情，樊於期为成全荆轲刺秦大事而慨然自刎。据载，其自刎后，头坠背后，两目不瞑。樊於期为国恨家仇甘愿一死，确实也值得后人敬仰。为保证行刺成功，太子丹还特地求得赵人徐夫人的一把锋利无比的匕首，以确保万无一失。

公元前 227 年，荆轲带着樊於期的头颅和燕督亢地图，并把匕首置于地图中，前往咸阳行刺秦王，太子丹还派勇士秦舞阳作为副手伴行。临行时，太子丹亲自为荆轲送行，送行者全身缟素，场面十分悲壮。行至易水之上，在高渐离敲击的筑乐声中，荆轲吟诵了“风萧萧兮易水寒，壮士一去兮不复还”的千古绝唱。歌声苍凉悲壮，催人泪下。荆轲毅然登上马车，悲壮西行。

壮士荆轲在易水河畔慷慨激昂的声乐中毅然悲壮西行（摄于 2013 年 7 月 16 日）

曾经雄伟的秦咸阳宫中上演了荆轲刺秦的壮举（摄于 2022 年 7 月 29 日）

荆轲到了秦国后，带着贵重的礼物，前去贿赂秦王的宠臣中庶子蒙嘉。蒙嘉于是在秦王嬴政面前说，燕王慑于大王的威严，愿做秦国的臣子，只求保全燕国先王的宗庙，燕王因畏惧，不敢亲自前来陈述，现派使者荆轲献上樊於期的首级及燕国督亢地区的地图，希望大王能够接见。秦王听蒙嘉的劝说后，非常高兴，就穿着礼服，安排了隆重的仪式，在咸阳宫接见了荆轲。当荆轲捧着装有樊於期头颅的盒子与捧着燕督亢地图的秦舞阳走上秦国朝堂时，秦舞阳面露惧色，引起秦王的怀疑，荆轲解释这是因为秦舞阳为粗野之人，没有见过大王的威严，所以心惊胆颤。但秦王还是有所怀疑，只准荆轲一人上前。荆轲取过地图献上，把地图展开给秦王看，当图卷慢慢展到尽头，“图穷匕首见”，荆轲快速抓起匕首，拉住秦王的袖子，就朝秦王胸口直扎过去。秦王抽身跳起，使劲挣断袖子逃脱，绕着朝堂上的大柱子奔跑，荆轲紧追不舍。这时，秦王的御医拿起药包砸向荆轲，秦王乘势拔出宝剑，砍向荆轲，荆轲被砍倒地，但仍把匕首扔向秦王，秦王躲开后上前猛砍几剑，侍从武士也一拥而上，荆轲死于乱剑之下。

荆轲行刺秦王，引起了秦王的震怒。史载，荆轲刺杀行动失败后，秦王立即催促秦将王翦猛攻燕国。公元前 226 年，也就是荆轲刺秦王的第二年，秦军就攻破燕都蓟，燕王喜及太子丹逃奔辽东。面对步步紧逼的秦军，燕王喜听信了代王赵嘉的建议，想以太子丹之死来延缓

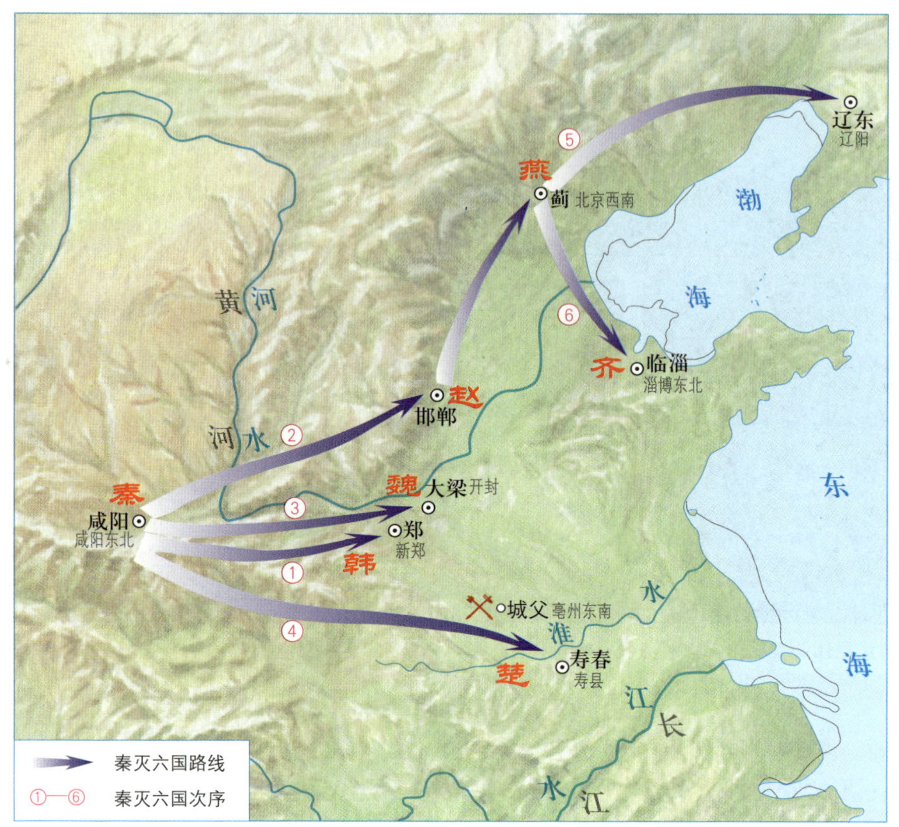

秦灭六国形势图

秦军的攻势。为此，杀太子丹，将其首级献给秦国。可悲的是，太子丹一心为国，却被亲人所害，身首异处。其实，秦翦灭东方六国的计划，不会因为荆轲刺秦王而改变，更不会因为燕王喜献上太子丹首级而停止。公元前 222 年，秦将王贲攻取辽东，俘获燕王喜，燕国灭亡。公元前 221 年，秦国统一天下。

史迹博萃

「乐毅遗迹」

燕国历史上，最辉煌的功业是乐毅的破齐大战。公元前311年，燕昭王即位后，在郭隗的协助下，于易水旁修筑黄金台，以示求贤若渴，乐毅为燕昭王诚意所动，前来投奔。乐毅为中山灵寿（今河北灵寿西北）人，生卒年不详，名将乐羊之后。他投奔燕国后，备受重用，被封为仅次于上卿的亚卿之职。燕昭王采纳乐毅的改革措施，燕国由此强盛。公元前284年，燕昭王封乐毅为上将军，倾燕之兵，联合秦、楚、赵、魏、韩五国之师伐齐。乐毅用连续进攻、分路出击的战法，攻城略地，占领齐都临淄，报了当年齐国入侵燕国之仇。乐毅攻齐五年，陷齐70余城，齐国只剩下即墨和莒两座城市，可谓

山东淄博齐国故城
（摄于2014年6月14日）

山东莒县古城墙
（摄于2016年5月19日）

北京房山区良乡乐毅墓
（摄于 2016 年 8 月 8 日）

河北邯郸乐毅墓
（摄于 2015 年 5 月 14 日）

劳苦功高。无奈燕国新君惠王猜疑乐毅，派大将骑劫代替乐毅为燕军主将并召回乐毅，导致燕军被田单用火牛阵击败，五年之功毁于一旦。乐毅怕燕王加罪于自己，只得逃奔赵国，最后卒于赵国。

现今，在原燕赵的土地上留有两座乐毅墓冢，一座在北京房山，一座在河北邯郸。北京的乐毅墓位于房山区良乡镇黑古台村西北，称为望诸君墓。据载，乐毅投奔赵国后，赵国想仰仗乐毅的威望警示燕、齐，因此封他为望诸君。笔者在一工业园区的一隅寻访到了乐毅墓，墓呈圆形，封土高大，墓碑上刻有“望诸君墓”四字，墓前有汉白玉石栏，颇具规模。据载此墓建于战国时期，历代重修。相比北京的乐毅墓，邯郸乐毅墓的现状略显凄凉，墓冢位于邯山区代召乡大乐堡村北，当地俗称将军墓。据载，历代不少帝王及官员、文人都曾前来祭奠，唐代韩愈、柳宗元在墓前还留下祭文。原墓颇具规模，附近还有乐毅磨剑石、剑池和舞剑坊遗迹，后都湮灭，只剩下不高的封土。两千多年来，乐毅墓不知经过多少次平毁和重修，现墓冢用青砖垒砌，并立“战国望诸君乐毅之墓”的墓碑，为清雍正年间邯郸知县郑方坤所立。一代英雄就此孤坟单碑，零落田间。

「荆轲遗迹」

萧寒易水古今流，荆轲壮士埋何处？壮士荆轲的遗迹多少年来一直是后人追寻的目标。

据载，荆轲在咸阳宫谋刺秦王不成，反被乱剑砍杀后，秦王为儆戒反秦者，将荆轲尸体剁成肉酱，分埋于所辖各地，因此多地留有荆轲的肉糜墓冢，包括河南淇县、山东鄄城、陕西蓝田、江苏丰县等地。

河南淇县荆轲墓位于淇县南一千米的折胫河北岸。据《淇县志》记载，荆轲旧居在县南，生前常居此读书、击剑。荆轲殉义后，家乡百姓重其义行，将其残骸安葬在离其故居不远的淇县城南。据载，淇县荆轲墓呈塔形，高 6 米，占地约 30 平方米。民国时期，有人曾挖掘荆轲墓，墓内有水，阴森寒冷，于墓中获古剑一柄，长 1 米，绿色斑驳，寒光逼人，后来下落不明。现土冢仅剩西面半边封土，并长满荆棘荒草。多年前的一个盛夏，笔者曾专程前往，但由于荆轲墓被密密实实的麦田包围，寸步难行，只能遥拜。

河北易县荆轲衣冠冢
（摄于 2013 年 7 月 16 日）

河南淇县荆轲墓
（摄于 2012 年 7 月 25 日）

山东鄄城荆轲墓
（摄于 2014 年 5 月 29 日）

山东鄄城左伯桃、羊角哀合葬墓
（摄于 2014 年 5 月 29 日）

山东鄄城荆轲墓位于箕山镇李胡同村西南。据载，荆轲祖上为齐人，荆轲被杀后，高渐离不忘旧情，把荆轲残躯运回山东择地安葬。笔者曾不远千里赶到鄄城寻找荆轲墓，其墓与战国燕义士羊角哀、左伯桃合葬墓相邻。羊左的故事，千百年来广泛流传于民间。相传他俩同往楚国求职，道遇雨雪，饥寒交迫，左伯桃将衣食尽给羊角哀后冻饿而逝。后羊角哀至楚国做官后，安葬了左伯桃。据传，羊角哀安葬左伯桃后，夜得一梦，得知左伯桃墓与荆轲墓相近，左伯桃常受荆轲欺凌，为帮助左伯桃力战荆轲强魂，羊角哀自刎墓前，与左伯桃合葬。传说虽属荒诞，但羊左墓确实与荆轲墓相邻。笔者从荆轲墓旁的介绍中，得知鄄城荆轲墓是因为 1994 年出土了清嘉庆时期的祭祀碑而确定，因此被称为荆轲墓遗址。

陕西蓝田一直流传有荆轲墓，但经考古发掘确认其为汉代官僚大墓。江苏丰县便集村东头也曾有一座荆轲肉醢冢，不过，后在开挖河道时，荆轲冢被掩埋于南岸堤下。无论荆轲墓存否，沉默的土地都会告诉我们：沧桑易变，正气不泯。笔者从内心崇敬荆轲等这样一批千古壮士，他们不论安葬在哪里，都是那里的荣光，是他们使得我们这片土地更有内涵，更具血性，更充满历史感。

「燕下都遗址」

从西周初期分封诸侯国到战国末期灭亡，燕国传承了四十余代君主，存世“八九百岁”，仅计战国之世，燕国就历经了十几代君主，达二百五十多年。不过燕国存世虽长，能够载入史册的大事却不多，大概只有黄金台乐毅拜将和荆轲刺秦王两件大事，但这两件发生在燕下都的历史事件就足以使燕国名垂千古，也使燕下都闻名遐迩。

燕国的历史早成烟云，在一个秋日的下午，笔者来到河北易县城东南的燕下都遗址。燕下都是燕国为应对南方各国而修建的一座军事重镇，因为燕国的都城蓟称上都，故此处称为“下都”。燕下都西倚太行山，南临易水，东部迤连于河北平原，地势险要，便于防守。据专家推断，它营建于公元前四世纪，即战国中期，为燕昭王所建，一直到燕国被强秦灭亡才衰落。燕下都发生的最后一件有史记载的大事就是燕太子丹策划荆轲刺秦王，从此燕下都旁这条宽不过十丈的易水河，因荆轲悲壮的歌声而留名青史。燕下都故城平面呈不规则长方形，东西长约八千米，南北宽约四千米。中部有条纵贯南北的古河道，相传为运粮河，把燕下都分成东、西两城。西城属防御性附城，营建年代可能略晚于东城，目前还保存有南、北、西三面城墙，笔者在城角村南看到一段残高近七米的城墙，使人多少领略一点燕下都城墙昔日的雄姿。东城为主城，平面近似方形，

河北易县燕下都城墙遗迹（摄于 2021 年 6 月 7 日）

河北易县燕下都武阳台遗址（摄于 2016 年 8 月 8 日）

分为宫殿区、手工业作坊区、市民居住区和墓葬区，文化遗存十分丰富。

笔者试图在燕下都寻找黄金台遗迹，但千年历史已使黄金台遗址的具体位置扑朔迷离。目前在燕下都故址中最显眼的是东北部的燕王宫建筑基址，主体建筑为武阳台。笔者登上武阳台，武阳台之高、之大，超乎笔者的想象。可以想见，当年一座座宫室楼堂矗立在这高台之上，是何等的巍峨与壮观。武阳台以北还有望景台、张公台和老姆台等。围绕宫殿区的是众多手工业作坊，居民区位于东城西南、中、东和东北各处，墓葬区则设在东城的西北角。笔者站在这些残破的夯土台上，遥想当年燕昭王求贤如渴，乐毅慷慨陈词，剑指天下；遥想当年太子丹殚精竭虑，荆轲毅然应诺，歌扬四方，不禁使人产生世事沧桑的感叹。燕下都南临中易水，北接北易水，虽然送别荆轲的易水具体位置已经很难考证，但笔者还是在易水河畔徘徊，对笔者来说，每一段易水都可能是“荆轲壮别地”。流淌的易水总会使人想起那一段悲壮的史事，站在这里，荆轲的易水悲歌绕耳不绝。

河北易县燕下都墓区——虚粮冢（摄于 2016 年 8 月 8 日）

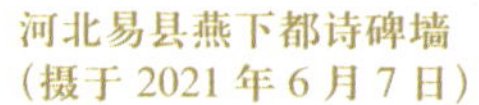

河北易县燕下都诗碑墙（摄于 2021 年 6 月 7 日）

「燕太子丹遗迹」

“荆轲刺秦”事件，尽管最终没有成功，但燕太子丹也算为燕国的生存殚精竭虑了。太子丹是末代燕王喜（公元前 254—前 222 在位）的长子，早年曾为维系燕国和秦国的关系而去秦国充当人质，但不受礼待，后逃回燕国。为此，太子丹怨恨秦王嬴政，面对所向披靡的秦军，希望通过刺杀嬴政来缓和局势。因此礼待卫国勇士荆轲，荆轲为报答太子丹的情谊，毅然前往咸阳。可惜刺秦王没有成功，却招致秦军对燕都蓟的猛攻。公元前 226 年，秦将王翦攻取燕都蓟，燕王喜和太子丹迁都辽东，秦兵紧追不舍。燕王喜听信了代王赵嘉的建议，杀了太子丹并将其头颅献给秦国以求和，但秦军依然灭掉燕国。太子丹一心为国，却身首异处，至今葬地难觅。

太子丹死后，后人为了纪念他，就把他曾藏匿过的衍水（在今辽宁辽阳）改名为太子河，这就是太子河名称的由来，太子河也因此成为辽宁省内一条富有传奇色彩的河流。此外，据传太子丹逃亡于桃花岛，从辽阳附近的地理环境看，太子丹栖身于辽阳市桃花岛一带也不是没有可能，只是太子丹究竟藏匿在何处已无从稽考。而在河北易县，还留下了以燕太子丹命名的燕子村和燕子塔。笔者专程去考察过燕子

辽宁辽阳太子河（摄于 2021 年 7 月 20 日）

河北易县燕下都燕子塔文保碑
（摄于 2016 年 8 月 8 日）

河北易县燕下都燕子塔
（摄于 2016 年 8 月 8 日）

河北易县燕下都武阳台
（摄于 2016 年 8 月 8 日）

村的燕子塔。燕子塔位于燕子村西，为八角十三层密檐式。塔并不高，只有 16.5 米，但在绿树的映衬下，有玉树临风之感。燕子塔始建于辽代，明正德五年（1510 年）重修，塔原在观音禅寺内，禅寺已毁，燕子塔独存。一些书籍及当地村民都认为此塔是为纪念燕太子丹而建。不管正确与否，既然称为燕子塔，而流传中又与太子丹有关，因此，笔者还是怀着别样的情感参观了孤寂傲立的燕子塔。此外，笔者还登临了作为燕下都燕王宫所在的武阳台。武阳台的宫殿建筑虽然早已圮废，但当年太子丹曾在这里为挽救燕国的命运殚精竭虑，他可能没有想到自己最终会落得身首分离的结局，今天连太子丹的墓冢也不知所在，不免令人唏嘘。

「樊於期、高渐离遗迹」

荆轲刺秦的历史故事中，最令人动容的是易水悲歌。这歌声之所以如此苍凉悲壮，因为其中蕴含了樊於期的自刎壮举和高渐离的击筑乐和声。在这次刺秦行动中，人们记住了勇士荆轲的英名，但也不应忘记同样壮烈的樊於期和高渐离，他们的壮举也足以令我们惊叹。

樊於期（?—前 227），战国末期的秦国将军，后因得罪秦王嬴政，叛至燕国，被燕太子丹收留并待为上宾，并为其在一山旁修筑樊馆，此山后称樊馆山。樊於期获悉太子丹谋划派荆轲刺秦王后，毅然拔剑自刎，血洒樊馆山，以自己的首级作为荆轲进献秦王之礼。樊馆山后改名血山。据载，后人有感于樊於期轻生重义，建血山塔于山上，以示纪念。此塔现位于易县城西南的血山村，笔者在村西见到平地突兀涌起一座小孤山，山表长满荆棘灌木，山顶正中矗立着的正是血山塔。塔为三层方形，曾残破不堪，且无塔顶。当地人说四方形无顶是象征着樊於期有四肢而无头颅，无论此说是否确切，都寄寓了人们对樊於期的同情和赞颂。现塔及塔顶均已修复。

高渐离是战国时期燕国人，擅长击打乐器——筑，与荆轲为至交。荆轲赴秦谋刺秦王时，他到易水送别，以壮行色。荆轲刺秦的失败，加速了燕国的破灭。秦国灭燕后，高渐离隐姓埋名，只身来到宋子城（今河北赵县东北），给人帮佣，以逃避搜捕。据传有一次在主人家的宴会上，他听到有客人在击筑，随口评论了一下，引起主人的注意，就让高渐离当堂击筑，结果举座皆惊。之后，高渐离善于击筑的名声

河北易县樊馆山遗址
（摄于 2021 年 6 月 7 日）

河北易县血山塔
（摄于 2021 年 6 月 7 日）

河北易县易水河
（摄于 2013 年 7 月 16 日）

河北赵县宋子城遗址
（摄于 2020 年 8 月 6 日）

很快传出。秦始皇听闻后召见了他，并经人举报被认出是荆轲的好友。但秦始皇爱惜他击筑技艺，没有杀他，只是命人薰瞎了他的眼睛。此后，秦始皇常召他为其击筑，并逐渐放松了警惕。高渐离常怀报仇之心，认为复仇机会已到，就暗中把铅灌入筑中，利用靠近秦始皇击筑的机会，奋力举筑猛击过去，结果与荆轲一样失手了，他也为此付出了生命。高渐离尸骨无存，但宋子城遗址犹在，并因高渐离的缘故而引起一些文人骚客的吟咏。

笔者在一个阴云密布的雨天来到了宋子城探幽怀古。宋子城遗址位于赵县的宋城村东南。文献记载和考古研究表明，宋子城在历史上是相当繁荣的。不过，历史的沧桑已经使这座古城如今只剩城垣残迹。站在 2000 多年前高渐离的栖身之地，不由想起后人吊高渐离的诗句：“雉堞荒凉秋水滨，萧条不复旧时春。城头薄暮人吹角，堤畔黄昏鸟弄茵。绿绿树重阴遮野，白云无际锁韩榛。可怜一片纤纤月，曾照当年击筑人。”时光冲刷尽了宋子城的繁华，但掩不住高渐离用生命敲击的筑声，宋子城的残垣断壁也因为高渐离而显得独特，富有意韵。

第三章

秦皇巡游塔犹记

昆山秦峰塔

浮屠记胜

秦始皇建立了我国历史上第一个统一的多民族的中央集权国家。为了巩固统一，他五次巡视全国，足迹遍及大江南北，最后病逝于巡视途中。岁月荏苒，秦始皇巡视的痕迹逐渐湮没。在江南的一个小镇，却有一座古塔仍然矗立在秦始皇曾经巡幸的地方，而且用了一个“秦峰塔”的塔名昭示与秦始皇东巡的联系，使人不禁想起秦始皇东巡的历史故事。

秦峰塔位于江苏昆山千灯镇尚书浦西岸，为砖身木檐混合结构的楼阁式塔，平面呈正方形，共七级，高度约 38.7 米，分为基座、塔身和塔刹。塔基由砖石砌筑，塔身底层边宽 4 米，一层建四角形塔廊，宽大舒展。塔身底层外为方形，内壁为八角形，二至七层均为方室。

每层四面建有券门，四周共嵌砖刻浮雕女菩萨像 44 块。第二层以上，每层均设腰檐和平座，腰檐为木质柱枋椽、栏和斗拱，上盖小瓦，飞檐翘角，内有木楼梯层层上达，可直至塔的顶层。每层可步出券门，凭栏可眺望江南水乡景色。塔的各层高度和平面呈逐层收缩之态，由于秦峰塔的这种收分恰到好处，既符合建筑上的物理原理，又顺应人的审美要求，因此使整个塔身显出简洁明快、玲珑秀丽的外观特色。

塔刹由覆钵、承露盘、五重环相轮和宝瓶组成，均为铁制，重近3吨。塔刹顶端四根浪风索同塔顶层的四翘角紧紧相连，牢牢稳住整个塔身的重心。塔刹高7米，占全塔的近五分之一，与塔身相配合，显得更为挺秀，故此秦峰塔有“美人塔”之称。说其为美人塔，不仅是指塔本身的精巧，还因塔与自然环境的融合。确实，在古镇小桥流水之间，在江南烟雨苍茫之中，远眺兀立于白墙黑瓦之上的美人塔，真有绰约多姿、亭亭玉立之感。在古镇有如此之高的建筑，在当时也是令人叹为观止的，难怪明代正德年间昆山知县方豪登秦峰塔后情不自禁地咏道：“千墩墩上塔层层，高入青霄碍野鹰。我欲登上观四海，秋风病骨未堪胜。”

秦峰塔所在地秦望山原本是一个土墩，因其高耸突起，故称山。吴王寿梦在位时（公元前585—前561），为防海寇侵扰，在此屯兵守卫，并在山上修建烽火楼。据传，秦始皇第五次东巡时，曾驻跸于此，并登烽火楼祭海，此山从此改名为秦望山。后来在山之南建塔，名秦峰塔。我们参观秦峰塔的时候已经感觉不到秦望山的山势，主要是秦望山本身为一土墩，清乾隆年间曾挖取该墩泥土修建通裕社仓，以后民间建房也在此墩取泥，使秦望山逐渐消失。

秦峰塔是昆山市内历史最悠久的佛塔，始建于梁天监二年（503年）。梁武帝一生笃信佛教，广建寺院，形成了“南朝四百八十寺，多少楼台烟雨中”的盛景，秦峰塔就是这个时期的产物。秦峰塔建成后，历经多次兴废。宋大中祥符元年（1008年），重建秦峰塔；元末，孤塔犹存；明洪武年间，重修秦峰塔；明末，塔身部分自然损坏；清初，

有僧人募捐重修，恢复原状；清咸丰十年（1860年），秦峰塔所有塔檐、平座毁于大火，唯存塔身。1994年，政府对秦峰塔进行较大规模的修复，重铸塔刹，新敷塔衣，并修建腰檐、平座、栏杆、楼板、木梯，恢复其宋代风格。

秦望山为千灯镇悠久历史的见证。坦率说，秦峰塔在笔者见过的塔中不算高，也不是很特别，在江南一带，这种类型的楼阁式塔很多。但秦峰塔建在江南一个小镇上，与小镇相得益彰，更重要的是它与秦始皇巡游联系在一起，更显其历史底蕴。秦峰塔修建于秦始皇巡游700多年以后，它没能见证当时的浩大场面，但它矗立于秦始皇驻跸过的山岗上，其意蕴就显得很不一般，这也是笔者多次前往参观秦峰塔的缘故。站在这里，笔者会想起秦皇巡游的萧萧马车声和巡游途中发生的惊天事件。

史事钩沉

公元前221年，秦用了10年时间攻灭了六国，结束了自春秋以来的分裂割据局面。秦王嬴政为显示自己的威仪，兼采传说中三皇五帝的尊号，宣布自己为统一国家的第一个皇帝，即秦始皇，幻想秦王朝统治能够延续千秋万代。为此，他采取一系列加强专制皇权和巩固统一的措施。但秦王朝的统治建立在急政暴虐的基础上，因此，从秦王朝建立起，社会各种矛盾就开始激化。秦始皇为了“威服海内”、祈求长生不老和确保其帝业万世长存，先后五次巡视全国，并为此修筑了以咸阳为中心、通向四面八方的驰道。

公元前220年，秦统一仅仅一年时间，秦始皇就开始了第一次出巡。这次主要是巡行陇西和北地，这里是秦人祖先故地，也是秦朝的根据地。此次巡行目的是巩固后方和礼敬先祖。

公元前219年，秦始皇开始了第二次出巡，这次出巡的主要目的是抚慰东土、封祀泰山。秦始皇不远千里到泰山封禅，据称是因为齐国贵族残余有反秦活动，因此必须“东游以压之”。此外，秦始皇希望东寻不死之药也是重要目的。秦始皇一行经过长途跋涉，先行抵达峄山（今山东邹城东南），登山刻石后来到泰山脚下，他命人开凿山

秦始皇第一次巡视的是秦人祖先的故地陇西和北地（摄于2011年7月24日）

秦始皇第二次巡视途中封禅泰山，遇雨封五大夫松
（摄于 2014 年 10 月 26 日）

秦始皇登琅邪台，留三月，并刻石以颂秦德
（摄于 2017 年 5 月 18 日）

路，乘坐銮驾，亲至山顶。据司马迁《史记》记载，秦始皇登临泰山时，中途曾遭遇暴风雨，不得不避雨于一棵大树下。雨过天晴后，秦始皇因此树遮雨有功，于是当即封之为五大夫。《史记》只言是大树，汉唐以后，“大树”逐渐讹传为五棵松树。现在泰山山腰的五松亭，据说就是秦始皇当年的避雨处。秦始皇到达山顶后，设坛举行庄严的封礼，并命丞相李斯篆书诏文刻石纪号于岱顶碧霞祠东的玉女池旁。礼毕，从泰山之阴下。之后，又禅梁父（泰山下之小山），东游海上，登荣成山、芝罘山（今山东胶东半岛东端），再南登琅邪山。琅邪台为越王勾践所筑，气势恢宏。据《史记》记载，秦始皇“南登琅邪，大乐之，留三月”。他还重建了琅邪台，并刻石以颂秦德。据说，秦始皇听说东方有不死之药，到了琅邪后，派人四处打听。方士徐福告知海上有蓬莱、方丈、瀛洲三座神山，有仙人居住，必有神丹妙药。秦始皇信以为真，立即下旨修造大船，并让徐福带了童男童女数千人乘楼船入海，但一去不返。有趣的是，七、八世纪后，日本文献中颇多有关徐福的记载，日本还留有一些有关徐福的“遗迹”。关于徐福是否实有其人，是否东渡日本，学术界还存有不同见解。

公元前 218 年，秦始皇再次东出函谷关巡行东方，不料当浩浩荡荡的巡视车队经过阳武（今河南原阳东）附近的博浪沙时，遭到了一

秦始皇第三次巡视途中，在阳武博浪沙遇刺（摄于 2013 年 10 月 19 日）

个大铁椎的袭击，大铁椎击碎了副车，秦始皇幸免于难。策划此次行刺活动的人名叫张良，他父祖几代人相继做过韩国的相国。韩国被灭后，张良为报家仇国恨，用全部家产广交天下英雄豪杰。他寻觅到了一个勇士，并打制一只重达 120 斤的大铁椎，预先埋伏在秦始皇东巡必经的博浪沙，结果误击副车，秦始皇安然无恙，张良趁乱逃离现场。秦始皇大怒，下令在全国大肆搜捕。但博浪沙遇险并没有影响秦始皇的兴致，他继续巡游，上芝罘岛（今山东烟台北）刻石颂秦德。而张良在博浪沙刺秦失败后，改名换姓逃至下邳（今江苏睢宁西北）躲藏起来。据说张良在下邳隐居期间，有一次徜徉在下邳城东南小沂水上的圯桥，遇到一位穿粗布衣的老人，老人故意把鞋子甩到桥下，对张良说："小伙子，下去把鞋给我捡上来！"张良看是位老人，也就不计较了，到桥下把鞋子捡上来，并跪着替老人穿上。老人穿上鞋子后笑着就走了。老人走了一程后，又返回来对张良说："你这个小伙子还值得教导，五天后黎明，在这里等我。"张良虽然感到奇怪，但还是答应了。五天后的拂晓，张良到达时，老人已经先在那里等候了。老人怪其迟到，转身就走，并留下话："五天后早点来相会。"五天后，张良再次前往，可老人又先到了，老人又把会面时间推迟五天。到了第五天，张良不到半夜就动身了，这次果然比老人到得早，老人看到张良先到很高兴，于是拿出一部书对张良说："读了这部书，可以成为王者之师，十年以后就可以发迹。"老人说完就走了，张良一看老人送的书是《太公兵法》，十分高兴，于是刻苦钻研，深得精要。这就是历史上著名的"张良拾履"故事。这位老人名叫黄石公，为秦汉

秦始皇第四次巡视碣石和北边，刻下《碣石铭》（摄于 2013 年 7 月 17 日）

时期的思想家和军事家。张良之后投奔刘邦，成为重要谋士，并助刘邦推翻秦朝，夺得天下，受封留侯，被誉为“汉初三杰”之一。

公元前 215 年，秦始皇巡行碣石和北边，在碣石山刻下《碣石铭》。400 多年后，曹操东征经过此处，留下了千古绝唱《碣石篇》。此外，秦始皇因为上次徐福出海没有结果，继续派侯生和卢生入海求取不死仙药。侯生和卢生为免遭杀身之祸，相约出逃他乡。秦始皇闻讯大怒，认为儒生多以妖言惑乱黔首，下令御史严厉查究，受株连的儒生达 460 余人，最后都被活埋于咸阳。这一行动加上之前针对儒生以古非今、“出则巷议”而采取焚书行为，在历史上被称为“焚书坑儒”，它体现了秦始皇的暴虐，严重摧残了思想文化的发展。

公元前 211 年，有一块陨石坠落东郡，有人在上面刻上了“始皇帝死而地分”。秦始皇听说后，便派人到东郡调查此事，但没有结果，于是秦始皇便下令把陨石落地附近的居民全部杀掉。当年秋天，朝廷使者在一天夜里路过华阴平舒道时，突然有一人持着一块玉璧，拦住使者说：“今年祖龙死！”使者正待查问，那人则放下玉璧，转身离去。秦始皇闻听此事，召使者询问，并不解其意。于是命人仔细查看玉璧，这玉璧竟是秦始皇几年前不慎掉入江中的那一块。秦始皇更加觉得不可思议，于是命人占卜。根据占卜的结果，秦始皇迁徙北河榆中三万家，并决定于公元前 210 年再次出巡。

十月，秦始皇一行从咸阳出发，开始了第五次巡行。同行的有丞相李斯、小儿子胡亥以及掌管车驾的宦官赵高等。巡游首先南下云梦

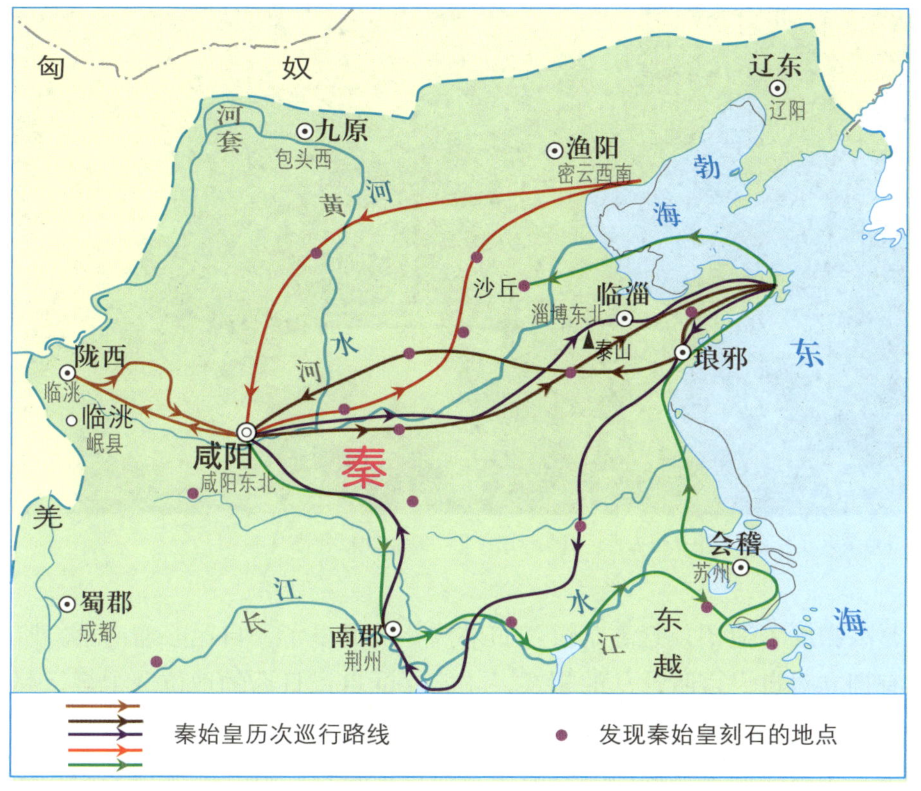

秦始皇巡行路线图

（今属湖北），上九嶷山望祀虞舜，然后沿长江东至会稽。在会稽刻石之后到吴地。在吴地，秦始皇巡游了很多地方，包括姑苏山、秦台山、阳山、虎丘山等，秦始皇应该就是这个时候到过千灯镇的秦望山。据说在浙江会稽和江苏江阴、武进、金坛等地秦始皇登过的山，都称秦望山。之后秦始皇一行渡江北上，至琅邪，沿海滨寻求仙药，在海上捕杀大鱼。长时间的在外巡游，使得年已半百的秦始皇身体不支，加上海风的侵袭，导致病魔袭来，病情很快恶化。当巡行车驾到达沙丘平台（今属河北广宗）时，秦始皇已经病入膏肓，不久病逝于此，时年 50 岁。

秦始皇生前立下遗嘱让扶苏继承皇位。扶苏（? —前 210）是秦始皇长子，他心地善良，认为天下未定，百姓未安，因此反对“焚书坑儒”“重法绳之”等政策。他的劝谏触怒了秦始皇，秦始皇就派他到上郡（今陕西榆林东南）担任大将蒙恬的监军，希望以此历练扶苏。秦始皇知道扶苏尽管与自己政见不合，但为人“刚毅而武勇，信人而奋士”，况且，依照嫡长子继承制也应该传位于他。因此秦始皇临终前下诏，命扶苏赶回咸阳主持丧事，但诏书未及送出就咽了气。宦官

秦始皇第五次巡视途中病重去世，引发沙丘宫变（摄于 2015 年 5 月 11 日）

赵高扣压了遗诏，赵高暗忖：如果扶苏当上皇帝，自己必遭冷落，唯有拥立对自己言听计从的胡亥，才能保证自己日后的地位。于是，赵高游说丞相李斯，李斯虽然并不赞成篡诏改立，但在赵高的威逼利诱下，为自保向赵高妥协。赵高于是与李斯合谋，假托秦始皇之命，立胡亥为太子，同时伪造了一份诏书送往上郡，以"不忠不孝""上书直言诽谤"等罪名命扶苏与蒙恬自杀。扶苏接到诏书后，悲愤交加，拔剑就要自杀。蒙恬对诏书产生怀疑，劝阻扶苏弄清楚后再作决断，但在赵高使者的不断催促下，一向仁孝的扶苏悲伤地说："君要臣死，父要子亡，还有什么好请求的呢？"言罢挥剑自杀。后来，征战北疆十多年、威震匈奴的蒙恬也被迫吞药自杀。

秦始皇病逝沙丘平台后，李斯、赵高等怕发生变乱，于是秘不发丧，车队照常向咸阳进发。为防天气炎热秦始皇的尸体发臭引起其他人警觉，他们就用车装了很多腥臭的鲍鱼以掩人耳目，甚至每到一个郡县，地方官员照常在车外问安、奏事。直至秦始皇灵柩回到都城咸阳，才正式发丧。胡亥即位，为秦二世皇帝。

秦二世即位后，承袭秦始皇的弊政，赋敛愈重，徭役无度，尽管他效仿秦始皇，率李斯等东封泰山，并在岱顶秦始皇刻石之阴刻其诏书，颂先帝之德，希冀通过巡行封禅加强统治，但其暴政最终引发了陈胜、吴广领导的农民起义。秦王朝存世仅 15 年，就在农民起义的浪潮中覆灭了。

史迹博萃

「秦国都城遗址」

秦在周代本是我国西部的一个小诸侯国，周平王东迁后势力逐渐扩展到关中，并随着国势向东发展。它的都邑也屡次向东迁移：西周时，为西垂、大邱和秦，范围在陇西一带（今甘肃天水附近）；春秋时，为汧渭之交、平阳和雍，即周室东迁后为秦所得的岐西一带（今陕西宝鸡凤翔附近）；到战国，为泾阳、栎阳和咸阳，此时，秦的都邑已经东移至泾渭下游（今陕西西安以北）。今天，秦的这些都邑大多湮灭，只有雍、栎阳和咸阳尚有迹可循，这几座都城也是秦国历史上最重要的都城。

雍城遗址位于陕西宝鸡凤翔区城南。从秦德公元年（公元前 677 年）至秦献公二年（公元前 383 年），建都时间长达 294 年，是秦国建都时间最长的都城，历经 19 位国君，包括春秋五霸之一的秦穆公。正是这一时期，秦“益国十二，开地千里”，称霸西戎。遗址包括城址、陵区、国人墓地及郊外离宫别馆四部分，面积达 50 多平方千米。

栎阳城遗址位于陕西西安阎良区武屯街道。秦献公二年（公元前 383 年），秦迁都栎阳，仅仅过了 33 年，秦孝公十二年（公元前 350 年）就迁都咸阳。秦国在栎阳建都时间虽然不长，但对秦国意义重大的商鞅变法就发生在这里。栎阳城遗址东西长 1.8 千米，南北宽 2.2 千米，城有六门。

陕西宝鸡凤翔秦雍城遗址
（摄于 2022 年 7 月 30 日）

陕西西安阎良栎阳城遗址
（摄于 2017 年 7 月 24 日）

陕西西安阿房宫遗址
（摄于 2018 年 7 月 24 日）

陕西咸阳秦咸阳城三号宫殿遗址
（摄于 2022 年 7 月 29 日）

秦都咸阳以咸阳城为中心，包括渭水两岸一带的广阔地域。自秦孝公迁都于此，历经 7 代国君。秦末，项羽入咸阳，烧秦宫室，火三月不灭，秦宫成为一片废墟。笔者先后参观了阿房宫、咸阳宫等遗址。阿房宫是秦始皇意欲修建的一个前无古人的宏大建筑，其奢华程度我们只能在唐朝杜牧的《阿房宫赋》中体会。据载，阿房宫于秦始皇三十五年（公元前 212 年）动工，秦始皇在世时可能只修了前殿，秦二世继续按规划扩建阿房宫，但此时陈胜、吴广已揭竿而起。等到项羽打到关中，一把大火烧毁了包括阿房宫在内的秦朝宫殿。笔者寻访时，看到七至八米高的阿房宫基址遗存依然矗立。咸阳宫遗址位于秦咸阳城北部阶地上，坐落在今渭城区窑店街道牛羊村一带。考古工作者曾发掘了一号、二号、三号宫殿遗址。宫殿都是建在夯土台基上，分为三层，犹如楼阁。秦始皇翦灭东方六国的谋略和荆轲刺秦王都发生在这里。如今宏伟的咸阳宫只剩下夯土台基。台基上长满了青草，十分荒芜，昔时的繁华宏丽已无法再观。空旷的高台之上，微风掠过，将一切尘封。

「秦驰道和直道」

秦始皇统一天下后，为控制广阔的疆域，保证政令、军情传达的畅通和外出巡视的通达，统一后的第二年（公元前 220 年）就下诏修筑官道，称为秦驰道。驰道以咸阳为中心，东到燕（今河北北部、北京一带）、齐（山东半岛及沿海一带），南至吴、楚（今两湖及江浙一带）。此外，还有从云阳（今陕西淳化西北）直达九原（今内蒙古包头西）的直道。秦朝著名的交通干线包括上郡道、临晋道、东方道、滨海道、武关道、栈道、西方道及直道等，南北东西，基本贯通。

从《汉书·贾山传》中得知，秦驰道路面用锤夯筑厚实。平坦之处，道宽五十步，路中间为专供皇帝出巡车行的“天子道”，路两旁每隔三丈植有树木。当时，修建驰道主要使用民众，以及大量的囚犯、战俘等。秦始皇通过这几条驰道，在 11 年间 5 次巡视。他的许多决定也是在驰道上作出的。如今，驰道有的改建，有的废弃。当年车马辚辚的古驰道大多无迹可寻，但从仅剩的驰道中，我们依然能够看到当年的规模。

井陉秦驿道是其中重要的遗迹。它是贯穿太行山通往古燕赵的交通要隘，被誉为“天下九塞之一”。当年秦始皇在沙丘平台病逝后，灵车在井陉歇停，并经此回咸阳。井陉驿位于今河北井陉县。笔者一到此，就感受到这里关山环立的险要地势，难怪成为历代兵家必争之地。沿着较为陡峭的石路上行，就看到秦始皇歇灵台，绕过一个山口，

河北井陉秦驰道遗迹（摄于 2015 年 5 月 11 日）

河北井陉秦驰道东天门（摄于2015年5月11日）

一座雄关豁然出现，这就是扼守古驿道的关城东天门，门匾上题有“西通秦晋”四个蓝底金字。关城分为东阁、西阁，踞守在南北两峰之间。接近关城，但见古驿道车辙深深地从关城下穿过。历经了多年的车轮碾轧、马蹄踩踏，石块已经变得光滑如镜，凹凸不平，这是古驿道昔日繁华忙碌的见证。站在这里，笔者似乎还能听到曾经杂沓的马蹄声和车轮铁箍与石块撞击的声音。

为了抵御外患，巩固扩大秦朝疆域，公元前212年，秦始皇委派将军蒙恬率20万大军镇守边关，同时承担修筑直道之重任。这条路从咸阳以北的云阳为起点，穿越子午岭主脉，直抵九原，全程1800里。因这条道路大体南北相直，故称“直道”。秦亡后，这条直道于后世乃至隋唐时期，都在发挥作用。清中叶以来，秦直道逐渐荒废于野。笔者曾专程去陕西淳化和内蒙古包头寻访秦直道的起点和终点。如今，秦直道已寂静地隐匿于黄土层深厚的密林深处。想当年，这条道路不仅呈现过战马奔驰的壮观场景，也演绎过张骞出西域、王昭君出塞等诸多历史故事。

陕西淳化秦直道起点
（摄于2020年7月31日）

内蒙古包头秦直道终点
（摄于2021年7月26日）

「秦刻石」

秦始皇五次巡视，为歌颂其功德，昭示万代，留下了七块纪功刻石，称为“秦七碑”，分别为峄山刻石、泰山刻石、琅邪刻石、芝罘刻石、东观刻石、碣石刻石和会稽刻石。由于地震、雷击、火焚、风雨剥蚀等因素，这七处刻石大多早已毁坏无存，仅有泰山刻石和琅邪刻石留存至今，其余的刻石原件早已泯灭，有些还留有根据拓本翻刻的石碑。

峄山刻石、泰山刻石和琅邪刻石是秦始皇第二次出巡时所刻，其中峄山刻石原石已佚，宋代郑文宝根据南唐徐铉摹写的版本重刻了峄山刻石，现藏于西安碑林博物馆。秦泰山刻石是泰山最早的刻石，原系公元前 219 年秦始皇东巡泰山时所刻，后秦二世胡亥在公元前 209 年封禅泰山时在碑阴再刻诏书颂德。此碑在北宋徽宗时还保存 146 字，到明嘉靖年间尚存 29 字，但清乾隆年间毁于火灾。清嘉庆年间发现残石 2 块，尚存 10 个字，现迁于岱庙东御座内。琅邪刻石包括秦始皇刻石和秦二世刻石，秦始皇刻石已毁，秦二世刻石尚存，但经过自然和人为破坏，仅剩部分存留，残石现收藏于中国国家博物馆。

芝罘刻石和东观刻石是秦始皇第三次出巡时所刻，后人称为“芝罘二碑”，早已散佚，现尚存拓片。

山东泰安泰山刻石残石
（摄于 2014 年 10 月 25 日）

山东胶南琅邪刻石
（摄于 2017 年 5 月 18 日）

山东胶南琅邪秦刻石
（摄于 2017 年 5 月 18 日）

浙江绍兴会稽刻石
（摄于 2017 年 4 月 14 日）

碣石刻石是秦始皇第四次出巡时，在河北东北部的碣石山上所刻，亦称《碣石铭》，刻石已无存，现留有拓片。

会稽刻石为秦始皇第五次出巡时，为“颂秦德”，立碑于秦望山之巅，此为秦始皇最后一块刻石。此刻石在南宋绍兴年间尚存，但字迹磨灭殆尽，几经复制，现摹刻置于绍兴大禹陵碑廊内。这些纪功刻石作品虽然均无署名，但历来史料都认为应出自李斯之手，当是李斯随同始皇出巡，所到之处的纪功刻石作品。秦刻石均以秦统一六国后通行的小篆书写而成。其用笔劲秀圆健，结构严谨，为秦篆的代表作。秦七碑为传世书法篆刻艺术的瑰宝。笔者能有机会在泰山、琅邪台、大禹陵等处一睹秦刻石风采，确是三生有幸。

「博浪沙及张良遗迹」

公元前218年，秦始皇开始了第三次巡视，途中在阳武博浪沙遭遇大铁椎的袭击。这一行刺行动虽然没有成功，但在当时影响巨大，于史籍上也留下了浓墨重彩的一笔。

博浪沙地处河南原阳东关村，原来这里并没有什么名气，但张良谋刺秦始皇事件发生后，博浪沙由此名扬天下。历史上的博浪沙应为一处常起风沙的沙丘之地，不过，当笔者多年前来此寻访时，博浪沙早已面目全非。这里不再有起伏的沙丘，也难遇弥漫的风沙，而只是紧靠县城的一片小林地，如果不是遗址中央高台上的石亭立有一块镌刻有“古博浪沙”的石碑，笔者都不相信这里就是著名的博浪沙遗址。碑亭旁还有几十余块石碑、张良等人的塑像和一座面积不大的张良庙，此外，博浪沙没有什么可资参观的纪念物。放眼今天的博浪沙，只有苍凉的古碑和稀疏的植物，但博浪沙同张良联系起来，就成为被后世敬仰之地。

张良在博浪沙刺秦失败后，为躲避搜捕，就隐姓埋名藏匿到了下邳（今江苏睢宁西北），并在下邳圯桥因“拾履”而得到了黄石公的《太公兵法》，辅佐刘邦夺得了天下。圯桥位于今江苏睢宁北的下邳城东南的小沂水上，可惜在清康熙七年（1668年）因地震和黄河决口，下邳古镇以及圯桥一起埋没，今天的古邳镇是之后重建的。为了表达对张良和黄石公的敬仰之情，后人新建了圯桥，并立有“汉留侯进履处”碑。虽然现在的圯桥与笔者心目中的圯桥落差很大，但发生在古圯桥的故事却使笔者思古之幽情油然升腾起来。

河南阳武博浪沙遗址
（摄于2013年10月19日）

江苏下邳古圯桥
（摄于2014年5月28日）

河南兰考张良墓
（摄于 2011 年 10 月 16 日）

陕西紫柏山张良庙
（摄于 2012 年 9 月 26 日）

河南兰考、山东微山、江苏沛县、湖南张家界等处都曾有张良墓冢。兰考张良墓位于县城西的三义寨乡曹辛庄，据传张良曾隐居于此。冢高十余米，古柏环绕，墓前立有“汉留侯张良墓”的石碑。微山张良墓位于县南，缘于张良封地留城就在附近。留城后淹入微山湖中，微山张良墓冢高大，墓前有清乾隆时的墓碑和张良立像。沛县也因与留城相近，故也有张良墓，今已无存。张家界张良墓因传张良从赤松子游，故有墓在青岩山。笔者先后瞻仰过这几处张良墓，兰考墓的苍凉、张家界墓的缥缈、微山岛墓的高大都给笔者留下了深刻的印象。

此外，在全国一些地方还建有多座张良祠，位于秦岭深处的汉张留侯祠是其中最著名的一处。出于敬仰之情，笔者两度来此拜谒。相传此地为张良“辟谷”处，祠宇为张良后裔汉中王张鲁所建，位于秦岭紫柏山东南脚下，现存建筑为明清重建。走进祠内，院院相连，亭阁星罗。笔者在紫柏山中峰山顶的授书楼向外眺望，但见四周峰峦起伏，林海苍茫，张良选择在此修身养性，足见其不凡的眼力。古朴典雅的张良庙，终年云霭缭绕，确实颇有仙家灵气。

「秦末农民起义遗迹」

公元前 209 年，陈胜、吴广与九百闾左戍卒同赴渔阳戍边，在今安徽宿州大泽乡遇雨误期，被迫举行起义。据载，当时曾筑坛盟誓，诛伐暴秦。两千多年过去了，当年陈胜、吴广起义时所筑的土台依然高耸，因陈胜字涉，后人遂将其盟誓坛称为“涉故台”。多年前，笔者专程来到位于安徽宿州的涉故台，凭吊陈胜、吴广起义的遗址。盟誓坛遗址是一片高 3 ~ 4 米的土台，台阶中央有一棵古树，因树身多疙瘩像鳞甲，其形如龙，故被命名为“柘龙树”。石阶尽头，就是陈胜、吴广起义遗址。这是一片杂草丛生、树木葱茏的高台草坪，草丛中有四块石碑依次排列，分别是明、清和民国时期由大泽乡乡儒所撰的记事碑。两千多年前，一场惊天动地的壮举就是在此酝酿爆发的。

陈胜、吴广在大泽乡起义后，很快攻占陈县（今河南淮阳），并以此为都建立了“张楚”政权。不久，因遭秦军围攻，陈胜被迫撤出陈县，准备重新聚集力量，再做反秦的努力。不料在撤退过程中，在下城父（今安徽涡阳境内）被车夫庄贾谋害，成为千古遗恨。

据记载，汉初曾在淮阳城东关建有陈胜庙，但笔者在淮阳城中寻觅良久，没有看到古城墙，更没有找到陈胜庙，笔者只在护城河畔看到一块“陈楚故城”的石碑，昭示着它曾经的岁月。陈胜遇害后，陈胜的涓人将军吕臣组建苍头军攻下陈县，处死庄贾，并把陈胜安葬在河南永城芒砀山西麓。汉高祖刘邦即位后派人扩建了陈胜墓。刘邦深

安徽宿州大泽乡起义旧址
（摄于 2012 年 9 月 1 日）

河南淮阳陈楚故城
（摄于 2017 年 7 月 18 日）

河南永城陈胜墓
（摄于 2011 年 12 月 13 日）

河南太康吴广塔
（摄于 2017 年 7 月 18 日）

知如果没有陈胜首先举起反秦大旗，也没有自己的今天。因此刘邦不仅谥陈胜为“隐王”，还为陈胜修茔立碑，并派 30 户丁役守冢，每年还以牛、羊等祭祀。陈胜墓自东汉以后就逐渐荒废，至北宋已呈现“狐鸣陈涉孤坟坏”的惨景，不过墓冢一直保存着。1975 年，陈胜墓得到了政府的重视和修建，渐复旧观。笔者三度到芒砀山麓拜谒陈胜墓。墓园建有雕塑、大泽风云殿、隐王殿等。陈胜墓坐落在最后面的一片林子中间，墓前方矗立着高大的墓碑，由郭沫若手书“秦末农民起义领袖陈胜之墓”。碑后为陈胜墓冢，墓呈方形，四周青石围砌，上覆斗形黄土。

吴广也是秦末农民起义的发起者，但在攻打荥阳时，被同为起义军将领的田臧所杀，其葬地不知所在，不过在其故里河南太康城西小吴村东头有一座“吴广塔”，据说是为纪念吴广而建，笔者专程前往瞻仰。

笔者默立陈胜墓、吴广塔前，体会历史沧桑，感受英雄情怀。

「沙丘平台及秦朝帝陵」

相传，沙丘宫这座离宫别馆最早为商纣王所建，商纣王在此设酒池肉林，狂歌滥饮，其荒淫奢侈程度骇人听闻。战国时期，沙丘一带为赵国属地，赵王又在这里设离宫。公元前295年，雄才大略的赵武灵王因两位儿子的内讧导致自己饿死在沙丘宫，沙丘宫目睹了一位君王悲惨的结局。

公元前210年，秦始皇在第五次巡视途中在平原津患病，自知病将不起，于是拟诏书，命长子扶苏速归咸阳送葬，并继嗣帝位。但行至沙丘宫后病逝。沙丘宫由此成为历史上著名的“困龙之地”。

秦朝以后，沙丘宫逐渐荒芜，岁月的冲刷加上人为的破坏，使建筑荡然无存。笔者站在沙丘遗迹前，看到的只是田野中的一片荒芜的土台，只有几通默默矗立的石碑向后人述说着昔日的风云变幻。

当年，秦始皇病逝后，葬于咸阳郊外的骊山。骊山陵从秦始皇即位时就开始营建，至秦始皇病逝为止，修建时间长达37年，为中国古代最大的帝陵之一。据载，陵园分为内、外两城，南部为陵园中心，尚保存高76米的夯土陵丘。经过千百年的自然侵蚀和人为破坏，今天我们见到的骊山陵除了高大的封土堆外，已经看不见其他地面建筑。不过，封土之下的秦始皇陵地下宫殿一直引人关注。据《史记》记载：“穿三泉，下铜而致椁，宫观百官，奇器珍怪，徙臧满之……以水银为百川江河大海，机相灌输。上具天文，下具地理，以人鱼膏为烛，度不灭者久之。”可见秦始皇陵地宫规模宏大、埋藏丰富。史籍记载，项羽入关后，曾以三十万人盗掘秦始皇陵，并火烧

河北广宗沙丘宫遗址
（摄于2015年5月14日）

陕西西安秦始皇陵
（摄于2011年7月27日）

陕西西安秦兵马俑
（摄于 2008 年 10 月 20 日）

陕西西安秦二世陵
（摄于 2011 年 7 月 27 日）

其宫观。唐末黄巢起义时，也经历过一次大的开掘，但秦始皇陵地宫情况究竟如何，至今尚不清楚。1974 年，在秦始皇陵东 1 千米处发现的规模巨大的秦兵马俑，再现了秦始皇当年完成统一大业而展现出的军威。

秦二世胡亥是秦始皇幼子，靠赵高等伪造遗诏而继位。他昏庸无道，任凭赵高“指鹿为马”。秦朝的暴政最终导致了陈胜、吴广起义的爆发。在秦朝江山危在旦夕之时，胡亥被赵高逼迫自刎，并以黔首（即百姓）之礼草葬。据载，秦二世墓位于西安东南曲江池畔。多少年来，这座荒冢杂草丛生，极尽荒凉，访者寥寥。如今，墓已修复，为圆形土冢，墓前立有清陕西巡抚毕沅勒石的“秦二世皇帝陵”墓碑。不过，也有学者对胡亥葬处有不同看法，认为近年在西安神禾塬发现的秦陵有可能是真正的秦二世陵，真相究竟如何，还有待考古工作者的进一步研究。

第四章

塔影几曾梦薄姬

礼泉薄太后塔

浮屠记胜

在中国历史上，以人名命名的宝塔不在少数，但直接以太后名号命名的宝塔不多，薄太后塔就是其中最著名的一座。薄太后，这位养育了汉文帝的母亲，用自己的善良和谦逊为儿子赢得了帝王的宝座，也使自己流芳百世，而薄太后塔的命名正是这一影响的印证。

薄太后塔位于陕西礼泉县东 25 千米的薄太后村，因建于香积寺前，又称为香积寺塔。当地又称该塔为望母塔，至今“望母塔”三字仍赫然书于该塔北门之上。薄太后塔系砖砌楼阁式塔，全部用青砖砌筑，砖缝黄胶泥。塔外观呈方形，底层以青石为角护基，共七层，高 40 余米，周长 21 米，占地面积 39.5 平方米。第一层塔身较高，素面无装饰，正、背两面辟拱形券门。自第二层以上，各层塔身四面均砌出砖柱和平座。每层塔檐均以叠涩砖挑出，檐下隐出斗拱，这一造型在我国古塔建筑中少见。塔的内部为空筒形式，第一层到第四层相错开拱形券门，五层以上则四面辟券门。塔内有楼梯，可登临眺望。可以看出，设计者为防止垂直裂缝的

出现，还是经过考虑的。塔顶为四角攒尖，无塔刹，原来就没有还是后来损毁，不得而知。整座塔造型凝重庄严，施以砖雕，秀丽别致。檐梢又吊挂铜铃，风吹铃响，清脆悦耳，缠绵不断，不禁使人遥想万千。驻足观赏，塔的斗拱、平栏等雕饰较多，在我国古塔建筑中独具风格。

关于塔的肇建年代，文献上没有明确记载。从它的造型、斗拱设施及装饰艺术等推断，大约是唐末五代至宋初时的作品。有专家参照西安市鄠邑区宝林寺塔，渭南市澄城精进寺塔、华州区蕴空寺塔等有确切纪年的古塔，认为香积寺塔具有方形宋塔的基本特征。香积寺塔后面原建有香积寺，后来，寺庙被毁，仅存高塔。

香积寺塔为何被称为薄太后塔，流传多种说法。有传此塔系汉文帝刘恒为思念母亲薄太后而修建的。汉文帝极为孝顺，薄太后晚年染病多年，身为皇帝的他依旧每日侍服，亲自尝药，二十四孝中的“亲尝汤药”说的就是这个故事。后世把此塔冠以“望母塔”也是为了体现薄太后和汉文帝的母子深情。又有说是年轻的薄姬曾随魏王豹的军队驻屯在这一带，薄姬成为太后后，为纪念这一段经历，修建了此塔。还有说薄姬成为汉高祖刘邦的嫔妃后，为避吕后的暴虐，刘邦为她在这附近修建了一座行宫，称为“红觉院”。也有传说，从前这个村子曾经发生特大荒灾，颗粒无收，但官府仍催租逼粮，村民苦不堪言。刚巧村中有一女子曾为薄姬侍女，于是，她就向薄姬求情。薄姬把这一情况告诉了汉高祖，免除了该村三年的粮租。村民们记住了这份恩情，汉文帝即位后，村民们就把这个村和塔都以薄太后命名。直到今天，薄太后和望母塔的故事还在当地广为流传。

薄太后塔的得名，虽然有多种说法，但因为缺乏确凿史料，因此很难确认。不过，既然此塔以薄太后命名，那么，必然与薄太后及西汉初年的这段历史有一定的联系。不管是汉文帝刘恒为思念他的母亲，或者薄太后为纪念随魏王豹军队驻屯此处的经历，或者为避吕后的暴

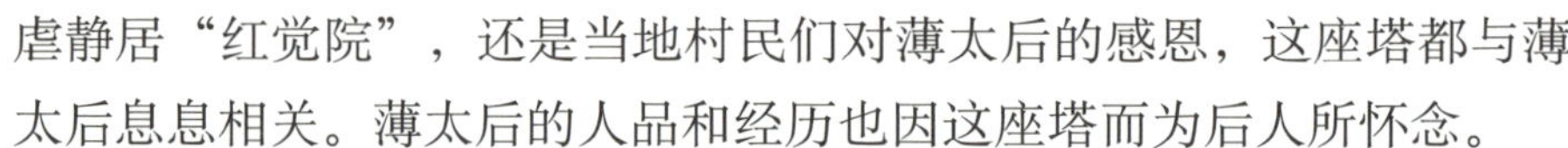

虐静居“红觉院”，还是当地村民们对薄太后的感恩，这座塔都与薄太后息息相关。薄太后的人品和经历也因这座塔而为后人所怀念。

薄太后塔矗立关中，但常年封闭于高墙之内，并不对外开放。笔者寻访时，刚巧守护古塔的一位老人家开门，笔者赶忙上前说明情况，经同意，才得以进入塔院参观。香积寺早已片瓦无存，如今塔院中已开垦出块块农田，种植着一些低矮的农作物。薄太后塔就矗立在院子的中央，显得巧秀精美，细致柔丽，它能够保存至今实属幸运。离开薄太后塔时，笔者不禁再回视这座静处于马路边、小村口的古塔，它比起西安一带的其他古塔并不算出色，但这座砖塔深藏的故事却使它拥有了无限的魅力。薄太后的一生充满了坎坷和传奇，不幸与幸运同时书写着薄太后的命运。

史事钩沉

秦朝末年，陈胜、吴广领导的反秦大起义爆发，泗水郡沛县（今江苏沛县）亭长刘邦在沛县主吏萧何和狱掾曹参等人的拥戴下聚众响应。说起刘邦的起义，其实还有一段由缘。刘邦虽然出身农家，但他不喜耕稼，喜好交友，与县吏萧何、曹参、夏侯婴等友善。秦为修筑皇陵，下令各郡县送刑徒至骊山服役，刘邦作为泗水亭长奉命押送一批刑徒前往。不料途中刑徒逃散不少，刘邦眼见无法交差，索性将剩余的刑徒都放走，并与一些愿意跟随自己的人逃入芒砀山中，并不时与萧何、曹参暗中联系。

公元前 209 年 7 月，陈胜、吴广起兵，传檄四方。刘邦闻讯，与萧何、曹参、樊哙、周勃等在沛县起兵响应，称为沛公。相传，刘邦在芒砀山聚义过程中曾斩挡道白蛇，此事被神化，为刘邦增添了神秘光环。刘邦起义不久，便投奔了项梁领导的起义军。次年，项梁等拥立楚怀王之孙熊心为楚王，仍称楚怀王，都盱眙（今江苏盱眙东北），后迁都彭城（今江苏徐州）。秦朝廷派大将章邯率军镇压起义军，项梁因骄傲轻敌，被章邯袭破而阵亡。之后，章邯转戈北上围攻赵地。楚怀王命宋义为上将军，项羽为次将，出兵救赵。又派遣刘邦西行

秦朝末年，泗水亭长刘邦在永城芒砀山斩蛇聚义（摄于 2011 年 12 月 13 日）

鸿门宴上刘邦得项伯、张良等协助始免于难
（摄于 2017 年 7 月 24 日）

刘邦被封为汉王，统治巴蜀及汉中一带
（摄于 2014 年 7 月 31 日）

伐秦。楚怀王与诸将约定：“先入关中者王之。”当项羽在巨鹿（今河北平乡境）与秦朝大军鏖战时，刘邦带领所部向关中挺进，一路迫降宛城，攻占武关，于公元前 206 年 10 月进抵霸上。秦王子婴投降，秦朝灭亡。刘邦废除秦朝苛法，与关中父老约法三章：“杀人者死，伤人及盗抵罪”，深得百姓欢迎。

项羽击溃秦军主力后，也引兵入关。听说刘邦已定关中，他心中大怒，进驻鸿门。项羽自恃功高，企图倚仗手中的四十万大军，消灭刘邦，独霸天下。在兵力悬殊的情况下，刘邦听从谋士张良的建议，亲赴鸿门与项羽相会，卑辞言好，项羽的谋士范增策划在宴会上刺杀刘邦未成。

之后，项羽佯尊楚怀王为义帝，迁其去江南，却在途中派人谋害于江中。项羽自封为西楚霸王，都彭城（今江苏徐州），并分封十八路诸侯。刘邦被封为汉王，统治巴蜀及汉中一带，都南郑（今陕西汉中）。他不甘心屈居偏隅，在南郑拜韩信为大将军，积蓄力量。之后，刘邦利用齐国田荣起兵反楚的有利时机，明修栈道，暗度陈仓，发起了楚汉战争。刘邦采用韩信的计谋，很快平定三秦之地，率领灌婴、

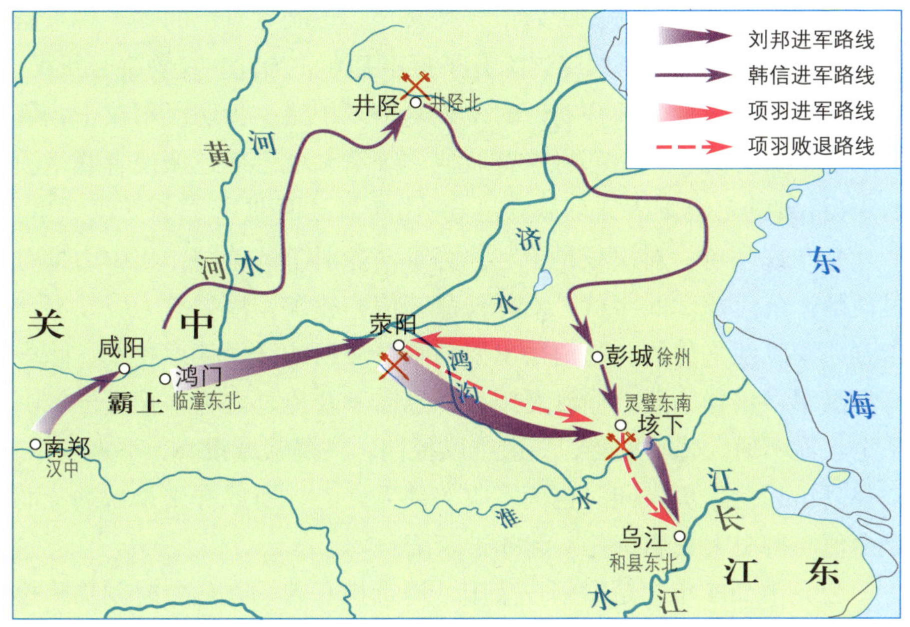

楚汉战争示意图

曹参等部将由临晋渡过黄河，收降魏王豹。魏王豹是战国魏国的贵族，陈胜、吴广起义时立其兄魏咎为魏王，后来秦将章邯攻魏，魏咎兵败被杀。魏豹逃亡至楚国，从楚怀王手中借兵数千人打回魏国，接连攻下魏地二十余城，自封为魏王。项羽大封诸侯时，改封魏豹为西魏王。刘邦这次东进，利用诸侯因项羽分封不公而产生的不满情绪，联络诸路反楚诸侯，联合向西楚发起攻击。

公元前 205 年，刘邦趁项羽率大军在山东镇压齐国反叛、彭城空虚之机，率领诸侯联军 56 万，攻占西楚都城彭城。项羽闻讯，留下部将继续攻齐，自己则率领 3 万精兵，迅速南下，占领萧县，切断刘邦联军退路，然后，由西向东反攻。当刘邦还沉浸在占领彭城的喜悦之中，疏于防范之际，项羽的军队已经发起凌厉的攻势，刘邦联军大败，损失惨重。刘邦乘乱率数十骑突出重围，其父亲和妻子吕雉被楚军俘获。

彭城之战失利后，刘邦退据荥阳（今河南荥阳东北）。此后，楚汉双方在荥阳、成皋（今河南荥阳西北）一线相持。彭城之战使魏王豹错估了形势，认为楚必胜、汉必败，就以探亲为借口，私统精兵回河东（今山西运城）作壁上观。魏王豹的王妃为薄姬，会稽郡吴（今江苏苏州）人，出身微贱，后家人将其献入魏宫。据传，魏豹的岳母魏媪曾请相士许负给薄姬相面，许负说薄姬相貌大贵，预言将来所生

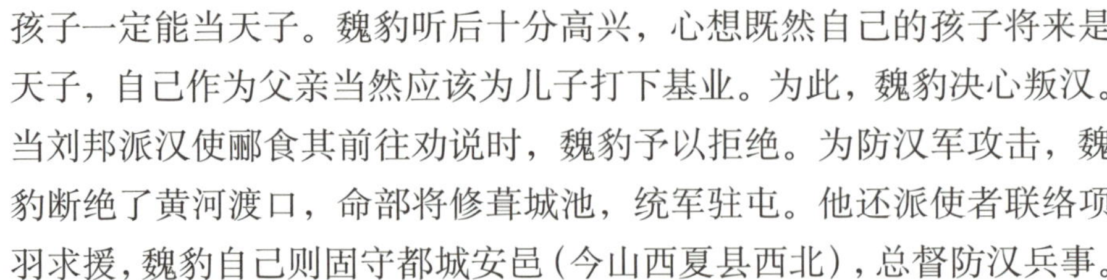

孩子一定能当天子。魏豹听后十分高兴，心想既然自己的孩子将来是天子，自己作为父亲当然应该为儿子打下基业。为此，魏豹决心叛汉。当刘邦派汉使郦食其前往劝说时，魏豹予以拒绝。为防汉军攻击，魏豹断绝了黄河渡口，命部将修葺城池，统军驻屯。他还派使者联络项羽求援，魏豹自己则固守都城安邑（今山西夏县西北），总督防汉兵事。

楚、魏联合，对汉很是不利。为了消除肘下的威胁，集中力量对付西楚，公元前 205 年秋，刘邦任命韩信、曹参、灌婴等为将，出动十万大军以削平魏豹。韩信摆出要从临晋渡河的样子迷惑魏军，暗中却派汉军以木罂为船，偷渡夏阳，以迅雷不及掩耳之势，把安邑城围了个水泄不通。魏豹见势，知道难以抵挡，只得献城投降，举家被俘。刘邦爱惜魏豹之勇，同时也为了收买魏人之心，所以并未杀魏豹，而是命他与御史大夫周苛等一起守护荥阳。

公元前 204 年，楚军围攻荥阳，周苛担心魏豹在危急时刻临阵投敌，就以“反国之王，难与共守”为辞密谋将其斩杀。之后，战局逐渐有利于刘邦，汉军多次击败楚军。公元前 202 年，汉军将楚军围困于垓下（今安徽灵璧东南）。楚军屡战不胜，夜闻四面楚歌，军心瓦解。项羽“霸王别姬”后率八百余骑兵趁夜突围，中途迷路，至东城（今安徽定远境）时仅剩下 28 骑，汉将灌婴率五千骑追击，项羽自度难以脱身，在乌江（今安徽和县境）自刎。同年，刘邦即帝位，建立汉朝，建都长安（今陕西西安），史称西汉，刘邦为汉高祖。

项羽被汉军困于垓下，演绎了霸王别姬的悲壮故事（摄于 2012 年 11 月 1 日）

魏豹被杀后，魏宫中的妃侍全部被俘，薄姬作为“罪妇”也被送进了“织室”，成为汉宫织室的婢女，只能自叹命薄。据说，有一次汉高祖到织室中，看见薄姬略有姿色，于是诏令纳入后宫为妃。之后，薄姬生下儿子刘恒。刘邦并不宠爱薄姬，她几乎没有机会见到刘邦，长年苦守孤灯。薄姬自知地位低下，因此与儿子刘恒很是小心翼翼。刘邦临终前，八岁的刘恒被封为代王。之后，皇后吕雉掌握了朝廷大权，对刘邦的宠妃进行血腥清算，凡被刘邦所宠幸的妃子多被杀戮或监禁。唯有薄姬母子因从前备受冷落，得免于难。吕后允许薄姬出宫，跟从其子到代地（治所在今山西平遥西南）就国，薄姬成为代王太后。离开长安，脱离了吕后，薄姬感到无限轻松，她没有其他想法，只要安稳地生活就已经很满足了。她与身为代王的儿子刘恒无所追求地生活在封地，没有想到，命运再一次发生了变化。

公元前 180 年，吕后去世，吕氏势力被忠于刘氏的丞相陈平、太尉周勃和朱虚侯刘章等铲除。汉惠帝在公元前 188 年就去世了，其子嗣中，前少帝被吕后弑，其余为平定诸吕的大臣们诛杀，大臣们议立新君。鉴于吕后时期外戚专权，他们对继嗣皇帝的外家选择非常严格。大臣们认为薄姬谨良仁善，代王刘恒又为汉高祖在世最长的儿子，且仁孝宽厚，一致同意迎立代王刘恒为帝。刘恒时年 23 岁，史称汉文帝。命运再一次眷顾了善良仁弱的薄姬。刘恒为帝后，薄姬被尊为太后，史称薄太后。

汉丞相陈平等铲除吕氏势力，迎立代王刘恒为帝（摄于 2015 年 8 月 2 日）

薄姬出身寒微，历经变故，最终位居太后尊位。她非常清醒，从不擅作威福，尤其对股肱大臣，颇能尊重和爱护。据传，有一次有人诬告绛侯周勃谋反，汉文帝轻信谗言，要将周勃交付审判。薄太后听闻后大怒，摘下帽子掷击汉文帝，斥骂道：“绛侯（即周勃）当年掌握着皇帝的玉玺，统率着朝廷的禁军，他不在那时谋反，现在退居为小小绛县的列侯，反而会谋反吗？”由此可见，她在政治上相当精明，遇事能够冷静分析。

在薄太后的言传身教下，汉文帝为政宽容，生活朴素，励精图治，采取轻徭薄赋、与民休息的政策，同时也注重省简狱事。民间流传的“缇萦救父”就发生在汉文帝时期。缇萦是医生淳于意的小女儿，淳于意从前当过官，后来弃官行医，救死扶伤，深受民间尊敬。有一次，他医治的一个病人因病去世，病人家属就向官府告发了淳于意。按照当时的刑法，是要被判处“肉刑”，即脸上刺字，割去鼻子，砍去左足或右足。缇萦就托人写了一个奏章，表示父亲犯法应当获罪受刑，但肉刑使人残废，即使犯人想改过自新，也没办法了，并提出自己愿意没身为官奴来赎父亲之罪，以让父亲能改过自新。汉文帝看到奏章后，废除了肉刑。正因为汉文帝的这些作为，国家出现了政治稳定、经济快速发展的“治世”景象。汉文帝去世后，太子刘启继承帝位，是为汉景帝，薄姬被尊为太皇太后。汉景帝也深受薄太后的影响，在位时期，继续实行轻徭薄赋政策，发展农业生产，平定吴楚七国之乱，巩固了皇权，出现了“海内富庶，国力强盛”的“文景之治”。

汉文帝为政宽容，轻徭薄赋，为文景之治奠定了基础（摄于 2018 年 7 月 24 日）

史迹博萃

「刘邦遗迹」

刘邦（公元前256—前195），字季，沛（今江苏沛县）人，出身农家，为人豁达大度，不事生产，曾担任过秦朝的泗水亭长。在其担任亭长时期，因释放了一批需押解到骊山服役的刑徒，而隐匿山中。据传，一天晚上，刘邦喝酒后与一些跟随他的刑徒在芒砀山谷中穿行，突然有一条大蛇挡道，刘邦乘着酒兴，抽剑把大蛇斩为两段。不久就遇见一老妪边哭边说："我儿白帝子刚被赤帝子所杀。"这就是著名的刘邦斩蛇起义的故事。刘邦在芒砀山斩蛇，可能确有其事，但斩蛇之后的白帝子赤帝子之说，应为传说。今天，在河南永城市芒砀山主峰南麓的当年刘邦斩蛇处，还建有一组规模宏大的纪念性建筑。据载，从汉文帝开始，就敕令在此建庙立碑，以后多次重建。笔者两度参观斩蛇处，其中一次是在夏季，记得当时细雨朦胧，天色昏暗，极具当年刘邦斩蛇的氛围。斩蛇处周围现建有多座殿宇，金碧辉煌，不过笔者最感兴趣的还是斩蛇碑亭。斩蛇碑亭位于整座建筑的中央，亭中有一块由赑屃背负的仿明代的石碑，高约2米，碑额书有"汉高斩蛇之处"几个大字，历史与传说交织，使斩蛇碑更显神秘。

江苏沛县泗水亭（摄于2012年11月2日）

河南永城芒砀山刘邦斩蛇处（摄于 2011 年 12 月 13 日）

公元前 203 年，刘邦战胜项羽，平定西楚，回师定陶。次年，刘邦在定陶汜水之阳的一个高台上举行了登基大典，是为汉高祖，初建都洛阳，不久迁长安，史称西汉。刘邦登基的高台古称官堌堆，又名受命坛，此台为一新石器时期文化遗址。如今，官堌堆已掩映在麦田中间，堆上杂草丛生。笔者站在堆前遥想当年刘邦在此设坛登基的壮观场面，由此，这座不起眼的土堆顿时变得庄严起来。公元前 196 年，汉高祖刘邦平定淮南王英布叛乱归途中，特地绕道故里，置酒邀家乡父老欢宴，酒酣兴起，击筑高歌：“大风起兮云飞扬，威加海内兮归故乡，安得猛士兮守四方！”刘邦“泣数行下”。据载，当地 120 名少年和而歌之、舞之，群情激昂，这就是历史上著名的《大风歌》。刘邦离沛后，父老乡亲即在他饮酒赋诗之处筑台树碑，永久纪念。如今大风歌碑虽有残缺但保存了下来，笔者在沛县歌风台上见到了这块历经两千年风雨的古碑，感受刘邦功成名遂的喜悦心情以及渴望长治久安的迫切愿望。

山东定陶刘邦称帝处——官堌堆（摄于 2018 年 7 月 29 日）

江苏沛县大风歌碑（摄于 2012 年 11 月 2 日）

「项羽遗迹」

项羽（公元前232—前202），名籍，字羽，下相（今江苏宿迁西南）人，至今其故里还建有“项王祠”。他是楚国名将项燕之孙，早年跟随叔父项梁避居吴中（今江苏苏州），陈胜、吴广起义后，与项梁杀会稽守起兵。项梁阵亡后，他在巨鹿之战中破釜沉舟，击溃了秦将章邯率领的秦军主力，扭转了局面，从而威震一时。经专家考证，昔日的巨鹿古战场位于河北平山西南，据说已在历代黄河决口中湮没，现在河南安阳留有巨鹿之战后秦将章邯向项羽求和的“项章会盟亭”，虽为新近修复，也算是巨鹿之战遗留下的历史印记吧。巨鹿之战使秦朝主力尽丧，再无回击之力。

刘邦正是利用项羽鏖战之际，乘隙进入关中，项羽对此大为不满，派兵进击函谷关，驻扎新丰鸿门。刘邦慑于项羽实力，只得亲临鸿门向项羽陈情。项羽在鸿门设宴招待，刘邦因项伯的保护，才得以保命。后人将“鸿门宴”喻指暗藏杀机的宴会。鸿门宴遗址位于临潼城东北

江苏宿迁项羽故里
（摄于2008年10月24日）

河南安阳项章会盟亭
（摄于2016年10月30日）

安徽灵璧垓下古战场遗址
（摄于 2012 年 11 月 1 日）

山东东平霸王墓
（摄于 2016 年 6 月 10 日）

的新丰街道鸿门村，原迹早已湮灭，今天这里修建了一些建筑，再现了当年鸿门宴上的历史场景。

之后，刘邦在萧何、韩信等人的帮助下，逐渐反败为胜。公元前202 年，刘邦与项羽在垓下决战，项羽的军队在四面楚歌中军心瓦解，其爱妾虞姬被迫拔剑自刎。千百年来，关于霸王别姬的历史故事被一代一代流传，垓下古战场也吸引着后人不断寻访。垓下古战场范围包括泗县、五河、灵璧、固镇等县交界处。这些地方至今还有霸王城、韩信吹箫台、散楚山、虞姬墓等遗迹。笔者曾来此寻古，昔日血雨腥风的战场遗迹早已掩没在岁月之中，如今这里只有垓下村边高台上的一块“垓下遗址”石碑，才提醒笔者那场尸横遍野的战争确曾在这里发生。

垓下之战后，面对紧追不舍的汉军，项羽最后自刎乌江。如今在安徽和县乌江镇东南的凤凰山上建有霸王祠，祠内建有衣冠冢。真正的项羽墓在山东东平旧县乡，此地旧称谷城。据载，项羽乌江自刎后，其子弟兵仍在谷城与汉军作战，刘邦为招降他们，派人把项羽首级送往谷城，其子弟兵这才投降。因项羽最初被楚怀王封为鲁公，而鲁地又最后投降，故刘邦以鲁公礼葬项羽于谷城，并亲为发哀。谷城项王墓原来规模较大，后遭破坏，现仅存墓冢和残碑。

「魏王豹遗迹」

魏豹称王后，以安邑（今山西夏县西北）为都城，它坐落于黄河北岸，地处黄河与汾水的交汇处。战国前期，魏文侯在此筑城，城池坚固，易守难攻，成为魏国的都城，魏豹称王后也以此为都城，并重兵固守，故安邑又称魏豹城。魏豹背叛刘邦后，刘邦派韩信前往扫平。现魏豹城遗址尚存，留有几百米长的残存城垣。魏豹被擒后，刘邦虽然没有杀他，但其见风使舵的作为，最终导致被汉将周苛斩杀于荥阳。荥阳位于郑州古荥镇，因位于荥泽西岸、荥水之阳而得名。荥阳故城建于战国时期，交通位置重要，为兵家必争之地。如今荥阳故城尚存南、北、西三面城墙。

魏豹死后，关于其墓冢所在，目前尚有争议。位于山东滨州市无棣县信阳古城的汉代郭来仪古墓被认为是魏王豹墓，《无棣县志》《山东通志》等都有此记载。1977 年国家对古墓进行挖掘，确属汉墓。因

山西夏县魏豹城遗址
（摄于 2022 年 7 月 27 日）

河南荥阳故城遗址
（摄于 2022 年 7 月 26 日）

山东无棣魏王豹墓
（摄于2018年10月2日）

山东无棣魏王豹祠
（摄于2018年10月2日）

古墓位于信阳镇郭来仪村南，故称“郭来仪古墓”，被列为省级重点文物保护单位。郭来仪古墓封土呈覆斗椭圆形，听当地老人讲，以前古墓非常高大，后因农业合作社时期在墓旁建窑取土烧砖，这使古墓减损大半。经千年风雨冲刷、岁月侵蚀，仅剩高近5米的墓冢。据说，原墓冢上古树参天，荆棘遍布，蓬蒿繁茂，因此时有狐狸等出没，可能是出于对狐仙传说的敬畏，这一带的百姓常来此烧香进拜，祈求消灾、祛病，也使古墓得以保存至今。笔者在一个秋日的下午来到传说中的魏王豹墓。魏王豹墓规模尚存，但古墓上的参天古树已荡然无存。在墓丘周围可以看到一些石碑，据说是当地人送来表达虔诚之心的。近年来，古墓日益受到各界的重视，当地村民在墓周围种植了百余棵柏树，用绿色呵护千年古墓，还在墓侧新建了高大的魏王豹庙，据说每年正月这里都会有盛大的庙会。魏王豹虽然最终兵败被杀，但后世对他的评价却不低，因此在古时，魏王豹墓前时常有人前来凭吊怀古。明嘉靖进士杨巍有“魏豹坟边四履尽”的诗句，同朝诗人孙重光也有“故垒犹传大将名”的感叹。

「韩信遗迹」

公元前206年，当项羽在彭城享受霸王梦的时候，刘邦忍气吞声领兵西入汉中。在汉中的半年时间里，刘邦拜韩信为大将，养精蓄锐。然后挥军东出，以“明修栈道，暗度陈仓”的谋略，一举平定三秦，夺取了关中，拉开了4年楚汉战争的序幕。韩信不负刘邦的期望，在楚汉战争中，屡建奇勋。他北破魏、代，东出井陉，取赵、胁燕、定齐，南击楚军，最后挥师至垓下，迫使项羽自刎，帮助刘邦夺得天下。韩信的用兵之道一直为后世兵家所推崇。可惜韩信功成名就后，却被吕后用萧何之计，杀死在长乐宫内。

韩信（？—前196），淮阴（今江苏淮安）人，自幼丧父，家境困顿。传其曾靠钓鱼充饥，并受食漂母，也屡遭歧视。据载，有一次，一恶少当众羞辱韩信，逼韩信钻其裤裆，史称“胯下之辱”，此事反映出韩信忍辱含垢、自励其志的韧性。今天，在淮安还保留有韩侯钓台，它坐落在城西北隅古运河岸东侧，近2米高的石碑上书有“韩侯钓台”四个大字。据载早年韩信在钓鱼时，一位老妇数十日分饭给韩信，后来韩信衣锦还乡，报漂母以千金，现在钓台旁还建有漂母祠，祠中有漂母塑像。秦末农民起义时，韩信最初投奔项羽，多次献计，未被采纳。后转归刘邦，也未受重用。于是在一天晚上离开汉中，刘邦丞相萧何闻之，月夜追回韩信。经过萧何的力荐，刘邦拜韩信为大将，并筑台拜将。两千多年过去了，在汉中还留有“萧

江苏淮安韩侯钓台
（摄于2013年11月4日）

陕西留坝萧何追韩信处
（摄于2019年8月10日）

陕西汉中韩信拜将台
（摄于 2012 年 9 月 26 日）

山西灵石韩信墓
（摄于 2020 年 8 月 1 日）

何追韩信处”和“韩信拜将坛”等遗迹。“萧何追韩信处”位于留坝马道镇西沟河东岸，有碑亭及三通古碑，其中一通刻立于清乾隆年间、重立于咸丰年间的石碑上书有“汉相国萧何追韩信至此”。“韩信拜将坛”矗立于汉中城区，它由南北两座青砖围砌的土台组成，台高3米多。南台四周建有汉白玉栏杆，台正中有韩信石雕像，左手握剑，右手捧大将印，英姿勃勃。坛下左右各立一石碑，分别刻有“拜将台”和“汉大将韩信拜将坛”的字样，两碑相望，更为古坛增色。楚汉战争结束后，韩信被解除兵权，多次遭贬，最后被吕后诱杀于长乐宫中。相传其身躯被安葬在西安的灞桥，而其首级被吕后送往率师亲征北方的刘邦军营中，刘邦就地埋在山西灵石高壁村的高壁岭上。如今灞桥韩信墓已被夷为平地，灵石韩信墓犹存。笔者远赴灵石寻访，在灵石城南 10 千米处山势险峻的韩信岭上拜谒了韩信墓。这是一处高 10 余米的大墓丘，护砖围墙，墓前有砖屋，屋门旁挂有“韩信墓”的标牌，墓四周草木蔓发，孤寂荒凉，真可谓“荒坟埋骨山腰路，驻马令人一叹伤！”

「西汉帝后陵」

西汉帝后陵指位于西安周边的11位西汉皇帝及皇后的陵墓，除汉文帝刘恒霸陵和汉宣帝刘询杜陵位于渭河以南的白鹿原及杜东原上外，其余9位均安葬在渭河北岸的咸阳原上。

汉高祖刘邦的长陵是汉代修建的第一座皇陵，长陵位于咸阳原南部，它自刘邦登基后的第二年便开始修建，与长安隔渭河相望。长陵是一座缩小版的长安城，建有豪华的寝殿、便殿等建筑，地面的祭祀建筑今已无存。不过考古工作者在对长陵进行勘查的过程中，还是发现了大量的实物遗存。长陵虽称是汉高祖刘邦和皇后吕雉的合葬陵墓，其实是“同茔异穴”，高祖陵在西，吕后陵在东。两陵均状似覆斗，为夯土迭筑而成。长陵也是西汉诸帝王陵墓中陪葬墓最多的一座，并构成一个庞大的陵墓群。

汉文帝刘恒（公元前202—前157），西汉第三位皇帝，刘邦的第四子。因母亲薄姬出身低微，刘恒小心谨慎，因而躲过了吕后的残杀。历史的机遇让他不经意中登上了帝位。按照学界传统说法，汉文帝葬于西安东南白鹿原北端的凤凰嘴，因山起坟。据记载，霸陵是在白鹿原北坡的断崖上凿洞为玄宫的，文帝提倡薄葬，因此，霸陵地宫的陪葬品“皆以瓦器”。陵前有清代陕西巡抚毕沅刻立的“汉文帝霸陵”

陕西咸阳汉高祖长陵（摄于 2011 年 7 月 27 日）

学界传统认为的陕西西安汉文帝霸陵
（摄于 2012 年 10 月 5 日）

陕西西安薄太后南陵
（摄于 2018 年 7 月 24 日）

陕西西安汉景帝阳陵
（摄于 2020 年 11 月 6 日）

碑石。不过，最新考古发现白鹿原东北方向没有封土的江村大墓才是真正的汉文帝霸陵。薄太后（？—前 155）去世后，葬于霸陵之南，故称南陵。据载，薄太后遗诏葬此，以便“西望”其夫汉高祖刘邦的长陵，“东望”其子汉文帝刘恒的霸陵。如今，南陵原有建筑已毁，但陵冢覆斗形封土保存较好，陵前有毕沅所立“汉薄太后南陵”碑一通。

汉景帝刘启（公元前 188—前 141），汉文帝之子，薄太后之孙，西汉有为皇帝之一。他去世后葬于咸阳原上的阳陵，为西汉帝陵中最东边的一座。阳陵的地面建筑今已无存，不过，后人在阳陵周边挖掘出了许多高等级的外藏坑，出土了大量的陶俑，其中有武士俑、宦官俑、仕女俑、动物俑等，使阳陵成为我国迄今为止发掘和清理面积最大、最为完整的西汉皇家陵园。

第五章

佛法入华第一塔

洛阳齐云塔

浮屠记胜

前几章叙述了古塔引发的春秋、战国、秦、西汉的相关历史，这里需要说明的是，这些古塔并不是当时修建的，而是东汉以后陆续建造的，中国历史上的第一座古塔是东汉时期营造的齐云塔。最早的齐云塔后来毁于“劫火”，金代在其旧基上重建，但“中国第一古塔”的桂冠仍然必须由它来荣膺，这就是历史渊源。自齐云塔修造之后，千百年来，佛塔在中国大地上大放异彩。而齐云塔，见证了佛塔在中国漫长的发展历程。

齐云塔位于我国第一座佛寺——洛阳白马寺山门外东南，共计 13 层，塔身高约 25 米，平面呈正方形，坐北朝南，由基座、塔身、塔刹三部分组成，为密檐式砖塔。塔的底部为正方形的束腰须弥座，底部每边长近 8 米，基座为东汉原物，虽略显陈旧，但保存相对完整，且历史价值很高。第一层塔身高大，塔檐之下饰砌以仿木构式斗拱，

巧妙地将砖木石结合起来，自此而上出叠涩短檐，造型尚存唐代密檐塔的风格。各层檐角均悬风铎，风吹铎响，声传四野。齐云塔外观虽为密檐式，但塔内却为楼阁式，隔层南边开有拱门，登塔可览邙山、洛河风光。塔顶覆以宝瓶式塔刹。整座塔外轮廓略呈抛物线形状，自第五层以上，塔身急剧收杀，使塔身上部更为圆和，呈现稳健玲珑、古雅秀丽的形象，在古塔中独具特色。塔前还保存有金大定十五年（1175 年）和明代重修碑记三通。

据载，齐云塔创建于东汉永平十二年（69 年），即白马寺创建的第二年，为释迦如来舍利塔。隋朝费长房的《历代三宝记》（也称《长房录》）记载了白马寺东南建塔的故事。故事的情节大致是这样的：白马寺东南忽然涌起一个土阜，其上夜放光芒，百姓皆以为奇，故称“圣冢”。汉明帝听闻之后就下诏在“圣冢”之上，依印度高僧所传印度佛塔样式，建造一座平面四角九层的佛塔，称“齐云”。这个故事显然有杜撰的成分，却说明此时塔已开始与佛寺分开了。齐云塔初建时为木塔，我国早期的佛塔皆为木结构，极易被雷电或人为事故烧毁。据载，齐云塔毁于一场大火。东汉之后战乱不断，白马寺和齐云塔最终俱废，唯留遗址。金大定十五年（1175 年），临济宗僧人彦公大士以齐云塔“塔之旧基，剪除荒埋，重建砖浮图一十三层，高一百六十尺”，因建于金代，塔基为四方形，又称“金方塔”。这座四方形密檐式砖塔保存至今，就是今天的齐云塔，重建后的齐云塔距今已有八百多年的历史。

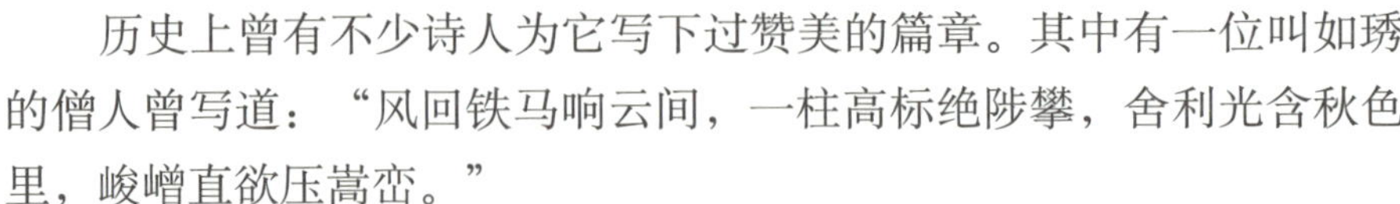

历史上曾有不少诗人为它写下过赞美的篇章。其中有一位叫如琇的僧人曾写道："风回铁马响云间，一柱高标绝陟攀，舍利光含秋色里，峻嶒直欲压嵩峦。"

齐云塔不仅是中国现存重要的古建筑之一，据说它也是中国最早应用声学原理的建筑。当你站在塔前 20 米处，用力击掌，就会听到塔身发出"哇哇"的蛙鸣声，为此，当地有民谣："塔上有个金蛤蟆，能听叫声不能拿。"实际上，所谓的金蛤蟆叫声，其实就是塔的回音，不知是齐云塔有意在建筑上运用了声学原理还是无意造成的，它比北京天坛的明朝回音壁要早了 350 多年。

笔者多次参观齐云塔，登上齐云塔塔基所在的高台，从其规模就可以想象当年的齐云塔是何等的高大壮观。笔者参观齐云塔时发现，齐云塔的塔身、塔基用砖大小不同，这可能就是不同时期的建筑留下的印记吧。作为中国最早的古塔建筑，齐云塔背负邙山，南临洛河，承载着厚重的历史。瞻仰古塔，似乎是在穿越历史，古塔无语，但它是以一种独特的方式诉说属于自己的故事，书写属于自己的历史。

史事钩沉

西汉末年，皇帝年幼，外戚专权。西汉初始元年（8 年），把持西汉朝政的外戚王莽废汉自立，建立新朝。王莽热衷于附会周礼，托古改制，但由于与实际情况背离，结果引起西汉宗室旧臣和平民百姓的不满，各种矛盾异常尖锐。新朝天凤年间，荆州一带遇到连年的大饥荒，大批农民相率到野泽中挖荸荠为食，形成一支武装力量，他们推新市（今湖北京山境）人王匡、王凤为首领，不时攻击附近的乡聚。他们隐蔽在绿林山中（今湖北京山北），因而被称为绿林军。新朝地皇三年（22 年），绿林山中瘟疫流行，他们被迫出山，分成下江兵、新市兵两路人马各自发展，之后又出现了平林兵，西汉宗室刘玄也投身于平林兵中。比绿林军发动起义稍晚，琅邪（今山东诸城）人樊崇等在莒县起义，他们在泰山、北海一带进行斗争，为了作战时与敌人相区别，他们把眉毛涂红，因而获得“赤眉军”的称号。

南阳的刘縯、刘秀兄弟以“复高祖之业”相号召，联络附近各县的豪强，并且把宗室、宾客组成一支七八千人的军队，称为春陵军，

新莽末年，王匡、王凤以绿林山为根据地，形成绿林军（摄于 2010 年 8 月 9 日）

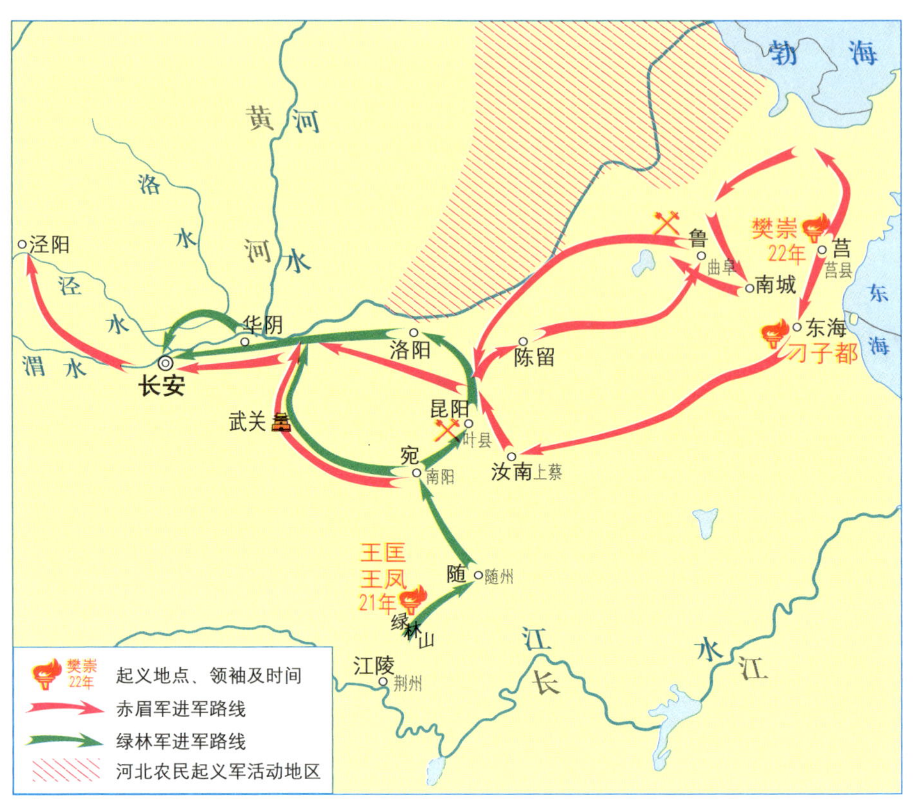

西汉末年农民起义示意图

参加到反对王莽的行列。春陵军与王莽军队接战不利，于是与绿林军中的下江兵约定“合纵”。这时绿林军连败王莽军，发展到十多万人。绿林军为了扩大影响，新朝地皇四年（23 年），拥立刘玄为皇帝，恢复汉朝国号，年号更始。

绿林军建号以后，王莽发兵 42 万，由大司空王邑、大司徒王寻率领，阻击绿林军。同年，王莽军前锋 10 多万人，包围绿林军于昆阳（今河南叶县）。当时守昆阳城的绿林军仅有八九千人，一些将领见状欲弃城退守荆州，但刘秀力主坚守，最后决定由王凤、王常等率军坚守昆阳，刘秀则突围征集援军。昆阳城外围兵数十重，列营百数，围兵挖掘地道，又用撞车攻城，积弩乱发，矢下如雨。刘秀率十三骑突出围城，并很快率领郾县、定陵营兵数千驰救昆阳。此时昆阳城下的王莽军因屡攻不下，锐气大减。刘秀亲率千余精锐为前锋，反复猛冲，斩杀王莽军千余人，王寻被杀，汉军士气大振。昆阳守军乘势出击，内外夹攻，王莽军大溃，死伤惨重。昆阳之战是中国历史上著名的以少胜多的战役。此战歼灭了王莽军的主力，对于绿林军入关和新莽政权的覆灭，起了决定性作用。

刘秀在昆阳之战中立有大功，其兄刘縯也夺取宛城，势力渐大，绿林军将领就劝诱刘玄找借口杀害刘縯。刘秀心中虽然怨愤，但鉴于当时的形势，他只得赶赴宛城谢罪，以此取得更始帝和绿林军将领的信任。绿林军乘胜进入长安，王莽在混乱中被商人杜吴杀死，新朝覆灭。更始帝迁都洛阳，刘秀被任命为行大司马事。更始元年（23 年），刘秀被派往河北地区镇抚州郡。刘秀北上后，逐渐摆脱了农民军的控制，开始独立发展自己的势力。河北地区的豪强地主率领宗室、宾客、子弟先后归附刘秀，成为他的有力支柱。此后，刘秀拒绝听从更始政权的调遣，不断壮大自己的势力，最终与更始政权彻底决裂。

建武元年（25 年），刘秀在鄗（今河北柏乡北）称帝，重建汉政权，定都洛阳，史称东汉，刘秀为光武帝。东汉政权建立的第三年，刘秀打败赤眉农民军。建武十二年（36 年），最终击败各路势力，完成统一大业。

刘秀登基后，采取了很多措施来安定民生。社会经济得到一定的恢复，文化也有了进一步的发展，使东汉呈现出“光武中兴”的繁荣局面。

古昆阳刘秀庙昭示了刘秀在昆阳之战中的卓著功勋（摄于 2013 年 10 月 22 日）

刘秀降伏赤眉军，最终击败各路势力，完成统一大业（摄于 2020 年 7 月 29 日）

光武帝刘秀的皇后是阴丽华，南阳新野（今河南新野）人，美貌端庄。据说早年刘秀到新野后，第一次看到阴丽华就感叹道：“仕宦当作执金吾，娶妻当得阴丽华！”可见钟情之极。更始元年（23年），刘秀如愿以偿地娶了阴丽华。后来，刘秀因事业发展需要，迎娶了郭氏，并育有一子。刘秀登上皇位后，阴丽华识大体，拒绝封后，刘秀只得立郭氏为皇后，封阴丽华为贵人，但对阴贵人恩宠不断。建武四年（28年），阴氏随刘秀征伐起兵反叛的渔阳太守彭宠，在元氏县生下一子，初名刘阳，后改名刘庄，封东海王。建武十七年（41年），刘秀废郭氏，立阴丽华为皇后，建武十九年（43年），刘庄被立为太子。

阴丽华被册立为皇后后，谦恭节俭，很少纵欲闲玩，不喜笑谑，为人厚道讲孝道，在宫内端庄慈祥，刘庄也深受教诲。

建武中元二年（57年），光武帝病逝，刘庄即皇帝位，即为汉明帝。他没有辜负其父的期望，继承并发扬了刘秀的中兴大业，继续执行与民休息的开明政策。他在位期间，吏治清明，社会安定，设置西域都护，加强了西域与中原的联系，史书对其评价很高。

汉明帝刘庄的皇后马氏是伏波将军马援的小女儿。马援是光武帝时期的名将，为刘秀统一天下立下了赫赫战功。东汉建立后，马援不顾年迈，仍请缨东征西讨，西破羌人，南征岭南，官至伏波将军，因功封新息侯，被人尊称为“马伏波”。他曾发出“男儿要当死于边野，以马革裹尸还葬耳”的豪言壮语，这就是成语“马革裹尸”的出处。刘庄24岁时，马援13岁的小女儿入选太子宫中，她德、才、貌俱全，

马援马革裹尸永载史册，其女贵为皇后仍谦恭勤俭（摄于2019年8月9日）

入宫后不仅赢得了太子的欢心，也得到了皇后阴丽华的赞誉。刘庄即位后，她被封为贵人，三年后，马氏凭着德冠后宫的赞誉毫无争议地成为皇后。马氏深谙处世之道，她做了皇后仍谦恭勤俭如前，从不为亲族谋求私利，从不以私事干涉朝政，只做好自己的本分，为皇帝排忧解难。其对东汉王朝的安定、中兴起到了重要的作用。

汉明帝在位期间，崇尚儒学，重视道德，同时，也注重吸纳外来文化，佛教的传播与汉明帝有很大的关系。佛教传入中国的具体时间和年代，现在很难考定，佛教最早传入中国应该是在西汉时期。可以推断，汉武帝兵出陇西，开通西域交通，都可能使当时由印度传播到中亚的佛教通过行旅的往来而向东方渐进。最初传入时，佛教只是在少数人中奉行，并未为上层官府和史官等所注意。而官方正式引入佛教一般公认是始于汉明帝统治时期。

据记载，汉明帝的佛缘竟然是源于一个奇特的梦。东汉永平七年(64 年）的一天晚上，汉明帝夜寝洛阳南宫，晚上做了一个奇怪的梦。他梦见了一个金人，身长丈六，飞绕殿庭，项佩白光。刘庄梦醒后，感到很困惑。第二天上朝，他就问群臣自己梦到的是什么。博士傅毅在此之前肯定是听说或知道西方有佛之事，于是便奏道："西方有神，其名曰佛，正如陛下所梦。"刘庄听罢，由是大悟，就派蔡愔、秦景等十多人出使天竺，求取佛经、佛法，这是中国佛教史上的第一次"西天取经"。

蔡愔一行遵照汉明帝的旨意，跋山涉水来到了大月氏国（今阿富汗至中亚一带）。在这里，他们刚巧遇到了在当地传教的天竺高僧摄摩腾、竺法兰，还见到了佛经和佛祖的像，于是他们就盛情邀请两位高僧赴中原弘扬佛法。永平十年(67 年)，在蔡愔等东汉使臣的引领下，摄摩腾、竺法兰用白马驮着佛像和佛经来到了东汉都城洛阳。汉明帝非常高兴，以隆重的礼节迎接两位高僧及所带的佛经、佛像等，并安排他们暂时下榻在负责外交事务的官署——鸿胪寺中。第二年，汉明帝敕令在洛阳城西雍门外御道之北仿天竺式样修建一座僧院，供两位高僧居住，这样，就有了中国历史上第一座寺院，为铭记白马驮经之功，取名为"白马寺"。白马寺是中国第一座佛教寺院，被称为佛教祖庭。"寺"是取高僧所住的鸿胪寺之"寺"，后来就成为中国寺院的一种泛称。之后，摄摩腾、竺法兰两位高僧在白马寺长期禅居传教译经，他们合译的《四十二章经》也成为中国最早的译经。刘庄这段求佛故事，史称"永平求法"。

“永平求法”带来了高僧摄摩腾、竺法兰及白马驮着的佛经（摄于 2018 年 10 月 26 日）

汉明帝敕令修建了中国历史上第一座寺院（摄于 2012 年 10 月 6 日）

汉明帝“永平求法”后，随着京城白马寺的兴建，各地的佛教建筑也陆续修建。汉代的佛寺大致有以殿堂为主和以佛塔为主的两种形式。这些佛教建筑一方面依循了天竺和西域佛寺的制式，另一方面也融入了中国建筑的传统式样，并随着时间的推移，越来越中国化。佛教的传播给我国留下了丰富的建筑和艺术遗产，对我国古代文化的发展，带来深远的影响。

“永平求法”，标志着朝廷正式承认佛教的合法地位，自此佛教开始在中国传播开来。经过魏晋的发展，佛法渐盛，信徒日多，到隋唐趋于鼎盛。它不但给中国人的日常生活带来了重大影响，还将佛教逐渐传向东南亚及朝鲜半岛和日本。

史迹博萃

「汉光武帝遗迹」

汉光武帝刘秀（公元前6—57）是东汉开国皇帝，南阳蔡阳（今湖北枣阳）人。新莽末年，天下大乱，刘秀与其兄在舂陵（今湖北枣阳南）起兵，经过多年征战，最终一统天下。为纪念刘秀，故里乡人在枣阳城南的狮子山上修建了白水寺，以奉祀刘秀。明代改为供佛，以西偏殿祭祀光武。白水寺几经重建，至今犹存。笔者前往寻访时，发现不仅白水寺修缮一新，在狮子山上还修建了新的光武祠，依山就势，气势宏伟。

刘秀起兵最大的功绩是取得昆阳之战的胜利，这是中国历史上以少胜多、以弱胜强的典型战例之一。笔者特意来到昆阳故城，也就是今天的叶县老城，试图寻访昆阳之战的遗迹。笔者只在叶县老城外看到了一座刘秀庙，据记载，汉明帝刘庄在位时为彰显其父刘

湖北枣阳白水寺
（摄于2016年10月5日）

河南叶县刘秀庙
（摄于2013年10月22日）

河北高邑千秋台
（摄于 2019 年 10 月 3 日）

河南宜阳光武庙
（摄于 2020 年 7 月 29 日）

秀在昆阳之战中的丰功伟绩，下诏修建刘秀庙，历史上曾盛极一时，后来遭战火破坏。如今的建筑是民间集资重建的，因此显得很是简陋，且十分冷清，唯有庙前的几棵银杏树在秋风中摇曳，似乎在为刘秀庙的兴衰而感慨。

建武元年（25 年），刘秀在群臣的拥戴下在鄗（今河北柏乡北）称帝，《后汉书》明确记载刘秀即皇位于“鄗南千秋亭五成陌”。从此千秋亭作为一个具有纪念意义的建筑，得到历代的重视。但由于柏乡和高邑在历史上同属一个县，因此后人围绕光武帝即位处，有不同的说法，或说是柏乡千秋亭，或说是高邑千秋台。从史料记载、地理方位等来看，柏乡千秋亭更有说服力，不过，柏乡千秋亭由于战火和人为的破坏，如今已经圮废，只剩下清乾隆年间柏乡知县郑镇刻立的“汉光武帝千秋亭”残碑。而高邑千秋台作为一处纪念性遗址，如今修建得颇有气势。刘秀称帝后，集中力量削平各路势力，其中规模最大的赤眉军就在宜阳（今河南宜阳）被汉军重兵包围后投降。汉明帝即位后，下诏在宜阳赤眉军投降处建光武庙。笔者专程到宜阳汉山之巅拜谒光武庙，雄伟壮观的庙宇昭示着刘秀的功绩，山麓还立有赤眉军“献玺台”的石碑。刘秀作为一代贤明的君王，兴建太学，提倡儒术，尊崇节义，确实值得后人尊敬。

「汉明帝相关遗迹」

汉明帝刘庄（28—75），初名刘阳，刘秀第四子，东汉第二代皇帝。据载，他自幼聪慧，天赋很高，读书也很勤奋，十岁就能读懂《春秋》等儒家经典。相传白马寺内的清凉台原是汉明帝少时读书、避暑之处，笔者特意前往参观。这是一座高台建筑，台不甚大，拾级而上，由主殿和配殿形成一个封闭式的院落，清雅宜人，想当初刘庄正是在这清雅的环境中读书思考。刘庄颇受光武帝宠爱，初封东海公，后进封东海王。建武十九年（43 年），被立为皇太子。建武中元二年（57 年），汉光武帝去世，即皇帝位。刘庄没有辜负其父的期望，继承并发扬了刘秀的中兴大业，继续执行与民休息的开明政策，其在位期间，吏治清明，社会安定。他致力消除北匈奴的威胁，于永平十六年（73 年）命窦固征伐北匈奴，其后又派班超出使西域。班超一行 36 人抱着“不入虎穴，焉得虎子”的决心，以盘橐城为基地，安抚西域，使西域五十国都遣质子臣属于汉。今天在新疆喀什尚留盘橐城等遗

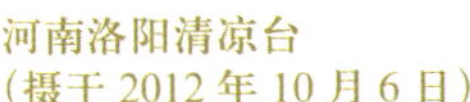

河南洛阳清凉台
（摄于 2012 年 10 月 6 日）

新疆喀什班超盘橐城
（摄于 2010 年 10 月 23 日）

海南海口伏波祠
（摄于 2019 年 12 月 22 日）

山西五台山显通寺
（摄于 2010 年 7 月 19 日）

迹，洛阳邙山上的班超墓也至今矗立。汉明帝重新设置了西域都护府，加强了西域与中原的联系。

伏波将军马援是汉明帝皇后的父亲，也是东汉一代名将，其一生为维护国家统一，多次远征岭南。按其功绩，应该被列入东汉云台二十八将之列，但汉明帝为了避嫌，没有将马援列入其中。马援的功德一直受到人们的缅怀，至今在今广西、广东、海南和湖南等地区还留有多座伏波祠庙，其位于宝鸡市扶风县伏波村的墓冢也成为后人瞻仰之地。

汉明帝时，佛教开始在我国流行。当时修建的著名寺院除白马寺外，还有五台山的大孚灵鹫寺。大孚灵鹫寺始建于汉明帝永平十四年（71 年），由摄摩腾、竺法兰从洛阳来到五台山修建，世称“中国第二古寺”。几经扩建重修，于明朝初年改名显通寺，现为五台山历史最悠久、规模最大、保存最为完整的寺院。汉明帝终其一生，内外兼修，可谓一代明君，史书对其评价很高。

「白马寺」

白马寺位于洛阳以东12千米处，它在中国佛教史上具有特殊的意义。佛教在中国扎根、传播最初的二百年，整个过程都与白马寺息息相关。笔者多次参观白马寺，在白马寺山门前的青石马旁伫立。这两匹石马原为北宋太师太保魏咸信墓前的石像，后迁移至此，从此，这两匹相对而立的青石马和谐地与白马寺山门融为一体，成为白马寺的象征。进入白马寺山门，自南向北依次有天王殿、大佛殿、大雄殿和毗卢殿等，东西两侧分别有钟鼓楼、斋堂、禅房、藏经阁和法宝阁等。因屡经战乱，这些建筑已非原貌，现主要建筑为明代以后所建，但寺庙位置始终未变。作为中国佛教祖庭和释源，白马寺确实给人一种与其他寺庙不一样的感受。

参观白马寺，自然就不能不拜谒摄摩腾和竺法兰两位大师的墓冢，他们的墓分别在白马寺正门内东、西两侧。摄摩腾、竺法兰皆为中天

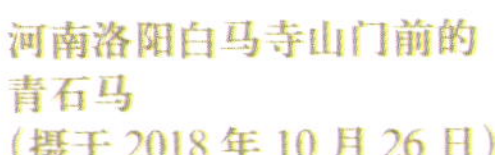

河南洛阳白马寺山门前的青石马
（摄于2018年10月26日）

河南洛阳白马寺钟楼
（摄于2018年10月26日）

河南洛阳白马寺大雄殿
（摄于 2012 年 10 月 6 日）

河南洛阳摄摩腾祖师墓
（摄于 2018 年 10 月 26 日）

竺（古印度）人，汉明帝时，他们不惧疲苦，冒涉流沙，带了一批经书和佛像，来到洛阳。据说摄摩腾和竺法兰来到中国后，很快就学会了汉语，在京都洛阳传授佛法，翻译佛经，中国后代诸经都以此为始。永平十六年（73 年），摄摩腾圆寂于洛阳白马寺，葬白马寺正门内东侧。竺法兰后圆寂于洛阳，葬白马寺正门内西侧。笔者在参观白马寺之前，专程拜谒两位高僧之墓，墓院柏树森森、绿意浓浓，两墓东西相对，形制完全相同。东园为摄摩腾墓，立石“汉启道圆通摩腾大师墓”。西园为竺法兰墓，墓碑立石上刻有“汉开教总持竺法大师墓”。两高僧墓冢以青石包砌，冢上青藤茂盛，四周松竹丛生。

「汉魏洛阳城遗址」

从今天洛阳城往东 15 千米，与偃师交界的地方，有一座古城遗址，这就是汉魏洛阳城。建武元年（25 年），刘秀在此建都，后来曹魏、西晋、北魏也相继在这里建都，故称汉魏故城。东汉时期的洛阳城呈不规则的南北长方形。文献记载："城东西六里十一步，南北九里一百步。"故古称此城为"九六城"。据记载，汉魏故城有十二道城门，城门楼皆两重，朱阙双立。洛阳城内有若干宫殿，各种殿堂楼阁鳞次栉比，遍布城内，主要为皇宫、禁苑、仓库、官署等。南北两宫是皇帝居住和朝仪的地方，古诗"两宫遥相望，双阙百余尺"就是指南北两宫。礼制建筑、市场和一般居民区则大多在城外。作为当时全国政治、经济、文化的中心，汉魏洛阳城建筑规模宏大，经济繁荣发达，是当时世界上第一流的大城市。历史上汉魏洛阳城虽然经过汉末董卓之乱、西晋永嘉之乱等多次破坏，但都再度繁荣起来。自北魏亡国后，由于洛阳城遭到严重破坏，隋朝建立后，在汉魏洛阳城西边十多里处重新择址修建洛阳城，汉魏洛阳城被废弃直至成为废墟。

笔者多次造访汉魏洛阳城遗址，先后参观了城垣遗存、金墉城遗址和辟雍碑等。现在汉魏故城的城垣，除南城墙因洛河北移被冲毁外，

河南洛阳汉魏故城遗址（摄于 2018 年 10 月 27 日）

河南洛阳汉魏故城内城东北城墙遗址
（摄于 2013 年 10 月 20 日）

河南洛阳汉魏故城金墉城遗址
（摄于 2013 年 10 月 20 日）

河南洛阳汉魏故城辟雍文保碑
（摄于 2017 年 7 月 20 日）

东、西、北三面城墙断断续续依然残存。城墙系版筑夯土墙，现存残高 5 ~ 7 米，可以想见当时的雄姿。金墉城遗址在洛阳城东汉魏故城遗址的西北角，由三座毗邻小城组成，实际上是具有军事性质的城堡，由于北依邙山，地势高亢，可俯瞰洛阳全城。后历经战乱逐渐荒废。辟雍作为祭祀之所，与明堂、太学、灵台等礼制建筑均位于汉魏洛阳城外南部，为一组布局协调、朴素大方的建筑群，周围有水道。如今建筑已毁，但辟雍碑犹存，为一高 3.22 米、宽 1.1 米的巨碑，碑上刻有孔子及其弟子等 8 人像，极其珍贵，被列为全国重点文物保护单位，笔者有幸目睹。

「东汉帝陵」

东汉建武中元二年（57 年），汉光武帝刘秀病逝于洛阳南宫前殿，葬洛阳东北邙山原陵。据载，刘秀临终前下旨薄葬，所以，原陵营造之初墓冢并不大，其子汉明帝即位后，扩大了陵园的规模，形成宏大的陵寝建筑群。汉光武帝原陵位于今河南省洛阳市孟津区白鹤镇铁谢村，由神道、陵园和祠院组成，陵园内有古柏近 1500 株，古柏千章，蓊然肃穆。汉光武帝陵冢高耸似山，墓前竖立着一块清乾隆年间刻立的石碑，上书“东汉中兴世祖光武皇帝之陵”。据载，原陵曾被董卓挖掘过，今天光武帝原陵的形制，是宋代开宝六年（973 年）重新整修的模样。在墓西侧为光武祠，左前方立有宋代“大宋新修后汉光武皇帝庙碑”。也有专家对铁谢村的原陵有不同的看法，认为邙山上刘家井大冢或三十里铺的大汉冢都有可能是原陵，具体确定还有待考古的进一步发现。光武帝去世后，其皇后阴丽华被汉明帝尊为太后，永平七年（64 年）病逝，终年 60 岁，合葬于原陵。今天在距原陵不远的黄河大堤上依然有一座“娘娘冢”，虽然因河堤改造而遭到破坏，但名称犹存。

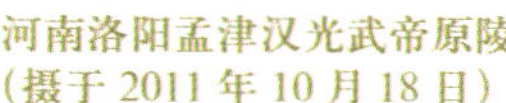

河南洛阳孟津汉光武帝原陵
（摄于 2011 年 10 月 18 日）

河南洛阳孟津阴丽华娘娘冢
（摄于 2018 年 10 月 27 日）

河南洛阳东汉明帝显节陵
（摄于 2016 年 8 月 19 日）

河南洛阳邙山二汉冢
（摄于 2018 年 10 月 27 日）

汉明帝病逝于永平十八年（75 年），与明德马皇后合葬于显节陵。据载，显节陵地宫极为奢丽，很早就遭盗挖，具体位置逐渐模糊。不知什么时候，人们将洛阳北部邙山上三十里铺的大汉冢认定为显节陵，清朝知县龚松林考证后也表示认可，并在大汉冢前立碑。笔者曾登上大汉冢顶，只见周围墓冢星罗棋布，蔚为壮观，在大汉冢南侧的杂草中看到了龚松林所立的“汉明帝显节陵”石碑。不过，考古发现证明此说不确，按照《后汉书》《东汉会要》等史书记载，汉明帝显节陵不在邙山上，而应在汉魏洛阳城开阳门外东南的汉陵区，即今天偃师大口镇、高龙镇一带，现地面遗物已荡然无存。汉明帝显节陵究竟在哪里，还有待历史学家的进一步考证和研究。笔者多次考察邙山古陵，先后寻访了铁谢村的汉光武帝陵、刘家井大冢和三十里铺的大汉冢、二汉冢、三汉冢等陵冢，这些曾经巍峨的皇陵原先的陵阙及其他的祭祀建筑早已成为一堆瓦砾，只剩下荒草丛生的孤冢，这不由得使笔者想起唐朝诗人李白的词句：“西风残照，汉家陵阙。”

三国风云映古塔

苏州报恩寺塔

浮屠记胜

苏州是一座历史悠久的千年古城，老城区的建筑古色古香。游览苏州古城，你会发现，只要站在稍高的地方，无论在哪里，都能看到一座巍峨的古塔，这就是苏州报恩寺塔。据文献记载，报恩寺最初是由三国时期吴大帝孙权的母亲捐献自己的住宅而修建的。萧梁时期，又修建了报恩寺塔，现存寺塔为南宋绍兴年间所建。苏州是孙吴的发迹之地，并从此扩展势力范围，最后形成与蜀、魏鼎足而三的局面。今天，登上这座高塔，望着苏州这片东吴发迹之地，三国风云映入眼帘。

报恩寺塔位于苏州城偏北部，俗称北寺塔。苏州城内古塔众多，报恩寺塔是其中最雄伟的一座。全塔高约 76 米，为江南第一高塔。报恩寺塔为八面九层的楼阁式塔，砖身木檐混合结构。塔身结构由外廊、外壁、回廊、内壁和塔心方室组成。外廊为斗拱木构架悬挑而出的平台，平座宽广，绕以栏杆，供人登临远眺。外壁每层八面都辟有走入外廊的壶门。在内、外塔壁之间为回廊，回廊地面为木楼板上铺砖，

木制楼梯就设在回廊上，通过楼梯盘旋而上，可以到达每一层。内壁之中为方形塔心室，回廊、塔心室和过道均以砖砌出仿木结构的壁柱、斗拱或藻井。塔心室是主要的供奉佛像的地方。第八、九层塔心室中央立刹杆，上端穿出塔顶支承刹轮，塔刹由金属质地的覆钵、相轮、葫芦、浪风索组成，挺拔秀丽，其高度占了全塔高度的 1/5。底层塔基和塔座均为八角形石雕须弥座式，塔基台高 1.34 米，下枋满雕卷云纹。塔座高 1.42 米，束腰处每面雕金甲护法力士坐像三尊，转角处雕卷草、如意纹饰，这些都是研究宋制的珍贵实物。塔基伸出特长，面积达 1.3 亩，作回廊式，上覆飞檐。整座塔造型由下曲线上升，逐层收分，层层飞檐翼角，回廊萦绕，在宏伟中也蕴含着秀逸的风韵，体现了江南建筑艺术风格。

报恩寺始建于三国吴赤乌年间（238—251 年），为吴大帝孙权之母所建，称为通玄寺。南朝梁中大通年间（529—534 年），通玄寺僧正慧于寺中募建了十一层宝塔，成为古塔的起始，后来毁于兵燹。五代后周显德二年（955 年）重建佛寺，改名报恩寺，但并未建塔，直到北宋元丰七年（1084 年）古塔才得以重建，塔随寺名，称为报恩寺塔。北宋所建报恩寺塔为九层，据载，古塔复建后，颇有盛名，北宋著名诗人苏轼特地舍铜龟盛放舍利，供奉在塔中。南宋建炎四年（1130 年），金兵南下，焚掠平江（今江苏苏州），报恩寺塔与寺一同遭到毁坏。南宋绍兴二十三年（1153 年），在行者金大圆的主持下，再度募修了宝塔，并改建成八面九层，其后，元、明、清曾数度修葺。清咸丰十年（1860 年），报恩寺塔在太平天国运动中受损，光绪二十六年（1900 年）进行修复，此后古塔失修五十余载，使报恩寺塔日见残损。1958 年因遭雷击，多处漏雨，虽曾局部维修，然并未治本。于是，从 1965 年开始，对塔刹、腰檐、楼面、平座、栏杆、藻井、副阶等进行全面整修，两年后才完工。1975 年，再度对古塔进行维修，在维修过程中，于塔刹内发现了铜龟、佛像、舍利子等文

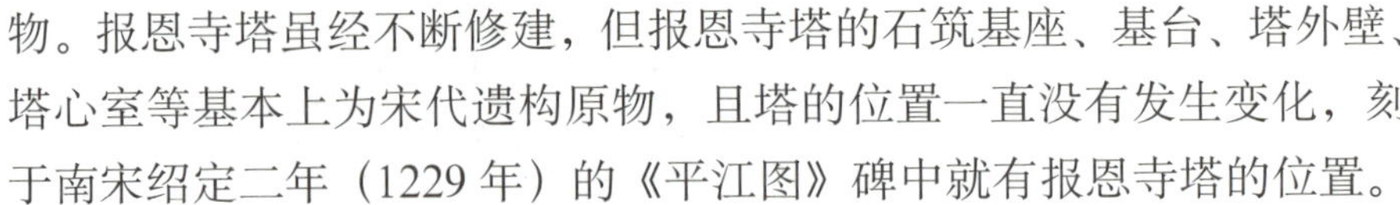

物。报恩寺塔虽经不断修建，但报恩寺塔的石筑基座、基台、塔外壁、塔心室等基本上为宋代遗构原物，且塔的位置一直没有发生变化，刻于南宋绍定二年（1229 年）的《平江图》碑中就有报恩寺塔的位置。

如今，报恩寺塔依旧矗立在苏州城南北向大街人民路的北端，成为苏州的象征。笔者多次登上报恩寺塔，吱吱作响的木结构楼梯似乎在展示古塔历史的年轮。笔者登过很多古塔，一般塔的内部都是很窄和紧凑的，但报恩寺塔内部却显得很宽敞，没有压抑感，而且砖砌梁额、斗拱、斗八藻井异常精美。登上塔的最高层，整个苏州城尽收眼底。古城苏州基本上保存了老城的风貌，清一色的白墙黛瓦，掩映在绿树丛中，是那么的和谐，那么地充满古意。站在报恩寺塔之巅，笔者不由想起孙权，想起烽烟四起的三国时代。

作为东吴的根据地，苏州留下了一些东吴时期的遗迹，包括瑞光塔、孙坚墓和孙策墓等，其中报恩寺及报恩寺塔无疑是三国遗存的重要部分。

史事钩沉

三国是东汉以后出现的一个分裂时代，因魏、蜀、吴三个国家鼎立而得名。东汉王朝在光武帝、明帝以后的大多数皇帝是年幼即位，如汉和帝 10 岁即位，汉安帝 13 岁即位，汉顺帝 11 岁即位，汉冲帝 2 岁即位，汉质帝 8 岁即位，汉桓帝 15 岁即位，汉灵帝 12 岁即位，汉少帝 17 岁即位，汉献帝 9 岁即位，汉殇帝即位时更是刚满百日。由于皇帝年幼，出现母后临朝、外戚操纵国政的局面。而当皇帝年壮欲收回大权时，必然会与外戚发生冲突，于是皇帝就依靠宦官来对付外戚，从而出现宦官之祸。整个东汉后期就是在外戚、宦官的明争暗斗中逐渐衰落。

在地方上，各地豪强兼并大量土地，建立大型田庄，甚至拥有私人武装。东汉后期政治的腐败、豪强势力的扩张、赋税的沉重，加上天灾不断，最终导致在中平元年（184 年）爆发了震惊朝野的黄巾起义。在镇压黄巾起义的过程中，各州郡官僚大吏把持地方军政大权，地主豪强也纷纷扩大私人武装，形成大大小小的割据势力，出现“大者连郡国，中者婴城邑，小者聚阡陌”的局面，并开始了互相兼并的战争。当这场声势浩大的农民起义被镇压下去时，东汉王朝也已名存实亡。

东吴是江东孙氏势力在镇压汉末黄巾起义的过程中逐渐建立起来的，其奠基人为孙坚。孙坚（155—191）为吴郡富春（今浙江富阳）人，史书评价孙坚“容貌不凡，性阔达，好奇节”。孙坚从小时候起，就喜欢见义勇为，他凭借自己的勇气和武艺，很快脱颖而出。孙坚之妻吴夫人为吴（今江苏苏州）人，据说，吴夫人貌美又略知文学。孙坚闻其才貌，便想娶以为妻，但吴夫人的亲戚却并不看好孙坚，均表示反对，只是由于吴夫人的坚持，才最终嫁给了孙坚，并有了两个英武的儿子——孙策、孙权。

孙坚早年跟随中郎将朱儁出兵围剿黄巾军，作战悍猛，屡建战功，因此受到东汉朝廷重视，升任长沙太守，并被封为乌程侯。光熹元年（189 年），权臣董卓率兵进入洛阳，废黜汉少帝，立年仅 9 岁的陈留王刘协为帝，是为汉献帝。董卓自为相国，独揽朝政，这引起各地豪强军阀的不满。次年关东诸侯推袁绍为盟主，出兵讨伐董卓。孙坚

汉献帝在位时，东汉王朝已名存实亡
（摄于 2011 年 10 月 17 日）

孙坚追击黄祖时在襄阳岘山为暗箭所伤，英年早逝
（摄于 2017 年 7 月 29 日）

便投入袁术门下，参加讨伐董卓的联军，被推荐为破虏将军。孙坚作战勇猛，多次取胜，让董卓非常惊惧，甚至欲与孙坚和亲，遭孙坚拒绝。各诸侯为保存实力不愿轻易出战，只有孙坚执着于讨伐董卓，并击走吕布，攻克洛阳。据载，孙坚在洛阳得到了传国玉玺，他派人打扫宗庙，以太牢的规格进行祭祀，还对董卓盗掘的东汉皇家陵墓进行修缮、掩埋，之后，回军鲁阳（今河南鲁山）。关东联军本是乌合之众，名义上是联合讨伐，实际在这过程中彼此欺诈吞并，随着董卓的败走，联军很快分崩离析。

初平二年（191 年），孙坚受袁术之命攻打荆州刘表，刘表派黄祖在樊城、邓县之间迎战。孙坚击败黄祖，乘胜追击，渡过汉水，包围襄阳。刘表闭门不战，派黄祖乘夜出城调集兵士。黄祖虽然带兵归来，但仍被孙坚击败，黄祖逃入襄阳岘山，孙坚紧追不舍，不料被躲在竹林间的黄祖部将发射的暗箭所伤，不治身亡。

孙坚去世后，其长子孙策（175—200）继承父业。孙策也是少年英雄，早年投靠袁术，虽不得志，但志向远大，不想长期受缚于袁术。他便借机脱离了袁术，率孙坚所遗千余兵马渡江向江东发展。他在其母吴夫人协助下，优贤礼士，得到了周瑜、鲁肃、程普和黄盖等人的支持，先后攻取吴（今江苏苏州）、会稽（今浙江绍兴）等郡。建安二年（197 年），袁术称帝，孙策与之决裂并接受汉朝的诏令参与讨伐袁术。之后被拜为讨逆将军，封吴侯，名正言顺地进行东征西伐。他以吴为中心，打败了周围的割据军阀，分置地方官员，统一了江南，为孙氏割据江东奠定了基础。但是，孙策在攻城拔寨的过程中，也结怨甚广，建安五年（200 年），孙策在一次单骑外出狩猎中为吴郡太守许贡的门客复仇袭击致死，年仅 26 岁。孙坚、孙策都是当时的盖世英雄，可惜都英年早逝。

孙策临死之前，将大业托付给了其弟孙权。孙权（182—252）是孙坚的次子，临危接手父兄基业，统领江东。孙权即位之初，吴夫人“助治军国”，任用张昭、周瑜等，稳定局势，临终前还不忘殷殷嘱托。吴夫人在孙吴谋求独立发展的过程中，发挥了重要的作用。因此，在孙吴立国时期，吴夫人是一位非常关键的人物。

在孙氏专意经营江东的时候，北方的曹操逐渐发展起来。他通过把汉献帝迁到其势力范围的许县（今河南许昌），取得了“挟天子以令诸侯”的政治优势，又在官渡之战中击溃袁绍，初步统一了北方。建安十三年（208 年），曹操大举南征，试图一举消灭江东的孙权和依托荆州的刘备等，一统天下。这年七月，曹操率大军兵临荆州，适逢荆州牧刘表病逝，其次子刘琮不战而降，曹操兵不血刃取得荆州。此刻正屯兵樊城的刘备被迫率众向江陵撤退。由于当时有大批百姓跟随刘备逃亡，因此行军速度非常缓慢。曹操的五千轻骑在当阳附近追

孙权临危接手父兄基业统领江东并稳定局面（摄于 2021 年 7 月 7 日）

三国鼎立形势图

上并冲散了刘备所率军民，刘备部将赵云血战长坂坡，救出刘备儿子阿斗。最后在刘表长子刘琦的帮助下，刘备才得以栖身夏口（今湖北武汉汉口）。不久，曹操就带着新接收的荆州水军，浩浩荡荡开始东征。力量弱小的刘备决定与孙权联合抗曹，为此，刘备派诸葛亮亲赴柴桑（今江西九江西南），向孙权分析形势。最终在吴国将军周瑜和大臣鲁肃的支持下，孙权决心联刘抗曹，任命周瑜和程普为左右都督，鲁肃为赞军校尉，率领精锐部队三万人沿江而上，在夏口与刘备会合。联军溯江而上，行至赤壁，与曹军相遇。曹军水军战斗力较弱，加上瘟疫流行，致使初战失利。于是曹操把军队、战船退往北岸乌林（今湖北洪湖东北），双方隔江对峙。周瑜采纳了老将黄盖火攻的建议，让黄盖率载满薪草膏油的艨艟斗舰诈降，接近曹操战船，因风纵火，曹军战船尽被点燃，并延及岸上各营，曹军伤亡惨重。周瑜、刘备联军水陆并进，曹操沿华容小道（今湖北监利北）向江陵方向狼狈退却，孙刘联军取得了赤壁之战的胜利。战后，曹操很快就撤军北还。

赤壁之战中，周瑜扬水战之长，巧施火攻，以三万精锐大败曹操十余万大军，创造了中国历史上以少胜多的经典战例，而曹操失去了统一的机会，三国鼎立的局面就此初步形成。

孙刘联军采用火攻战术取得了赤壁之战的胜利（摄于 2012 年 11 月 7 日）

诸葛亮驻马秣陵，观察形胜，建议孙权迁都于此（摄于 2012 年 2 月 9 日）

相传在赤壁之战前夕，诸葛亮出使东吴，途经秣陵县（今江苏南京），被这里的山川形势所震撼。只见以钟山为首的群山，像苍龙一般蜿蜒蟠伏于东南，而以石头山为终点的西部诸山，又像猛虎似的雄踞在大江之滨，诸葛亮不由得发出了“钟山龙蟠，石头虎踞，真乃帝王之宅也”的赞叹，为此，他向孙权建议迁都秣陵。在赤壁之战后，孙权迁都秣陵，并改称建业，不久，在楚金陵邑的基础上修建了著名的石头城。

曹操北归以后，转向巩固北方，镇压异己，继续消灭北方残余割据势力，先后被汉献帝册封为魏公和魏王。刘备则率部西进，并很快占据益州。形势险固、物产富饶的益州成为刘备争夺天下的基地。建安二十四年（219 年），刘备从曹军手中夺取了汉中，自称汉中王。同年，镇守荆州的关羽率众进围曹操大将曹仁于襄樊，并利用汉水暴涨之际，水淹曹操七军，降于禁，斩庞德，威震北方。曹操在震惊之余，联络孙权共击关羽。孙权因荆州归属问题结恨于刘备，于是派吕蒙袭击荆州，关羽腹背受敌，“大意失荆州”，在退走麦城途中遭伏遇害，孙权从而占领荆州全部，吴、蜀联盟破裂。

延康元年（220 年），曹操病逝，其子曹丕继任丞相、魏王。同年十月，曹丕逼迫汉献帝让位，东汉灭亡，魏国建立，曹丕为魏文帝。次年，刘备在成都称帝，国号汉，史称蜀或蜀汉，刘备为汉昭烈帝。

孙权通过夷陵之战稳定了西面屏障，不久称帝（摄于 2019 年 8 月 11 日）

同年，刘备为了夺回荆州，替关羽报仇，亲率大军攻打东吴。初战告捷，蜀军屯驻夷陵（今湖北宜昌东南），占据长江两岸。孙权任命陆逊为大都督率军迎战，陆逊占据有利地形，以逸待劳，不与蜀军交战。对峙数月，进入盛夏，刘备将军队移入密林结营。陆逊采用火攻战法，蜀军大乱，吴军乘势全线出击，重创蜀军。刘备乘夜突围，退入鱼复（今重庆奉节夔州城），一病不起，亡故于白帝城永安宫。临终前，刘备将儿子刘禅托付给丞相诸葛亮，史称“刘备托孤”。孙权通过夷陵之战稳定了西面屏障，黄龙元年（229 年），孙权称帝，国号吴，史称东吴，至此三国鼎立正式形成。

史迹博萃

「东吴遗迹」

吴国是孙坚和孙策父子在东汉末年镇压黄巾起义和讨伐董卓的战争中逐渐发展起来的。孙坚、孙策和孙权为吴郡富春（今浙江富阳）人，今富阳龙门古镇留有孙氏宗祠、牌楼等。孙坚早年随会稽名将朱儁北上镇压黄巾军，后隶属袁术，参加讨伐董卓的战争。孙吴早期政权中心在吴（今江苏苏州）。建安十三年（208 年），孙权迁治京城（今江苏镇江），赤壁之战就是在此筹划的。战后，孙权迁徙秣陵（今江苏南京），改名建业。曹丕和刘备称帝后，孙权于黄初二年（221 年）在鄂县（今湖北鄂州）称吴王，黄龙元年（229 年）称帝，后迁还建业，吴国建立。因此东吴的遗迹主要分布在苏州、镇江、鄂州和南京等地。

苏州是吴国早期根据地，也是孙权母亲吴夫人的故里。北寺塔曾是吴夫人的故宅。瑞光塔是孙权为报母恩所建。至今瑞光塔前还有“赤乌遗踪”的牌坊。赤乌是孙吴的年号。

镇江是吴国继苏州后的政权中心，孙权在此修建铁瓮城，名曰京城，今遗迹犹存。赤壁之战后，孙权为结好刘备，嫁妹与刘备，

江苏苏州赤乌遗踪牌坊（摄于 2018 年 9 月 25 日）

江苏镇江北固山甘露寺（摄于 2007 年 12 月 14 日）

民间遂有甘露寺招亲的传说。现镇江北固山巅建有甘露寺，山侧还有试剑石的遗迹。鄂州为孙权称王和称帝的地方，虽然孙权在此建都时间不长，但在吴国历史上意义重大。当年，孙权改鄂县为武昌，修城垣，建武昌宫，称吴王城，现仅南垣存有三小段。

南京是孙吴真正的都城，孙权称帝的当年，就从武昌迁都秣陵（今江苏南京），改名建业，此后，整个吴国一直以此为都。孙权徙都建业后，修建城池，据载，都城位置在今南京城中部，北依鸡笼（今北极阁）、覆舟（今九华山）二山，南抵淮海路，东临青溪（今太平门），周长二十里十九步，城内主要建筑为太初宫和昭明宫。同时，从军事角度考虑，孙权在江岸必争之地修建石头城。建业城（后称建康城）经六朝建设，曾盛极一时。隋朝统一后，荡平建康，遂使东吴建业城遗迹消亡殆尽，只有石头城遗迹尚存。

湖北鄂州吴王城（摄于 2019 年 8 月 12 日）

江苏南京石头城（摄于 2021 年 3 月 26 日）

「曹魏遗迹」

曹操（155—220），字孟德，小字阿瞒，沛国谯郡（今安徽亳州）人，出身于一个显赫的宦官家庭。其父曹嵩官至太尉，为东汉末年权倾天下的宦官十常侍之一的曹腾养子。曹操二十岁时被举孝廉，入洛阳为官，参与镇压黄巾军。董卓专擅朝政时，曹操聚兵五千与关东州郡军一起讨伐董卓。曹操在镇压黄巾军的过程中，通过收编黄巾军精锐，组成了一支“青州兵”。随后几年开展兼并战争，逐渐壮大，在官渡之战中以少胜多，击溃袁绍，基本统一北方。建安元年（196 年），曹操将汉献帝迎至自己的势力范围内的许县（今河南许昌），并迁都于此，取得了“挟天子以令诸侯”的优势。建安十三年（208 年），曹操进位丞相，率军南征，在赤壁（今湖北赤壁）被击败，从此致力于巩固北方。建安十八年（213 年），曹操被封魏公，建魏国，都邺城（今河北临漳西南），三年后进封魏王，用天子旌旗和旒冕，名为汉臣，实为皇帝，去世后追尊魏武帝。

亳州是曹操故里，今天亳州还留有曹腾墓、曹操家族墓、运兵道等遗迹，以及新建的曹操公园等。曹操家族墓已被挖掘，可以参观，颇具规模。运兵道据说是曹操当年为训练士兵而建，曹操公园则

安徽亳州曹操家族墓（摄于 2011 年 10 月 15 日）

河南中牟官渡之战遗迹（摄于 2013 年 10 月 19 日）

为今人修建的纪念性公园。官渡之战是奠定曹操统一北方基础的一场战役，河南中牟县城东北的官渡桥村一带应为战役中心区域，当年这里几十万军队对峙经年。历史上黄河多次泛滥，官渡古战场的大片区域被淹，几乎没有留下什么战争遗址，笔者只寻访到官渡寺、官渡桥等一些与战役名称相关的建筑。

曹操的政权中心先在许都，后在邺城。许都在今河南许昌东南，当时有内外两城，建有许昌宫、毓秀台等皇家建筑，以及曹操丞相府等，颇有规模，由于战火和洪水破坏，如今已成废墟，尚存毓秀台等遗迹。邺城在今河北临漳县西南三台村一带，是曹操在东汉冀州治所的基础上扩建的，东西七里，南北五里，北临漳水，城西北隅建有冰井、铜雀和金虎三台，邺城在隋朝初年被焚毁，三台遗址犹存。

河南许昌曹魏许都故城遗址
（摄于 2020 年 7 月 28 日）

河北临漳邺城三台遗址
（摄于 2012 年 7 月 23 日）

「蜀汉遗迹」

刘备（161—223），字玄德，涿郡涿县（今河北涿州）人，汉朝皇室的疏宗，家孤贫，与母贩履织席为业，好交结豪侠。黄巾起义后，他聚徒众参与镇压。传其与关羽、张飞意气相投，桃园结义，今涿州忠义店还建有一座桃园。尽管此事在《三国志》《资治通鉴》等正史中并未提及，但《三国演义》里的“桃园三结义”给人留下的印象太过深刻，以至于笔者特地来此寻访，寄托情思。刘备曾先后投奔公孙瓒、陶谦、曹操、袁绍等，担任过安喜尉、平原相、豫州牧等职。官渡之战后，刘备投奔荆州刘表，屯兵新野。这期间，刘备闻隐居隆中的诸葛亮之名，于是三顾草庐。“隆中对策”后，诸葛亮出山辅弼刘备。诸葛亮是后世敬仰的历史人物，今湖北襄阳城西的古隆中依旧留存诸多遗迹。笔者多次拜谒，穿过山口镌刻有“古隆中”三字的石牌坊，一路能够看到躬耕田、武侯祠、三顾堂、草庐等。

刘备与孙权联合，在赤壁大败曹操后，据有荆州之地。建安十六年（211 年），刘备入蜀，之后夺取益州。建安二十四年（219 年）占领汉中，在沔阳（今陕西勉县）设坛称汉中王，如今设坛遗址犹存，高台上立有石碑，上刻“先主初为汉中王设坛处”。

湖北襄阳古隆中
（摄于 2007 年 7 月 30 日）

陕西汉中刘备称王设坛处
（摄于 2022 年 7 月 30 日）

湖北宜昌猇亭古战场
（摄于 2019 年 8 月 11 日）

重庆奉节永安宫故址
（摄于 2017 年 4 月 22 日）

章武元年（221 年），刘备称帝，国号汉，都成都。同年，为报吴国杀关羽、夺荆州之仇，刘备兴兵伐吴。次年双方决战于夷陵（今湖北宜昌东南），蜀军惨败，刘备退至白帝城。第二年病重，托孤诸葛亮，不久，卒于永安宫。夷陵之战又因最后决战于猇亭（今湖北宜昌境内），亦称猇亭之战。今天在宜昌市猇亭区还留有猇亭古战场遗址。古战场雄踞长江峡口，南北两岸悬崖陡壁。笔者曾沿着虎牙山绝壁上一条长长的古栈道，参观战场遗迹，感受风云变幻。

白帝城位于重庆奉节县东，为西汉末年割据蜀地的公孙述所建。刘备在白帝城永安宫托孤诸葛亮，成为千古美谈。白帝城后毁于战火，而后人纪念公孙述所建的白帝庙犹存。明代，白帝庙改祭刘备、诸葛亮。随着三峡大坝的修建，永安宫故址与奉节老城一起沉入江中。为保存这一历史遗迹，有关部门将永安宫迁建在宝塔坪，重现了刘备托孤故址。笔者专程拜谒迁建后的永安宫，古朴的汉砖和斑驳的廊柱依然透出浓重的历史气息。

「赤壁之战及周瑜遗迹」

赤壁之战作为中国历史上以少胜多的经典战役流传千古，但由于历史久远，加上史籍语焉不详，赤壁之战发生地从南北朝开始就众说纷纭，以至于后来出现了多个赤壁。笔者参观了其中最出名的赤壁市赤壁和黄州赤壁。

赤壁市赤壁位于今湖北赤壁市西北的长江岸边，是专家比较认可的赤壁之战发生地，因此被称为“武赤壁”。它也是留存遗址最多的赤壁古战场。遗址分布在三山之间，金銮山腰的凤雏庵相传是献“连环计”的庞统隐居处，庵堂不大，但很清雅，南屏山的拜风台传为诸葛亮借东风的遗址。赤壁山临江而峙，据说是因战争中曹军战船的熊熊火光使江岸崖壁一片丹红而得名。今天赤壁山顶，立有周瑜雕像及翼江亭。翼江亭相传是当年周瑜破曹观战的哨所，在亭下江边石壁上镌刻有“赤壁”两字，传为周瑜所书。

黄州赤壁在今湖北黄冈市西北江边，有赭红色岩石屹立如壁，故称赤壁，此处的闻名应归功于苏东坡。北宋大文豪苏东坡曾贬谪至黄冈。据载，他曾两次与朋友在赤壁矶下乘着月色泛舟，面对江水拍打着石矶引起的悠远回声，激发起了苏东坡思古之幽情，写下了著名的前、后《赤壁赋》和《念奴娇·赤壁怀古》等不朽赋词。于是，

湖北赤壁古战场（摄于 2007 年 7 月 23 日）

湖北黄冈东坡赤壁（摄于 2011 年 10 月 24 日）

后人把黄冈赤壁称为“东坡赤壁”或“文赤壁”。文赤壁没有武赤壁那样的气势，但却风光优美，由门楼、二赋堂、酹江亭、坡仙亭和碑阁等建筑组成。

赤壁之战的真正指挥者是周瑜，这在史籍中言之凿凿。周瑜（175—210），字公瑾，庐江舒县（今安徽庐江西南）人。自幼与孙策交好，助孙策平定江东，孙策遇刺身亡后，尽心辅弼孙权。周瑜为多谋善断、不可多得的将才，火烧赤壁就是其战术的体现，可惜赤壁之战后不久就病卒，时年 36 岁。周瑜墓有多处，分布在湖南岳阳，安徽宿松、庐江等地。岳阳、宿松等处的周瑜墓大多湮灭，只有位于庐江东门外的周瑜墓至今犹存，笔者曾在一个深秋的日子前往拜谒。方形墓台石栏围绕，古冢巍然。此外，笔者也拜谒了周瑜夫人小乔墓冢。小乔因演义、诗词等而闻名，尤其经苏东坡“遥想公瑾当年，小乔初嫁了，雄姿英发”的词句为人所知。其墓在湖南岳阳楼北面，据传此地原为当年周瑜军府的花园。墓地环境幽静，花木繁茂，墓碑高约一米，上书“小乔之墓”。

安徽庐江周瑜墓（摄于 2017 年 11 月 5 日）

湖南岳阳小乔墓（摄于 2006 年 10 月 15 日）

「三国帝陵」

东吴、曹魏和蜀汉三国共有10余位皇帝，其陵墓大多湮没，只有少量尚存遗迹。

191年，孙坚在攻打刘表时，被暗箭所伤致死，时年37岁，后追谥武烈皇帝，其墓曰“高陵”，在富春和苏州都曾发现过孙坚的陵冢。据记载，孙坚被葬于曲阿（今江苏丹阳一带）。在今丹阳司徒镇大坟村北有一座高大封土，据说就是孙坚的高陵，其夫人吴氏也随葬于此。孙坚高陵为一树林密布的圆形小山丘，陵前竖有高陵文保碑。苏州南门外青旸地还曾有孙坚和孙策墓，史籍也有记载，但今已毁。

孙权继承父兄遗志，在东汉末年群雄割据中打下了江东基业。神凤元年（252年），病逝于建业宫中，终年71岁，葬于南京东郊钟山南麓蒋陵。后因在蒋陵冢上遍植梅花，改名为梅花山。现地面建筑遗存已消失，只有文保碑、孙权塑像和孙权故事园。

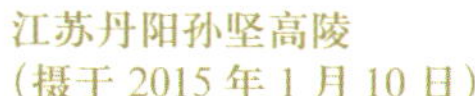

江苏丹阳孙坚高陵
（摄于2015年1月10日）

江苏南京孙权蒋陵
（摄于2010年11月12日）

河南安阳曹操高陵
（摄于2012年7月24日）

四川成都刘备惠陵
（摄于2011年7月16日）

曹魏实行严格的薄葬制度，因此曹魏帝陵大多不知所在。曹操高陵于2009年被发掘，它位于河南安阳西高穴村。墓平面呈“甲”字形，坐西朝东，由墓道、前后室和四个侧室组成。此墓虽遭多次盗掘，但还是出土了重要的随葬品，其中有多块刻有“魏武王”字样的石牌，为确定墓主身份提供了实物依据。

蜀汉有两位皇帝，先主刘备在白帝城去世后，诸葛亮亲自扶柩成都，葬于今成都南郊的惠陵，后来甘夫人、穆皇后也合葬此陵。陵寝建筑由照壁、山门、神道、寝殿、陵墓等组成。相比其他皇陵，惠陵显得简朴、狭小，但惠陵留存至今，令人欣慰。历史上关于刘备的葬地有多种说法，但成都惠陵在各类史志中言之确凿，应属无疑。后主刘禅因亡国被迫迁往洛阳，病逝后也葬于邙山，如今，其墓已掩没在林田之中了。

第七章

孤云逐梦海宝塔

银川海宝塔

浮屠记胜

在宁夏银川城西北有一座造型别致的宝塔——海宝塔，常被作为银川的象征。海宝塔在历史上又有赫宝塔之名，“赫”指的是十六国时期夏国王赫连勃勃，这是因为赫连勃勃曾经重修海宝塔。

海宝塔位于银川城西北 1.5 千米，又名黑宝塔，俗称北塔。这是一座方形九层十一级仿楼阁式砖塔，全部使用青砖砌筑，通高 54 米，由台基、塔座、塔身和塔刹组成。台基呈方形，正面有台阶可上，青砖砌成，宽阔高敞，高 5.7 米，四周有青砖砌成的栏墙。台基中央有塔座，塔座为方形，高 4.2 米，亦为砖砌，正面为入口。入口处小抱厦翼角高翘。通过塔座内的暗道可登座上平台。座中立塔身，塔身平面呈十字折角形，塔身四面中间均有向外略有突出的脊梁，构成鲜明的十二棱角形，在高层楼阁式塔中，此种形式尚不多见。每层每面的正中脊梁辟券门，左右两边置假龛，每层塔檐以砖砌叠涩而突出形成平座。塔身在九层之上又增加了一层塔檐，形成了连天盘在内的十一级塔，也加强了塔身上部的装饰效果。塔身

四面转角处均悬有风铃，风吹铃响，更觉宁静悠扬。塔刹别致，塔顶为砖砌四角攒尖顶，上置四棱桃形绿色琉璃塔刹，并无相轮、华盖、宝珠等部分，这种形制，非常罕见。通过塔身第一层塔的小抱厦进入券门，迎面有罗汉龛。塔的内部呈十字形，为上下相通的方形空间，各层之间以木板相隔，沿两旁梯子可登至顶层。每层方室四面都有一个拱券通道，既扩大了塔内通风采光面，游人也可以眺览山河。俯瞰四视，可见西边巍巍贺兰山，恰似奔腾的骏马；东边的古老黄河，犹如飞舞的巨龙；山河之间，银川平原一望无垠，沟渠如网，稻田连片，一派塞北江南景色。

整座海宝塔建筑风格独特，是回、汉两个民族文化的结合体。其“亚”字造型，既增添了塔身的华丽和立体感，也使阴影对比效果强烈，在我国古塔建筑中别具一格，被视为中国古代建筑的杰作。

海宝塔的始建年代不详，最早记载见于明代弘治年间撰写的《宁夏新志》：“黑宝塔在城北三里，不知创建所由。”相传为汉、晋时期所建。明代万历年间撰写的《朔方新志》中有“黑宝塔，赫连勃勃重修”的记载。清康熙年间撰写的《重修海宝塔记》中，也对海宝塔的历史作了考证：“惟赫连勃勃曾为重修，遂有讹为赫宝塔者。”专家根据后秦的创始人姚苌统治时期佛教盛行的情况，推测海宝塔很可能始建于后秦主姚苌时期，后毁于战火。而原为匈奴铁弗部的赫连勃勃起初曾经依附于姚兴，后来拥兵自重，建立夏国，银川是他所建十二城之一，赫连勃勃在这里重修寺塔应是很有可能的。不过，赫连勃勃重修的海宝塔在清朝初年毁于地震，现存的海宝塔是清乾隆四十三年（1778 年）重修的遗物。

笔者专程参观过海宝塔，其独特的造型使笔者印象深刻，不过，根据乾隆《宁夏府志》的记载，乾隆时期重修前的海宝塔模样并不是现存塔的形状。乾隆《宁夏府志》记载：“黑宝塔十三级，高耸入云，自七层而上，从外盘旋，虽当晴明，风飒飒如御虚然。”因为缺乏

史料记载，笔者不知道《宁夏府志》的十三级黑宝塔是赫连勃勃重修后的样子，还是康熙年间再度修建的模样。不过，可以肯定的是乾隆年间重建后的海宝塔外貌发生了很大的变化。首先是把原来七层以上要在塔外凌空盘旋而上的结构作了改变，其次是把塔的层数减少了两层，包括天盘在内共十一级。

今天的海宝塔是在原址上修建的，虽然其结构和外形与赫连勃勃重修后相差甚远，但它与赫连勃勃重建的历史是割不断的。因此，笔者登临这座曾经被称为“赫宝塔”的古塔，总会想起乱世英雄赫连勃勃的事迹及十六国那个纷乱时代。

史事钩沉

赫连勃勃是夏国的创建者。夏国是十六国之一，辖今陕西北部和内蒙古的一部分。说起十六国时期，就不能不说西晋这段多灾多难的历史。

三国时期，魏国权臣司马懿受魏明帝遗诏，与曹爽一起辅佐齐王芳。司马懿与曹爽争权夺利，于嘉平元年（249 年），乘曹爽陪齐王芳到都城洛阳南 90 里的高平陵祭祀魏明帝曹叡之机，关闭各城门发动政变，并假借太后令，免除曹爽兄弟全部官职，之后诬以谋反之罪，将曹爽兄弟及其党羽全部处死，从而独揽了曹魏大权，史称“高平陵事件”。魏咸熙二年（265 年），司马懿之孙司马炎继任相国、晋王，完全控制朝政。当年十二月，司马炎逼迫魏元帝曹奂禅位，建立西晋（266—317），司马炎为晋武帝。

早在西晋建立前，魏国就消灭了蜀国。西晋建立后，经过十多年的准备，咸宁五年（279 年）冬，晋武帝发兵二十余万，分六路进军攻打吴国。第二年，西晋龙骧将军王濬率领水师攻入石头城（今江苏南京），吴末帝孙皓投降，西晋一统天下，结束了东汉末年以来的分裂局面。西晋本可以延续秦汉统一之格局，但晋武帝为稳固司马氏统治，立国不久便封宗室二十七人为王，并赋予诸王领地和军队，从而留下了隐患。太熙元年（290 年），晋武帝在临终前考虑到继立的晋惠帝痴呆低能，而惠帝皇后贾南风却狡诈阴毒，因此遗命车骑将军、

司马懿利用曹爽祭陵之机发动“高平陵”之变，从而独揽大权（摄于 2020 年 7 月 29 日）

西晋将军王濬率军攻入石头城，灭吴，一统天下（摄于 2010 年 9 月 21 日）

“八王之乱”中，贾南风被赵王司马伦毒死于金墉城（摄于 2013 年 10 月 20 日）

武帝杨皇后的父亲杨骏为太傅、大都督，掌管朝政。但晋惠帝即位后，皇后贾南风为了掌握政权，利用宗室诸王对杨骏专权的不满，于元康元年（291 年）与楚王司马玮合谋，发动禁卫军政变，杀死杨骏。政权落到了汝南王司马亮和元老卫瓘手中。贾南风不甘心，又唆使楚王司马玮杀汝南王司马亮，然后反诬司马玮矫诏擅杀大臣，将其处死。贾后遂执政，并于元康九年（299 年）废掉太子司马遹，次年又把太子司马遹杀害。赵王司马伦见机，联合梁王司马肜、齐王司马冏起兵入宫，将贾南风毒死于金墉城。之后，赵王司马伦废惠帝自立，齐王司马冏举兵讨伐赵王司马伦，惠帝复位，司马冏入京辅政。这又引起其他诸王不满，西晋宗室之间又开始了新一轮的残杀，共有八个诸侯王参与，史称“八王之乱”。

“八王之乱”使西晋元气大伤，塞北内迁的匈奴、鲜卑、羯、羌、氐等趁机举兵，进入中原，并在以后的百余年间建立了数十个割据政权，包括成汉、前赵、后赵、前凉、北凉、南凉、后燕、南燕、北燕、夏、前秦、西秦、后秦等国家，加上西凉、后凉、前燕等政权，史称十六国，其实当时不止十六个国家，还有冉魏、西燕、代、柔然等政权，只是因为这十六个政权国祚较长，影响力大，较具代表性，故被统称为十六国。建兴五年（317 年），西晋被匈奴贵族建立的前赵所灭，北方进入了中国历史上最为混乱的时期。自 304 年成汉与前赵建立，至 439 年北魏统一黄河流域，这数十个政权“走马灯”似的出现、覆灭，立国长者几十年，短者只有两年。各政权境域一般不大，所管辖的面积多者相当于西晋数州范围，少者不足一州之地。

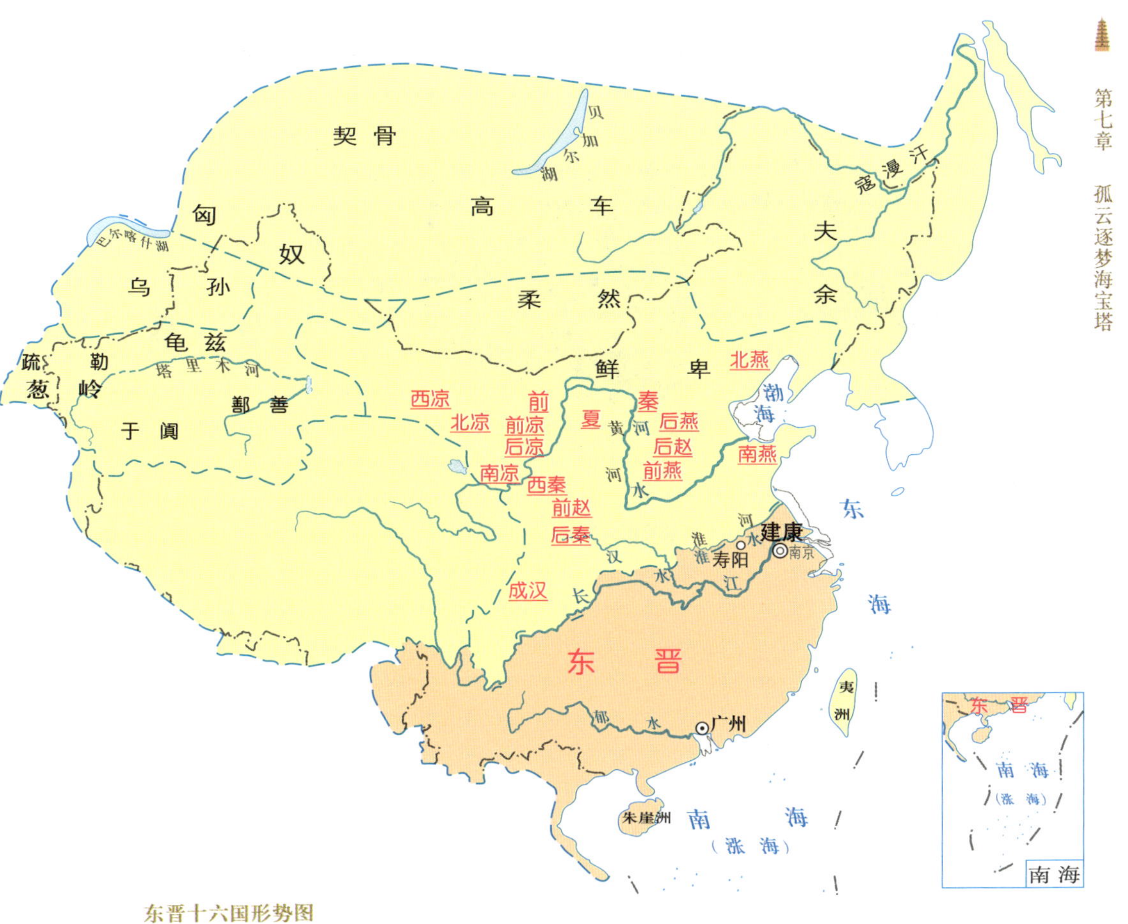

东晋十六国形势图

赫连勃勃夏政权是十六国时期最后出现的一个政权。赫连勃勃为匈奴铁弗部人，是南匈奴的后裔。因为汉代刘氏皇室与匈奴采取和亲政策，所以以后南迁的匈奴人往往以刘为姓，赫连勃勃早年姓名为刘勃勃。其父刘卫辰为铁弗部首领，率部服属于前秦皇帝苻坚。苻坚灭代国，任命刘卫辰为西单于，屯驻代来城，督摄河西诸部族。

前秦是氐族建立的政权，先后消灭了前燕、仇池、前凉、代等政权，派兵进驻西域，统一了整个北方，与东晋形成南北对峙局面。东晋太元八年（383 年），前秦皇帝苻坚率号称百万的大军，企图一举荡平南方的东晋，结果在淝水一战中，前秦的大军被东晋的八万军队打败。淝水之战后，前秦国内大乱，北方各族首领纷纷起兵，反秦复国，割据一方。385 年，前燕慕容冲带兵围攻长安，苻坚率领骑兵逃入山中，被后秦姚苌擒杀。刘卫辰乘机占据朔方之地，势力强盛。姚苌称帝后，任命刘卫辰为大将军、大单于。后来，刘卫辰在与鲜卑人建立的北魏的冲突中，被鲜卑族首领拓跋珪击败，逃亡途中被部下所

苻坚淝水一战失败，北方各族首领乘机起兵反秦复国（摄于 2012 年 9 月 1 日）

杀，余党五千多人被拓跋珪诛杀。

赫连勃勃是刘卫辰的少子，其父败亡后，他投奔鲜卑族薛干部。薛干部首领慑于北魏政权强大的实力，将赫连勃勃送往后秦高平公没奕干处。没奕干见赫连勃勃体格魁梧，勇略过人，就把女儿嫁给了他。后秦皇帝姚兴与赫连勃勃讨论军国大事，见而奇之，非常器重他，任命他为安远将军，封阳川侯，让他帮助没奕干镇守高平。之后，姚兴又任命赫连勃勃为安北将军、五原公，让其镇守朔方（今内蒙古杭锦旗北）。

野心勃勃的赫连勃勃开始实施其计划，谋划叛秦。赫连勃勃为了扩大势力，不仅掠取了河西鲜卑献给后秦的八千匹战马，还袭杀了他的岳父没奕干，兼并没奕干的军队，使自己兵力达到数万人。

后秦弘始九年（407 年），赫连勃勃叛秦自立，自称天王、大单于。他自认为是夏朝后裔，故国号为夏。夏国据有河套之地，南抵三城（今陕西延安）和高平（今宁夏固原）。中国古代以“夏”为国号的政权颇多，因此史家把赫连勃勃建立的夏政权称为赫连夏。赫连勃勃称汗后，把自己的姓从刘氏改为赫连氏，意为“徽赫与天连”。他赦免了境内罪犯，建元龙升，设置百官，并修建了都城统万城（今陕西靖边北），有统御万国之意。据说，他对统万城的修建有着极其苛刻的质量要求，如铁锥能刺入墙壁一寸，筑城的工匠就要被杀掉。他令工匠制作弓箭铠甲，如果弓箭射不进铠甲，就杀死做弓箭的人。如果弓箭

赫连勃勃叛秦自立，建立夏政权，建都统万城（摄于 2018 年 7 月 26 日）

射穿铠甲，就杀死制作铠甲的匠人。因此，在他的残暴统治下，不知有多少无辜百姓死于非命。不过，建成的统万城城垣坚固无比，历经 1600 多年仍屹立不倒，他督造的许多器物也无不精美华丽。

赫连勃勃立国之初，采取游击战略，东杀西拼，连连取胜，先后击败南凉、后秦军队，俘掠了大量人口和牲畜。经过六七年的经略，河套以南，黄河以西，黄龙山以北，高平川、中卫、银川以东的整个鄂尔多斯与陕北高原尽归夏国所有。

后秦永和元年（416 年），后秦高祖姚兴病亡，太子姚泓继位。东晋安帝乘后秦新主嗣位、内乱迭起之机，派遣都督刘裕率大军伐秦。第二年，东晋北伐军击溃后秦部队，进逼后秦京师长安，后秦末主姚泓率领百官出降，后秦遂告灭亡。不久，因留守建康（今江苏南京）的刘裕亲信刘穆之病逝，刘裕怕有人趁机夺权，故急忙赶回建康。闻知刘裕南归，东晋义熙十四年（418 年），赫连勃勃调兵遣将，大举向长安进军。以其子赫连璝为都督前锋诸军大将军，领车骑两万南伐长安，关中郡县纷纷投降，东晋留守部队陷于围困之境，只得退守洛阳。赫连勃勃进入长安，以此为南都，并在灞上（今陕西蓝田县）即皇帝位。为应对北魏的威胁，不久，赫连勃勃率领主力回师统万城。

赫连勃勃晚年，想废黜太子赫连璝，转立少子酒泉公赫连伦。赫连璝听说父亲要废黜自己而立赫连伦为太子，率兵七万北伐赫连伦，赫连伦率骑兵抵抗，在平城被赫连璝所败，赫连伦被杀。赫连勃勃二

赫连勃勃建立的夏国只传了一代就被北魏所灭（摄于 2020 年 8 月 4 日）

子、太原公赫连昌得知赫连伦被杀后，率骑兵一万袭杀了赫连璝，然后率兵八万五千人回到统万城。赫连勃勃非常高兴，立赫连昌为太子。

夏承光元年（425 年），赫连勃勃在永安殿去世，终年 45 岁，谥号武烈皇帝，庙号世祖，在位 19 年，葬于嘉平陵。赫连勃勃病逝后，赫连昌即位，夏王室诸子相图，内讧迭起。南朝宋和北魏于南朝宋元嘉三年（426 年）联合攻夏，宋军趋长安，而北魏军队直攻统万城。次年，魏军攻克统万城。元嘉五年（428 年），赫连昌被俘。赫连昌之弟赫连定在平凉即皇帝位，改元胜光。夏胜光四年（431 年），赫连定被吐谷浑俘获。从赫连勃勃称天王、大单于算起，到赫连定被擒，夏共存在 25 年。

赫连勃勃是十六国时期叱咤风云的一代枭雄。他谋略过人，屡战屡胜，所建立的夏在十六国中地盘也不算小。然而，赫连勃勃的历史地位却远不及十六国中的许多其他君主，这源于赫连勃勃残暴行径和嗜杀成性。暴君的恶名更使赫连勃勃成为这一时代的负面人物。高耸的海宝塔本来应该是赫连勃勃崇佛向善的象征，却因为他的暴行而显得颇具讽刺意味。

史迹博萃

「首阳山及西晋帝陵遗迹」

首阳山是邙山的一段，绵延约 15 千米，为洛阳城东北的制高点，是迎接第一束阳光的地方，故而谓之“首阳”。河洛一带是远古时期黄帝及其后裔的活动之所，《水经注·河水》记载“昔帝尧修坛河洛，择良议沉，率舜等升于首山，而遵河渚”。有专家认为这种行为应该是远古帝王（部落联盟首领）举行的一种被神化了的禅让仪式，而嘉庆版《孟津县志》则记载说帝尧把帝位禅让给舜的禅让仪式就是在首阳山巅举行，虽然这仅为一种远古的传说，但首阳山巅却真的建有一座舜帝庙。笔者曾专程进入首阳山森林公园，顺着长长的山道驱车到山顶寻访舜帝庙。据说，首阳山舜帝庙历史上规模宏大，建筑精美，不过如今的舜帝庙已衰败成为一座简陋的小庙，香火倒是挺旺盛。

历史上“贤人”伯夷、叔齐也曾隐居并葬于首阳山。据载，伯夷、叔齐为商代孤竹君的两个儿子，伯夷为让叔齐继位而远逃，而叔齐也

河南洛阳首阳山舜帝庙
（摄于 2015 年 7 月 30 日）

河南洛阳首阳山伯夷叔齐墓
（摄于 2015 年 7 月 30 日）

河南洛阳首阳山
（摄于 2017 年 7 月 20 日）

河南洛阳首阳山西晋王陵兆域
（摄于 2017 年 7 月 20 日）

不立而遁，被后人誉为“二大贤”。周武王伐纣，伯夷、叔齐叩马而谏，后周灭商，伯夷、叔齐兄弟隐居首阳山，采薇而食，遂饿死。其墓在首阳山巅，如今只剩墓碑一通，字迹漫渺。

由于首阳山的地势风水和文化积淀，加上离洛阳不远，因此西晋把皇陵选在这里。司马懿临终前预作终制，选寿陵于首阳山，为土藏，不封不树。因此，根据祖训，虽然首阳山有武帝司马炎的峻阳陵、惠帝司马衷的太阳陵和被追封的宣帝司马懿的高原陵、景帝司马师的峻平陵、文帝司马昭的崇阳陵等五座帝陵，但《晋书》中只记载陵号，陵址均略而不详，因此历史上西晋帝陵一直不知所在。首阳山南面的南蔡庄村附近出土的荀岳墓志和晋武帝司马炎妃子左棻的墓志，大致可以确定西晋一些帝陵的位置。但笔者几次去邙山寻访，始终没能找到确切的地点，只能眺望苍苍茫茫的首阳山，联想西晋短暂纷乱的历史。如今这一切已成了遥远的过去，扑朔迷离的西晋帝陵连同昙花一现的西晋王朝就像历史烟云一般逝去无痕。

「淝水之战遗迹」

淝水之战是一次实力差距极为悬殊的大决战，东晋得天时地利人和，造就了中国战争史上的一大奇迹。淝水之战发生在安徽寿县东南部的淝水之上、八公山麓。寿县由于地处南北冲要，有“中原屏障，江南咽喉”之称，自古为兵家必争之地。当年，谢石率领的东晋军队就是在淝水东岸的八公山下安营扎寨，与寿阳的前秦军对峙。如今，千年过去了，这里早已没有了刀光剑影，只有农田万顷，绿树婆娑。不过，寿县古城经过历代修建，至今岿然挺立。

寿县古称寿春、寿阳、寿州。战国末期，楚考烈王就把都城迁到这里。西汉时，寿县又成为淮南王刘安的都城。东汉建安二年（197 年），军阀袁术在此称帝。东晋时的寿县仍以繁华著称。今天寿州城为北宋熙宁年间（1068—1077 年）所筑，保存较为完整。笔者登上东门宾阳门，城楼上立有“淝水古战场”的石碑，站在城头北望，远处的八公山若隐若现，当年苻坚在此望出了“草木皆兵”的幻境。

安徽寿县古城楼
（摄于 2012 年 9 月 1 日）

安徽寿县八公山
（摄于 2012 年 9 月 1 日）

安徽寿县淮南王刘安墓
（摄于 2012 年 9 月 1 日）

安徽寿县淝水之战塑像
（摄于 2012 年 9 月 1 日）

八公山位于寿州城北 2 千米，古称北山。西汉时，汉武帝封皇叔刘安到此处为淮南王。据说刘安发明了豆腐，还著有《淮南子》一书。他好黄白之术，常召集江湖方术之士在北山上炼丹制药，其中有八位名者，故北山从此被称为“八公山”。刘安去世后也葬于寿县城北。淝水之战使八公山名声大噪。李白、王安石、苏轼等都曾在八公山上留下了足迹和脍炙人口的诗篇。虽然年代久远，有些遗存已经消失，但八公山仍不失为人们追古寻踪的胜地。

笔者来到八公山，迎面看到的是谢玄的塑像和反映淝水之战场景的一堵照墙，谢玄的沉稳和淝水之战的激烈形成鲜明的对比。走在八公山的山道上，笔者没有见到足以“草木皆兵”的茂密树木，也许是深秋，周围植被显得有些稀疏和落寞。当年杀声震天的淝水战场早已像满地的落叶随风远逝，只留在人们永远的记忆中。

「统万城遗迹」

统万城位于陕西榆林靖边县城北 80 千米处的无定河东北岸，此处四周为无边无际的沙漠。据载，赫连勃勃来到这里，一时被这里的山川景貌所震撼，于是在此修筑都城，因系赫连勃勃所建，故又被称为赫连城。因其城墙的材料中含有一种叫“高岭土”的黏土矿物，城墙显现白色，当地人称白城子。统万城始建于夏凤翔元年（413 年），以叱干阿利为将作大匠，征发十多万各族民工，经过六年营建竣工。赫连勃勃自言：“朕方统一天下，君临万邦，可以统万为名。”统万城之名可见赫连勃勃的野心。

统万城分外郭和东、西城，中间有一道隔墙分开，呈长方形。城周有墩台 36 座，城内有宫殿、钟鼓楼遗址，是我国古代匈奴人遗留下来的唯一的一座都城遗址。赫连勃勃对统万城的土城垣有着严格的质量要求，城墙用蒸土拌畜血筑成，因此建成后的统万城城垣坚固无比，历经 1600 多年仍屹立不倒，今天我们依旧能看到其宏伟的身姿。笔者专程参观了统万城，惊叹于这座古城遗址规模的庞大，虽然统万城遗址的夯土建筑遗存已经残破，城内主要建筑、道路均已无存，但

陕西靖边统万城文保碑（摄于 2018 年 7 月 26 日）

陕西榆林靖边统万城板筑的夯土墙
（摄于 2018 年 7 月 26 日）

陕西榆林靖边统万城夯土墙马面
（摄于 2018 年 7 月 26 日）

陕西榆林靖边统万城角楼台基
（摄于 2018 年 7 月 26 日）

城市的基本格局仍旧保留。部分城垣、城门、马面及角楼遗存清晰可辨，遗留下来的夯土台基也显得高大雄伟。

统万城作为都城的时间并不长。夏承光三年（427 年），北魏太武帝拓跋焘攻陷统万城，统万城的都城生涯就此终结。此后，统万城历经北魏、隋、唐数朝，数度成为州郡的治所，直到北宋淳化五年（994 年），宋军攻占夏州，宋太宗下令迁民毁城，统万城就此圮毁、荒芜，只剩下部分白色的城墙残存至今。统万城虽然历尽沧桑，笔者站在这里，面对高耸的墩台、厚实的土城，依然深感震撼。

「十六国遗迹」

十六国时期，社会动乱不已，经济遭到严重的破坏，但佛教却获得了巨大的发展。历尽苦难的人民对现实感到无能为力，只能寄希望于来生，加上统治者的提倡，石窟、寺院繁盛。

著名的敦煌石窟就起始于十六国时期。莫高窟的创建年代，一般认为是前秦建元二年（366 年），但也有东晋永和九年即前凉建兴四十一年（353 年）等说，不管哪种说法，都属于十六国时期。莫高窟经十六国、北朝、隋、唐、五代、西夏、元等历代兴建，历时千年，现存石窟 700 余个，其中十六国时期开凿的有 7 个。这一时期所塑的单身塑像，多以弥勒菩萨为主尊，表现了当时人们盼望未来佛弥勒救世、超脱动乱的愿望，富有时代特征。此外，初建于西秦的永靖炳灵寺石窟，始建于北凉的武威天梯山石窟等，都是十六国时期石窟艺术的精品。在这些石窟中，还留有许多十六国时期的壁画，其中的晕染法立体感强，是过去中国绘画所未见的。

甘肃敦煌莫高窟九层楼
（摄于 2007 年 10 月 15 日）

甘肃武威天梯山石窟
（摄于 2021 年 7 月 30 日）

甘肃武威罗什寺塔
（摄于 2021 年 7 月 30 日）

甘肃武威的雷台
（摄于 2007 年 10 月 16 日）

凉州（今甘肃武威）是十六国时期北方佛教文化的中心。西域高僧鸠摩罗什曾居凉州积年，终日钻研经典。今武威城中尚留有始建于后凉的罗什寺，寺中的罗什寺塔相传为鸠摩罗什埋舌之处。弘始三年（401 年），后秦皇帝姚兴迎西域高僧鸠摩罗什居于自己在汉长安城西南所建的逍遥园，苫草为堂翻译佛经，由此得草堂寺名。草堂寺几经毁建，至今犹存，如今寺院规模虽然不大，但明朗清雅。

除佛教建筑外，十六国时期留存至今的比较著名的遗迹还有甘肃武威的雷台。部分专家认为，雷台是前凉国王张茂所筑灵钧台。《资治通鉴》中记载："周轮八十余堵，基高九仞。"后因明清时期在台上修建了雷祖观而得名雷台。笔者多年前参观过雷台，雷台保存基本完好，规模宏伟。1969 年，在台下东南角发现了一座东汉晚期的大型砖室墓，出土了大批文物，其中的"铜奔马"异常精美，被指定为中国旅游的标志。

「十六国皇陵」

十六国时期由于战乱不断，政权更迭频繁，社会经济遭到破坏，诸国没有财力和精力来营建宏伟的陵寝，加之战乱对帝陵的破坏，除了夏赫连勃勃嘉平陵、前秦世祖苻坚陵、成汉中宗李寿安昌陵及冉闵陵尚有迹可循外，其他帝王陵址大多不详。

夏武烈皇帝赫连勃勃（381—425），匈奴铁弗部人，十六国时期夏国的建立者。他很会用兵，但生性凶残嗜杀，狂妄自满，晚年尤甚。夏承光元年（425 年），病逝于统万城永安殿，终年 45 岁，葬于嘉平陵。据《延川县志》记载：“白浮图寺在县南六十里，寺前有冢，前人以为夏王疑冢云。”赫连勃勃陵位于延川县乾坤湾镇古里村。多年前，笔者驱车爬山越岭，来到白浮图寺对面的山丘，只见一座已残破不堪的古冢屹立在杂草丛中，旁立一块黑色的石碑，上刻“赫连勃勃墓”。赫连勃勃死后的归宿扑朔迷离，笔者不知这座荒草孤冢是否真是赫连勃勃墓，但见四周群峰苍凉，山风呜咽。

前秦世祖苻坚（338—385），氐族人，略阳临渭（今甘肃天水东）人，十六国时期前秦国君。他是前秦开国者苻洪之孙，初为东海王。永兴元年（357 年），苻坚斩杀暴虐的苻生，自立为大秦天王。其在位期间，励精图治，国势渐强，苻坚先后消灭前燕、前凉、代等国，统一了北方。建元十九年（383 年），率军攻晋，结果在淝水之战败于晋军。此后，

陕西延川赫连勃勃嘉平陵（摄于 2018 年 7 月 26 日）

陕西彬州苻坚陵
（摄于 2016 年 8 月 17 日）

四川成都成汉李寿安昌陵
（摄于 2017 年 9 月 12 日）

河南内黄魏武悼天王冉闵陵
（摄于 2017 年 7 月 29 日）

前秦分裂，苻坚被羌族的姚苌缢杀，时年 48 岁。苻坚陵位于咸阳彬州城西，陵冢坐南向北，墓堆形似角锥，俗称“长角冢”，墓碑刻有“前秦国王苻坚之墓”。如今，墓冢周边荒草过人、荆棘丛生。

李寿（300—343），成汉皇帝，很受成汉开国皇帝李雄的器重，曾受顾命辅政。玉恒四年（338 年），李寿夺取政权，改元汉兴，改国号为汉，去世后葬安昌陵。成汉诸帝应该都葬在成都市周围，但具体方位不详。1986 年，专家在成都桓侯巷附近发现了成汉时期的墓葬，从出土文物来看，专家认为很可能是李寿的安昌陵。

冉闵（？—352），十六国时期冉魏政权的建立者，永兴三年（352 年）被前燕擒杀。关于冉闵葬于何处，在史籍中没有明确记载。其故里河南内黄有其衣冠冢，后遭破坏，现墓侧修建有冉闵雕像、剑林和华夏哭墙。

第八章

登塔漫议六朝事

南京鸡鸣寺塔

浮屠记胜

六朝古都南京城北的古鸡鸣寺中有一座药师佛塔，今塔为 1990 年重建。追溯历史，鸡鸣寺、药师佛塔均修建于同泰寺旧址，而同泰寺早在南朝梁时期就建有九层高塔。这里地处六朝宫廷后苑，据载梁武帝常于此设法会，而且曾数次舍身同泰寺，荒耽朝政，引发社会变乱。塔东山腰处陈后主坠井避难的古胭脂井，更见证了六朝终结的历史场面。沧桑巨变，同泰寺塔早已烟消云散，但古胭脂井犹在，药师佛塔也重新矗立。站在这片曾经的六朝宫苑重地，不由使人追忆六朝往事。

鸡鸣寺药师佛塔位于江苏省南京市玄武区鸡笼山东麓山阜上，虽然高度只有 44.8 米，但因为建在高阜之上，因此显得较有气势。塔由基座、塔身和塔刹组成。基座位于塔院中央，四周为碑廊。塔身七层八面。南面正门之上悬挂着蓝底金字的“药师佛塔”牌匾，由中国佛教协会前会长赵朴初先生题写。底层南北各有壶门，塔内一层中央供奉一尊明代铜铸的药师光如来佛像，这尊佛像是从北京雍和宫调来的，极为珍贵。从第二层起每一层中央都供有四尊樟木雕药师佛像，

分置于明代金丝楠木雕刻的精美佛龛内，第二至七层共供奉不同形态的药师佛像24尊，每龛都有玻璃罩护着。塔顶矗立着重5吨、高11米的青铜塔刹，在夕阳下，金光四溢。整座塔外观斗拱重檐，铜刹筒瓦，给人一种崇高壮丽的美感。塔檐上还悬挂着72个风铃，在风中叮当作响，仿佛在敲出六朝的古音。塔内设有楼梯，登梯可以到每层的外廊，外廊装有护栏。在此远眺，南京钟山依稀可望，北极阁、九华山及繁华都市尽收眼底，更有玄武湖一泓清水。站在这里，最能让人想起六朝烟云。

相传，齐武帝萧赜游钟山射雉，行到鸡鸣寺药师佛塔所在的山阜前始闻鸡鸣，从此人们称此处为鸡鸣埭或鸡笼山。明初取寺名为“鸡鸣寺”的出典即于此。鸡笼山在六朝时，面城背水，景色秀丽。孙吴时属于宫廷后苑范围。西晋永康元年（300年），有人在此倚山筑室，始建道场。东晋建都以后，这里被辟为廷尉署。刘宋和萧齐时，此处还开设国学馆和士林馆等。萧梁大通元年（527年），梁武帝将廷尉署移往他处，在鸡鸣埭兴建同泰寺，并建有九层高塔，崇丽一时。史籍载有同泰寺内“宝塔天飞、神龛地踊”，有“大佛阁七层”，供奉着非常庄严的十方银佛像等，成为佛教圣地。因为该寺与皇宫有门相通，来往便利，梁武帝萧衍便常驾临同泰寺，并屡屡身披袈裟，高坐莲台，甚至多次“舍身入寺”，最后被群臣用重金“赎回”。梁武帝中大同元年（546年），同泰寺连同宝塔遭雷击，宏伟的九层塔被焚毁。之后，梁武帝下诏重修佛塔，不仅要更加金碧辉煌，而且要比原来高出三层。然而，由于在施工过程中遭遇侯景作乱，因此，直到梁武帝萧衍去世，这座十二层宝塔都没能修好。据《资治通鉴》记载，这座“十二层浮图，将成，值侯景乱而止”。或许，在咽气那一刻，梁武帝萧衍还记挂着这座尚未完工的宝塔。从此，寺院荒芜多年。杨吴顺义二年（922年），在同泰寺的旧基上兴建千佛院，南唐改名净居寺，后又改名圆寂寺。明朝初年，这里仅是一座小小的普济禅师庙。

明洪武二十年（1387年），明太祖朱元璋下令拆除旧庙，重建寺院，并题额为“鸡鸣寺”。此时山巅建有宝公塔，为五层宝塔，埋有宝志禅师部分遗骨法函，该塔毁于清初。1988年鸡鸣寺塔再次重建，于1990年4月落成，此塔是鸡鸣寺历史上的第五座佛塔。

登上鸡鸣寺药师佛塔，可以看到东侧不远处的胭脂井。据载，六朝后期，隋文帝杨坚派大将韩擒虎率军南下攻打南方的陈朝。隋兵很快攻入南京，陈后主陈叔宝惊乱之中带着宠妃张丽华躲进了后花园的古井中，最后被韩擒虎遣人用绳子系着箩筐把他们从井中拉出来。据传由于井口太小，张丽华的胭脂擦在了井口，从此，这口井被称为“胭脂井”，胭脂井和后庭花一样成了亡国的象征。据说，当年的胭脂井只剩有井栏，古井的位置也有移动。其实对后人来说，真正的胭脂井在哪里并不重要，重要的是它身上缠绕的那些古老的故事和经过时间沉淀的历史情怀，历史有太多的“吴宫花草埋幽径，晋代衣冠成古丘”的沧桑故事让人感慨。

史事钩沉

六朝是指中国历史上三国至隋朝时南方的六个朝代，即三国时期的吴国、东晋和南朝宋、齐、梁和陈这六个朝代。它们都以今江苏南京为都城。南京在孙吴时期称建业，西晋司马邺称帝后为避讳，改名建康，之后的南朝宋、齐、梁和陈都一直沿用建康的称呼，南京也因此被称为“六朝古都”。这一时期，北方战乱频繁，而以建业或建康为中心的六朝经济、文化却得到迅速发展，并后来居上，逐渐超越原来发达的中原地区，以“六代豪华”著称于世。

六朝时期的第一个朝代是三国时期的吴国，早期政权中心先后在吴（今江苏苏州）和京城（今江苏镇江），东汉建安十六年（211 年），孙权把政权中心从京城迁徙到秣陵，改名建业，表现出建功立业的雄心。黄初二年（221 年），为了与刘备争夺荆州，孙权一度迁都武昌（今湖北鄂州），并于黄龙元年（229 年）称帝，但同年就迁回建业。作为在南京建都的第一位皇帝，孙权以江东为依托，渐次发展，统治势力覆盖整个江南，促进了这一区域经济和文化的发展。孙权去世后，吴国日趋衰弱，吴天纪四年（280 年），吴国被西晋灭亡。但统一后

以建康为都城的六朝以“六代豪华”著称于世（摄于 2021 年 3 月 26 日）

孙权在建业称帝，开启了六朝篇章
（摄于 2019 年 8 月 12 日）

东晋政权主要由王、谢等门阀大族支配
（摄于 2007 年 2 月 26 日）

的西晋昙花一现，在晋武帝司马炎去世后，很快陷入了“八王之乱”。

当西晋皇室内部相互残杀的时候，司马懿曾孙琅邪王司马睿用王导之谋，请移镇建邺（今江苏南京），以预谋退路，朝廷遂封他为安东将军、都督扬州诸军事，司马睿奉命南下。西晋灭亡后，建武元年（317年），司马睿称晋王，次年正式称帝，在江南重建晋室，是为晋元帝。因都城建康位于洛阳之东，统治区域又大部分在江东，故史称东晋。东晋政权是依赖“衣冠南渡”的北方士族和江南豪强势力建立起来的，其中以王导、谢安为首的世族集团势力最大，东晋政权也主要由王、谢等门阀大族支配。

王家以王导为主。王导（276—339），琅邪临沂（今山东临沂北）人。西晋末年，王导劝司马睿渡江移镇建邺，使其得以远离中原恶化的局势，避免杀身之祸，并最终得以重建晋室。王导也以“中兴”功臣出任丞相，历三帝之久，加上其从兄王敦拥重兵坐镇武昌，使得王氏家族势冠朝廷，故有“王与马，共天下”的说法。

谢家则以谢安为主。谢安（320—385），陈郡阳夏（今河南太康）人，是流寓江东的北方世家大族。他年逾四十才出仕，在晋孝武帝时任丞相，独综朝政。其兄弟侄儿等都为中央和地方的重要官吏，势力遍布各地。东晋太元八年（383 年）淝水之战的胜利就是在谢安的指挥下取得的。面对前秦大军压境的严峻局面，谢安临危不惧，自任征讨大都督，坐镇建康东山，运筹帷幄。命其侄儿谢玄为前锋都督，率领八万北府兵前往迎击。晋军与前秦军隔淝水对峙，谢玄用激将法让其后撤。前秦军后撤时失去控制，阵势大乱。谢玄趁势抢渡淝水，猛攻前秦军，前秦军队全线溃败，苻坚本人也中流矢负伤，带着残兵败将逃回长安。我们耳熟能详的“投鞭断流”“草木皆兵”“风声鹤唳”等成语典故都出自淝水之战。这场战役是我国历史上著名的以弱胜强的战例，具有绝对优势的前秦因此瓦解，北方再度分裂。而东晋也趁机北伐，把边界线推进到了黄河流域。

东晋政权很大程度上是依靠世家大族的支持，由此形成的君弱臣强政治模式，埋下了强臣篡位的祸根。一些掌握军权的武将常怀不臣之心，伺机篡位，刘裕就是其中的一位。刘裕，小名寄奴，原籍彭城（今江苏徐州），其曾祖随晋室南迁，侨居京口（今江苏镇江）。刘裕的父亲刘翘曾为郡功曹，但早亡，家道衰落。因此刘裕少时贫困，以樵渔及贩履为生，但他性格坚韧。东晋孝武帝时，刘裕投身行伍，开始戎马生涯，在北府名将刘牢之麾下当参军，因在镇压孙恩反晋起义的军事行动中初露头角，被封为建武将军、下邳太守。

元兴元年（402 年），盘踞荆州的东晋将领桓玄举兵反叛，刘牢之投降，桓玄进入建康（今江苏南京）。第二年，桓玄逼迫晋安帝禅位，自称皇帝，国号楚，史称桓楚。元兴三年（404 年）刘裕与北府兵将领刘毅等自京口（今江苏镇江）起兵征讨，次年击溃桓玄。桓玄挟持晋安帝败逃江陵（今湖北荆州），刘裕率兵进入建康，坐镇京师。不久，桓玄被部将所杀，安帝回建康复位。因平乱之功，刘裕加侍中，进号车骑将军、开府仪同三司，镇京口。义熙四年（408 年），刘裕入京辅政，独揽朝权。

东晋自偏安以来，祖逖、桓温等都曾先后北伐，但无一成功。为提高声望，加之南燕政权屡次侵扰边境，刘裕决定兴师北伐。他率领水军北上，义熙六年（410 年），攻破南燕都城广固（今山东益都西北），收复青、兖两州，追获南燕末主慕容超。后因东晋内部发生卢循起义，刘裕不得不班师回朝镇压。义熙十二年（416 年），刘裕趁后秦政权不稳，再次率军北伐，次年攻克洛阳，至潼关，晋军直趋长安城，后秦主姚泓投降。此时却传来刘裕留在朝廷坐镇的心腹刘穆之病故的消

刘裕北伐战功赫赫，在徐州戏马台大宴群僚（摄于 2014 年 5 月 28 日）

息，刘裕怕朝廷有变，留下儿子刘义真及部分军队留守长安，自己统军南归，导致长安得而复失。但刘裕在军事上的巨大成功，使其在朝廷地位显赫，他先后受封相国、宋公、宋王。元熙二年（420 年），刘裕迫晋恭帝司马德文禅让，自己登基为帝，国号宋，即宋武帝，历史上称刘宋或南朝宋，南朝从此开始。

刘裕称帝前后，注重节俭，抑制豪强，轻徭薄赋，使江南农业生产有所发展。刘裕在位 3 年就病逝了，其子即位后，继续执行刘裕的政策，使经济文化日趋繁荣，这是六朝国力最强盛的时期，史称“元嘉之治”。刘宋历 4 代 8 帝，共 60 年。

宋昇明三年（479 年），南兖州刺史萧道成逼迫宋顺帝退位，建立齐朝。萧道成出身低级士族，领兵 30 多年，他利用刘宋后期皇室成员互相残杀之际，掌握实权，代宋称帝，为齐高帝。历史上称南齐或萧齐。4 年之后，萧道成病逝，南齐政局混乱，虽历 7 帝，只存世短短的 24 年，是南朝存在时间最短的一个朝代。

中兴二年（502 年），南齐雍州刺史萧衍逼迫齐和帝“禅位”，建立梁朝。萧衍为南齐宗室，因家族背景，加上其出色的才华和军事上的业绩，其地位显赫，官至雍州刺史，镇襄阳。后因其兄被南齐东昏侯杀害，萧衍举兵东下，攻占建康。

梁朝是南朝第三个朝代，大部分时间政局相对安定，经济也有所发展，梁武帝萧衍功不可没。萧衍登位之初，勤于政事，选用良吏，减免租调，奖励农耕，使梁朝政局稳定，经济有所发展。梁武帝也重

梁、东魏、西魏形势图

视文化的发展，使梁朝涌现出一批有重大成就的文学家和诗人，比如梁武帝太子萧统组织文人编选的《昭明文选》对后世文学颇有影响。同时，萧衍还大力提倡佛教，不顾劳民伤财，大规模兴建佛寺，甚至多次舍身出家。皇帝佞佛，使梁朝出现了“南朝四百八十寺，多少楼台烟雨中”的景象。寺院经济的膨胀，大大增加了百姓的负担，使社会矛盾突出。梁武帝专心佛事，无暇政务，造成朝政昏暗。由于梁武帝后期的昏庸，梁朝几次对北魏的战争均未取得成果。

萧衍从襄阳举兵东下，攻占建康并称帝建立梁朝（摄于2016年10月5日）

陈后主与嫔妃避入胭脂井中但避免不了亡国命运（摄于 2015 年 9 月 10 日）

太清元年（547 年），东魏大将侯景投奔梁朝。梁武帝不顾群臣的反对，派军队接应。结果，第二年侯景就在寿春举兵叛梁。侯景叛军横渡长江，攻入建康，并包围梁朝皇宫台城，梁武帝被囚禁、饿死。侯景之乱，使梁朝的社会经济遭到严重的破坏，北齐和西魏趁乱夺取了梁朝北方大片土地。侯景之乱是梁朝的一个转折点，梁朝从此一蹶不振。梁武帝之后，梁朝又出现帝位之争，国势式微，梁朝历 4 帝，存在 56 年。

太平二年（557 年），梁朝大将陈霸先废梁敬帝，即位称帝，建立陈朝。陈霸先出身寒门，以平侯景之乱之功，官至司空，最终代梁称帝。陈朝建立时已经出现南朝转弱、北朝转强的局面。陈霸先为政主张勤俭，使得南方经济逐渐从侯景之乱的破坏中得到恢复，但其在位 3 年就去世了。末帝陈后主陈叔宝是历史上著名的荒淫皇帝，不持政务，奢靡腐败。祯明二年（588 年），隋朝派大军南下，次年攻入建康，陈后主与张贵妃、孔贵人避入皇宫后院的胭脂井中，最后被俘，陈朝亡。陈朝历 5 帝，存在 33 年。

六朝时期，江南经济文化得到迅速发展，随着陈后主的被俘，“六朝豪华”灰飞烟灭。

史迹博萃

「王导、谢安遗迹」

王导、谢安是东晋乃至整个六朝最著名的两位丞相，一个为东晋开辟了半壁江山，一个为东晋保住了偏安山河。王导（276—339），琅邪临沂（今山东临沂北）人，随司马睿移镇建邺，三帝为相，病逝后葬于南京幕府山，遗迹今已无存。谢安（320—385），陈郡阳夏（今河南太康）人，其故里尚留遗迹。谢安流寓江东后，居会稽（今浙江上虞）东山，中年出山为仕，有“东山再起”之说。他在晋孝武帝时为相。淝水之战有赖于他的精心筹划，使晋祚得以延续。谢安的丞相府邸位于建康秦淮河畔，同时，谢安还在建康城南的东山上营造了一处与会稽旧居相仿的别墅，并经常在此休憩。如今，南京东山别墅早已湮灭，只存留谢公祠等遗址。谢安病逝于太元十年（385 年），享年 66 岁。朝廷为他举行了隆重的葬礼，将其安葬于建康城南的梅岗（今江苏南京雨花台东）。南朝陈太建十一年（579 年），陈宣帝第二子始兴王陈叔陵为安葬其生母彭氏，挖掘了谢安墓，弃其柩。

谢安的遗骸后来迁往何处有两种说法，一种说法认为谢氏子孙收

河南太康谢安故里（摄于 2019 年 8 月 4 日）

浙江上虞谢安墓
（摄于 2012 年 12 月 31 日）

浙江长兴谢安墓
（摄于 2017 年 4 月 15 日）

江苏南京王导谢安纪念馆
（摄于 2012 年 9 月 17 日）

拾残骨重葬于上虞东山，这在上虞东山谢安墓旁的《重修谢安墓碑记》中有记载。笔者也到上虞东山江边拜谒过谢安墓，其墓呈圆形，条石砌筑，墓碑上写有“晋太傅谢公墓”的字样。另一种说法认为当时谢安的后裔谢夷吾在长城（今浙江长兴）当县令，得悉谢安墓被毁后遂将谢安的灵柩迁葬在长兴三鸦岗。据载，墓前原建有太傅庙，后遭破坏，仅剩两块墓碑。笔者拜谒时，谢安墓静静坐落在一片树林中，墓前的旧碑字迹漫漶，周围青草依依，显得萧瑟、落寞。

东晋时期，王导和谢安等大族的高门宅府都聚集在南京乌衣巷，这里因为在东吴时期是禁卫军中“乌衣营”的所在地，故名。六朝之后，曾经香车宝马、华贵富丽的乌衣巷在沧桑中衰败。唐代刘禹锡曾为此咏出了“朱雀桥边野草花，乌衣巷口夕阳斜。旧时王谢堂前燕，飞入寻常百姓家”的千古名句，如今此处建有王导谢安纪念馆。

「东晋帝陵」

东晋从 317 年建立，到 420 年被刘裕篡代，存世 104 年，共历 11 位皇帝。东晋虽然是司马氏政权的延续，但司马氏本身在政治上威望不高，整个朝廷由世族大家把持，故内乱频生。东晋诸帝在内外交困中在位时间也不长。据《建康实录》等文献记载，除废帝司马奕葬于苏州吴陵之外，其余 10 位皇帝的陵墓都在南京城西、东、北三个陵区。西陵区为元帝的建平陵、明帝的武平陵、成帝的兴平陵和哀帝的安平陵，陵寝在鸡笼山之阳，包括鼓楼岗南麓。东陵区为康帝的崇平陵、简文帝的高平陵、孝武帝的隆平陵、安帝的休平陵和恭帝的冲平陵，均葬于钟山之阳，即富贵山麓一带。北陵区为穆帝的永平陵，位于幕府山之阳。

由于东晋帝陵承袭西晋帝陵“不封不树”的传统，不起坟堆，葬埋也十分简陋，加上岁月流逝，今天，在南京这些山麓已难觅东晋

江苏南京鼓楼岗一带东晋西陵兆域
（摄于 2010 年 9 月 23 日）

江苏南京富贵山一带东晋东陵兆域
（摄于 2021 年 9 月 15 日）

江苏南京幕府山一带东晋北陵兆域
（摄于 2021 年 9 月 15 日）

江苏南京东晋恭帝冲平陵玄宫石碣
（摄于 2017 年 9 月 5 日）

帝陵的痕迹。不过文物工作者通过考古还是发现了东晋帝陵的踪迹。1961 年 11 月，文物部门在富贵山南麓发现了晋恭帝玄宫石碣，从而为确定晋恭帝冲平陵的位置提供了线索。1964 年 5 月，在晋恭帝玄宫石碣西约 400 米处，发现了一座东晋大墓，有专家认为墓主应是晋恭帝，但史籍记载恭帝“冲平陵在蒋山之阳，安帝同处”，故有学者认为也可能是安帝休平陵。此外，在今南京大学北院发现了明帝的武平陵；在幕府山之阳的郭家山一带，发掘了两座晋穆帝的陪葬墓等。

通过这些墓葬的发现，我们大致可以了解，东晋帝陵位于山丘南麓，为带有甬道的券顶单室砖墓，墓室长 4 ~ 7 米，宽 4 ~ 5 米，后期帝陵有阴井和排水沟等设施。甬道设有两道门槽，墓门为木制，一般设于甬道中部，木门外都有数道砖砌的高大封门墙。笔者在南京博物院看到了东晋恭帝玄宫的石碣，上书“宋永初二年太岁辛酉十一月乙巳朔七日辛亥晋恭皇帝之玄宫”，这是唯一可靠的东晋帝陵实物，其余的东晋帝陵都消失在历史的尘埃中，有待今后的考古发现。

「萧统遗迹」

萧统（501—531），字德施，南兰陵（今江苏武进西北）人。萧衍称帝建立梁朝后，萧统被立为太子，因后来被谥“昭明”，故世称昭明太子。他天资聪慧，勤奋好学，少年时代就饱读经史，成为当时博采众学的文学家。他招集文人学士，广集古今书籍，主持编纂了中国现存最早的一部汉字诗文总集——《昭明文选》。《昭明文选》共三十卷，选编了上起周代、下迄梁代间100余位名家的700多篇赋、诗、杂文等，基本上汇集了梁代以前文学作品的精华，堪称我国文学史上的一座丰碑。昭明太子不仅文采出众，且宽容仁孝，可惜其不及继位便于梁中大通三年（531年）病逝，年仅31岁。

为纪念昭明太子，襄阳修建了高大宏伟的昭明台，昭明台几经毁建，至今仍矗立在襄阳城中心。昭明太子一生酷爱读书，在江南很多地方留有昭明太子读书台，目前主要留存的有南京江宁区湖熟街道的东湖读书台、镇江招隐山的昭明太子读书台、句容茅山昭明太子读书台、常熟虞山昭明太子读书台、浙江乌镇的昭明太子读书处、浙江天

湖北襄阳昭明台
（摄于2016年10月5日）

浙江乌镇昭明太子读书处牌坊
（摄于2016年6月22日）

江苏南京玄圃遗址
（摄于 2015 年 12 月 19 日）

江苏南京燕雀湖昭明太子墓址
（摄于 2021 年 9 月 15 日）

目山昭明太子读书楼和浙江金华磐安的昭明太子读书处等。笔者先后参观过多处昭明太子读书台，发现昭明太子读书台不同于一般的人文景点，它既有人文荟萃的意境，又有自然风光的魅力，这种独特的文化吸引力和感召力，使笔者为之动容。

昭明太子大部分时间住在建康，玄圃是其私人园林，他常与朝士名素游乐其中。今天，南京在玄武湖畔复建了玄圃，并修建了昭明纪念馆。昭明太子一生最大的成就是编集《昭明文选》，主要的编撰地点，据说是在玄武湖梁洲，这里曾是昭明太子“梁园”故址。今旧迹虽湮，梁洲之名犹存。据载，昭明太子萧统英年早逝后，葬于紫金山南麓的前湖岸边，前湖也因昭明太子墓的缘故而始称太子湖，后称燕雀湖。明初，明太祖朱元璋为营建宫城，填塞燕雀湖，燕雀湖由此消失。2005 年，南京中山陵园管理局在原燕雀湖一带再度开挖湖塘，仍名燕雀湖，并在湖畔修建了“台想昭明”的景点，以纪念这位为中国文学作出重要贡献的才俊。

「南朝四百八十寺」

“南朝四百八十寺，多少楼台烟雨中”是唐朝诗人杜牧的名句，反映了南朝寺庙的繁盛景象。其实南朝的寺庙不止 480 座，《续高僧传》记载：“钟山帝里，宝刹相临，都邑名寺，七百余所。”南朝林立的寺院中，绝大部分在都城建康，其中以同泰寺、瓦官寺、栖霞寺较为著名。

同泰寺遗址在今南京城北北极阁东端，此地原为三国孙吴宫廷后苑，晋为廷尉署。梁武帝大通元年（527 年），在此兴建同泰寺。规模很大，有大殿六座，小殿及堂十余座，有高九层的宝塔，在南朝寺庙中首屈一指，后毁于侯景之乱。五代吴顺义二年（922 年），在同泰寺遗址上建千佛院，南唐改名净居寺和圆寂寺，宋为法宝寺。明初为普济禅师庙，洪武二十年（1387 年），明太祖下诏拆除旧庙，重建寺院，取名鸡鸣寺。也有专家认为，同泰寺旧址应在今珠江路北侧，与今鸡鸣寺相距甚远。

瓦官寺位于南京城西南花露岗上，原为东晋官营陶器作坊，称为“瓦官”，故名瓦官寺。寺庙建于兴宁二年（364 年），初建时，寺僧向社会募款，但收款不多，唯独大画家顾恺之认捐一百万钱。不久，寺僧向他索款，顾恺之让寺僧在大殿上为他准备一面白墙。然后，顾

江苏南京古鸡鸣寺（摄于 2010 年 9 月 23 日）

江苏南京古瓦官寺（摄于 2012 年 4 月 23 日）

恺之在里面闭门创作一个多月，画了一幅《维摩诘居士像》壁画，画作只差眼珠没点。就在准备点睛的当天，顾恺之让寺僧请人来参观并捐款。许多人看到顾恺之点睛后，画像顿时活灵活现，纷纷捐款，很快凑足了款项。此外，瓦官寺还有东晋大雕塑家戴逵铸造的五方佛像和狮子国（今斯里兰卡）所赠的白玉佛像，有此"三绝"，使瓦官寺闻名于世。如今的瓦官寺今非昔比，"没落"为一条小巷子里的一座小庙。

栖霞寺位于南京城东北部的栖霞山中，始建于南朝齐永明元年（483 年），由南齐隐士明僧绍舍宅为寺，取名"栖霞精舍"。唐初，扩建栖霞寺，增建殿宇四十余所，"宫室壮丽"，从而与山东长清灵岩寺、浙江天台国清寺、湖北当阳玉泉寺并称"天下四大丛林"。后几经兴废，现今寺院是清光绪三十四年（1908 年）重建的，为南京地区最大的寺庙。栖霞寺的东侧有千佛崖，与栖霞寺相连，开凿于南朝齐梁之间，是江南地区开凿最早的石窟之一。

江苏南京栖霞寺（摄于 2008 年 12 月 14 日）

江苏南京栖霞寺千佛崖（摄于 2008 年 12 月 14 日）

「南朝帝陵」

南朝帝陵为南朝宋、齐、梁、陈四个朝代的帝王陵墓，主要分布在南京和丹阳，其中宋、陈帝陵分布在南京，齐、梁帝陵分布在丹阳。

南朝是从刘裕建立宋朝开始的。宋武帝刘裕（363—422），58 岁时称帝，三年后病逝，葬于初宁陵。初宁陵位于南京麒麟门外，坐北朝南。史载，唐朝时陵冢尚存，但千年过去，昔日陵冢所在地如今已成为人烟稠密的城镇。初宁陵的封土已经难觅踪影，陵前原有的石碑、神道柱等都已无存，只留下东西相向的一对石兽，其中东为天禄，西为麒麟，部分残损。

南齐和南梁发迹于丹阳，故齐、梁帝陵均建在丹阳。其中齐朝开国君主齐高帝萧道成的泰安陵已遭破坏，只有其子齐武帝萧赜的景安陵和其侄齐明帝萧鸾的兴安陵石刻尚存。南梁政权的建立者梁武帝萧衍（464—549）修陵的遗迹尚存。萧衍是在位时间最长的南朝皇帝，也算是有作为的皇帝，但因接纳西魏叛将侯景，导致饿死台城，被葬

江苏南京宋武帝刘裕初宁陵石刻
（摄于 2011 年 10 月 27 日）

江苏丹阳齐武帝萧赜景安陵石刻
（摄于 2011 年 10 月 26 日）

江苏丹阳梁武帝萧衍修陵石刻
（摄于 2011 年 11 月 12 日）

江苏南京陈武帝陈霸先万安陵石刻
（摄于 2011 年 10 月 27 日）

于修陵。修陵位于离南京不远的丹阳三城巷，当笔者在友人陪同下来到修陵时，发现修陵封土早已荒平，在陵前神道的北侧仅存天禄石兽一只，且已风化。

南陈是南朝最后一个政权。陈武帝陈霸先（503—559），吴兴长城（今浙江长兴）人，初仕梁，在战斗中显露其才，直至废梁自立。不过，其在位仅仅 3 年，还未来得及肃清各地割据势力便去世。其陵寝万安陵在南京江宁区东山街道上坊社区，原有高大的封土及陵寝建筑。据载，陈朝被隋朝灭亡后，王僧辩之子王颁，为报其父被陈霸先袭杀之仇，纠集其父旧部，挖掘了陈武帝陵冢，并剖棺焚尸。万安陵经此变故，陵墓封土已无迹可寻，只剩下陵前的一对石兽守护着荒冢。

根据考古发现，南朝帝陵的地宫均采用单室，一般由一个主室、一条甬道组成，主室或为长方形，或为椭圆形。甬道前半部设有两道石门，地宫墙壁上均布满题材广泛的壁画。陵上起冢，陵前有神道石刻，还建有享殿。后来由于战火和人为因素，南朝帝陵地宫及地面建筑破坏严重，如今只剩下零星的石刻。站在这里，看着村头田间矗立着的残存石刻，笔者似乎看到了南朝的荣辱兴衰。

第九章

北魏离宫孤塔雨

登封嵩岳寺塔

浮屠记胜

提到嵩山，人们首先想到的是少林寺和塔林，其实嵩山南麓的嵩岳寺塔不仅巍峨挺拔，而且历史悠久，是我国现存大型古塔实物中年代最早的一个，具有极高的历史和文化价值。嵩岳寺塔所在的地方原为北魏宣武帝的离宫，信佛的北魏皇室后来将其改建为寺院，并修建了十五层高的嵩岳寺塔。嵩岳寺塔历经风雨仍巍然屹立，像一个沧桑老人目睹了北朝的刀光剑影、恩怨情仇。

嵩岳寺塔位于河南登封市西北，太室山南麓，是一座多角形密檐式塔，是我国目前所知的第一座密檐塔。在汉、魏以来的许多文献记载中，塔大多为木构楼阁式，但后来逐渐为砖石材料所替代，而嵩岳寺塔就是在这一转变过程中的最早实例，甚是珍贵。全塔除塔刹和基石外，均用糯米汁拌黄泥做浆，以小青砖垒砌，塔砖小而且薄，十分坚固。塔十五层，总高 37.8 米，底层直径 10.16 米。它由台基、塔身、密檐和塔刹四部分组成。台基高 0.85 米，平面为十二角形，低矮而简朴，正面有长方形月台。台基之上，为十五层密檐砖塔，塔身的第一层特别高大，平面呈等边十二角形，在四面开辟塔门，门顶呈

半圆拱状，这一层下段其余八面均为素面平砖，没有任何装饰。而上段则为整个塔装饰最为集中之处，除四个拱门顶上装饰之外，在其余八个面上，各砌出单层亭阁式方塔壁龛，刻作壶门和狮子装饰。龛门之间的十二个转角上，砌出角柱，柱下雕作莲瓣形柱础，柱头雕作火珠、垂莲。

从第二层开始的中央塔室平面为正八角形，每面砌一座单层方形塔龛，刻有壶门和狮子装饰。塔身上部，有叠涩密檐十五层，各檐叠砖的数目自下而上逐渐递减，致使十五层密檐层层向上紧缩，形成轻快秀丽的抛物线型轮廓。塔檐之间每面都有小窗一个，在龛门旁可隐出直棂小窗，有的用来通风采光，有的仅为装饰。塔刹为石制，在外形上明显分为刹座、刹身、刹顶三部分。刹座是巨大的仰莲瓣组成的须弥座。须弥座上承托七重相轮组成的刹身。刹顶冠以巨型宝珠，这种形式的塔刹后来一直为许多砖石密檐塔所效仿。塔的内部呈空筒状，从底直通塔顶，有挑出的叠涩八层，上下贯通，估计原来应有楼板和塔梯，现已荡然无存，故无法登临，一窥嵩岳美景。

塔身内部与外表一致，最下层同为十二角形，但自一层以上就改成了八角形。这种内部形状改变的情况，在后来各时代的砖石塔中也是常见的。据说，塔室之内，

原置佛台佛像，供和尚和香客绕塔做佛事之用。嵩岳寺塔不仅以其独特的平面形制闻名，还以其优美的体形轮廓著称于世。嵩岳寺塔无论在建筑艺术上，还是在建筑技术方面，都是世界古代建筑史上的一件珍品。

嵩岳寺塔建成于北魏孝明帝正光元年（520年），为中国现存年代最早的砖塔。据载，这里原来是北魏皇室的离宫，因北魏孝明帝及其母胡太后崇尚佛法，于是，孝明帝就将离宫捐出，命河南尹甄琛在此修建寺庙，孝明帝为此动用了京城洛阳、河南郡三年财政收入。甄琛受命后，不辱使命，沥心血营造这座皇家寺院，完成了寺庙的建设工程。《魏书》称其“林泉既奇，营制又美，曲尽山居之妙”。为彰显甄琛之功，孝明帝封授甄琛为吏部尚书、征北将军。孝明帝正光元年（520年），寺院改名闲居寺。唐李邕所撰《嵩岳寺碑》上记载：“嵩岳寺者，后魏孝明帝之离宫也。正光元年榜闲居寺广大佛刹……十五层塔者，后魏之所立也。”清景日昣《说嵩》中更是明确指出：“闲居寺，故元魏宣武帝离宫……明帝时……建十五层塔。”闲居寺在隋文帝仁寿二年（602年）改为嵩岳寺，塔也随之改称嵩岳寺塔。据载，唐高宗和武则天游览嵩山时，曾把嵩岳寺改作行宫，并进行扩建，楼阁相连，亭殿交辉，盛极一时。自唐以后，佛教活动中心逐渐分散到少林寺和其他寺院，嵩岳寺逐渐衰落，寺院圮废，但古塔独存，为我国古建筑保存了一个绚丽的瑰宝。

笔者对嵩岳寺塔心向往之，特意专程寻访。在嵩山山道上，远远就看见通体黄色的嵩岳寺塔，耸立于群山环抱之间，这座既有巍峨挺拔之雄、又具婉转柔和之秀的古塔为山色林影增添了一段神奇。

史事钩沉

北魏是我国鲜卑族建立的一个政权。鲜卑族是我国古代北方的一个游牧部落，东汉末年，在今内蒙古和山西北部一带活动，拓跋部是其中稍强的一个部落。西晋时，其首领被封为代王，拓跋什翼犍建立代国，都盛乐（今内蒙古和林格尔北），后为前秦苻坚所灭。淝水之战后，前秦统治瓦解，原先被前秦统治的各部族首领纷纷复国，北方重陷分裂。登国元年（386 年），代王拓跋什翼犍的孙子拓跋珪重建代国，同年改国号为魏，史称北魏。拓跋珪成为北魏开国皇帝，为北魏道武帝。他将都城从盛乐迁到平城（今山西大同东北），并大力对外扩张疆土。北魏经几代君主苦心经营，迅速崛起，成为黄河流域实力最强的政权。在数十年时间里，其先后攻灭后燕、夏、北燕、北凉等割据势力，于 439 年统一了北方。从北魏开始，北方进入了“北朝”时期，与南方刘宋取代东晋后开始的“南朝”相互对峙。南北朝是我国历史上朝代更迭较快的一段时期，也是我国民族交融趋势发展的重要时期。

北魏到孝文帝即位时，疆域广大，政权稳固。孝文帝在祖母冯太后的主持下推行一系列改革。冯太后（442—490），汉族，长乐信都（今河北冀州）人，其父冯朗曾任州刺史之职，冯氏早年进宫，受身

拓跋珪趁前秦大乱之机复国并改名魏，建都盛乐（摄于 2020 年 8 月 4 日）

为北魏宫中左昭仪的姑母的教诲，加上天生丽质，聪慧敏达，被文成帝封为贵人，15 岁就被立为皇后。文成帝去世后，年仅 12 岁的献文帝即位，24 岁的冯氏被尊为太后。丞相乙浑欺皇帝年幼，企图谋反。年轻的冯太后果断派兵平息叛乱，并亲自临朝听政。延兴元年（471 年），献文帝禅位于长子拓跋宏，是为北魏孝文帝。献文帝为太上皇，仍然过问大政。承明元年（476 年），冯太后毒死献文帝，再度临朝称制。

孝文帝拓跋宏出生后，一直由冯太后抚育、培养，因此对祖母十分孝敬。即位后，事无大小，都会禀承冯太后旨意。冯太后掌权多年，具有丰富的政治经验，其执掌大权期间，正是北魏承上启下的重要时期。在冯太后的决断下，对鲜卑族社会风俗、政治、经济等方面进行一系列重大的改革，如仿效汉人实行俸禄制，严处俸禄之外的贪赃，以澄清吏治。改宗主督护制为邻长、里长和党长的三长制，以强化对地方的控制，方便收税。颁布均田令，制定授田法规，缓和社会矛盾，发展农业生产，增加国家收入。这次改革，虽然遭到鲜卑贵族保守派的激烈反对，但冯太后和孝文帝力排众议，使改革取得成效，强化了中央集权，促进了经济发展和以汉族为主体的北方各民族的交融，也为日后孝文帝的深化改革奠定了基础，冯太后也因此永载史册。

太和十四年（490 年），冯太后在平城太和殿去世，24 岁的拓跋宏亲政。深受汉文化影响的孝文帝深知要使北魏富强，必须进一步推行改革，接受汉族先进文化。而要达此目标，就必须把都城南迁。因为旧都平城是鲜卑贵族集中的地方，保守势力强大，改革必然会阻

冯太后推行的改革为孝文帝改革打下了坚实的基础（摄于 2019 年 10 月 3 日）

力重重。同时，平城偏居北方，边塞荒凉，农业落后，加上运输艰难，一遇灾荒就出现食品匮乏。更重要的是不利于北魏对中原地区的统治，因此孝文帝决定迁都洛阳（今河南洛阳）。为保证迁都顺利进行，孝文帝进行了周密的部署，以“南伐”之名率领众多文武官员和三十万大军向南进发。当“南伐”大军抵达洛阳时，正值深秋，阴雨连绵，孝文帝诏令大军在洛阳稍事休整后继续南行。群臣经过长途跋涉，早已疲惫不堪，都不愿冒雨继续前进，于是纷纷跪于马前，磕头泣谏，请停南伐。孝文帝适时提出：“若不南銮，即当移都于此。”当时许多大臣虽不愿内迁，但更畏惧南伐，故只得相从，迁都大计遂定。太和十九年（495年），北魏正式迁都洛阳，并对洛阳进行大规模的营建，使洛阳城繁荣一时，著名的龙门石窟就是从北魏开始修建的。同时，孝文帝继续推行改革，主要有改汉姓、说汉语、穿汉服、各族通婚、改革官制等。孝文帝改革展现了一代帝王的雄才大略。改革推动了鲜卑族和北方各族的进步，缓和了尖锐的民族矛盾，促进了民族交融和社会的全面发展。

孝文帝时期，多次与南朝齐发生战争。太和二十三年（499年），孝文帝在征伐的途中患病，病情恶化，病逝于北还途中，时年33岁。

孝文帝次子元恪即位，是为北魏宣武帝，其母为文昭贵人高氏。元恪即位后，追尊母亲为文昭皇后。其兄为原太子元恂，因对孝文帝改革心怀不满，偷逃代北而被处死，元恪才被立为皇太子。宣武帝元恪即位之后，继承了其父的一系列改革政策，扩建了洛阳城，巩固

北魏迁都洛阳后开始了政治、经济、文化等领域的改革（摄于2017年7月20日）

宣武帝讨伐南齐，占城扩地，国势盛极一时（摄于 2022 年 7 月 30 日）

了孝文帝的改革成果。宣武帝对南朝进行了一系列战争。北魏军队屡战屡胜，遂饮马长江，又尽有汉中等地，领土疆域大大向南拓展，而且北击柔然，达到“三分天下有其二”，北魏的国势盛极一时。宣武帝在位后期，“嬉戏无度”“不亲视朝”，导致朝政一片黑暗，致使北魏逐渐衰弱。延昌四年（515 年），宣武帝因病去世，在位 17 年。宣武帝之死，成为北魏由盛转衰的转折点，从此，北魏政权内部开始纷争不已。宣武帝病逝不久，北魏就爆发“六镇之乱”。

早年，北魏为防御来自北方游牧民族的侵扰，在北方边地设置了六个军事重镇，分别是沃野镇（今内蒙古五原北）、怀朔镇（今内蒙古固阳西南）、武川镇（今内蒙古武川西）、抚冥镇（今内蒙古四子王旗东南）、柔玄镇（今内蒙古兴和西北）和怀荒镇（今河北张北）。六个军事重镇作为外御柔然，内制高车、山胡的边防要地，作用十分突出。但迁都洛阳后，六镇失去了军事上的重要地位。北魏后期，六镇的镇民贫富分化加剧，他们世袭为兵，不准迁移，身份低下。而统治军镇的主将、参僚和豪强，因不能充任清官也对北魏政府不满。广大镇民不仅遭受各级镇将的欺凌奴役，还被北魏政府歧视，加上灾害连年，这一切引起六镇军民的普遍不满，终于在正光四年（523 年），北方六镇戍卒和各族人民相继起义。他们杀镇将，建元称王，一时间，六镇尽为起义者所占领，史称六镇起义。起义虽然被北魏政府镇压下去，但边镇豪强集团利用当时的混乱局面，各自发展势力，其中肆州秀荣（今山西）的契胡首领尔朱荣势力发展最快。他与地方豪强势力

北方六镇起义引发的失控局面使北魏政权摇摇欲坠（摄于 2021 年 7 月 25 日）

相勾结，积极发展政治、军事力量，先后镇压了秀荣一带的人民起义，兵势日盛。

武泰元年（528 年），北魏孝明帝元诩因不满其母胡太后专权，差人密诏尔朱荣，让他带兵进京铲除胡太后的势力。胡太后得知风声后首先采取措施，将孝明帝鸩杀。尔朱荣借口为孝明帝报仇，率大军南下，很快攻入洛阳，将胡太后及其所立的幼帝元钊溺死于河阴（今河南洛阳东北）。之后，尔朱荣又大行诛杀。他以祭天为名，集合朝臣百官，纵兵围杀。据载，死难的北魏王公百官达两千余人，这就是骇人听闻的河阴之变，尔朱荣由此被世人唾骂。尔朱荣立元子攸为帝，是为孝庄帝。

尔朱荣专横跋扈，孝庄帝不甘心做傀儡皇帝。建明元年（530 年），孝庄帝诈称皇后生下太子，诏尔朱荣入朝，在明光殿将尔朱荣处死。尔朱荣族人起兵杀孝庄帝，另立元恭为节闵帝，控制朝廷。晋州刺史高欢乘机进兵洛阳，大败尔朱氏的联军，立孝文帝之孙元脩为帝，自任大丞相，在晋阳（今山西太原）建立大丞相府，遥控朝政。但孝武帝元脩无法容忍高欢的专横，投奔了据有关陇的大将军宇文泰。永熙三年（534 年），高欢立年仅 11 岁的节闵帝曾孙元善见为皇帝，即东魏孝静帝，并迁都邺城（今河北磁县南），这就是历史上的东魏政权，管辖北魏东部地区，朝政完全由高欢把持。第二年，宇文泰立元宝炬为帝，即西魏文帝，建都长安，这就是历史上的西魏政权，管辖原北魏西部地区，朝政由宇文泰把持。

高欢擅立孝静帝并迁都邺城，北魏分裂开始（摄于 2020 年 8 月 7 日）

东魏武定八年（550 年），孝静帝禅位于高欢之子高洋，东魏灭亡，高洋建立齐国，史称北齐。恭帝四年（557 年），宇文觉废西魏恭帝，西魏灭亡，宇文觉建立北周。之后，北齐和北周经过多年战争，涌现出北周的韦孝宽、北齐高长恭和斛律光等名将。建德六年（577 年）北周消灭北齐，统一北方。大定元年（581 年）北周大丞相杨坚代周称帝，北周灭亡。

北朝前后历时 196 年，其中北魏独占 149 年，延续时间最长，疆域最广，其政治、经济和文化等方面对北朝影响极大。北魏孝文帝改革则对北魏社会政治生活乃至整个中国历史产生了深远的影响。

北魏形势图

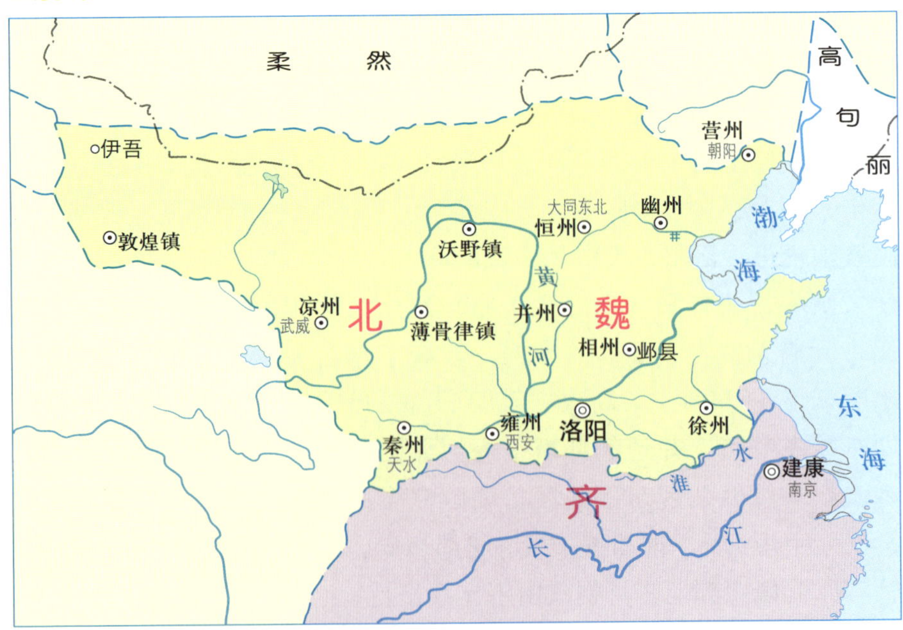

史迹博萃

「北魏都城遗址」

北朝是从北魏开始的，北魏多次迁都，先后建都盛乐（今内蒙古和林格尔北）、平城（今山西大同东北）、洛阳（今河南洛阳）。登国元年（386 年），道武帝拓跋珪重建代国，同年改称魏王，盛乐成为北魏第一座都城。盛乐城有夯土城墙和宫殿等建筑，它的修建表明鲜卑族终于结束了马背上飘忽不定的征战生活而定居下来。12 年以后，拓跋珪迁都平城，盛乐城留作巡幸之用。北魏灭亡后，盛乐城繁华不再，之后，虽曾多次作为治所，但最终在元亡后被废弃。笔者寻访盛乐城时只看到部分夯土残墙。

平城是拓跋珪为了征服和统治中原而迁都于此的。拓跋珪以洛阳、长安为蓝本对平城进行大规模修建，孝文帝时期，又修建了太庙、太极殿和孔庙等建筑。平城由宫城、外城和郭城组成，郭城略呈方形，

内蒙古和林格尔盛乐城遗迹
（摄于 2020 年 8 月 4 日）

山西大同北魏平城明堂遗址
（摄于 2020 年 8 月 3 日）

河南洛阳汉魏故城
（摄于 2018 年 10 月 27 日）

河南洛阳汉魏故城永宁寺塔遗址
（摄于 2013 年 10 月 20 日）

周长 16 千米，城门 12 座。平城在当时是一座有一百余万人口、规模宏大的帝都。孝文帝感到国都位于北方不利于其统治，故于太和十九年（495 年）迁都洛阳。平城依旧是北魏北部重要都市，后在六镇起义中沦为废墟。笔者只寻访到了北魏平城郭城残迹和明堂遗址，曾经繁荣一时的平城只留在了史籍的字里行间。

孝文帝迁都的洛阳城，今天被称为汉魏洛阳城，它位于今天洛阳城往东 15 千米。在北魏在此建都前，东汉、曹魏和西晋也都以此为都。西晋末期，内外交困，洛阳城遭受严重的破坏。孝文帝迁都后，对其故城进行了大规模的改造与扩建，至宣武帝时，已建成规模宏伟的都城。整个大城周长约 14 千米，辟有 12 道城门。城内街道布局整齐，东西横道和南北纵道各 4 条。宫城位于大城中北部，建有南北两宫，高峻壮丽。城东南部的开阳门外，建有北魏洛阳城内最大的寺庙——永宁寺，寺正中的九层浮屠壮观一时，今台基尚存。这座当时世界一流的大都市，在后来的战火中，最终化为一片废墟。

北魏三座都城虽然只剩断壁残垣，但纵观北魏两次迁都的历史，不难看出北魏统治者的战略眼光和深谋远虑。

「北魏石窟」

中国的石窟雕刻艺术世界闻名，其中最著名的是敦煌石窟、云冈石窟和龙门石窟三大石窟。云冈石窟和龙门石窟都与北魏有关，通过这两处石窟群，我们能够领略到北魏在文化艺术方面的卓越成就。

大同的云冈石窟位于城西16千米的武州山南麓，武州川的北岸，开凿于北魏定都平城后不久。据载，云冈石窟开凿于北魏和平元年(460年)，初由著名和尚昙曜主持，最早开凿的是“昙曜五窟”。现存洞窟大部分是在孝文帝迁都洛阳之前完成，历时60多年，最后形成了东西绵延1000米的石窟群。现尚存主要洞窟45个，小龛1100多个，大小造像51 000余尊，为我国古代规模最大的石窟群。云冈石窟的雕刻艺术继承并发展了秦汉雕刻艺术传统，吸取和融合了印度犍陀罗艺术的精华，具有独特的艺术风格。

北魏太和十九年（495年），孝文帝迁都洛阳，笃信佛教的孝文帝在迁都的同时，把国家的佛教中心也转移到了洛阳，龙门石窟应运而生。龙门位于洛阳市南13千米的伊河两岸，这里两山对峙，伊水中流，形若门阙，故称“伊阙”，从隋朝开始称作龙门。龙门石窟开凿于太和十九年（495年），经历了宣武帝、孝明帝近30年时间，动用了80万以上的人工，先后开凿了古阳洞、宾阳洞和莲花洞等，形成龙门石窟的早期规模。以后由东魏、西魏、北齐、北周、隋、唐

山西大同云冈石窟（摄于2010年7月20日）

河南洛阳龙门石窟（摄于 2008 年 9 月 24 日）

等朝代陆续营建，前后达 400 余年，使伊河两岸的山崖峭壁间出现了 2100 余座窟龛和大小 10 万余尊造像的雄姿。其中，北魏开凿的窟龛集中在伊阙西山崖石之上，约占现有龙门窟龛总数的 30%。

龙门石窟以数量多、规模大、题材多样、雕刻精美、蕴涵丰富而闻名于世。尤其是北魏和唐代的造像达到当时艺术的顶峰。龙门石窟还保存有世界石窟中数量最多的碑刻题记，后人从龙门石窟大量的造像题记中精选出 20 则北魏造像题刻，称为“龙门二十品”，它是代表北魏书法艺术发展水平的稀世珍品，蜚声海内外。

除云冈石窟、龙门石窟外，甘肃敦煌石窟、天水麦积山石窟、永靖炳灵寺石窟，山西太原天龙山石窟，河南巩义石窟等，也都留有北魏窟龛造像。笔者参观过它们中的绝大多数石刻，其精美的雕塑、独特的形式以及蕴含的历史、艺术价值，使笔者叹为观止。

甘肃敦煌石窟（摄于 2021 年 8 月 3 日）

甘肃天水麦积山石窟（摄于 2011 年 7 月 25 日）

「北魏帝陵」

北魏先后在盛乐、平城和洛阳等地建都，因此，北魏帝陵也基本上分布在这些都城周边，包括盛乐金陵、云中金陵和洛阳北魏帝陵等。盛乐金陵和云中金陵历经战乱，详细位置已不可考。洛阳的北魏帝陵，为孝文帝迁洛后的七位北魏皇帝的陵墓，史载均葬于洛阳以北的邙山之上，但具体地点记载简略，后经过长期的考古调查、发掘和研究，才使孝文帝长陵、宣武帝景陵、孝明帝定陵和孝庄帝静陵的具体位置得以确定。

北魏孝文帝元宏（467—499），在位 28 年，33 岁时病逝。他生前规定洛阳邙山墓地为内迁鲜卑各族集体安葬之所，故自己也葬于此地，称长陵。今天在广阔的邙山台地上，还能够看到累累坟丘。但在过去很长时间里，孝文帝的长陵掩没在邙山上众多墓冢中，莫知所在。直到 1946 年，考古人员发掘了孝文帝文昭皇后的陵墓，从墓中发现的墓志铭才最终确定北魏孝文帝长陵的位置。长陵位于今洛阳孟津官庄村东南的邙山之巅，虽经千年风霜，依然陵丘高耸，不过，今天在地面上基本看不到当年的祭祀建筑。

北魏宣武帝元恪（483—515）是北魏迁都洛阳后的第二位皇帝，在位 17 年，33 岁时病逝，其母为文昭皇后。宣武帝景陵位于洛阳城北邙山之顶的冢头村东。陵冢封土略呈圆形，封土像一座小山，气势壮观。陵冢前两侧立着一对石人，地宫就置于封丘之下。景陵是我国目前极少数对公众开放地宫的帝陵之一，使笔者有机会一睹北魏帝陵

河南洛阳北魏孝文帝长陵文保碑（摄于 2016 年 8 月 19 日）

河南洛阳北魏孝文帝文昭皇后陵（摄于 2016 年 8 月 19 日）

河南洛阳北魏宣武帝景陵
（摄于 2018 年 10 月 27 日）

山西大同北魏冯太后永固陵
（摄于 2016 年 8 月 10 日）

的地宫形制。宣武帝景陵地宫由墓道、前甬道、后甬道和墓室等部分构成，墓室平面近方形，墓顶作四角攒尖顶，棺床置于墓室西部，棺床上有一具石棺。在笔者参观的诸多帝陵中，北魏宣武帝景陵属于结构完整、风格朴实、色调雅素的陵寝，具有较高的历史和考古价值。

冯太后永固陵位于大同城北 25 千米的方山上。陵冢建于山顶的玄武岩上，呈圆形，至今仍留有高大的封土堆，陵墓曾多次被盗。笔者是顺着狭窄的盘山路才来到山巅永固陵所在的平地上。如今的永固陵只剩一处荒丘，但冯太后的功绩永存。

北魏是鲜卑族建立的政权，孝文帝迁都洛阳后，吸收汉族文化，实行一系列改革，陵寝制度也随之发生变化，与其他少数民族葬制有明显区别。北魏帝陵恢复了秦汉以来的陵寝规制，陵域布局规整，一般建有高大的封土堆，陵前建筑享殿，并开始在墓葬前放置石像生，石刻翁仲造像都有鲜卑族风格。同时，陵园内增置佛堂、斋堂。笔者先后拜谒了北魏的部分陵寝，尤其是多次拜谒长陵。长陵前没膝深的荒草，掩不住北魏孝文帝当年的高瞻远瞩，这段历史将在时光里定格为永恒。

「北朝名将」

北朝战火纷飞，名将众多，但由于战乱，留下的遗迹很少，只有韦孝宽、高长恭、斛律光等名将的遗迹尚存。

韦孝宽（509—580），西魏、北周名将。他足智多谋，攻守兼备。大统三年（537 年），在潼关之战中，他率锐卒秘密东出，大破东魏军队。9 年后，在高欢率大军攻玉壁城（今山西稷山境）的战争中，他奉命领兵坚守，苦战 50 多天。东魏将士“伤及病死者十四五”，终未能破城，高欢在玉壁城之战失败后不久就郁郁病故了。如今韦孝宽墓已无存，玉壁城仍有遗迹残留。

高长恭（？—573），北齐皇家宗室和名将，封兰陵王。据载，高长恭武艺高强，且相貌俊美，为威慑敌方，他每次上战场时都会戴上一具狰狞的面具。据说敌军一见到戴面具的兰陵王，便心存胆怯，不战自败。在邙山之战中，兰陵王的表现更为突出。河清三年（564 年），北周发兵十万进攻北齐，重兵围困洛阳，守城的北齐部队已经弹尽粮绝，洛阳危在旦夕。危急关头，兰陵王亲率五百重骑驰援，脸戴面具的他，手握利刃，很快在北周军队中杀出一条血路，冲到洛阳金墉城下。当他摘下护面，城内北齐守军顿时欢声四起，打开城门与兰陵王的军队一起杀向北周军队，北周军队大败而逃。高长恭在这次战役中威名大振，由此诞生了闻名于世的《兰陵王入阵曲》。兰陵王因战功

山西稷山玉壁城（摄于 2022 年 7 月 31 日）

河北磁县兰陵王墓
（摄于 2016 年 6 月 9 日）

河北磁县兰陵王墓碑亭
（摄于 2016 年 6 月 9 日）

山西新绛斛律光墓
（摄于 2020 年 8 月 1 日）

卓著、声誉过高，最后被北齐后主高纬鸩杀，葬于今河北邯郸磁县城南的北齐陵地。笔者在多年前曾前往磁县的兰陵王墓园，看到墓园有围墙、碑亭和墓冢，墓前建有兰陵王的汉白玉雕像。

斛律光（515—572），北齐名将，善于骑射，有“落雕都督”之誉。在与北周近二十年的争战中，多次获胜。邙山大战，斛律光也立有战功，后由于奸臣进谗，斛律光家族被满门抄斩。斛律光的墓地在今山西新绛的一处称为“绛守居园池”的园子中。笔者在园子一角找到斛律光墓，墓地上衰草萋萋，倍显荒凉。斛律光作为北齐名将，其墓如此衰败，不能不令人唏嘘。

「东魏西魏北齐北周帝陵」

东魏、西魏和北齐、北周是北魏分裂之后出现的割据政权。其帝陵主要位于各自都城的周边，大多受到破坏，目前尚存的主要有东魏孝静帝陵、西魏文帝永陵、北齐神武皇帝义平陵和北周太祖成陵等。

东魏孝静帝元善见（524—551）为东魏王朝唯一的皇帝，孝文帝元宏的曾孙。据载，元善见仪表瑰丽，文武兼才，颇有孝文帝风格，但他所处的时代北魏已由强转衰。他于 11 岁时为权臣高欢所立，朝中大权都由高欢把持。尽管孝静帝很聪明，但君弱臣强，孝静帝也无可奈何，最后被高欢之子高洋迫令禅位，次年就被高洋以毒酒致死，年仅 28 岁。葬于河北磁县城南 7 千米处的讲武城镇前港村东南岗坡地，当地称为“天子冢”，陵冢封土高 30 余米。现在天子冢顶修建了玉皇大帝庙等庙宇，笔者前往寻访时曾拾级而上登顶，孝静陵就这样在庙宇的袅袅香烟中度过千年。

西魏文帝元宝炬（507—551）为西魏的开国皇帝，孝文帝元宏的孙子。永熙三年（534 年），他随北魏孝武帝元脩投奔宇文泰。第二年，宇文泰鸩杀了孝武帝，立元宝炬为帝，宇文泰为大丞相，把持军政大权，西魏文帝只是一个傀儡皇帝。大统十七年（551 年），元宝炬病逝，在位 17 年，终年 45 岁，葬永陵。永陵位于陕西富平县留古镇何家村东北，陵冢为圆锥形，封土现高约 13 米。据载，陵园原有不少碑石，陵前神道两旁，还立有石翁仲及石马、石羊、石獬豸等石刻，现大多已毁，只剩下一对石獬豸。如今永陵已掩没在一片农地之中，孤冢矗立于斜阳残照中。

河北磁县东魏孝静帝陵（摄于 2016 年 6 月 9 日）

陕西富平西魏文帝永陵（摄于 2016 年 8 月 16 日）

河北磁县北齐高欢义平陵
（摄于 2016 年 6 月 9 日）

陕西富平北周宇文泰成陵
（摄于 2016 年 8 月 16 日）

北齐高祖神武帝高欢（496—547）为东魏政权的实际控制者和北齐政权的奠基人。他以晋阳（今山西太原）为基地，遥控政权，当政 15 年。武定五年（547 年），病逝于晋阳，时年 52 岁，葬于义平陵。义平陵位于河北省磁县大冢营村西，曾建有高大的封土堆，但由于长年烧砖取土，原封土已被挖得残破不堪，其墓虽早年被盗，但墓中仍保存大量壁画和陶俑、青瓷器等。不过，也有一些史料认为，高欢义平陵实为虚葬，其真墓葬在响堂山石窟中。无论是义平陵还是响堂山石窟墓，站在这里，都使人油然想起北朝那狼烟四起、尸横遍野的战乱局面。

北周太祖宇文泰（507—556）为西魏的实际掌权者和北周政权的奠基人。他在位时期，对西魏的政治、经济、思想、文化各个方面采取了一系列措施，使西魏实力大增，最终使后来的北周成为当时最具统一实力的政权。西魏恭帝三年（556 年），宇文泰北巡途中染疾病逝，年 50 岁，葬于成陵。宇文泰成陵位于陕西省富平县宫里镇，成陵初建时虽然规模不小，但北周存世不长，各种自然和人为的破坏，使成陵逐渐荒芜。现宇文泰成陵被圈进一座学校中，为了保护成陵，近年在陵冢周围修建了围墙。透过围栏，笔者看到草木繁茂的封土，成陵封土呈圆丘形，高 10 多米，陵前立有清陕西巡抚毕沅题写的“北周文帝成陵”陵碑。北朝是一个兵火遍地的时期，也是枭雄辈出的时代，如今他们的功业早已掩没在了历史的尘埃中，只有一座座残陵倾立于斜阳残照之中，似乎在向游人诉说昔日的辉煌。

宝塔难佑隋梦逝

扬州栖灵塔

浮屠记胜

隋唐时期栖灵塔是著名的佛塔，矗立古扬州大地 200 多年。当时的扬州，其繁华仅次于长安、洛阳，也是隋炀帝心仪之处。隋炀帝曾通过大运河屡次下江南，直至命殒江都，可以说栖灵塔见证了隋朝的兴盛与灭亡。隋初建造的栖灵塔毁于唐朝。千年之后，重建的栖灵塔巍然耸峙在扬州蜀冈之上。登上气势雄伟的栖灵塔，隋朝的历史云烟总会在眼前浮现。

栖灵塔位于扬州西北郊的大明寺内，是一座仿唐风格的仿木构楼阁式塔，主体结构为钢筋混凝土，共九层，高 73 米。佛塔置于 2.5 米高的平台上，塔下 4 米设地宫。佛塔呈方形，在每层的四面设有四柱三间和一门二窗，为平座腰檐结构。平座与塔檐由斗拱支撑，出檐又大又平，柱以腰鼓形，窗形直棂，凸显唐代建筑风格。塔檐铺设银灰色琉璃筒瓦，飞檐翘角，垂有风铃，清风吹来，叮当作响。栖灵塔每一层的层高不一

样，内部宽敞，底层正中为一幅采用紫铜镶金工艺制作的壁画，其余各层均供有佛像。第二层塔心中四立柱之间，设置仿唐佛龛及须弥座。佛龛内贮有15千克重的舍利金塔和舍利水晶塔，佛龛中供奉舍利6粒，其中3粒展现于金塔内，3粒珍藏于水晶塔内。塔内有楼梯可登塔，顺时针盘旋而上，可达各层外廊平台，登高凭栏远眺，瘦西湖美景、古城风貌尽收眼底。

扬州大明寺建于南朝刘宋孝武帝大明年间，故称大明寺。隋仁寿元年（601年），隋文帝杨坚60寿辰，诏令在全国30个州内立30座塔，以供奉舍利，其中一座建在大明寺内。因塔内供奉佛骨，谓之佛祖之圣灵在此存放，故称“栖灵塔”。塔高九层，雄踞蜀冈，一直为文人骚客登高的宝地。唐代著名诗人李白、高适、刘长卿、刘禹锡、白居易等均曾登临栖灵塔赋诗。李白写有“宝塔凌苍苍，登攀览四荒”的诗句。白居易和刘禹锡在扬州相遇，携手登塔，分别留下了“半月悠悠在广陵，何楼何塔不同登。共怜筋力犹堪在，上到栖灵第九层”和“步步相携不觉难，九层云外倚阑干。忽然笑语半天上，无限游人举眼看”的名句。可惜栖灵塔在“会昌法难”时期，即唐武宗会昌三年（843年）期间遭遇火灾，一代胜迹化为焦土。

北宋时，僧人可政募款再建一座七级宝塔。宋宝元年间（1038—1040年）任扬州知府的宋庠曾抱病登塔，并留有《登大明寺塔》诗，可惜之后此塔又圮。嗣后，人们在寺门正南造了一座三檐四柱牌坊，中门正面篆书“栖灵遗址”横额，以示纪念。1980年，鉴真大师塑像回扬州“探亲”，社会各界人士倡议重建栖灵塔。1988年，大明寺方丈瑞祥法师在该寺东园选址重建栖灵塔并立奠基石。瑞祥法师圆寂后，能修法师主持大明寺工作。1993年正式动工，1995年完工。新建的栖灵塔虽然易址重建，但古风犹存，也颇具气势。

扬州大明寺因是唐代高僧鉴真大师的驻锡地而名闻天下。鉴真大师担任住持期间，栖灵塔尚雄踞蜀

冈。塔内供奉佛骨，想必鉴真大师也会时时在此礼佛，也会常常登临九层宝塔凭高远眺。鉴真大师决定东渡日本弘传佛法时，栖灵塔也一定见证了鉴真大师远行的场面。关于栖灵塔，流传着一段神话，《独异志》记述淮南刘隐之游明州（今浙江宁波）时，旅泊之宵，梦见自己泛舟于大海之上，回首见宝塔一座，飘海东渡，认出这是扬州的栖灵塔。在塔的第三层有自己熟悉的僧人怀信，凭栏与之交谈，告知说：暂时把塔送过东海。刘隐之回到扬州后，随即去拜访怀信，怀信问刘隐之：还记得我们在海上相见的事吗？刘隐之这才知道其中有异。过了几天，果然“天火焚塔俱尽”。在这段记述中，虽说关于栖灵塔继鉴真大师东渡之后也东渡日本的说法纯属神话，但也记载了栖灵塔唐代被焚的史事，给古塔增添了神奇的色彩。

笔者多次来过扬州大明寺，也参观过日本奈良的唐招提寺。如今，唐招提寺依然保存完好，大明寺也几经修缮留存至今，但被誉为“中国之尤峻特者”的栖灵塔却在鉴真大师离开大明寺一百年后灰飞烟灭。好多年前，笔者曾经在栖灵塔遗址前徘徊怀想。现在，新建的栖灵塔岿然矗立，登上新塔，高敞雄伟，但无论在栖灵塔旁，还是登塔远望，笔者都很难再找到那种历史的感觉。不过，历史长河中，经过无数战火硝烟和自然毁塌，又有多少遗迹能够留下来？历史遗迹早已没了踪影，但历史的辉煌终究还在。

史事钩沉

当北周统一北方的时候，王室内部却充满着危机，这一危机源于北周外戚杨坚。杨坚出身于关中士族高门弘农华阴（今陕西华阴）杨氏，是东汉太尉杨震的后裔，其父杨忠在北周时官至柱国大将军，封隋国公。杨忠去世后，杨坚承袭父爵隋国公，长女杨丽华为太子宇文赟之妃。宇文赟即位为北周宣帝后，杨坚长女被封为皇后，杨坚拜为柱国大将军、大司马，享有极高的政治地位。大象二年（580 年），宣帝病逝，年仅八岁的宇文阐即位，为静帝。杨坚入宫辅政，出任大丞相，都督诸军事，总揽军政大权。在这期间，他平定了部分贵族的叛乱，又诛杀周室诸王，逐步为自己登上帝位铺平了道路。大定元年（581 年），杨坚以“受禅”形式废北周静帝自立，因其封号为隋国公，故定国号为隋，杨坚为隋文帝。

隋文帝是一位有为帝王，面对南北分裂的局面，他在做了充分的准备后，于开皇八年（588 年）下诏伐陈。隋文帝调动大军，沿长江中、下游分兵八路，大举南进。第二年正月，隋军渡过长江，攻占建康（今

杨坚凭借弘农杨氏高门大族的家世和父荫得掌大权（摄于 2019 年 8 月 7 日）

隋军兵临建康城灭陈朝，一统天下（摄于 2021 年 3 月 26 日）

江苏南京），俘获陈后主，陈朝灭亡，结束了西晋末年以来延续三百年的南北分裂局面。隋文帝在位期间，确立了一直沿袭到清朝的三省六部制，制定了《开皇历》，颁布了均田和租调的新令。隋文帝的一系列改革措施成效显著，使隋朝政权稳固，社会安定，经济文化发达，史称“开皇之治”。隋文帝本人勤于政务，崇尚节俭，这在封建帝王中也是不多见的。仁寿四年（604 年），杨坚猝然去世，在位 24 年，终年 64 岁。

隋文帝去世后，其子杨广即位，是为隋炀帝。杨广为隋文帝杨坚的次子，史书称他“美姿仪，少聪慧”，故深得隋文帝和独孤皇后的钟爱。开皇元年（581 年），杨广被封为晋王，开皇六年（586 年），任淮南道行台尚书令。开皇八年（588 年）冬天，杨广被任命为行军元帅，统兵伐陈。虽然真正在前线作战的是贺若弼和韩擒虎等名将，但作为行军元帅，杨广在荡平陈朝过程中，也采取了一系列正确的措施，如处斩陈叔宝身边的奸佞之臣及宠妃张丽华，收集图书，封存府库，将陈叔宝等人押解大兴等。平陈战役结束后，杨广因功被进封为太尉。

隋文帝虽然通过武力实现了全国的统一，但损害了江南地方豪强的利益，他们纠集民众发起反隋暴动。对此，隋文帝在镇压暴乱的同时，加强对东南地区的控制，任命“冠于诸王”的杨广为扬州总管。杨广坐镇江都（今江苏扬州）达九年之久。期间，他恩威并施，广泛吸纳江南人士，逐步化解了江南士族的敌意和不满，同时也在江淮地区培植了个人势力。此后，隋文帝又任命杨广为行军元帅，负责北方边患事宜，他率军北上击破突厥的攻势，隋朝北部边患尽除。

杨广的所作所为，提高了其在诸子中的地位，也得到了隋文帝的欢心。当时，太子为皇长子杨勇，杨广欲谋太子之位，平时伪装仁孝俭朴，还时常向文帝进谗构陷杨勇，同时极力讨好隋文帝的宠妃陈氏，让陈氏为其不断美言，终致使隋文帝废黜杨勇，改立杨广为太子。

仁寿四年（604 年），隋文帝去世，相传为杨广所害。据载，当隋文帝在仁寿宫患重病时，尚书右仆射杨素等侍疾，杨广认为登上皇位的时机到了，就迫不及待地写信给杨素，询问如何处理即将到来的隋文帝后事，不料送信人误把杨素的回信送到了杨坚的寝宫，杨坚看后极为愤怒。此时，陈妃也衣冠不整地向隋文帝哭诉太子调戏自己。杨坚听闻后，极为愤怒，意欲起诏废黜杨广，恢复杨勇太子之位。杨素立即更换宿卫，控制宫中出入，并将情况密报给了杨广。杨广听闻后大惊失色，于是，他一不做、二不休，迅速率领东宫将士包围仁寿宫，随后，杨坚驾崩，杨广登基，是为隋炀帝。

隋炀帝即位后，首先派人诛杀了自己的几个兄弟，消除了他们与自己争夺帝位的隐患。隋炀帝也是有所作为的，他发展科举制，设置进士科，这一制度为历代王朝所承袭。隋炀帝下令采取貌阅、括户等清查人口的措施，扩大了国家的赋税征收对象。他还通过亲征，平定了吐谷浑，在西北地区设置了新的郡县，增加了新的土地和人口。这一系列做法，使隋朝达到极盛。大隋的皇威也远播四海。大业三年（607 年），隋炀帝巡视北境，突厥启民可汗来朝。大业五年（609 年），

杨广通过仁寿宫变登基，并仗恃强盛国力骄奢淫逸（摄于 2020 年 7 月 30 日）

隋朝运河示意图

西巡河右，高昌国王和各族首领纷纷前来朝拜隋炀帝，可谓威加四海，使隋炀帝春风得意。

隋炀帝仗恃国力富强，骄奢淫逸，滥用民力，几乎年年征发重役，包括营建东都洛阳、开凿大运河、修筑长城等，其中大运河因为隋炀帝三次巡游江都而最为后人津津乐道。

大业元年（605 年），刚即位的隋炀帝就下令开凿通济渠，同年，又征发民工疏浚改造邗沟。大业四年（608 年），隋炀帝再度征发民工开凿永济渠，两年后，隋炀帝下令拓修江南河。至此，隋炀帝用了短短六年时间，开凿、疏通了以洛阳为起点，北达涿郡（今北京西南），南通余杭（今浙江杭州），全长四五千里的大运河。运河两岸，筑有宽阔的御道，种植成行的柳树。从大兴至江都，修筑离宫四十余所。这样巨大的工程，死伤的民工不计其数，造成“天下死于役”的惨象。因此后人把隋亡的原因归结于开凿大运河。开凿大运河与隋朝的灭亡有一定的关系，但绝不是唯一原因，隋朝灭亡的原因是多方面的。当

隋炀帝开凿大运河耗费巨大，但客观上功在千秋（摄于 2012 年 8 月 26 日）

然，大运河的开凿确实耗费了大量的人力和财力，隋炀帝也为此付出了惨重的代价。

隋炀帝在位期间，几乎年年远出巡游，三游江都，两巡塞北，一游河西，三至涿郡，还在大兴与洛阳间频繁往还。每次出巡都打造行宫，扰掠地方，浪费大量人力物力，社会生产受到严重的破坏。其中，隋炀帝三次南巡江都，靡费巨大，据载有数千艘船，首尾长达二百余里，用纤夫八万多人，沿途所过州县，五百里内都要贡献山珍海味，骄奢淫逸。同时，兴建江都宫。江都宫规模宏伟，装饰华丽，内有归雁宫、回流宫等十多处宫室。又在扬子津口建临江宫等。

民间流传隋炀帝三下扬州是为了赏琼花。琼花是我国的名花，宋朝曾任扬州太守的王禹偁描述它："洁白可爱。其树大而花繁，不知实何木也，俗谓之琼花。"隋炀帝下扬州看琼花的故事，大多出自明清以后的小说，其内容大多为虚构，但其影响很大。其实，隋炀帝南巡是有其政治目的的，首先是为了安抚江南，加强对江南的控制，以维护隋王朝的大一统局面。至于浩大的仪仗和排场，可能隋炀帝想以此炫耀皇帝至高无上的尊严并威慑江南，同时也有炫耀功业的心理，当然更多的是追求个人的享乐。隋炀帝滥用民力、荒淫无度，导致民不聊生，天下骚动，引发农民起义。

隋炀帝无视人民的愤怒与反抗，于大业八年（612 年）悍然发兵攻打高丽。前后三次东征，都没有达到预期的目的，却严重破坏了社

隋炀帝三次东征高丽，导致民怨四起，农民起义蜂起（摄于2021年7月19日）

隋炀帝在扬州纸醉金迷的生活最终引发宫变并被缢杀（摄于2017年5月22日）

会生产，百姓遭受了更大的苦难。从大业七年（611年）开始，农民纷纷起义反抗，在各路反隋义军中，最早起义的是王薄在长白山（今山东邹平南）领导的义军，后经分并离合，形成三大起义力量，分别为李密的瓦岗军、窦建德的夏军和杜伏威的吴军。其中，李密领导的瓦岗军势力最为强大，他发布的反隋檄文中称隋炀帝："罄南山之竹，书罪无穷；决东海之波，流恶难尽。"农民起义的发展，促使统治阶级内部分化，许多地方豪强和军府将领纷纷加入反隋队伍，包括关陇世袭贵族李渊在太原起事。面对危乱局面，隋炀帝一面加紧镇压，一面更加荒淫无度，整日在江都寻欢作乐，过着纸醉金迷的生活。其实他内心还是非常恐慌的，据载，一次他照着镜子自言道："好头颅，谁当斫之？"隋炀帝不甘束手就擒，意图迁都丹阳（今江苏南京）。隋炀帝的禁军中大多为关中人，当扬州粮尽后，谋归乡里，当得知隋炀帝预谋南渡，开始出现反叛现象。大业十四年（618年），右屯卫将军宇文化及等人发动宫变，隋炀帝闻变，仓皇换装逃入西阁，最后还是被擒获。杨广怕杀头，要求饮毒酒自杀，遭拒绝后，自己解下巾带，叛将们将隋炀帝拥入内室缢死，时年50岁。

隋朝是个短命王朝，但其历史地位不容忽视。中国历史中，隋朝是一个承上启下的重要朝代，盛唐的许多制度都是在隋朝时确立的，隋朝兴修的大运河至今还发挥着重要作用。

史迹博萃

「隋灭陈之战遗迹」

隋文帝建立隋朝后，采取一系列加强中央集权、发展社会经济的措施。隋的政治、军事和经济力量日益壮大。隋文帝加紧灭陈准备，而陈朝后主陈叔宝沉醉于酒色，疏于戒备。

开皇八年（588 年），隋文帝下诏伐陈。不久，在寿春（今安徽寿县）置淮南道行台省，以晋王杨广为行台尚书令，具体筹划指挥灭陈事宜。寿春襟江扼淮，战略地位重要，历来为兵家必争之地。隋文帝派杨广坐镇于此，作为灭陈前沿指挥中心。如今的寿春城池依旧坚固。同年十一月，隋军兵分八路大举南下。次年正月，隋军主力分路渡江，隋大将贺若弼自广陵（今江苏扬州）渡江，行军总管韩擒虎则自采石渡江。采石矶位于马鞍山市区西南，突兀江中，绝壁临空，扼据大江要冲。此地水流湍急，地势险要，自古为兵家必争之地。韩擒虎夺取采

安徽寿县古城墙
（摄于 2012 年 9 月 1 日）

安徽马鞍山采石矶
（摄于 2021 年 10 月 6 日）

江苏南京古胭脂井
（摄于 2015 年 9 月 10 日）

河南新安韩擒虎墓
（摄于 2015 年 7 月 29 日）

石，从而与贺若弼军队一起完成了对建康的钳击。隋军很快占据石头城（今江苏南京城西清凉山）。石头城临江而峙，是建康的江防要塞，失去这一保卫建康的要冲，建康城危在旦夕。

隋军主力完成了对建康的包围后，贺若弼率军与陈军主力激战于钟山（今江苏南京城东），陈军全线溃退。韩擒虎军由于陈朝将领任忠的投降，首先进入建康城。此时，尚在台城（即宫城）中饮酒作乐的陈叔宝，听闻隋军攻破建康城，慌忙携张贵妃、孔贵人逃入景阳殿，跳入景阳井中躲藏，后被隋军发现。隋军喝令他投降，见他不应声，便声称要填石封井。此时，陈后主只得乞求隋军放下绳索。之后，他与张贵妃、孔贵人一同被拉出井外时，张贵妃在井栏上留下了胭脂痕。景阳井也因此被称为“胭脂井”或“辱井”。今天南京鸡鸣寺东山腰的一口古井相传为陈朝“胭脂井”，后人建亭立碑，笔者几度寻访至此，周围环境优美。据专家考证，六朝台城应位于鸡鸣寺南面，故此“胭脂井”可能为讹传。韩擒虎因在平定陈朝的战争中立有大功，官至上柱国。韩擒虎墓位于其故里河南新安铁门镇庙头村的一所学校内，笔者寻访时，墓冢已遭破坏，只有一些石碑散落一地。

「隋朝大运河」

“运河”在中国古代指人工水道，最早开凿于春秋时期，其中隋朝运河影响很大。其实隋朝时称运河为漕渠、漕河和运渠，到宋代才称运河。隋朝建都大兴城（今陕西西安），因地狭人众，所产不足以供京师。隋文帝时，令人开凿大兴至潼关入黄河的广通渠。大业元年（605 年），隋炀帝营建东都（今河南洛阳），征发河南诸郡民工百余万人开凿通济渠，沟通东都至淮河的水道。同年，又征发淮南诸郡民工十多万疏浚、改造邗沟。邗沟为春秋末期吴王夫差筑邗城（今江苏扬州）时在侧近开凿的水道，沟通江淮，经过隋朝改造，可从扬州直达淮安，不再东向绕道。通济渠和邗沟是隋所开运河最重要的两段，渠广四十步，便于隋炀帝高大的龙舟往返洛阳和扬州之间。

大业四年（608 年），隋炀帝又征发河北诸郡民工百余万人开凿永济渠，南通黄河，北至涿郡（今北京西南），隋炀帝北征高丽，就是通过永济渠运送粮草。大业六年（610 年），隋炀帝在江都欲东巡会稽，又下诏开凿自京口（今江苏镇江）至余杭（今浙江杭州）、沟通长江与钱塘江的江南河。江南河大致利用六朝以来的旧运渠加以疏导而成，此段运河虽然完工，隋炀帝最终也并未实施东巡会稽的打算。这条西自大兴城、北抵涿郡、南至余杭、全长四五千里的大运河，沟通了海河、黄河、淮河、长江和钱塘江五大水系，并把京师、东都、涿郡及江都、

江苏扬州古邗沟碑（摄于 2017 年 5 月 22 日）

江苏扬州大运河文峰寺
（摄于 2012 年 8 月 26 日）

江苏苏州大运河宝带桥
（摄于 2011 年 9 月 17 日）

浙江杭州大运河北新关
（摄于 2012 年 8 月 28 日）

吴郡（今江苏苏州）、余杭等通都大邑连缀在一起，从而加强了各地区之间的联系。这从当时运河上“商旅往返，船乘不绝”的景象就可以感受到。大运河对隋朝以后南北经济文化的交流、维护全国统一，都起了促进作用。

运河沿岸至今还保存着星罗棋布的文化古迹，运河也孕育了一座座璀璨明珠般的名城古镇。笔者曾参观过运河沿岸诸多衙署、驿站、寺庙、商铺、桥梁、碑刻、佛塔、古窑、牌坊、古墓等文化遗存，这些多是运河的馈赠。因此，大运河的开凿客观上是一件利在千秋的伟业，唐代诗人皮日休在《汴河怀古》诗中吟道：“尽道隋亡为此河，至今千里赖通波。若无水殿龙舟事，共禹论功不较多。”

「隋炀帝遗迹」

在隋炀帝杨广的一生当中，扬州对他来说，绝对是一个非常重要的城市。在隋炀帝还是晋王的时候，他就曾作为扬州总管镇守江都达九年之久。他登基后，开凿运河，使处于水运枢纽的扬州显示出了日益重要的作用，也为扬州的发展奠定了基础。此后，隋炀帝三次南巡江都，直至命丧于此。

杨广虽然出身于关陇军事贵族，但他一生钟爱的萧皇后是南梁后裔，深受南朝文化的熏陶，生活习惯颇具南风。萧皇后独特的南朝皇族背景和文化涵养，自然而然对好文而浪漫的杨广有所影响，激发了他对南方文化和江南山水的向往。此外，杨广在平陈后担任扬州总管，在江都镇守多年，醉心于扬州的繁华。登上帝位后，为了巩固隋朝对江南的统治，也为了到扬州寻欢作乐，隋炀帝不惜民力开凿大运河并通过大运河三下扬州，最后客死并葬于扬州。扬州也因此留存了许多与隋炀帝相关的历史传说和遗存。

隋炀帝曾在扬州修建豪华的江都宫、临江宫和迷楼等行宫。江都宫是隋炀帝在扬州修建的一座规模巨大的宫殿建筑，内有归雁宫、回流宫、九里宫、松林宫、枫林宫、大雷宫、小雷宫、春草宫、九华宫、光汾宫等宫室。宫殿的地点，据载在扬州城北蜀冈之上，据说直到清代，当地人还能拾到江都宫的断砖残瓦，不过，今天已经难觅江都宫的一丝

江苏扬州江都宫旧址——蜀冈（摄于 2021 年 5 月 8 日）

江苏扬州临江宫旧址——高旻寺（摄于 2021 年 5 月 6 日）

痕迹了。临江宫是隋炀帝修建在扬子津口的一座行宫，内有凝晖殿等，因为靠近江岸，在宫中可以眺望大江和聆听江涛。关于临江宫的位置，据记载，在江都区南二十里，按照地理推测，就在现在的高旻寺一带。当时，长江江岸一直接近三汊河，所以命名为临江宫。如今，笔者来高旻寺一带寻访，高旻寺钟声袅袅，长江涛声也已远逝，一代帝王的千秋美梦早已成空。迷楼是隋炀帝行宫中最富有传奇色彩的宫殿。关于迷楼的传说有很多。据记载，迷楼“幽房曲室……互相连属”，使“真仙游其中，亦当自迷”。故址据说位于观音山。后人为引以为戒，在迷楼原址上修建了“鉴楼”，此楼现仍在观音山正殿之西。笔者专程寻访到此，昔时的繁华宏丽已无法再观，只留有黄墙烟树。

此外，隋炀帝遗迹还有扬州东北竹西一带的隋宫遗址、扬州东首湾头镇隋炀帝南巡龙舟靠岸的茱萸湾等。由于历史变迁，隋炀帝遗迹早已掩没在了历史的尘埃中，但走到这里依然还是令人无限感慨。

江苏扬州隋炀帝观音山迷楼故址（摄于 2017 年 5 月 22 日）

江苏扬州茱萸湾故址（摄于 2017 年 5 月 22 日）

「瓦岗寨遗址」

隋朝末年，隋炀帝滥用民力，大兴土木，穷兵黩武，使各种矛盾迅速激化。大业七年（611 年），山东邹平（今山东邹平北）王薄首先于长白山（今山东邹平南）起义。随后，各地反隋起义相继爆发，全国先后兴起起义军百余支，他们在与隋军的战斗过程中，逐渐形成瓦岗军、河北夏军和江淮吴军三支主力，其中瓦岗军力量最强。

瓦岗军的创始人是翟让。大业十二年（616 年），贵族李密投奔瓦岗军，他说服附近的小股起义军归附瓦岗军，瓦岗军力量大增，占领荥阳（今属河南郑州）等地，并阵斩隋大将张须陀，还攻破兴洛仓，开仓济贫。之后，翟让推李密为首领，号魏公。瓦岗军人数增至数十万，我们耳熟能详的一些隋唐英雄如魏徵、徐懋功、秦叔宝、程咬金等都出自瓦岗军。瓦岗军几乎控制了河南全境，成为河南、山东各路起义军的核心。大业十三年（617 年），瓦岗军联合窦建德和杜伏威两支起义军围逼东都，大败隋军。隋太原留守李渊趁瓦岗军与隋军大战之机，进入关中，很快攻克大兴并称帝。李密在与宇文化及、王世充等的混战中兵力受损，无奈中投降李渊，后叛唐被杀。

河南滑县瓦岗寨旧址（摄于 2020 年 8 月 8 日）

河南滑县瓦岗军点将台遗址（摄于 2020 年 8 月 8 日）

瓦岗军的据点是位于河南安阳的瓦岗寨，瓦岗军也因此得名。如今还能看到当年的一些设施，如瓦岗军饮水用的八步三眼井、开大会用的观阳阁，还有李密的点将台等。笔者参观时，沿着两侧塑有瓦岗寨英雄的小道一路前行，可以感受当年瓦岗军的气势。李密出身于关陇贵族家庭，曾任隋宿卫侍从之职，后入瓦岗寨。他善于谋略，很快取得翟让信任，并形成自己的势力，最后成为瓦岗军首领，投靠唐朝后因嫌待遇菲薄出走，占据熊耳山，被唐军袭杀，葬于今河南浚县，墓已毁。瓦岗军的许多将领后来先后投降唐朝，如魏徵、徐懋功、秦叔宝、程咬金等，他们都成为唐朝的名臣或名将，其墓大都在今西安周围。

陕西礼泉魏徵墓
（摄于 2016 年 8 月 17 日）

陕西礼泉徐懋功墓
（摄于 2019 年 8 月 8 日）

「隋朝帝陵」

隋文帝杨坚（541—604）为隋朝开国皇帝，他以“受禅”形式废北周静帝而自立，仁寿四年（604年）病逝，葬于今陕西扶风东南的泰陵。笔者两度拜谒隋文帝泰陵，第一次因泰陵被茂密的庄稼包围，连陵号碑都没有看到。第二次拜谒泰陵是多年后，泰陵已得到保护，显得格外雄伟。泰陵为土夯筑成的覆斗形陵冢，据说陵墓未被盗挖，可惜经历一千四百多年的风雨，地面建筑早已荡然无存。

隋炀帝杨广（569—618）为杨坚的次子，早年被封为晋王，开皇二十年（600年）立为太子，大业十四年（618年）在江都被叛将宇文化及逼缢。据载，隋炀帝初殡于宫内流珠堂，后改葬于江都宫西的吴公台下，唐武德五年（622年）又与萧后移葬扬州雷塘北。以后陵墓年久荒芜，已不为人所知。清代学者阮元经考证后，认定今邗江区槐泗镇槐二村为隋炀帝陵址并出资修复，扬州知府伊秉绶题写了“隋炀帝陵”的墓碑。后经陆续修葺，颇具规模。笔者多次去过隋炀帝陵，

陕西扶风隋文帝泰陵陵号碑（摄于2020年11月6日）

江苏扬州槐泗隋炀帝陵（摄于2011年9月20日）

江苏扬州曹庄隋炀帝陵
（摄于 2017 年 5 月 22 日）

江苏扬州曹庄隋炀帝萧后陵
（摄于 2017 年 5 月 22 日）

此陵虽然不能与其父隋文帝泰陵相比，但作为一个亡国之君，也不失为一处托身之地。不过，在 2013 年，扬州市邗江区曹庄发现了两座古墓，其中一座的墓志显示墓主为隋炀帝杨广，后经专家论证，最终认定确为隋炀帝杨广与萧后陵地。这表明邗江区槐泗镇槐二村的隋炀帝陵显然是误判。其实，历史上许多名人陵墓，历经风雨沧桑，墓址被误判的事例很多，当然，通过考古发现，能够还原历史真相就更好了。

隋恭帝杨侑（605—619）为隋炀帝之孙，初封陈王，后改代王。大业十三年（617 年）李渊自太原起兵攻入大兴，感到称帝时机尚不成熟，故立杨侑为帝，遥尊隋炀帝为太上皇。次年，隋炀帝在扬州被缢杀消息传来，李渊随即逼杨侑禅位。杨侑降为酅国公，闲居长安。第二年为李渊所杀，葬于陕西乾县阳洪镇乳台底的庄陵，如今高大的墓冢犹存，但没有陵碑。

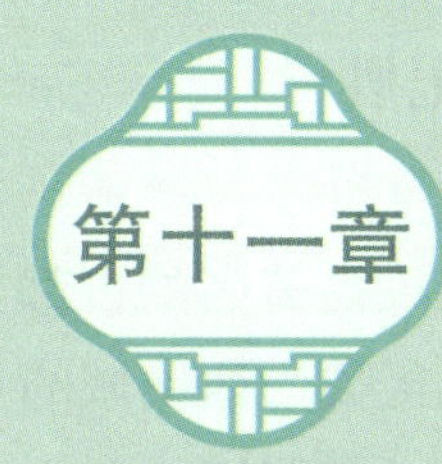

层层雁塔闻经香

西安大雁塔

浮屠记胜

西安是著名的古都，也曾是唐朝的都城。盛唐时期留下的大雁塔如今已经成为西安城的重要标志。大雁塔高大庄严的塔身、朴实大方的外观，最能够代表大唐的风格和气度。因此，大雁塔不但在我国，在世界上也颇有名气。大雁塔能够闻名于世，绝不仅仅因为它雄伟壮观，更因为它最初是由闻名中外的玄奘亲自主持修建的。玄奘千辛万苦“西游”取来的经卷曾藏于其中，因此，大雁塔是玄奘取经留下的重要印记，是我们感受大唐繁华和玄奘取经最直观的实物。

大雁塔位于古城西安的南部，是一座砖仿木结构的四方形楼阁式塔，全塔通高 64 米。它由塔基、塔身、塔刹三部分组成。塔基为一长方形的平台，高 4.2 米。塔身为青砖砌成，共七层，塔自第一层开始，每层显著向内收分，下面两层为 9 间，三、四两层为 7 间，最上三层为 5 间，形如方锥体，非常稳固。各层壁面均以砖砌成柱枋、栏额等仿木结构，每层四壁正中均辟有券砌拱门。底层券门的门楣和门

框上均有精美的唐代线刻画，西门楣上的《弥陀说法图》尤为人所称道，相传为唐代大画家阎立本和尉迟乙僧的手笔。塔南门两侧的砖龛中嵌有唐代著名书法家褚遂良书写的两块石碑。一块是唐太宗所撰《大唐三藏圣教序》碑，另一块是唐高宗所撰《大唐三藏圣教序记》碑，碑石完整，字迹秀丽清晰，是唐代遗留于后世的著名碑刻。塔内设有木梯，可逐层上登。登塔可俯视西安城景色，极为壮观。塔刹高 4.87 米，以青砖叠涩收顶做一覆钵，上置三重宝葫芦状宝刹，整个塔刹简洁明快，庄严古朴。大雁塔这种方塔造型，使整个建筑显得造型简洁，比例协调，格调庄严，气魄宏大，是一座具有盛唐风格的楼阁式塔。

关于大雁塔名称的由来有很多种说法。一说是西域造塔，下层为雁形，故名雁塔。一说在建塔时，有大雁过此，坠而葬于塔中。一说塔刚建成时，忽有一群大雁落于塔上，后又飞去，因以为名。三者均与大雁有关。不过也有说法认为雁塔之名，可能与佛祖释迦牟尼化身为鸽救生的佛教故事有关。鸽与雁同为鸟类，唐代的习尚，必以雁为鸟中佳者，凡言鸟多以雁代之，故此以雁命名。

据载，大雁塔始建于唐永徽三年（652 年），当时玄奘取经回长安，带回大量梵文佛经，为存放这些珍贵经卷，由玄奘亲自设计，仿照印度佛塔样式修建了一座五层佛塔。塔初建时为砖表土心，土心塔不坚固，时间一长，草木丛生，塔身逐渐颓坏。武周长安元年（701 年），武则天予以拆建改造，由王公大臣捐资重建。新塔即今天的大雁塔。唐代以后，大雁塔屡有毁坏，也屡有修葺。北宋熙宁年间（1068—

1077年），塔内失火，登塔木梯被烧毁，但大雁塔依然屹立不倒。据宋人张礼《游城南记》记载，大雁塔内部失火后，原来墙上的墙泥剥落，唐朝孟郊、舒元舆等人的题刻也因此露了出来，使宋人看到了唐人的真迹。明朝天顺年间（1457—1464年）、嘉靖二十九年（1550年）、万历三十二年（1604年）、万历三十五年（1607年）几次修葺大雁塔，并在原塔身唐砖之外又砌了一层明砖，塔身更为牢固。塔内楼梯也重新建造。据明人记载，此时，唐朝孟郊、舒元舆等人的题刻已经“皆不可得”。清朝光绪九年（1883年）又对大雁塔进行过整修，民国时期也对大雁塔进行过少许的修缮。中华人民共和国成立后，政府也投巨资多次整修，使大雁塔穿越千年的时空，依然雄伟壮观。

大雁塔从建成之日起，就不单是藏经之所，更是文人的聚合之地，鼎盛一时，文人墨客络绎不绝，留下许多千古传颂的佳句。唐代著名的“雁塔题名”就是在大雁塔下举行的，考生考中进士后，登塔题名，这在当时是多大的荣耀啊！这些可能都是玄奘没有想到的。如今，大雁塔依旧矗立在西安城内，而在大雁塔前的南广场，矗立起一尊玄奘取经的铜像，这是2000年在玄奘诞辰1400年之际修建的。笔者多次到西安，每次都会到大雁塔下走一走、坐一坐，在庄严古朴的大雁塔下，想想玄奘法师“西天取经”的艰难历程，想想大唐曾经的傲人气象。

史事钩沉

隋朝末年，隋炀帝的暴政劳民耗财，致使民变四起，一些隋朝的贵族和地方官吏见隋朝大势已去，也乘势而起，占据郡县，称王建号。全国先后出现了三支较大的反隋武装力量，一支是翟让、李密领导的瓦岗军，在河南纵横驰骋；一支是窦建德领导的义军，转战于山东；一支是杜伏威的农民军，控制了江淮地区。在这种形势下，贵族李渊父子也开始了起兵的准备。

李渊，陇西成纪（今甘肃天水）人，七岁时袭封唐国公，因为母亲是隋文帝独孤皇后的姐姐，故备受重用。隋大业十三年（617 年），李渊出任太原（今山西太原）留守。此时，隋末农民起义遍布全国，隋朝政权摇摇欲坠。李渊自知无法扑灭农民起义的烽火，又深知隋炀帝猜忌嗜杀，政局动荡，难以自保。因此，在次子李世民及左右裴寂、刘文静等人的劝说下，萌动了取而代之的念头。他利用太原险要的地理位置，积蓄力量。是年五月，起义军在全国已占优势，李渊觉得时机成熟，于是在太原宣布起事。七月，李渊与长子李建成、次子李世民挥师南下。当时，隋炀帝正在江都（今江苏扬州），关内隋军力量薄弱，因此，李渊父子进军神速，很快攻占大兴。第二年，李渊在长安称帝，是为唐高祖。

李渊趁隋末农民起义风起云涌之机，起兵太原（摄于 2015 年 5 月 11 日）

唐朝建立时，农民起义军和隋朝残余仍割据各地，为此，李渊开始了长达十年的统一战争。李渊首先派李世民北定刘武周，接着再让李世民东征王世充。李世民俘获窦建德，王世充被迫投降。同时，李渊派人招降杜伏威，平定江淮。最后平定据有夏州（今陕西靖边白城子）的梁师都，统一全国，彻底结束了隋末以来的战乱局面。

李渊后来让位于唐太宗李世民。李世民作为次子，能够登上皇位是通过“玄武门之变”完成的。唐高祖李渊有多个儿子，其中最有名的是长子李建成、次子李世民及四子李元吉。李世民是李渊诸子中最有远见卓识的一位，在隋末群雄蜂起之际，他预见隋朝大势已去，便说服犹豫不定的父亲起兵反隋，并在随后的灭隋及统一战争中厥功至伟。唐朝建立后，长子李建成被封为太子，李世民受封为秦王。不过，李世民在战争中已经逐渐形成自己的势力，秦王府中骁将云集，足以与太子党相抗衡。

太子李建成深知李世民终不肯为人下，于是就与弟弟齐王李元吉联合起来对付李世民。李世民先发制人，于唐武德九年（626 年）六月三日，先行进宫向唐高祖告状，诉说太子跟李元吉设计谋害自己。唐高祖于是传召兄弟三人明天一早进宫查问。第二天，天还没有亮，李世民派心腹长孙无忌和尉迟敬德等率领精兵，预先埋伏在宫城北面的玄武门，这是李建成和李元吉进宫的必经之路。当李建成和李元吉骑马进入玄武门后，觉得周围气氛有些异常，立即调转马头，准备回府。这时，李世民突然出现，并且在后面呼喊二人，李元吉转身张弓搭箭，企图射杀李世民，但是连发三箭，都没能射中。李世民眼明手

李世民通过“玄武门之变”拥有天下，改年号为贞观（摄于 2016 年 8 月 18 日）

唐太宗虚怀纳谏，成为后世明君的典范（摄于 2017 年 7 月 24 日）

快，很快拔箭射杀李建成。此时，尉迟敬德也带着七十多名骑兵冲了出来，一起朝李元吉射箭，李元吉坠马逃入树林中，结果衣服被树枝钩住，被随后赶到的尉迟敬德射杀。东宫和齐王府的将士听到玄武门出事后，立即猛攻秦王府，李世民一面指挥将士抵抗，一面派尉迟敬德进宫报告唐高祖。唐高祖看到事已至此，只好宣布了李建成、李元吉的罪状，并命令各府兵将都归秦王指挥，历史上把这次政变称为“玄武门之变”。不久，唐高祖让位给秦王，自己做了太上皇。李世民即位，是为唐太宗。第二年，改年号为贞观。

唐太宗即位后，吸取隋朝灭亡的教训，居安思危，任用贤良，实行轻徭薄赋、疏缓刑罚的政策，并且进行了一系列政治、军事改革，促成了社会安定、生产发展的升平景象，史称“贞观之治”。唐初这种大好局面的出现，离不开唐太宗虚怀纳谏的胸襟，最典型的例子就是唐太宗虚心听取大臣魏徵的上谏。据载，魏徵一人在贞观初年就“陈谏，前后二百余事”，唐太宗深知君王“兼听则明，偏听则暗”的道理，尽管魏徵的上谏语言犀利，但唐太宗基本上都予以采纳，唐太宗也因此成为后世明君的典范。

唐太宗在位期间，深知宗教对巩固封建统治能起到一定的作用，因此，对儒、释、道三教都予以扶植，玄奘西行求经就发生在这一时期。唐朝以前，许多西域高僧东来传教，但中原僧人西行求经的却很少。由于教派众多，各有师承，诠释不一，加上传至中国的佛经数量有限，翻译质量参差不齐，导致对佛教经典诠释存在巨大差异，从而激发了玄奘求取佛教经典的决心。

玄奘（602—664），俗姓陈，名祎，洛州缑氏（今河南偃师）人，13 岁出家于洛阳净土寺，法名玄奘。曾至成都从名僧受学，又游历荆州（今湖北江陵）、吴会（今苏南、浙东）、相州（今河南安阳）等地讲学、问难，颇有心得。他游历各处，接触各派理论，深感其中疑难问题甚多，怀疑原有佛经翻译有讹谬，于是发愿要亲自去印度，广求异本，以为参验。恰在这时，印度一位僧人波颇密多罗来到长安，玄奘闻知后前往拜访求教。波颇密多罗向玄奘介绍了印度那烂陀寺戒贤法师的讲学情况，这更坚定了玄奘前往印度“取经”求法的决心。但其西行之路并不平坦。由于唐王朝建立不久，西北部边境还面临突厥入侵的威胁，因此限制私人出境。玄奘只能一边向朝廷提出申请，等候批复，一边刻苦学习西域和印度各国的语言文字，做好西行准备。

贞观三年（629 年），长安等地遭遇自然灾害，庄稼歉收，粮食紧缺，朝廷允许百姓四出就食，28 岁的玄奘便与一秦州（今甘肃天水）和尚为伴，离开长安。到达凉州（今甘肃武威）时，因为没有朝廷颁发的“过所”（相当于通行证），被凉州都督责令东回长安。当地的慧威法师很钦佩玄奘的志向，就悄悄地派了自己的两个徒弟护送玄奘秘出凉州，前往敦煌。为避免意外，玄奘不得不昼伏夜行，经过了张掖、酒泉，来到了河西走廊西端的瓜州（今甘肃安西）。玄奘偷越玉门关，孤身穿越沙碛，历尽艰辛，到达高昌。高昌国王麴文泰早已听闻玄奘的名气，因此礼遇玄奘，请他担任高昌大法师，甚至不惜将玄奘软禁在宫中。玄奘通过绝食抗争才使麴文泰妥协，高昌国王还给他西行提供了

玄奘秘出凉州，开始了不平坦的西天取经之路（摄于 2021 年 7 月 30 日）

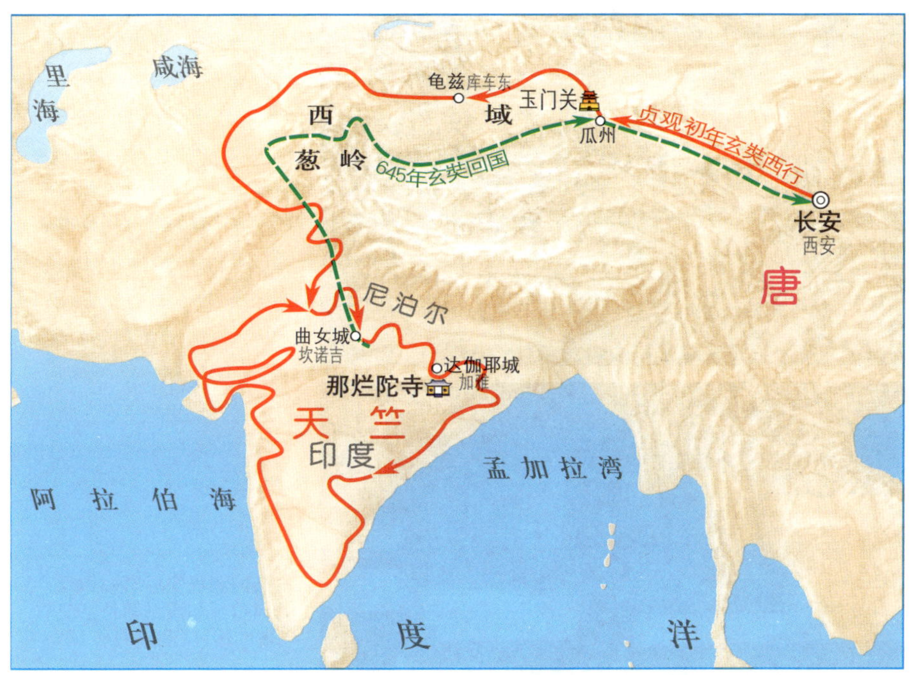

玄奘西行及回国路线图

很多方便。玄奘在龟兹遇到大雪封山，停留了两个多月。之后，经过今乌兹别克斯坦、阿富汗，沿今巴基斯坦北部，过克什米尔，入北印度。

玄奘在印度各处游历，贞观五年（631 年）来到那烂陀寺。那烂陀寺是当时印度最大的佛教寺院，也是世界佛教中心。玄奘在这里拜戒贤为师，学习了五年。但他并不满足，又向附近杖林山的胜军论师学习。他还在六年时间里云游印度诸国，遍访名师学者，虚心请教。贞观十四年（640 年），满载收获的玄奘重新回到那烂陀寺，并在寺里讲学，闻名诸国。印度戒日王在曲女城举办了一次佛学辩论会，玄奘受邀参加，并担任会上论主，他的学术和辩才博得极高赞誉。

贞观十五年（641 年）春，玄奘携带搜集到的 657 部经卷及数尊佛像启程回国，于贞观十九年（645 年）正月回到长安。玄奘取经，历时十数年，行程五万里，是一次艰辛而伟大的旅程。唐太宗非常重视玄奘的归来。他当时住在洛阳行宫，吩咐西京留守房玄龄派员接待。据载，当玄奘到达长安时，一时万人空巷，以至于玄奘当天无法进城，只好在城外留宿一晚。当年二月，玄奘前往洛阳行宫谒见了唐太宗。唐太宗详细询问了途中的所见所闻，十分欣喜。当他得知玄奘立志译经，就让玄奘就近在长安弘福寺译经，并命房玄龄征选和调集硕学高僧 12 名，组成正规的译场，协助玄奘开展翻译佛经的工作。

唐太宗十分欣喜地在洛阳行宫接见了回国后的玄奘（摄于 2021 年 7 月 28 日）

玄奘回到长安后潜心译经，翻译数量和质量都是空前的（摄于 2011 年 12 月 1 日）

唐高宗即位后，对玄奘也非常尊重，专为玄奘在慈恩寺中修建了“翻译院”，他还首肯玄奘法师在慈恩寺的西塔院修建大雁塔，以供奉玄奘从印度带回来的佛像和佛经等。

玄奘一生共翻译佛教经论 75 部 1335 卷，无论是数量，还是质量，都是空前的。他兼通梵文、汉语，所译经典既不损原意，又便于读者理解。玄奘还撰写了《大唐西域记》十二卷，记录了西亚、南亚许多国家的历史沿革、风土人情、山川河流等，被中亚和南亚历史学者奉为至宝。

麟德元年（664 年），玄奘大师圆寂。朝野为之悲戚，唐高宗闻讯悲叹道：“朕失国宝矣。”玄奘初葬于白鹿原，后迁葬樊川北原，建五层砖塔葬之。唐末战乱，玄奘遗骸被寺僧携至终南山紫阁寺。宋代，玄奘顶骨被僧人可政在紫阁寺得到，遂带往江南，供奉于金陵（今江苏南京）天禧寺三藏塔。明代在天禧寺原址建造大报恩寺，玄奘三藏塔一直受到寺僧的保护。清代三藏塔与大报恩寺毁于战火。1942 年，玄奘顶骨舍利石函被发现，玄奘大师顶骨被分成几份，其中一份供奉于南京九华山上的三藏塔内。玄奘传奇的一生，一直为世人所敬仰。

史迹博萃

「李唐起事遗迹」

李渊为隋朝皇亲，其母为隋文帝独孤皇后的姐姐，故特见亲重，于大业十一年（615 年）被任命为山西河东慰抚大使，两年后又拜太原留守。在隋末农民起义纷起、隋政权土崩瓦解之时，李渊与李世民于大业十三年（617 年）在晋阳捉拿太原副留守，起兵反隋，掀开了唐朝开基立业的序幕。晋阳为古唐地，李渊将国号命名为唐，可见晋阳对李唐王朝的重要意义。晋阳故址在今太原晋源区古城营村一带，春秋时期为赵国早期都城，北齐增建东城，隋文帝时，晋王杨广曾扩建晋阳宫。唐朝建立后，又修建中城，成为唐朝的北京，晋阳进入历史上的鼎盛时期。可惜后被宋太宗所毁，如今尚留部分城墙。

李渊晋阳起兵后，留四子李元吉留守晋阳，自己亲率大军一路上夺关斩将，抵龙门，突破黄河要塞蒲津渡，攻占大兴。蒲津渡位于山西永济古蒲州城西外黄河东岸，是古代秦晋之间的主要通道，早年采用竹缆连舟的方法渡河，唐开元十二年（724 年），改用铁索浮桥。八根铁索分别固定在东西两岸的八尊大铁牛上，铁索上再铺上木板。如今，铁索桥早已被毁，但东岸的四尊大铁牛使我们能够感受到当年蒲津铁索桥的雄伟。

山西太原古城营（摄于 2015 年 10 月 30 日）

山西永济蒲津渡遗址（摄于 2008 年 9 月 22 日）

河北井陉娘子关（摄于 2011 年 6 月 26 日）

山西太原晋祠《晋祠之铭并序》碑（摄于 2015 年 11 月 2 日）

李渊攻克大兴之后，其三女平阳公主为保卫山西李家大本营，率领娘子军在河北井陉西口的关隘设防、驻守，驻守的地方后来被称为娘子关。娘子关是晋冀的咽喉要地、长城的著名关隘，有“万里长城第九关”之称，为历代兵家必争之地，如今依然关城高耸。

在古晋阳城外有一座著名的祠宇——晋祠，它是为纪念晋国开国诸侯唐叔虞及母后邑姜而建。祠内有几十座古建筑，规模宏大。据载，当年李渊向大兴进发前，曾祈祷于晋祠唐叔虞祠。唐太宗李世民即位后，再度前往晋祠，并亲自书写了一篇《晋祠之铭并序》，并将其镌刻在石碑上，立于晋祠之中。唐太宗还曾把碑文的拓印本作为礼物赠送给友人。据说它是目前唯一传世的唐太宗李世民书法真迹碑刻，现仍然保存在晋祠唐叔虞祠东侧的贞观宝翰亭内，碑亭挂有清太原县令周宽所书“贞观宝翰”的四字匾额。在晋祠的殿堂楼阁中，贞观宝翰亭很不起眼，但碑亭里藏着中国古代书法的稀世之宝。

「玄奘故里」

关于唐玄奘故里，有关资料记载不尽一致，目前，学术界比较公认的看法是，玄奘祖上本居颍川，从他的祖父陈康起，便迁至河南洛州缑氏县，其故居在今天缑氏镇陈河村。据载，玄奘（602—664），本名陈祎，出身于名门望族。祖父陈康是北齐的国子博士、礼部侍郎，父亲陈惠做过隋朝陈留和江陵的县令。陈惠夫妇共有四子一女，玄奘排行第四。父亲陈惠好佛，二哥陈素被父亲送洛阳净土寺当了和尚，因此天性聪颖的陈祎自幼就接触佛典，对佛学产生浓厚兴趣。13 岁时，他就到洛阳净土寺当和尚，玄奘的法名就是这个时候取的。玄奘 13 岁离开故乡，56 岁时曾回过故里探亲，此时，其父母早已离开人世，只有姐姐尚在，他在姐姐陪同下至父母坟茔祭扫拜谒。

由于玄奘很早就离开故里，加之岁月沧桑，因此在故乡不太可能有遗迹留存至今，如今在陈河村的一些玄奘遗迹应是后来为纪念玄奘而修建的，包括玄奘故里碑、玄奘故居、玄奘寺等。玄奘故里碑位于陈河村玄奘故居前，正面“玄奘故里”四个大字由中国佛教协会前会长赵朴初亲笔题写。玄奘故居坐落在陈河村中部，坐北朝南，为一长方形院落。故居大门为仿隋唐风格，“玄奘故居”匾额由季羡林所书。院落分前后两院，前院由厅堂和东西厢房组成，厅堂为其父接待宾

河南偃师“玄奘故里”碑（摄于 2022 年 7 月 27 日）

河南偃师玄奘故居
（摄于 2022 年 7 月 27 日）

河南偃师玄奘寺
（摄于 2012 年 10 月 6 日）

河南偃师玄奘纪念冢
（摄于 2012 年 10 月 6 日）

客之处，东厢房为玄奘兄嫂居室。后院由后堂和厢房组成，后堂为玄奘祖父母居室，东厢房为玄奘母亲宋氏居室，也是玄奘诞生之处。故居内陈列有玄奘翻译的全部译经、《大唐西域记》和玄奘墨迹等珍贵文物。

玄奘寺位于马涧河上游、距陈河村约 4 千米的王庄村，寺内大殿为清光绪三十年（1904 年）重修，内塑神像 5 尊，正中为玄奘。此寺原名唐僧寺，1996 年，赵朴初拜谒唐僧寺，提议更名为玄奘寺，并亲题匾额，玄奘寺现已扩建为一座殿宇崇宏的寺庙。笔者也曾专程前往拜谒玄奘故里，有关玄奘的遗迹虽然几经重修，原貌尽失，但其历史内涵千年不泯。

「玄奘西游遗迹」

贞观三年（629 年），28 岁的玄奘趁长安发生自然灾害、政府允许百姓外出就食之机，从长安西行，经过凉州（今甘肃武威）、张掖、酒泉，一路穿越多座城镇，其中位于瓜州的锁阳城应该是玄奘西行之路的一个节点。据有关专家考证，锁阳城遗址为汉代冥安县治和唐代晋昌郡治，是丝绸之路上雄踞酒泉与敦煌（沙州）之间，西通伊吾、北庭，南通青海的政治、经济、文化中心。直到明朝，因封闭嘉峪关，锁阳城成为蒙古、哈密等地少数民族群雄角逐的战场，逐渐荒废，前后相沿一千多年。当年，玄奘取经路过锁阳城塔尔寺，在此讲经说法月余。如今，塔尔寺建筑残基和大小塔遗存依然屹立在大漠深处。锁阳城遗址是中国西北地区保存最完整的古城遗址之一。

河西走廊西端的玉门关是中原通往西域的必经关口。不过，我们至今还能看到的位于敦煌西北的玉门关是汉玉门关。唐玉门关位于今甘肃安西双塔堡一带。当年玄奘到达唐朝玉门关的时候，由于没有政府发给的公文，因此瓜州官衙收到了缉拿玄奘的文书，玄奘幸亏得到

甘肃锁阳城塔尔寺遗迹
（摄于 2021 年 8 月 2 日）

甘肃敦煌汉代玉门关
（摄于 2007 年 10 月 14 日）

了信佛的州吏李昌的帮助，才得以偷越玉门关继续西行。之后，玄奘沿着烽燧一路前行到达高昌国，受到国王麴文泰的礼遇。高昌城虽曾繁盛一时，但在13世纪末的战乱中被废弃，大部分建筑物消失无存，现仅存部分残迹。现在知道高昌故城的人不多，但其北面的火焰山却尽人皆知。吴承恩《西游记》中孙猴子借铁扇公主芭蕉扇扇灭火焰山烈火的故事，为火焰山抹上了神秘的色彩。火焰山位于吐鲁番盆地的北缘，故每当盛夏，赤褐色的山体在烈日照射下，使炽热的气流翻滚上升，就像熊熊烈焰，故名火焰山。作为古丝绸之路的北道，当年玄奘经过此处，也一定炎热难熬，如今山前有唐僧师徒四人的雕像。

玄奘离开高昌后，到达天山南麓的古国龟兹，因大雪封山，玄奘在此停留了两个多月。在此期间，玄奘曾前往附近著名的昭怙厘佛寺参拜讲经。昭怙厘佛寺又称苏巴什佛寺，位于新疆库车城东北的确尔达格山南麓，始建于东汉，魏晋时期最盛，中国古代著名高僧鸠摩罗什曾居于此。此寺现已成废墟，但遗迹尚存。整个遗址以佛塔为中心，四周建有佛殿、佛龛、僧房、禅室等建筑，尽管已经废弃了近千年，但苏巴什佛寺残存的建筑依然令笔者震惊。那矗立在广袤戈壁滩上的高高佛塔，无言地向人们诉说着曾经的辉煌。

新疆吐鲁番的火焰山
（摄于2014年7月22日）

新疆库车苏巴什佛寺遗址
（摄于2010年10月24日）

「玄奘墓塔」

玄奘取经归国后，倾心译经 19 年。由于他精通中文和梵文，因此他所译佛经既有直译，也有意译，不损原意，相当准确。此外，在其弟子的记录、整理下，玄奘还完成了记述西域和印度历史、地理和风土人情的《大唐西域记》十二卷。唐麟德元年（664 年），玄奘圆寂于长安玉华寺，初葬于长安东郊白鹿原，据载，安葬那天，附近五百里内数万人前来送葬。

白鹿原地势很高，在长安大明宫可以看到。据说，唐高宗每每在宫中遥望白鹿原，便引发对玄奘的怀念和哀思，于是在总章二年（669 年）把玄奘的灵骨迁葬樊川北原，并筑塔建寺。唐肃宗李亨在位时，为玄奘舍利塔题额“兴教”，寓意大兴佛教，从此，寺院便以“兴教寺”为名。后来兴教寺院毁于战乱，幸运的是玄奘大师的灵塔犹存。笔者前往拜谒时，兴教寺西院的玄奘墓塔古朴挺拔，左右有其弟子窥基和圆测两座舍利塔相伴，在苍松翠柏的映衬下更显庄严。唐末黄巢起义军攻陷长安时，兴教寺被毁，玄奘遗骨被寺僧护送至终南山紫阁寺安葬。

陕西西安兴教寺玄奘舍利塔（摄于 2012 年 9 月 28 日）

江苏南京大报恩寺塔遗址
（摄于 2021 年 3 月 25 日）

江苏南京九华山玄奘塔
（摄于 2010 年 9 月 23 日）

北京法源寺
（摄于 2018 年 8 月 17 日）

北宋端拱元年（988 年），南京天禧寺僧可政在塔废寺荒的紫阁寺得到了唐玄奘顶骨，背负至南京天禧寺建塔供奉。明永乐十年（1412 年），明成祖朱棣在天禧寺原址上建造大报恩寺塔，并在玄奘三藏塔墓前建三藏殿，大报恩寺塔和三藏殿后毁于太平天国战火。1942 年冬，侵华日军在塔址上建造神社，挖出了塔基下的石椁、石函，石函上的文字记载玄奘遗骨辗转来宁迁葬的经过。尽管日军严密封锁消息，但传言不胫而走，迫于舆论，日军只得将其交给汪精卫伪国民政府，汪伪政府将玄奘的部分灵骨舍利供奉在九华山顶，并修建三藏塔纪念。其余的玄奘法师顶骨分供在南京灵谷寺、北京法源寺、天津大悲寺、成都文殊院、广州六榕寺、台湾玄奘寺，以及日本埼玉慈恩寺、奈良三藏院和印度那烂陀寺玄奘纪念堂。

「唐初帝陵」

唐高祖李渊、唐太宗李世民和唐高宗李治三位帝王对唐朝的发展起了重要作用。

唐高祖李渊（566—635）为唐朝的开国皇帝，奠定了唐朝百年基业。贞观九年（635 年）病逝于长安太安宫，终年 70 岁，葬于献陵。据载，李渊献陵依东汉光武帝原陵的规格修筑，为唐代为数不多的堆土陵之一。笔者在多年前的一个暑期前往陕西三原县寻访献陵。献陵位于三原县东北的徐木原上，陵冢呈覆斗形，平面呈长方形，坐北朝南。据载，陵园四周原筑有城垣，陵前有献殿、寝殿等建筑，神道两侧还放置有大型石刻。不过，当笔者来到献陵时，陵冢依旧，陵前立有一块清代石碑，但其他地面建筑早已无存，只有一只石虎掩没在茂密的庄稼地里。

唐太宗李世民（599—649）虽然通过血腥的“玄武门之变”登上了皇帝宝座，但他在位期间，开创了著名的“贞观之治”，使其成为中国历史上最杰出的君王之一。贞观二十三年（649 年），唐太宗病逝于长安翠微宫含风殿，享年 51 岁，葬于昭陵。昭陵位于陕西礼泉县东北的九嵕山上，凿山建陵，开创了唐代帝王依山为陵的先例。据载，昭陵玄宫凿于主峰南侧山腰，深 75 丈，石门五重。陵寝四周绕有墙垣，南门建有献殿，北侧建有祭台，东西两庑内置有著名的“昭陵六骏”浮雕。笔者多次拜谒昭陵，陵山孤峰回绝，汽车绕山盘行良久才到达昭陵北司马门，陵园游人稀少，给了笔者独步这座天下名陵的机会。抬头仰望，九梁拱举、一峰独秀的九嵕山，显得那么庄重神秘，笔者好似穿越深邃悠远的时光隧道，感受尘封的大唐往事。

陕西三原唐高祖献陵
（摄于 2012 年 9 月 28 日）

陕西礼泉唐太宗昭陵
（摄于 2017 年 7 月 24 日）

陕西西安碑林“昭陵六骏”
（摄于 2011 年 12 月 3 日）

唐高宗李治（628—683）为唐朝第三位皇帝，他后期因“风眩头重，目不能视”，委政于皇后武则天。弘道元年（683 年）去世于洛阳贞观殿，葬于乾陵。乾陵位于陕西乾县城北的梁山上，梁山三峰耸立，北峰最高，为高宗玄宫所在。南二峰东西对峙，上建土阙。乾陵修建时，正值盛唐，故陵园规模宏大。陵园地面建筑原有内外两城，建有献殿、偏房、回廊、阙楼等建筑，神道两侧置有华表、石像生等。笔者曾从正面和侧面远眺乾陵，正面的乾陵双峰对峙，犹如门阙，梁山高耸，有一种俯视群峰的气势；侧面的乾陵平地凸起，峰峦起伏，错落有致，有一种浑然一体的美感。

陕西乾县唐高宗乾陵（摄于 2017 年 7 月 24 日）

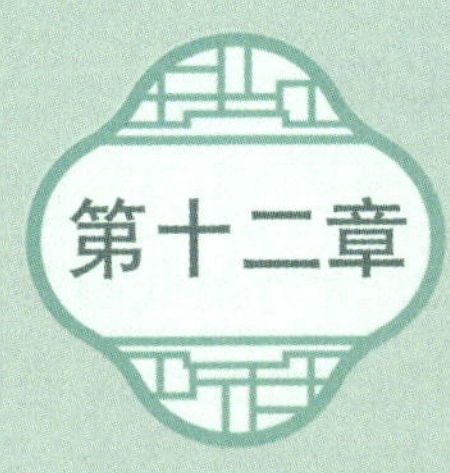

第十二章

大唐盛衰塔尽观

扶风法门寺塔

浮屠记胜

法门寺塔是我国著名的佛教古塔，素有“关中塔庙之祖”的美誉，也是国内少数几个瘗埋释迦牟尼真身舍利的古塔之一。其地位之尊崇、地宫所藏宝物之珍贵，是其他塔庙所不及的。在法门寺塔的历史记载中，共有十次皇家举行的大型舍利供奉活动，仅唐朝就有八位皇帝参与了其中六次法门寺塔佛指舍利的供奉活动，包括唐太宗、唐肃宗、唐宪宗、唐僖宗等。法门寺塔阅尽了唐代由盛转衰的漫长过程，可说是唐朝历史的见证者。

法门寺塔坐落在陕西宝鸡市扶风县北 10 千米处的法门镇，为一座仿明八棱十三层的砖塔，周长 56 米，高 60 余米，由台基、塔身和塔刹三部分组成。台基为方形，周围砌有护栏，南北有台阶登台。塔身一层特别高大，正南开一门，门额镶着“真身宝塔”的石刻，表示塔下瘗埋着佛指舍利，是非凡的圣物。东、西、北三面分别有“浮图耀日”“舍利飞霞”“美阳重镇”的题额，西北、东北、东南、西南四面，则分别砖刻“乾”“艮”“巽”“坤”，以辨方位。塔身的第一层檐下，用砖刻制出垂爪柱、帐幔和斗拱、椽子等构件。从第二层到第八层，檐下均刻出额枋、斗拱，以叠涩出檐。八层以上各层仅作

叠涩出檐，而无斗拱和其他构件。第十三层做成八角形圆盖。塔内设有旋梯可直达塔顶，每一层均有平台，并设有 8 个门洞，通过这些门洞，可观赏四周风光。每层每角均悬置风铃，共 104 个，微风吹动，铃声飘荡。塔刹为铜铸覆钵及宝珠。整座塔为钢筋混凝土框架，外用青砖，雕檐刻拱。站在山门外北望，古殿排云，宝塔摩天，错落有致，十分壮观。

法门寺塔因为瘗埋佛指舍利被民间称为“圣冢”，据载，法门寺塔初建时为一木塔。明隆庆年间（1567—1572 年），木塔在地震中倒塌，于是，民间僧俗集资修塔护宝。据载，曾有位“西蜀大洲居士”为了修塔，以苦行僧方式，肩筋穿百尺铁锁链，周游四方，化缘行乞，弘法集资。从明万历七年（1579 年）开始，用了 30 年的时间，建塔工程才告完成。明朝这次重建，把木塔改建成十三层砖塔，称为释迦牟尼“真身宝塔”。1981 年 8 月，因陕西大雨，积水成灾，加上此塔原来基础下沉裂缝，真身宝塔三分之一向西南坍塌，剩余部分依然挺立，一时传为奇观。面对岌岌可危的宝塔，政府决定拨款重修。为此，从 1987 年 4 月开始清理塔基，意外发现了唐代地宫，四枚佛骨舍利和数千件珍宝重见天日。

地宫位于法门寺真身宝塔下中心部位，由漫道、平台、隧道、前室、中室、后室及密龛七部分组成，全长 21.12 米，总面积 31.24 平方米。漫道即地宫进出口踏步，共 19 级台阶，金钱铺地。搬开平台上的封门石，便进入隧道。隧道较长，内置“志文碑”和“物帐碑”。打开第二道石门，便进入地宫前室，中央是安放特级四号佛指舍利的汉白玉四铺菩萨阿育王塔，及大批丝绸织物和金银织物。打开第三道石门，是地宫中室，中央安放的是特级二号舍利汉白玉灵帐，帐内置一盝顶铁函，内置鎏金双凤银棺，棺内密藏二号佛指舍利。打开第四道石门，便是地宫后室，中央安放的是特级一号舍利的八重宝函，即从大到小八件宝函套合组装，特级一号舍利就是保存在第八重的纯金

塔中。后室宝物最多，约 2000 件，堆积如山，如引人注目的迎真身银金花双轮十二环锡杖，制作精绝。在后室的北壁下，还有一密室，内放一铁函，即安置释迦牟尼灵骨的五重宝函，函内白玉棺之中安放的正是释迦牟尼真身舍利，是稀世珍宝。

1988 年，法门寺塔重修竣工，它终于以新的面貌展现在世人面前。它已经不再是一座古塔，没有了古塔特有的风姿，但因为它有如此令人瞩目的地宫，而地宫中珍藏的是如此珍贵的佛指舍利，这是其他塔无可比拟的。此外，法门寺塔曾引起历史上多位帝王的青睐，尤其是唐代就有八位帝王参与了法门寺塔佛舍利供奉活动。今天，每一位来到陕西的游客都希望来法门寺瞻仰一下古塔及地宫宝物。笔者也多次来此参观，参观之余，常常会想起八位唐皇崇佛背后所蕴涵的历史，这几位帝王的经历刚好能够勾勒出大唐王朝由盛转衰的历史篇章。

史事钩沉

唐太宗李世民作为我国杰出的政治家和开明皇帝，励精图治，使社会呈现太平盛世的景象。

唐太宗深知宗教对巩固封建统治的作用，因此注重加以利用。贞观五年（631 年）初，岐州刺史张德亮到法门寺烧香拜佛，发现法门寺不久前不慎失火，导致舍利宝塔垮塌，整个寺院也显得残破。张德亮看到瘗埋佛祖释迦牟尼灵骨的塔庙如此景象，作为岐州刺史感到很是惭愧。于是，他伺机将这一情况上奏给了唐太宗。唐太宗当即批复修缮法门寺塔，为此，他把准备修建皇宫“望云殿”的木材、石料先行批给法门寺。在原塔基上很快修起了高大的木塔，雄伟异常。张刺史在修塔过程中，听说法门寺塔的佛指舍利有“塔一闭，经三十年一示人”的习俗。他认为正逢盛世，能够借修塔之机，开启塔基、供养舍利是件利国利民的好事。因此，上奏唐太宗，提出“开剖出舍利以示人”的建议。唐太宗同意了这一请求，下诏开示法门寺佛舍利。唐太宗的这次“开示”佛舍利活动，开启了一个先例，以后，每三十年迎奉一次佛指舍利，几乎成为唐王朝的一个不成文的制度。

贞观二十三年（649 年），唐太宗去世，其第九子李治（628—

唐太宗开启了佛舍利“开示”活动的先例（摄于 2017 年 7 月 24 日）

唐朝前期形势图

683）即位，是为唐高宗。李治登基后，在大臣长孙无忌、褚遂良辅弼下，遵守贞观遗规，发展经济，稳定社会，还用兵西域，唐代版图以高宗时为最大。唐高宗时期佛教备受宠遇，由于皇帝的提倡，这一时期佛庙倍增。当时最著名的佛寺是大慈恩寺，但玄奘大师圆寂后，大慈恩寺的香火渐淡，而位于京郊的法门寺却因佛指舍利而香火日旺。显庆四年（659 年），有高僧向唐高宗提出，“今三十年期满，请出舍利”，高宗很是高兴。第二年，高宗命僧众迎奉法门寺佛指舍利往东都洛阳

经济发展的唐高宗时期也是佛教备受宠遇时期（摄于 2017 年 7 月 24 日）

宫中供养，皇后武则天也为这次迎奉活动施舍帐绢。直到龙朔二年（662年）春，经过两年零七个月的宫内供养，高宗才命人送佛指舍利归法门寺地下石室。

唐高宗的皇后武则天（624—705）原是唐太宗的才人，太宗去世后，她入感业寺为尼。唐高宗即位后，召其入宫，封为昭仪。永徽六年（655年），被立为皇后。高宗后期，因患“风眩头重，目不能视”，难以操持政务，皇后武则天逐渐掌握实权。唐高宗驾崩后，武则天临朝称制，大权在握，但她并不满足，天授元年（690年），在洛阳宣布改唐为周，武则天由此成为中国历史上唯一的女皇帝。她主政期间，奖励农耕，重用人才，采取了一些有效的举措，因此，社会经济得到了明显的发展，故有称其统治“上承贞观之治，下启开元盛世”。

武则天对佛教格外宠遇，她把唐初“三教调和”政策作了有利于佛教方面的调整，公开宣布释教在道教之上，因此武周时期也是佛教繁荣时期。长安四年（704年），武则天决定在自己的有生之年举办一次盛大的迎奉佛指舍利活动。她派大臣和高僧前往法门寺迎奉，僧众念经七天七夜，才开地宫迎出舍利。武则天亲拜佛祖，规模空前。就在这次活动的第二年，即神龙元年（705年）正月，武则天生病，宰相张柬之等率羽林军冲入宫中，武则天被迫传位给太子李显，恢复唐朝旧制。

唐中宗李显即位后，大权掌握在皇后韦氏和女儿安乐公主等人手中。安乐公主野心勃勃，一心想效法武则天。为此，母女俩配制毒饼，

武则天自恃国力强盛，举办大规模迎佛活动（摄于2018年7月24日）

毒杀唐中宗，韦皇后临朝称制。唐中宗的侄子李隆基发动羽林军攻入宫中，杀死韦皇后和安乐公主，拥立其父唐睿宗复位，李隆基被立为太子。不久，唐睿宗禅位给李隆基，是为唐玄宗。唐玄宗初登帝位时，选贤任能，鼓励生产，改革弊政，唐朝进入盛世，史称“开元盛世”，为中国历史上的鼎盛局面。但唐玄宗晚期，宠幸杨贵妃，少问国事，致使奸臣专权，宦官干政，朝政败坏，引发“安史之乱”。唐玄宗在叛军攻破潼关、直逼长安的情况下，率从官和杨贵妃等离开长安西逃，行至马嵬驿（今陕西兴平西），禁军哗变，唐玄宗被逼缢杀杨贵妃，之后逃到成都。

唐玄宗在前往成都避难时，留下太子李亨为天下兵马元帅，负责平叛。李亨北上至灵武（今宁夏灵武西南），登基为帝，是为唐肃宗。唐肃宗任用名将郭子仪、李光弼并借用回纥兵进行反击。至德二年（757年），唐军先后收复长安和洛阳。但唐肃宗历经内忧外患，身体一直不好，其皇后派人刺血写经请佛保佑。肃宗开始并不信佛，但西北军将多信佛，因此他也不得不借助于佛教。平叛的胜利和自身的疾病，使肃宗转而崇佛，在国难和财力拮据的情况下，一贯节约的肃宗筹划了迎奉法门寺佛骨的活动。这次活动，从上元元年（760年）五月开始，历时两个月。

宝应元年（762年），唐肃宗李亨去世后，唐代宗李豫继位，次年，安史之乱被平息。但是，经过这次战乱，唐朝元气大伤，由盛转衰。大历十四年（779年），代宗病逝，其长子李适（742—805）继位，是为唐德宗。德宗即位后，励精图治，政局为之一新。此时，藩

在灵武登基的唐肃宗在唐朝内忧外患的情况下转而崇佛（摄于2021年7月28日）

镇势力强大，据地称雄。他试图裁抑藩镇割据势力，加强中央集权，曾发起削藩战争，未见成效，自己倒两次逃离长安。从此，他只能对藩镇采取姑息迁就政策。削藩失败使德宗认识到，要统一全国军队和人心，离不了佛教的作用。贞元六年（790 年），德宗循旧制，下诏迎法门寺佛骨舍利到长安禁中供养。期间又送至诸寺以示众，历时一月左右。永贞元年（805 年），唐德宗病逝于长安，其子唐顺宗李诵只做了 8 个月的皇帝就病逝了，唐顺宗长子李纯继位，是为唐宪宗。

唐宪宗李纯（778—820）为唐朝第十二位皇帝。宪宗“睿智英断”、治国有方，在位期间，整顿江淮财赋，以增加财政收入。他利用藩镇之间的矛盾，先后平定了四川刘辟、江南李锜的叛乱，招降了河北强藩魏博节度使田弘正，任用李愬等将领，消灭了淮西节度使吴元济，使其他藩镇相继降服，全国出现了暂时的统一，史称李纯为“中兴之主”。作为唐朝后期有作为的皇帝，宪宗也善于利用佛教辅政治国、稳定社会。

元和十三年（818 年），宪宗收到奏报：“凤翔法门寺塔有佛骨，相传三十年一开，开则岁丰人安。来年应开，请迎之。”宪宗想到肃宗、德宗两朝借用佛教力量一统人心的做法，立即准奏。第二年正月，宪宗诏令太监率人赴法门寺塔迎奉佛指舍利。宪宗亲自到安福门迎拜。佛指舍利在宫中供养三日，再送京城十寺，递迎奉养。这次迎奉舍利历时两月。中途出现了“韩愈谏佛”事件。韩愈为唐朝著名文学家、思想家，当时任国子监博士、中书舍人等职，他看到皇帝、百官及百姓对佛骨如此痴迷，就写了一篇《论佛骨表》的奏章劝阻皇帝。宪宗

韩愈的劝谏没能阻止唐宪宗的迎佛活动，却因此被贬谪千里（摄于 2014 年 5 月 31 日）

大怒，要重治韩愈，经宰相裴度等求情，韩愈被贬为潮州刺史。宪宗晚年好神仙，多服金丹以求长生，导致性情急躁，为宦官所害。

唐朝后期政治生活中的一个严重问题是宦官猖獗，专擅朝柄，以致立君、弑君、废君视同儿戏。自唐宪宗起，有八个皇帝由宦官拥立。唐懿宗李漼（833—873）就是被宦官迎立的一位皇帝。他是唐朝第十八位皇帝，其在位期间已是大唐晚期，战乱不断，民不聊生，懿宗已无力治国，一味游玩饮宴，靡费无度。他还特别信佛，《资治通鉴》称其“奉佛太过，怠于政事……数幸诸寺，施与无度。”咸通十二年（871年），禅僧师益向朝廷上书，请求开启法门寺塔地宫，懿宗表示同意，准备安排大规模的迎奉佛指舍利仪式，还提早扩修了地宫，精心设计制作了盛置舍利的八重宝函、供养舍利的捧真身菩萨、最高规格的法器佛祖迎真身双轮十二环锡杖等。咸通十四年（873 年），懿宗已身患重病，仍坚持要亲眼瞻仰佛骨，甚至说：“朕生得见之，死亦无恨！”佛骨进入长安，迎奉仪式规模大大超过了宪宗元和年间，懿宗还抱病亲临安福门迎接。据说，朝拜佛指舍利时，他激动得流下了热泪，但迎奉活动尚未结束，懿宗便因病去世。

唐僖宗李儇（862—888）为唐懿宗第五子。他即位后，为完成父皇心愿，当年就筹办了大规模的舍利送归法门寺塔的活动。地宫所藏之物，玉棺金箧，极尽奢华。至此，千余年来，法门寺塔地宫不再开启，也渐渐不为人知。僖宗虽然了却了父皇心愿，但面临一个摇摇欲坠的唐王朝。此时，朝政由宦官操纵，土地兼并严重，苛捐杂税，加上天灾频繁，社会矛盾异常尖锐，终于爆发大规模的农民起义，僖宗为此四处逃难，唐王朝已经面临崩溃。

唐僖宗了却了父皇迎佛心愿，但面临一个摇摇欲坠的唐王朝（摄于 2017 年 7 月 24 日）

史迹博萃

「武则天遗迹」

武则天是中国历史上唯一的女皇帝。唐太宗去世后，她出宫入寺，削发为尼。唐高宗即位后，她又返回宫门。武则天实际执政50余年，称帝15年，影响广泛，至今仍留有多处关于她的遗迹。武则天是山西文水（今山西文水东）人，文水至今保留着则天圣母庙。则天圣母庙位于山西文水县城北4千米处的南徐村北，始建于唐代，以后历代都有修葺重建。则天圣母庙坐北向南，有山门、正殿及两翼配殿，山门与乐楼上下叠筑，浑然一体。正殿为单檐歇山顶式木构建筑，面阔三间，斗拱雄壮有力，保留了明显的唐代风格。

武则天的父亲武士彟曾担任过利州大都督，因此也有史籍和学者认为武则天出生于利州（今四川广元），如《孟蜀广政碑》明确记载："天后武氏其人也……贞观时，父士彟为都督于是州，始生后焉。"唐代诗人李商隐在所作的《利州江潭作》一诗中，也有明指武则天生于利州之意。因此，四川广元建有皇泽寺。皇泽寺位于四川广元西嘉陵江西岸、乌龙山东麓，寺庙气势巍峨，错落有致。皇泽寺内二圣殿后有一座则天殿，据说此殿在历史上被称为"武后真容殿"，殿正中立有一尊据称是国内唯一的"武后真容"石刻像。宋人《九域志》有记载"赐寺刻其真容"。真容石刻像高1.8米，由整块砂岩雕成，距今已

山西文水则天圣母庙
（摄于2014年8月4日）

四川广元皇泽寺武则天真容塑像
（摄于2007年11月24日）

河南洛阳龙门石窟奉先寺卢舍那佛
（摄于 2008 年 9 月 24 日）

陕西乾县乾陵武则天无字碑
（摄于 2017 年 7 月 24 日）

有 1300 余年。这是一尊武则天晚年刻像，金箔覆身，双手相叠于膝，显得神态安详，使今人能够一窥当年武则天的模样。

唐朝以洛阳为东都，武则天称帝后，以洛阳为都。洛阳著名的龙门石窟虽然开凿于北魏，但唐朝开凿的洞窟占了总数的 60%，其中又以武则天时期为盛。龙门石窟中最具代表性的奉先寺卢舍那佛，据载就是武则天捐出两万贯“脂粉钱”建造的，有传卢舍那佛有武则天的风范。

神龙元年（705 年），武则天在长安上阳宫病逝，终年 82 岁，遗诏“去帝号，称则天大圣皇后”。神龙二年（706 年），合葬于唐高宗的乾陵。今天，乾陵朱雀门东南立有著名的“无字碑”。“无字碑”本应是武则天的“功德碑”，却一字不着，后人有多种猜测，或是武则天认为自己功高德大无须记述，或是功过是非留给后人评说等。不过，有专家认为是唐中宗即位后无法评价自己这位强势的母亲，最后干脆一字不刻。也有专家认为，“无字碑”可能刻过文字，但后来唐玄宗为彻底消除武周政权的痕迹，下令磨去。“无字碑”成为人们猜测、探究却莫衷一是的“千古之谜”。

「安史之乱遗迹」

安史之乱是爆发于唐玄宗晚年，由节度使安禄山与史思明发动的历时八年的叛乱。节度使是唐朝设立的使职，除管军政外，兼管本道民政与财政，权势极重。唐玄宗晚年，政治败坏，中央军备空虚。平卢（今辽宁朝阳）、范阳（今北京）、河东（今山西太原西南）节度使安禄山因与宰相杨国忠争权，于天宝十四年（755 年）起兵，河北州县，望风瓦解。叛军攻下洛阳，安禄山在洛阳称帝，兵进潼关。潼关是关中的东大门，历来为兵家必争之地，因此关城牢固。但唐玄宗在杨国忠的怂恿下，促令守将哥舒翰出兵，结果大败，潼关陷落。唐玄宗仓皇逃往成都，行至马嵬驿（今陕西兴平西），军士哗变，杀杨国忠，并逼迫唐玄宗缢杀杨国忠的从妹贵妃杨玉环。

唐玄宗与杨贵妃的故事，一向为古代文人所艳称，清人赵长令有诗曰："祸端自是君王起，倾国何须怨玉环。"如今在马嵬街道西门外尚存杨贵妃墓。太子李亨继位于灵武，是为唐肃宗。长安失

陕西潼关关城
（摄于 2019 年 8 月 6 日）

陕西兴平杨贵妃墓
（摄于 2011 年 7 月 28 日）

河南商丘张巡祠
（摄于 2020 年 8 月 9 日）

陕西礼泉郭子仪墓
（摄于 2016 年 8 月 17 日）

陷后，郭子仪和李光弼率兵至灵武，壮大了朝廷的声势。此时，叛军也受到了各地顽强的抵抗，真源（今河南鹿邑）县令张巡誓师讨贼，得到民众支持，他在睢阳（今河南商丘南）与太守许远合兵，苦守十个月，最后睢阳失陷，壮烈牺牲。但他的壮举保住了江南半壁江山，挽救了唐室危亡，韩愈称其为“守一城，捍天下”。今天商丘还建有雄伟的张巡祠和张巡墓。

张巡等的抗敌斗争，为唐军赢得了时间。郭子仪和李光弼率唐军屡败叛军，收复城池。至德二年（757 年），郭子仪在回纥兵的援助下，攻克长安，收复洛阳。此时，叛军内部离心离德，互相残杀，唐军加紧进攻，叛军首领史朝义兵败溃逃，穷迫自杀。郭子仪因平定安史之乱有功，加封代国公，后进封汾阳郡王，累官至太尉、中书令。郭子仪病逝后，唐德宗因其“勋高今古”，诏其灵柩陪葬唐肃宗建陵，至今墓冢犹存。

「韩愈遗迹」

韩愈是“唐宋八大家”之一，具有很高的文学造诣，有“杜诗韩笔”之称。他性格耿直，多次因上书言事遭贬。无论是作为文学大家，还是正直有为的官员，韩愈一直受到人们的崇敬。

韩愈（768—824）为河南河阳（今河南孟州南）人，字退之。据载，他少孤，刻苦好学。贞元八年（792 年）进士及第，先后出任节度推官、监察御史等职。唐德宗时，他上书陈述宫市之弊，引起皇帝不满，被贬官至荒僻的连州阳山（今广东阳山）。唐宪宗即位，韩愈获赦北还，任国子博士、史馆修撰、中书舍人等职。但他倔强依旧，因上《论佛骨表》，反对迎佛骨之举，触怒了唐宪宗，再度被贬至偏远的潮州（今广东潮州）。唐穆宗即位后，韩愈被召回，后历官国子祭酒、兵部侍郎、吏部侍郎、京兆尹兼御史大夫等显职。长庆四年（824 年），韩愈病逝于长安家中，终年 57 岁，谥号文，世称韩文公。

韩愈虽然仕途坎坷，但在思想和文学领域成就卓越，名扬天下。而且，他被贬期间，为民做了不少实事，得到当地百姓的赞誉，至今在广东潮州、阳山等地留有众多的韩愈遗迹。有趣的是韩愈在潮州、阳山任上的时间都不长，但自此以后，潮州、阳山出现了“一片江山尽姓韩”的奇特景象。在潮州，韩愈游历过的笔架山被改称韩山，韩愈驱鳄的恶溪江被改称韩江，城区也被称作“昌黎旧治”。在阳山，韩愈读过书的牧民山被改称贤令山，境内的恶水被改称韩水，阳山也被改称韩邑。此外，潮州在韩山西麓修建了韩文公祠，在西湖公园内

广东潮州韩文公祠
（摄于 2015 年 2 月 10 日）

广东潮州西湖公园景韩亭
（摄于 2015 年 2 月 10 日）

广东阳山韩公钓矶
（摄于 2015 年 2 月 12 日）

兴建了景韩亭等。阳山则在贤令山下修建了韩愈纪念馆，在湟水畔修建了韩公钓矶等。韩愈作为一名贬官，有如此待遇，可见其为文为政的独到之处。

韩愈逝后葬于故里。在河南孟州城西 6 千米的西虢镇韩庄村还保存着韩愈祠墓。祠墓由文宗阁、祭台、享堂、韩愈墓等组成。韩愈墓由块石砌护，墓顶草木茂盛，墓前立有碑石三通，中间为乾隆五十五年（1790 年）所立的“唐韩文公墓”碑，墓茔四周碑石林立，古树如盖。

河南孟州韩愈墓（摄于 2014 年 5 月 31 日）

「唐代存世佛寺」

唐代是我国历史上经济文化繁荣的时期，佛教得到了进一步发展，流派众多，寺庙林立。寺院经济的过分扩张，损害了国库收入。唐武宗在会昌年间下旨废佛，佛教徒称之为“会昌法难”。唐武宗去世后，佛教很快复兴，全国各地依然梵刹林立。唐朝佛寺虽多，由于中国古建多为木结构，容易腐蚀，加上兵燹等人为破坏，因此真正保存至今的极少，山西五台南禅寺和佛光寺是极其珍贵的幸存者。

南禅寺坐落在山西五台县李家庄村西侧的土崖上，是一座外表很不起眼的建筑。早年，笔者寻访时，南禅寺还没有对外开放。南禅寺坐北朝南，规模不大，由山门、观音殿、伽蓝殿、护法殿和正殿等组成，其中，只有正殿为唐代建筑，始建于唐建中三年（782 年），面阔、进深各三间，歇山顶，出檐深远。笔者怀着敬仰的心情走进殿内，昏暗的光线，使笔者过了好一会儿才逐渐看清殿内的雕像。殿内现存有多尊唐塑佛像，各具形态，表情逼真。唐武宗“会昌废佛”时，许多佛寺被毁，南禅寺因地处偏僻，幸免毁坏。

山西五台南禅寺山门
（摄于 2010 年 7 月 19 日）

山西五台南禅寺正殿
（摄于 2010 年 7 月 19 日）

山西五台佛光寺山门
（摄于 2010 年 7 月 19 日）

山西五台佛光寺东大殿
（摄于 2010 年 7 月 19 日）

佛光寺是一座比南禅寺建造时间稍晚但规模更大的寺庙，它是由我国著名的建筑学家梁思成和林徽因夫妇发现的。佛光寺位于山西五台县豆村镇东北的莲花山中，坐东朝西，三面环山。寺庙由山门、伽蓝殿、文殊殿、南北禅房和东大殿等组成，东大殿为寺内主要建筑。原建筑毁于唐武宗“会昌废佛”时，唐宣宗大中十一年（857 年）重建，比南禅寺正殿晚了 75 年，但佛光寺东大殿比南禅寺正殿要大得多。

佛光寺依山而建，寺内建筑错落有致，东大殿坐落在寺院最高层，笔者是穿过窑洞才登上东大殿的。大殿面宽 7 间，进深 4 间，显得巍峨壮观。大殿完美地体现了我国中唐大型木构建筑的显著特色，为我国现存唐代木构建筑的代表作。大殿两侧有两棵参天古柏，更使大殿显得古朴清幽。大殿内，还完整地保存了 17 尊唐代泥塑佛像和唐绘壁画，此外还有金代建筑与雕塑。佛光寺堪称我国佛教艺术的精华。五台山是旅游胜地，游客一般只游览五台山台怀镇内的一些寺院，很少会去参观山外的南禅寺和佛光寺，其实只有参观了这两座寺院，才能真切感受到唐代古建筑的魅力。

「唐后期帝陵」

唐朝历史一般分为前后两个时期。前期是唐朝逐渐强大的时期，后期是唐朝逐渐衰落的过程。划分的历史节点就是发生于唐玄宗时期的安史之乱。

唐玄宗李隆基（685—762），亦称唐明皇，唐朝第七位皇帝。他是唐睿宗李旦三子。武则天去世后，他通过兵变，拥其父唐睿宗李旦即位，之后又继位为帝。其统治前期，社会安定，政治清明，经济空前繁荣，唐朝进入鼎盛时期，史称“开元盛世”。但后期，唐玄宗进取心消失，贪图享乐，宠爱杨玉环，并重用奸臣，导致安史之乱。唐玄宗病逝于宝应元年（762 年），葬于泰陵。泰陵位于陕西蒲城东北的金粟山，是唐陵中最东端的陵寝。泰陵陵园建筑大体与乾陵相同，只是规模不如乾陵宏大，但也气势磅礴。笔者多次前往泰陵拜谒这位半世英明半世糊涂的唐明皇。

唐肃宗李亨（711—762），唐玄宗三子，安史之乱爆发后在灵武即位。李亨登基后，为平定藩镇叛乱，借兵回纥，并任用郭子仪、李光弼等将领收复长安、洛阳。但其在位期间，任用宦官，纵容张皇后干政，引起宫廷政变，最后在宫变中惊忧而逝，葬于建陵。建陵位于陕西礼泉武将山南麓，形势壮阔，陵墓石刻保存最为完整。由于建陵沿山一带沟壑纵横，交通不便，笔者参观建陵时，面临狭窄山道旁的深沟大壑，不禁心惊胆战。沟壑两侧分布着两排雕凿精美的石刻，其中不少已半身没于土中。

陕西蒲城唐玄宗泰陵（摄于 2012 年 9 月 28 日）

陕西礼泉唐肃宗建陵（摄于 2016 年 8 月 17 日）

陕西蒲城唐宪宗景陵
（摄于 2017 年 7 月 23 日）

陕西乾县唐僖宗靖陵
（摄于 2017 年 7 月 24 日）

唐宪宗李纯（778—820），唐代第十二位皇帝，他在位期间，在政治上有所改革，也暂时平定了一些藩镇，是唐代后期较有作为的皇帝。唐宪宗为宦官所立，最终为宦官毒杀，葬于景陵。景陵位于陕西蒲城西北的金炽山上，依山为陵，尚有神道石刻散落在田间地头。

唐僖宗李儇（862—888）虽然不是唐朝最后一位皇帝，但其统治时期，农民起义风起云涌，唐王朝摇摇欲坠。他在黄巢率领起义军攻下长安时，仓皇逃奔成都，回到长安后，又受制于实力强劲的节度使，病逝后葬于靖陵。靖陵位于陕西乾县阳峪镇南陵村，是唐十八陵中的最后一座帝陵。国力的衰落，使靖陵在唐朝诸陵中显得比较简陋。据载，其棺床甚至使用的是乾陵陪葬墓的旧碑。笔者寻访时，看到掩没在田间的靖陵神道和两侧散落的石翁仲，大都残缺不全。靖陵多次被盗，故成为唐陵中第一座被考古发掘的帝王陵。

第十三章

保俶清秀难护主

杭州保俶塔

浮屠记胜

杭州西湖是我国著名的游览胜地，波光粼粼的西湖边，群山之中分布着众多古塔、古墓、古桥。这些文物或多或少都有一些催人泪下的故事和传说。矗立在宝石山巅的保俶塔是西湖标志性的人文景观。据传此塔为保佑吴越王钱俶平安而建，故称“保俶塔”。不管这个说法是否确切，但“保俶塔”确也可以说是吴越国历史的见证。

保俶塔位于杭州西湖北缘葛岭之北的宝石山顶，又名应天塔、宝石塔、保叔塔、保所塔。塔为一座八面七层楼阁式砖砌实心塔，高 45.3 米，底层边长 3.26 米，由台基、塔身和塔刹组成。台基一部分是在岩石上直接凿出来的，一部分是用长方形的花岗岩石块垒起来的。由于塔基较小，形成了几乎与地面相垂直的垂线。塔身由青砖砌就，呈八角形。保俶塔在中国的古塔造型中颇具特点，虽然是楼阁式砖塔，但外形清秀似一柱擎天。因为是实心塔不能攀登，所以宝塔底层没有修建塔门，但每层每面都用砖做九格假窗，窗下有斗拱，每面折角为圆柱，柱下也有斗拱。塔刹为铁质黑色，顶部为宝瓶，下部为宝盖相轮，塔刹铁构件

部分为明代旧物。塔下镶嵌有保俶塔重修石碑。当地素有“雷峰似老衲，保俶如美人”之说。保俶塔犹如一位玲珑修长、风姿绰约的绝代佳人，亭亭玉立地站立于山巅，成为西湖一道亮丽的风景线。不过，保俶塔虽美，但游客游览西湖，却很少到宝石山来，一般只是远观保俶塔的窈窕身姿。确实，保俶塔远观比近临的效果更好。

保俶塔修建年代目前尚有争议，比较流行的说法是建于北宋开宝年间（968—976 年），据说此塔是钱俶母舅吴延爽所建。相传，宋太祖赵匡胤于开国之初，灭南唐，囚李煜。吴越王钱俶为免百姓兵刃之苦，应召进京城开封觐见赵宋皇帝，宰相吴延爽与大臣怕钱俶此去凶多吉少，为了祈求钱俶能够平安回来，修建此塔，故塔名保俶塔。根据后来在塔下发现的建塔记残碑的记载，保俶塔确为吴延爽所建，但建塔时间要早于吴越王钱俶时期。据记载，大约在吴越国开国君主钱镠封巨石山为寿星宝石山后，吴越国大臣吴延爽曾建九层高塔于宝石山上。

吴越国时期修建的这座九层高塔为砖木结构，可以登临，后来倒塌。北宋咸平年间（998—1003 年），有一位被尊称为“师叔”的永保和尚，在双目患疾的情况下，费了 10 年时间化缘重新修建了此塔，人们为其精神所感动，称此塔为“保叔塔”。据说，“保叔塔”在宋、元、明时期一直是此塔的称呼，直到之后因吴延爽为保佑钱俶建造保俶塔的故事广泛流传，才改称“保俶塔”。此外，民间还有一位寡嫂保佑小叔平安而建此塔，故称“保叔”的传言。保俶塔在北宋咸平年

间永保和尚重修时，改塔层为七层。

保俶塔多灾多难，文献记载“自宋以来，屡毁屡建”，木石建筑结构的保俶塔抵御不了岁月的剥蚀。明万历七年（1579年）重修保俶塔，仍为七层重檐楼阁式，可登高远眺。万历二十二年（1594年）对保俶塔进行修缮。后来的沧桑岁月使保俶塔的外层损毁，只剩下了塔心，倒也显得亭亭玉立。1924年，保俶塔发生倾斜。1933年，时任杭州市市长的赵志游等人主持了保俶塔的重修。当时采用的方法是将残损的原塔拆毁，再按明末以后的式样进行重修。重修后的保俶塔为八面七层砖砌实心塔，塔刹铁构件仍然为明代旧物，直到1997年，因原塔刹朽坏，才更换新的塔刹。原塔刹放置塔旁，供人参观。

保俶塔的外形虽然清秀，但在中国古塔中却并不出众，其重建年代也不长。笔者关注这座塔，还是因为这座宝塔与吴越王钱俶有关，此一说法在明朱国桢所撰《涌幢小品》中也有相关记载。钱俶作为五代十国时期一个相对弱小国家的君主，能够保境安民，发展经济，在危难之际，能够审时度势，舍身保民，这些品格都是难能可贵的。每次来西湖，笔者或者远远地眺望保俶塔，或者攀山近距离接触。在笔者心目中，保俶塔已不仅仅是一座塔，更是吴越这段历史的印记。

史事钩沉

吴越国是五代十国时期南方的一个割据政权。五代十国是唐朝灭亡之后，在我国中原地区相继出现的五个朝代和割据西蜀、江南、岭南和河东的十个政权的统称，这是中国历史上的一段大分裂时期。这一情况的出现，源于唐朝后期出现的藩镇割据。

唐朝后期，土地兼并空前，苛捐杂税繁重，百姓无以为生，社会矛盾尖锐。咸通十四年（873 年），唐僖宗即位后，终日打猎游嬉，朝政日非。黄河中游天灾人祸，大规模的农民起义终于爆发了。王仙芝和黄巢是唐末农民起义的发动者和领导者。王仙芝战死后，黄巢继续高举起义大旗，在进攻受阻的情况下，挥师南下，经过休整后，再大举北伐，最终攻取长安，唐僖宗逃往成都。广明元年（880 年），黄巢在长安即位，国号大齐。但在唐朝各路藩镇的攻势下，黄巢放弃长安东撤。后在与各路藩镇的交战中，起义军连遭挫败，损失巨大，最后，黄巢与亲故数十人退至狼虎谷（今山东莱芜西南）后牺牲。

在镇压农民起义的过程中，一批藩镇逐渐坐大。其中黄河流域势力最大的是汴州节度使朱温、河东节度使李克用和凤翔节度使李茂贞，他们控制朝政，互相攻伐，唐王朝名存实亡。

黄巢领导的唐末农民起义的烽火使唐王朝名存实亡（摄于 2013 年 11 月 23 日）

汴州节度使朱温废唐称帝，中国历史进入五代时期（摄于 2020 年 8 月 9 日）

后周世宗柴荣是五代十国时期最有作为的皇帝（摄于 2020 年 11 月 8 日）

开平元年（907 年），朱温逼迫唐哀帝禅位于己，改国号为梁，建都开封，史称后梁。中国历史进入五代时期。朱温灭唐以后，李克用以拥护唐朝为名，与后梁交战不休。龙德三年（923 年），李克用之子李存勖灭后梁，建立后唐，都洛阳。清泰三年（936 年），后唐河东节度使石敬瑭趁后唐内乱，以割让燕云十六州为代价，换取契丹的支持，当上儿皇帝，建立后晋，并灭后唐。11 年后，契丹因石敬瑭养子石重贵不恭顺，出兵灭掉后晋。同年，后晋河东节度使刘知远在太原称帝，建立后汉，都开封。乾祐三年（950 年），刘知远次子刘承祐猜忌邺都（今河北大名东北）留守郭威，派人谋害未成。郭威起兵，攻入开封，刘承祐被杀。第二年正月，郭威即帝位，建立后周，仍都开封。后周郭威、柴荣两代英主早逝，导致幼主即位，最后被后周将领赵匡胤发动兵变取代，五代结束。

与五代几乎同时，南方也建立了前蜀、后蜀、吴、南唐、吴越、闽、楚、南汉、南平（荆南）九个割据政权，加上北方的北汉，共十个割据政权，史称十国。

唐朝末年，据有西川和东川的王建受封为蜀王，开平元年（907 年），王建称帝，建都成都，国号蜀，史称前蜀。同光三年（925 年），前蜀被后唐所灭。长兴四年（933 年），西川节度使孟知祥被后唐封

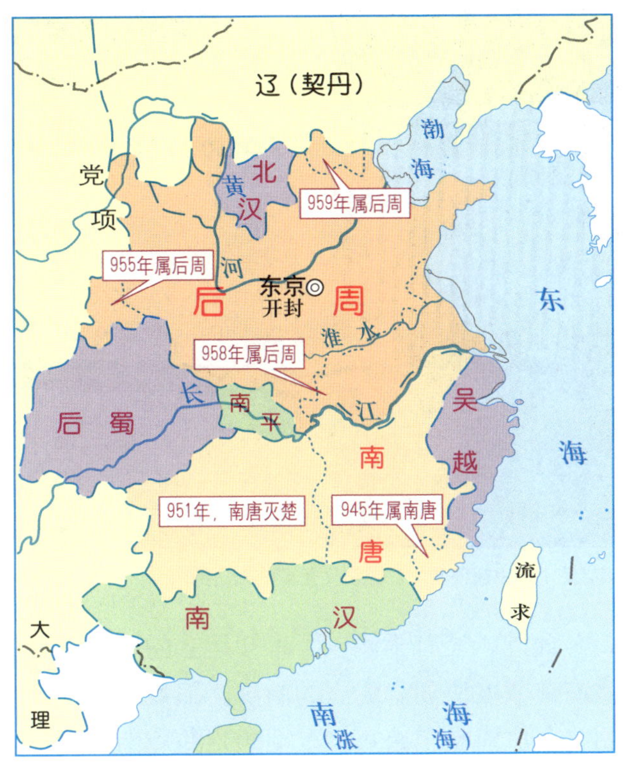

五代十国后期形势图

为蜀王，次年称帝，重建蜀国，仍都成都，史称后蜀。其子孟昶即位后奢欲无度，朝政腐败，被北宋所灭。据载孟昶宠妃花蕊夫人在亡国后曾诗云："君王城上竖降旗，妾在深宫哪得闻？十四万人齐解甲，更无一个是男儿。"

唐末，占据江淮二十八州的杨行密，在天复二年（902 年）被唐王朝封为吴王，都广陵（今江苏扬州）。天祚三年（937 年），权臣徐知诰废吴帝自立，改姓名为李昪，国号唐，都金陵（今江苏南京），史称南唐。南唐占有今江西全省及安徽、江苏、福建和湖北等省的一部分，最盛时疆域达三十五州，是十国中规模较大、经济文化繁荣发达的国家。南唐烈祖李昪建国后，保境安民，敦睦邻国，在相对安定的条件下，社会经济有所发展。李昪还设太学，兴科举，文化也比别国昌盛。其子李璟继位后，开始对外用兵，灭楚、闽二国，南唐疆土也空前广大。此时后周世宗柴荣三次亲征南唐，迫使李璟献出淮南、江北十四州，并削去帝号，改称国主。显德七年（960 年），北宋取代后周，第二年，南唐后主李煜即位，他虽有非凡的艺术才华，尤以词的成就最高，被誉为"千古词帝"，但面对强势的北宋，李后主束手无策。开宝八年（975 年），宋军攻陷金陵，李煜投降，南唐遂亡。

南唐是十国中规模较大、经济文化繁荣发达的国家（摄于 2022 年 4 月 1 日）

此外，还有王潮、王审知建立的闽，都福州，地域为福建全境；岭南道节度使刘隐建立的南汉，都番禺（今广东广州），据有西自邕州（今广西南宁南）、东至潮州的岭南广大地区；后梁大将高季兴建立的南平，都江陵（今湖北荆州），仅有荆（今湖北荆州）、归（今湖北秭归）和峡（今湖北宜昌）三州；后汉刘知远弟弟太原留守刘崇建立的北汉，都太原，占据河东十二州。

地处南唐南部的吴越国是十国中地域不大的国家，其最盛时也只辖有杭州、苏州、湖州、温州、福州等十三个州，国力也比南唐要弱。吴越国在对待中原王朝的态度上采取比南唐更加全面的称臣纳贡政策，从而保证了吴越国能够在五代十国的纷乱中偏隅一方，保境安民。吴越国的创建人钱镠，曾以贩盐为生，后应募为兵，充任临安石镜镇将董昌的偏将，因其作战勇敢，受到淮南（今江苏扬州北）节度使高骈的赞赏，遂推荐董昌为杭州刺史，钱镠为都知兵马使，统领由各县镇兵联合而成的八都兵。光启三年（887 年），钱镠因帮助董昌击败浙东观察使刘汉宏，占领越州（今浙江绍兴），平定浙东，董昌遂将杭州刺史一职交给了钱镠，从此钱镠独据一方。后来，董昌因叛唐称帝兵败自杀，浙江东、西两道遂为钱镠所控制。天复二年（902 年），唐封其为越王。开平元年（907 年），朱温建后梁，封钱镠为吴越王，吴越国自此创建。

钱镠深知吴越国地狭兵少，实力不足，因此委曲求全，一直采取效忠于中原王朝的策略，以此换取中原王朝对吴越国的支持，也能有

吴越国最盛时辖有杭州、苏州、福州等十三个州（摄于 2013 年 11 月 30 日）

效地防御周边割据势力的侵扰，从而保持本国的安定。钱镠在位期间，既没有自称皇帝，也没有对邻国用兵，而是采取安民、发展经济的政策。所辖地区在战乱中获得了多方面的长足发展。他注重兴修水利，使农业获得发展。手工业尤其是陶瓷业相当兴盛，其秘色青瓷制作精美，闻名于世。吴越还十分重视与大食、日本等国的贸易往来，杭州成为两浙地区政治、经济、文化的中心，明州（今浙江宁波）是重要的贸易港口。同时，钱镠礼敬文士，文化也有所发展。钱镠一直活到了 81 岁，临终前还再三叮嘱儿子们要善事中原政权，不能因中原政权的更替而改变。

到忠懿王钱弘俶即位时，吴越国已历三代五王，政局稳定。此时，赵匡胤已建北宋，钱弘俶继承了祖先留下的遗训，继续秉持奉中原王朝为正朔的国策，殷勤备至，为避讳宋太祖赵匡胤父亲宣祖赵弘殷，他自觉改名钱俶，在宋太祖赵匡胤进攻南唐时，则率军北上协同夹击南唐。南唐亡国后，吴越国唇亡齿寒。太平兴国三年（978 年），钱俶祭别钱镠陵庙后，毅然离开杭州前往宋都汴京（今河南开封），献上吴越国所有领土的版籍，吴越国灭亡。

虽然钱俶献籍的心情肯定是很复杂的，祖宗的近百年基业就此即将消失，但形势所迫，识时务者为俊杰。钱俶的举动，不仅使吴越国免遭兵火之灾，也使自己没有像文才惊世的李煜那样死于非命。钱俶去世于端拱元年（988 年），也就是钱俶归宋十年之后，是他虚年 60 岁生日这天。据《宋史纪事本末》卷 11 记载：“俶生辰，帝赐宴，

钱镠在位期间采取的保境安民政策确保了国富民安（摄于 2017 年 4 月 15 日）

是夕暴卒。”对于钱俶的去世，有人怀疑是被下了毒，也有人认为钱俶原已有病，但比起李后主已经算是“善始令终”了。高耸的保俶塔确实太清秀单薄了，无法保佑吴越国的大好江山不易姓，但也确实保佑了钱俶的平安，尽管钱俶无法回到杭州看一眼保俶塔的身姿。

五代十国是一个纷乱的时代，各路英雄豪杰依次登场，一个又一个王朝兴起又灭亡。小国要想在大国的夹缝中生存已属不易，而钱氏的吴越国仅以一军十三州之地在乱世中存在 72 年，为十国中存世最长的政权，实有其过人之处。在唐末五代藩镇割据、战乱频仍之时，钱镠审时度势，保境安民，休兵息民，让吴越国富庶甲于东南，为苏杭成为“人间天堂”奠定了坚实的基础。不仅如此，吴越国宗室后裔名人辈出，科技界的钱学森、钱三强、钱伟长，清代乾嘉学派的代表人物钱大昕，人文大师钱钟书、钱穆等皆属于这个钱氏家族。钱镠统治时期虽也有过奢华举止，但其保境安民的政策所取得的成效足以使其彪炳千古。

史迹博萃

「黄巢起义遗迹」

黄巢起义是我国历史上规模较大的农民起义之一，但留下的遗迹并不多，仙霞岭古道是与起义军相关的一处重要遗迹。仙霞岭位于浙江西南部，绵亘在浙、闽茫茫群山之间。据载，黄巢在王仙芝战死之后成为起义军最高领导人，因进攻受挫，为避唐军主力，遂挥师南下，渡过长江后向东挺进。唐乾符五年（878 年），黄巢为打通入闽通道，率领起义军克服重重困难，自仙霞岭开山辟道七百里，直捣福建，攻克广州，短时休整后挥戈北上，占领长安。仙霞岭地势险要，自黄巢起义军开辟山道后，逐渐形成了仙霞古道，成为浙、闽交通要冲和历代兵家必争之地。笔者专程寻访了这处全国保存最完整的唐末黄巢起义遗址。当年黄巢起义军在仙霞岭开辟的只是山路，南宋以后在山道上陆续修筑了四座石砌关楼。走过这条有着浓浓苍凉感的仙霞古道和危崖陡壁的隘口，笔者倍感山道的险峻和起义军转战南北的气概。

浙江江山仙霞古道
（摄于 2013 年 11 月 23 日）

浙江江山仙霞岭仙霞关
（摄于 2013 年 11 月 23 日）

山东泰安黄巢点将台
（摄于 2014 年 6 月 13 日）

山东泰安黄巢墓
（摄于 2014 年 6 月 13 日）

起义军流动作战，给了唐朝喘息及组织反攻的机会，起义军很快遭到强力反击。唐中和三年（883 年），黄巢起义军被迫退出长安，转战河南，第二年夏，在泰山附近被唐军打败。黄巢的最终结局有多种说法，目前史学界比较认可的是黄巢自刎于泰山狼虎谷之说。狼虎谷位于今山东莱芜牛泉镇祥沟村。据说，当年黄巢率起义军残部退至泰山西北部后，意欲利用这一带群山峡谷的有利地形暂时喘息，以图重振旗鼓，今泰安下港镇胡家峪村还留有“黄巢点将台”。

黄巢起义军在突围中死伤惨重，退至狼虎谷时，眼看着大批唐军追兵即将赶到，黄巢举剑自刎。今泰山留有两处黄巢墓，一处位于九顶山南、祝阳镇金井村西的农田中，此墓高 6 ～ 7 米，当地村民称之为“皇上坟”。另一处黄巢墓位于泰安市下港镇老公山东麓八亩地村东南，墓高 6 米多，但此墓东侧部分已被辟为农田。专家对这两处墓葬究竟哪一处是真墓有争议。考虑到八亩地村立有文保碑，故笔者专程前往此处拜谒。如今此处墓冢已被杂草、灌木、杨树等植物所掩映，且与民居混杂，不仔细看几乎难以辨认。遥想黄巢也曾是叱咤风云的一代豪杰，但如今却长眠于杂草丛生处，让人不胜感慨。

「燕云十六州」

燕云十六州又称幽云十六州，是指幽（今北京市）、蓟（今天津蓟州）、瀛（今河北河间）、莫（今河北任丘北）、涿（今河北涿州）、檀（今北京密云）、顺（今北京顺义）、新（今河北涿鹿）、妫（今河北怀来东南）、儒（今北京延庆）、武（今河北宣化）、云（今山西大同）、应（今山西应县）、寰（今山西朔州东北）、朔（今山西朔州）、蔚（今河北蔚县西南）十六州。它们连绵分布在长城南侧，战略地位非常重要，其中莫、瀛两州还深入到河北平原的腹地。在古代中原王朝对北方的战争中，长城起到了防御北方游牧民族骑兵南下的作用，而紧挨长城南侧的燕云十六州则是长城防线赖以存在的有力依托，与长城构成唇齿相依的关系。当年石敬瑭因与后唐

天津蓟州黄崖关
（摄于 2013 年 7 月 17 日）

河北宣化镇朔楼
（摄于 2010 年 8 月 18 日）

山西大同古城墙
（摄于 2020 年 8 月 3 日）

山西朔州古城墙
（摄于 2020 年 8 月 3 日）

末帝李从珂有隙，起兵谋反，引起后唐大军讨伐。石敬瑭为求得契丹出兵相助，不惜把这十六州割让给契丹，从而使得今天津蓟州直到今山西朔州的千余里长城防线尽失，而且把长城南侧一线军事上布防的隘塞险要也一并拱手让给了契丹。

契丹占领了燕云十六州，就像夺取了中原王朝的北大门一样，随时可以长驱深入，直捣中原腹地，不仅使华北平原，而且导致整个中原王朝完全敞露在北方铁骑的攻击阴影中，给中原人民带来了无穷的灾难。对契丹来说，除了军事上的作用外，燕云十六州在经济文化上的意义也非同小可。它们不仅可以作为与中原文化交流的重要桥梁和窗口，同时，作为辽朝最先进的经济区，也成为契丹得以在北方立国并与中原王朝抗衡不可或缺的经济支柱。笔者寻访过程中，走访了燕云十六州的绝大部分地方，这里早已不闻曾经的鼓角之声，但颓废的墙垣和旷野的古战场，依然向每位访客诉说着一个又一个悲壮惨烈的古老故事。

「吴越国遗迹」

钱镠创立的吴越国雄踞一方，治杭九十二载，有国七十二年。尽管吴越国在五代十国中地偏东南，地域也较狭小，钱镠在古代帝王中也不算太有名，但他在两浙百姓的心目中还是有一定威望的。这主要是因为其在位期间采取的一系列措施，使吴越国在五代十国的纷乱时期，政局相对稳定，经济文化得到发展，从而为杭州乃至江南的发展奠定了一定的基础。

杭州西湖天下闻名，钱镠对于西湖的开治和保障是有很大贡献的。当初扩建杭州城时，曾有人提出填西湖建府治，钱镠不但拒绝填湖，还设立“撩湖兵”专职开浚西湖，西湖中的“三潭印月”最早就是在吴越国时期人工堆叠起来的。湖畔的不少寺院佛塔也都是钱镠及其子孙修缮或新建，如灵隐寺、净慈寺、雷峰塔、六和塔、保俶塔等，为西湖美景增光添彩。因此钱镠一直受到百姓的怀念，尽管后来吴越国亡于北宋，但当南宋王朝的遗迹大多湮灭的时候，钱镠的纪念祠、塑像千余年来却被屡次修葺，至今仍然巍然矗立于西子湖旁。笔者在风景如画的柳浪闻莺参观了雄伟壮丽的钱王祠，穿过牌坊，首先看到的是气宇轩昂的钱镠雕像，面向丝柳如烟的西湖。进入山门，是铜铸献殿，两侧分别有碑亭和功臣堂，最后为气势恢宏的五王殿，大殿正中

浙江杭州六和塔（摄于 2018 年 4 月 1 日）

浙江杭州钱王祠功德坊
（摄于 2017 年 4 月 15 日）

浙江临安婆留井
（摄于 2013 年 11 月 30 日）

浙江临安功臣塔
（摄于 2013 年 11 月 30 日）

是钱镠塑像，其子孙钱元瓘、钱弘佐、钱弘倧、钱弘俶的塑像排列在他周围，钱氏三世五王世代受人祭拜，作为小国君王，有此待遇足矣。

钱镠出生于临安（今浙江杭州）石镜乡。据传，钱镠出生时一身黝黑，其父认为不祥，欲弃之屋后井中，但因其祖母怜惜而得以保全性命，因而取奶名“婆留”。钱镠这个名字是其从军时改的，“镠”与“留”同音。被后人称为“婆留井”的小井至今犹存，笔者在一片田间找到这口井，圆形，青砖砌成，地面上有八角形石质井圈，井旁立有石碑，这口不起眼的小井因为钱镠而显得特别。临安功臣山巅，还有一座功臣塔，为钱镠回归故里时所建。笔者是参观婆留井后，穿过一大片树林，气喘吁吁地爬上山巅才来到功臣塔旁。功臣塔保留了唐代方塔的遗制，是浙江省现存最早的古塔。

「五代帝陵」

唐朝灭亡后，五代十国走上了历史舞台。五代前后54年，共有14位皇帝，其墓冢留存不多，主要分布在都城洛阳和开封周边。其中洛阳伊川有后梁陵寝，孟津有后唐陵寝，宜阳有后晋陵寝，许昌禹州有后汉陵寝，郑州新郑有后周陵寝。这些陵墓除后周陵寝不设石刻、实行薄葬外，其余几个朝代修建的陵寝都有一定规模，不过由于连绵的战乱、政权的更迭和史籍记载的不全，加之后人的盗挖和破坏，后梁、后唐、后晋、后汉和后周诸帝的陵寝建筑现在也只剩下一座座孤冢，陵前石刻也十不存一。

后梁太祖朱温（852—912），后梁开国皇帝，也是五代时期的第一位皇帝。他晚年因没有处理好皇位继承人问题，被其子朱友珪所杀。朱温宣陵位于河南伊川东的常岭村东北，原本规模较大，但笔者看到的宣陵只是村旁的一座高约13米的封土堆。

后唐太祖李克用（856—908），后唐奠基人，被唐封为晋王，逝后葬于山西代县七里铺村北的建极陵。墓早年被盗，后墓顶又被拆毁。笔者在一农家小院看到李克用杂草丛生的建极陵，从敞开的墓顶可见石条砌成的墓室呈圆角方形，正中放置须弥座棺床，石雕异常精美。

后晋高祖石敬瑭（892—942），后晋开国皇帝。他起兵反唐后，以割让燕云十六州、甘做“儿皇帝”为条件，换取契丹出兵。在契丹的援助下，灭后唐称帝，建立后晋，去世后葬于显陵。显陵位于河南宜阳城北石陵村西。据载当年陵冢置有石雕多件，后迭经沧桑，如今已成荒冢一堆。

河南伊川后梁太祖朱温宣陵（摄于2013年10月21日）

山西代县后唐太祖李克用建极陵（摄于2016年8月9日）

河南宜阳后晋高祖石敬瑭显陵
（摄于 2015 年 7 月 30 日）

河南新郑后周世宗柴荣庆陵
（摄于 2016 年 8 月 20 日）

后汉高祖刘知远（895—948），后汉的开国皇帝。因助石敬瑭建国，被任命为检校司空、河东节度使等。后受后晋出帝石重贵猜忌，故在晋辽交战期间，刘知远守境不出，并看准时机，于后晋开运四年（947年）在太原称帝，建立后汉。称帝一年后病逝，葬于睿陵。睿陵位于河南禹州苌庄镇柏村村西。据载，睿陵原来规模较大，如今仅剩一封土堆，高约 8 米。笔者在路旁见到文保碑，而睿陵的封土已经被茂盛的庄稼所掩没。

后周太祖郭威（904—954），后周王朝的建立者。初为军吏，因助刘知远称帝有功，被授予枢密副使，以功进封邺都留守，镇守河朔之地。后受后汉隐帝疑忌，愤而起兵，取代后汉即皇帝位，仍都汴京，国号大周，史称后周。郭威在位 4 年，病逝后葬于嵩陵。嵩陵位于今河南新郑郭店镇高孟村北，当年陵寝建筑简朴，如今只剩下田野中的一座古冢。后周世宗柴荣（921—959），郭威皇后的侄子，郭威驾崩后即位。他在位 5 年，颇具雄心壮志，南征北战，正当其完成统一大业之际，突然患病去世，葬于庆陵。庆陵位于河南新郑郭店镇陵上村西。由于柴荣的功绩颇受明清皇帝的推崇，因此，陵墓祭坛附近曾石碑林立，但民国年间遭到破坏。笔者几度来到庆陵，拜谒这位五代十国时期最有作为的皇帝。

「十国帝陵」

十国帝陵分布地点广，大多数陵墓遭到盗挖，逐渐湮没，目前已发现的有前蜀王建的永陵、后蜀孟知祥的和陵、南唐李昪的钦陵和李璟的顺陵、吴越国钱镠陵、闽王审知宣陵等。

前蜀高祖王建（847—918），早年从军，后因护驾唐僖宗入蜀有功，受唐皇信任，封为壁州（今四川通江）刺史，逐步占有西川、东川和汉中。天复三年（903 年），受封蜀王。开平元年（907 年）称帝，国号蜀，史称前蜀。王建病故后葬于永陵。永陵位于成都市内抚琴东路，此处有一座被称为“司马相如抚琴台”的土丘，抗战时期，在此挖防空洞，意外发现为王建的永陵，为一座建有前、中、后三室的石砌陵冢。

后蜀高祖孟知祥（874—934），年轻时受李克用信任重用，并娶了李克用长女琼华公主。后唐灭前蜀后，孟知祥受命担任成都尹，充剑南西川节度副使。之后他得到东川地，后唐封其为蜀王。清泰元年（934 年），孟知祥在成都称帝，国号蜀，史称后蜀。去世后葬于和陵。孟知祥和陵位于成都北郊的磨盘山南麓，1970 年被当地农民改土造田时发现，为一座由墓道及墓室组成、青石砌就的陵墓。

南唐烈祖李昪（888—943），杨吴政权重臣徐温的养子，被任命为昇州（今江苏南京）刺史，后执掌杨吴政权的朝政，被加封为齐王。天祚三年（937 年），他废吴帝，称帝金陵，建立南唐，病逝

四川成都前蜀高祖永陵（摄于 2016 年 4 月 28 日）

江苏南京南唐烈祖李昪钦陵地宫
（摄于 2011 年 12 月 23 日）

浙江临安吴越国武肃王钱镠墓
（摄于 2013 年 11 月 30 日）

福建福州闽太祖王审知宣陵
（摄于 2008 年 7 月 15 日）

后葬于钦陵。钦陵位于南京城南祖堂山南麓，依山而建，墓室分为前、中、后三室，砖石结构，有浮雕和彩画。南唐中主李璟的顺陵在其西侧，陵墓结构大致相仿，合称南唐二陵。

吴越国武肃王钱镠（852—932），临安（今浙江杭州）人。开平元年（907 年），被后梁封为吴越王。他虽然设立百官，一切礼制皆按照皇帝的规格，但表面上仍然奉中原王朝为正朔，入贡不断。长兴三年（932 年），钱镠病逝，葬于临安太庙山南麓。历史上，钱王墓道建筑屡建屡毁，现已新塑了一组石刻侍立神道两侧。墓前尚存墓碑一通，上刻“唐故天下兵马都元帅尚父守尚书令兼中书令吴越国王谥武肃钱王之墓”。

闽太祖王审知（862—925），占有福建五州之地，后梁时被封为闽王，后立国，定都闽州（今福建福州）。病逝后葬于福州北郊莲花山南麓的斗顶山，其墓历史上曾遭盗挖、破坏，明代修复。

萧疏铁塔大宋泪

开封铁塔

浮屠记胜

宋朝是我国一个经济文化高度发展的朝代，宋都开封府就是这种繁盛的象征，著名画家张择端的《清明上河图》长轴画卷生动地再现了这种繁荣的场景。这种场景是北宋多代君主励精图治的结果，但宋朝“守内虚外”政策导致军事上的羸弱，再加上末代帝王的昏庸，最终导致“靖康之耻”的发生，开封从此趋于衰落。如今，开封城内宋代遗物几近湮没，只有高耸的铁塔还能展露一丝大宋的风采。

铁塔坐落在开封市东北隅的夷山上，说是山，其实不过是一个小土丘。铁塔是一座大型琉璃砖塔，宋时原名开宝寺塔或灵感塔，明朝改名为祐国寺塔，因红褐色的琉璃砖远望近似铁色，故被称为铁塔。铁塔高 55.88 米，为八角形仿木楼阁式砖塔，共 13 层，建在高大的石刻须弥座基座上，整座塔由砖砌成，外包砌琉璃砖瓦。塔身外部砌筑仿木构门窗、柱子、斗拱、额枋、塔檐、平座等形式。它们均由 28 种不同标准型号的砖制构件拼砌而成。琉璃砖有红、褐、蓝、绿等色，以红、褐色为主。这些构件上均有各式各

样的装饰花纹，包括佛像、菩萨、飞天、天王力士、狮子、麒麟、伎乐、牡丹花、宝相花、莲花，等等，大约有 50 种。这些塔外的琉璃砖的拼砌采用凹槽插砌的方法，加上用精选的灰料和某种油料配成的黏合剂，可以确保琉璃砖不会脱落。这种拼砖造法要求砖型规格化，而且需要把不同形状与图案的琉璃砖严格按照设计要求准确地砌到特定的位置上，因此这种仿木结构的砖塔建造起来十分不易，需要有精密的设计、高度的技巧和高超的工艺，这样的塔在国内也是不多见的。开封铁塔可称得上是我国最著名的一座琉璃塔，也是我国现存最早最大的一座琉璃建筑物。琉璃塔身之上安置葫芦形铜塔刹，使整座塔无论从哪个角度看，上下收分比例和谐自然，图案琉璃砖也搭配协调、颜色稳重，整座塔浑然一体，从造型到色调都展现出铁打铜铸的深厚气质，成为开封的重要标志。

铁塔所在地原为北宋著名的寺院开宝寺。它是当时东京城里最大的寺庙之一，很受皇家的重视。当时杭州奉藏有佛舍利，宋太宗知道后，派人把佛舍利迎到开封，就存放在开宝寺。为保存佛舍利，宋太宗下诏在寺中建塔。太平兴国七年（982 年）开始兴建，端拱二年（989 年）建成，这是一座八角十三层的大木塔，高“三百六十尺”，名“灵感塔”。它富丽堂皇，极为壮观，在当时被誉为“天下之冠”。北宋庆历四年（1044 年）遭雷火焚毁，只存在了 50 多年的时间。木塔被焚 5 年后，皇祐元年（1049 年），宋仁宗下诏重建，但何时落成，至今尚未发现有确切记载。这次重建，把塔的位置移到了原塔的东边，大体仍仿照旧塔原貌，但材料改用了防火的琉璃砖瓦，塔内结构也进行了改进，利用塔内盘旋而上的梯道，把塔心柱和塔外各壁牢固连接起来，使塔形成一个坚实的整体。这一改变确实效果明显，多少年来，铁塔虽然经受了无数狂风暴雨和地震、水患灾害，仍顽强地屹立在中原大地上。笔者多次参观铁塔，发现铁塔虽然只有 50 多米高，比年代相近的河北定州料敌塔和山西应县木塔等都要低些。但铁塔塔身细

长，色泽醇厚，给人高大挺拔之感，像一座屹立在古都开封的擎天巨柱，直冲云霄。

笔者参观铁塔时，有一个不解之惑：佛塔大多有一个高高的基座，铁塔为何却没有，整座塔好像很突兀地从平地上长出来一样。查阅资料后得知：铁塔原来确有一个高大的石刻须弥座，后因为黄河多次泛滥，开封城多次被淹，基座被泥沙所淹没。据《开封府志》记载，塔基旁原来还有一座八角形水池，北面有小桥，过了小桥才能登塔。

据载，当年金兵四年中两次攻陷开封，并纵火焚城，大火三日不熄，开封从此再也没有成为过都城。铁塔曾沐浴过金翠耀日中宋都的盛世繁华，也目睹了金兵铁蹄下开封的满目疮痍，面对如此变故，孤寂铁塔只能无声长叹。

史事钩沉

北宋建立者赵匡胤原为后周将领，因战功卓著，颇受后周世宗柴荣的信任，官至殿前都点检、归德军节度使，后周的军权几乎都掌握在他及其义社兄弟诸如禁军高级将领石守信、王审琦等手中。后周显德六年（959 年），年仅 39 岁的后周世宗柴荣英年早逝，其 7 岁的幼子柴宗训即位，是为后周恭帝，由符太后垂帘听政，宰相范质受顾命扶助。

后周恭帝柴宗训年纪尚幼，符太后难负重任，宰相范质也耿介自持。重权在握的赵匡胤和其弟赵匡义、幕僚赵普等人便开始密谋篡位。显德七年（960 年），风闻契丹和北汉南下攻周，宰相范质等未辨真假，急忙调遣赵匡胤统率诸军北上抵御。大军行至陈桥驿（今河南封丘东南），赵匡义和赵普授意将士把黄袍加在赵匡胤身上，拥立他为皇帝。随后，赵匡胤回师开封，由石守信等为内应，赵匡胤兵不血刃就控制了开封。宰相范质等见大势已去，遂降阶称臣，后周恭帝被迫将帝位禅让给赵匡胤。赵匡胤即位后，改国号为宋，仍定都开封，是为宋太祖。

赵匡胤在陈桥驿发动兵变，黄袍加身，建立北宋（摄于 2011 年 10 月 17 日）

赵匡胤最初在定都问题上犹豫不决。五代除后唐外，其他四个朝代皆建都开封，但开封远非赵匡胤建都的理想之地。开封四野平畴万里，除北边黄河外，没有任何其他天然屏障，一旦遭到外敌入侵，基本上无险可守。定都开封，需要重兵守卫，这将会耗费大量的人力和财力，因此，赵匡胤一直有迁都之意，计划仿效汉唐，或迁洛阳，或迁长安，“欲据山河之胜而去冗兵”。但他的这个想法遭到群臣的反对，其弟赵光义也以国之安危“在德不在险”为由劝止。宋太祖最后只得放弃迁都的打算，叹息道“不出百年，天下民力殚矣！”后来的结果证实了宋太祖的预见。

其实，宋太祖放弃迁都的想法，还有不得已的苦衷，那就是经济上的考量。因为自晚唐以来，国家的财政供给主要仰赖于江南，开封发达的水运保证了江南稻米、丝绸、茶叶等物资顺利运抵，而长安、洛阳并不具备这些优势。宋护圣左右厢都指挥使李怀忠的一席话切中要害：“东京有汴河，通过这条河每年从江淮运来数百万斛漕米，京师数十万人马仰仗它来活命。陛下若迁都洛阳，我真看不出有什么好处。”鉴于当时的形势，建都开封也确实有一定的道理。北宋开封后来的繁荣也证明了这一点。

据有山河之胜的洛阳一直是赵匡胤建都的理想之地（摄于 2022 年 7 月 28 日）

东京是北宋第一大都市，三道城墙层层套叠，异常繁华（摄于 2020 年 8 月 9 日）

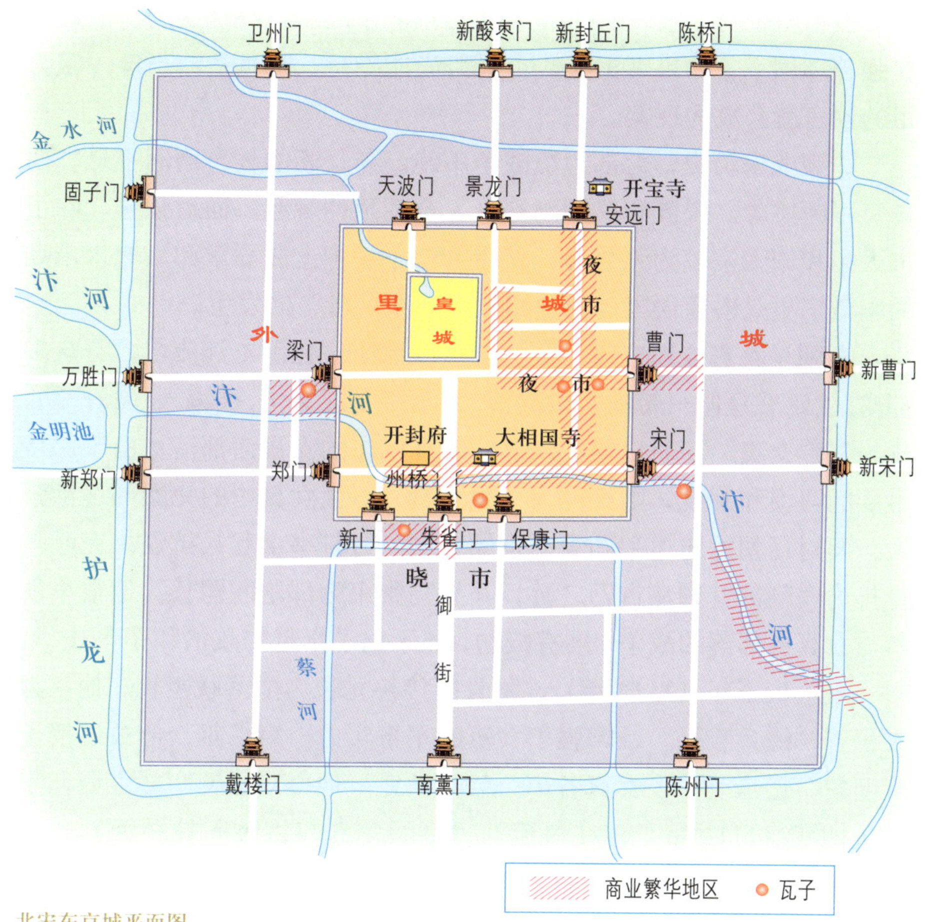

北宋东京城平面图

开封经过北宋 9 代帝王的营建，进入了历史上最繁盛的时期，尤其是宋仁宗在位期间，国家进入鼎盛阶段，科学技术和文化也得到了空前的发展，史称“仁宗盛治”。当时的东京开封城繁华无比，人口约 150 万，为全国最大的城市。它有 3 道城墙、4 条运河、33 座桥梁、4 条御路，纵横交错，互相沟通。“八荒争辏，万国咸通”。3 道城墙，层层套叠，城墙之外有护城河环绕。城的中心是皇城，周长 5 里，为皇帝起居及中央机构所在地，城内建筑金碧辉煌，大庆殿、明堂、宣德楼等为著名建筑。皇城外围是里城，即汴州旧城，周长 20 里，设 10 城门、2 水门。这里是商号、集市、寺院集中之地，也是当时最热闹的地方。里城外面是外城，周长 50 里，设 12 城门、9 水门。外城中多为富商贵族的宅第。开封铁塔所在的开宝寺就坐落在外城东北的夷山上，是当时开封城重要的寺院，也是东京繁华的一个重要印记。但开封的繁华是很脆弱的，为了保卫开封并使京师内外军队相互制衡，开封的军队与全国军队的数量不断增加，军费一涨再涨，到北宋后期，

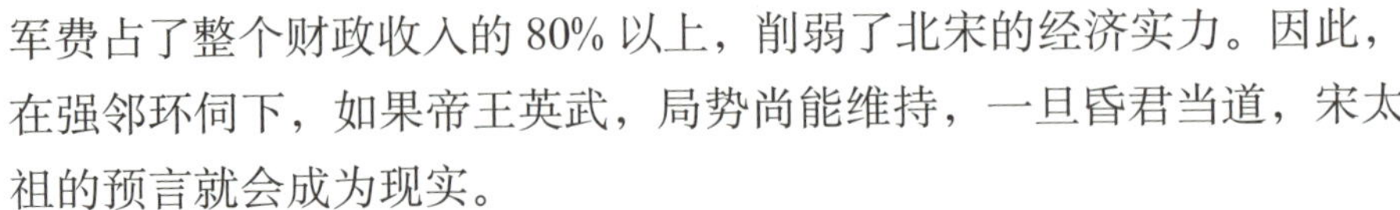

军费占了整个财政收入的80%以上，削弱了北宋的经济实力。因此，在强邻环伺下，如果帝王英武，局势尚能维持，一旦昏君当道，宋太祖的预言就会成为现实。

纵观北宋历史，北部边境战争不绝。与辽朝的战事刚刚平息，西夏又不断挑衅。宋夏和议刚刚签订，金朝随即崛起。面对强邻，除了宋太祖和宋太宗较为强势外，其余的帝王基本上屈辱求和。北宋末期的宋徽宗更是昏庸误国，最终招致“靖康之耻”的发生。

金朝是女真族建立的王朝，女真族原居住在黑龙江流域，有众多部落。生活在辽阳一带的女真部落，逐渐接受辽文化，被编入辽朝户籍，称为“熟女真”。而松花江以北、宁江以东的女真诸部落，由于保持本族的习惯和制度，则被称为“生女真”。生女真中的完颜部逐渐强大，面对辽朝的压迫和勒索，首领完颜阿骨打率众起兵抗辽。完颜阿骨打为完颜部首领乌古乃之孙，其兄乌雅束为部落联盟长。他很早就参与女真各部落的战争，屡有战功，显示出了卓越的政治和军事才华。

辽天庆三年（1113年），阿骨打接替兄长为部落联盟长。他“力农积谷，练兵牧马”，增强了女真的军事实力。第二年，他被辽授予节度使，逐步统一了女真各部，势力渐盛。他得知辽朝南部虚弱，于天庆四年（1114年），在涞流河（今黑龙江与吉林间拉林河）畔，传梃誓师，起兵反辽。之后，阿骨打多次大败辽军，在不到一年的时间里，就占领了辽王朝在东北的许多重要城镇。金收国元年（1115年）正月，阿骨打建国，因“契丹”有镔铁之意，故国号大金，都会宁（今

阿骨打统一女真各部，建都会宁，金朝强势崛起（摄于2016年7月27日）

黑龙江阿城南白城）。同年 12 月称帝，阿骨打为金太祖。阿骨打为加强军事力量，推行猛安谋克制，以三百户为一谋克，十谋克为一猛安，使之成为军事行政单位。金国建立不久，阿骨打就攻克辽北重镇黄龙府（今吉林农安），不久，又击败辽天祚帝率领的大军。此战后，辽国一蹶不振。天辅四年（1120 年），金攻陷辽上京临潢府（今内蒙古巴林左旗南）。

此时，北宋正处于宋徽宗赵佶统治时期。他信用奸臣，横征暴敛，大肆搜刮民间奇花异石，用船运至开封，称为花石纲。他在开封修筑了一座周围十余里的艮岳，其腐朽统治引发了方腊、宋江等农民起义。面对金朝对辽战争的不断胜利，宋徽宗决定联金灭辽，乘机收复燕云十六州。宋宣和二年（1120 年），宋金订立盟约，商定双方联合击辽，金军攻取辽中京大定府（今内蒙古宁城），宋军攻取南京析津府（今北京）和西京大同府（今山西大同）；灭辽后，燕云十六州归宋，宋朝将原来给辽的岁币转给金朝。由于此盟约的制订需从渤海往来而得名“海上盟约”。结盟之后，双方按约分头进攻辽国，但当金国节节取胜之时，宋军则连遭败绩。最后宋廷通过增交燕京租税，才使金国交还燕京，但燕京城内的财物和人口却被金军掳掠一空，宋朝接收到的只是一座残破不堪的空城。金朝通过北宋对辽作战的表现，看到了北宋军事政治的腐朽，决定乘胜南犯北宋。

宋宣和七年（1125 年），金军两路南下，东路由完颜宗望率领，夺取燕山府后，长驱南下，渡过黄河，直达东京城下。宋徽宗得悉后，

宋徽宗的昏庸误国，最终招致“靖康之耻”的发生（摄于 2020 年 8 月 9 日）

急忙传位给太子赵桓，企图南逃避难。赵桓即位，是为宋钦宗，改元靖康。面对兵临城下的金军，宋钦宗迫于朝野压力，起用主战派李纲，李纲立即部署开封的防御事宜。但宋钦宗却派使者去金营求和，完颜宗望提出纳金、割地等苛刻要求。此时，李纲率军击退攻城金军，宋军各路勤王部队也迅速向开封集结。完颜宗望见状，只能撤军北归。宋靖康元年（1126 年），金军再次南侵，此时宋廷已遣还各路勤王部队，开封城兵少将寡，很快被金军攻破。宋钦宗派宰相去金营求和，金人要求宋钦宗亲自前往商议割地。宋钦宗只得亲到金营求和，献上降表。金国大肆搜刮宋廷内外的府库以及官、民金银钱帛。靖康二年（1127 年），金军将宋徽宗、宋钦宗和后妃、皇子、宗室、贵戚及无数金银财宝押解北撤，至此北宋灭亡，繁荣一时的北宋王朝在金国铁蹄下轰然倒下，史称“靖康之耻”。开封也在这一过程中迭遭劫难，人口从 100 多万猛降为丁壮不满一千，城市废墟成片，两百多年的繁盛一夕化为乌有，只有高耸的铁塔目睹了徽、钦两帝仓皇辞庙这出人间惨剧。

徽、钦二帝曾一度囚禁于黄龙府，因此，岳家军收拾旧山河，一雪靖康之耻，就喊出了“直捣黄龙”的豪言壮语。其实，徽、钦二帝在黄龙府只是短期羁押，天会六年（1128 年），两帝被押解至金都会宁，屈辱地到阿骨打陵前参加献俘仪式，并被辱封为昏德公和重昏侯。之后被长年关押在五国城（今黑龙江依兰），受尽折磨。此时宋徽宗才悔恨不已，他曾写下不少哀怨、凄凉的诗句，可世上没有后悔药，正是他们的昏庸断送了北宋的江山。

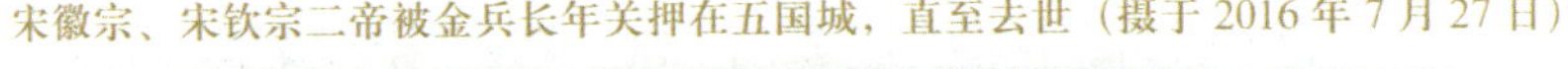
宋徽宗、宋钦宗二帝被金兵长年关押在五国城，直至去世（摄于 2016 年 7 月 27 日）

史迹博萃

「陈桥驿」

陈桥驿原只是开封北部一个不大的驿站，如果不是在此发生赵匡胤夺取帝位的兵变，这处驿站也许会像其他驿站一样渐渐消失，但陈桥兵变使陈桥驿变得不再普通，成为后人凭吊的胜地。陈桥驿坐落在河南新乡封丘东南部的陈桥镇。据载，陈桥早在唐朝就为驿站，当时名为上元驿，五代后周时期，因驿北有陈桥，故改称陈桥驿，为开封通往河北路大名府的第一个驿站。北宋建立后，陈桥驿的地位骤然上升，更名为班荆馆，升格为招待外交使节的国宾馆，也是赵宋王朝皇亲国戚祭拜祖宗辉煌业绩的圣地。宋徽宗大观元年（1107 年），下诏在此修建显烈观，以示纪念。随着北宋的没落，陈桥驿失去了往日的辉煌，后来显烈观毁于战火。到了明清，陈桥驿早已一片断墙残壁。清光绪年间，重建显烈观，改称东岳庙。之后，陈桥驿再遭破坏，东岳庙也改建成学校。

河南封丘陈桥驿文保碑
（摄于 2011 年 10 月 17 日）

河南封丘陈桥驿大门
（摄于 2011 年 10 月 17 日）

河南封丘陈桥驿正殿
（摄于 2011 年 10 月 17 日）

河南封丘陈桥驿赵匡胤系马槐
（摄于 2011 年 10 月 17）

1996 年，当地政府开始保护整修陈桥驿，使之逐步恢复旧观。笔者是在一个和煦的秋天来此寻访。陈桥镇作为昔日交通要道，曾经店铺林立，商贾云集，繁华一时。今天的陈桥镇仍然是一个大集镇，是方圆十多里的贸易中心。笔者进入陈桥的时候，因为不是赶集的日子，因此古镇很是安静，几位老人坐在驿站前的路旁拉着家常，显得散淡而悠闲。陈桥驿的红墙在民居中还是显得比较突出，走进写着“陈桥驿”匾额的大门，笔者参观了正殿、东西厢房、后大殿等建筑，错落有致的建筑并没有想象中雄伟，却显得古朴、庄重。正殿东前侧有一棵古槐格外引人注目，相传当年赵匡胤曾将战马拴在古槐上，故称“系马槐”，惜已枯萎。枯树无语，却是陈桥兵变的见证。正殿西前侧竖有一块古碑，上书“宋太祖黄袍加身处”。陈桥兵变这样不流血的王朝更替事件，在中国历史上是鲜见的。笔者走出陈桥驿，回望门柱上的楹联：“陈桥兵变奠宋代基业，黄袍加身定赵氏乾坤”。一千多年前发生在陈桥驿的这件影响中国历史的事件似乎从未远去。

「宋都汴京皇城遗迹」

开封是中国著名的古都，虽然历史上多次建都，但真正使开封名扬天下的是宋代。开封在北宋称东京或汴京，建都长达 167 年，历经 9 代帝王。东京城由外城、里城和皇城组成，人口最盛时达到 150 万，是一座气势雄伟的都城，为当时中国政治、经济、文化中心和繁华的世界大都会。北宋画家张择端绘制的《清明上河图》生动描绘了开封城的繁盛景象。

皇城即大内，居全城的中央略北，北宋的皇城是仿照洛阳宫殿的模式，在五代旧宫的基础上建造的，周围五里，设有六门。正殿称大庆殿，是举行大典的地方。大庆殿西侧的文德殿，是皇帝上朝前和退朝后稍作停留、休息的地方。大庆殿之南是中央机构所在地，大庆殿之北的紫宸殿是皇帝视朝的前殿，紫宸殿西侧的垂拱殿是皇帝平日听政的地方。宋徽宗时期还修建了精致华丽的延福宫，宫内殿阁亭台，

河南开封北宋大庆殿遗址
(摄于 2012 年 7 月 26 日)

河南开封北宋延福宫遗址
(摄于 2012 年 7 月 26 日)

河南开封龙亭
（摄于 2012 年 7 月 26 日）

河南开封龙亭大门
（摄于 2012 年 7 月 26 日）

连绵不绝，凿池为海，引泉为湖，怪石幽岩，穷奇极胜，成为帝、后游乐之所。可惜北宋皇宫在金完颜亮计划迁都开封而大修宫殿时遭遇大火，辉煌一时的皇家宫室皆毁。之后，蒙古军攻陷开封，北宋皇城再遭兵燹，宏伟的宫室成为废墟。

到了明代，朱元璋的第五个儿子朱橚藩封开封，在原北宋皇城的基础上修建了庞大的周王府，也曾宏丽一时，后来黄河泛滥，周王府沦没，这一煊赫了数百年之久的风水宝地，最终荡然无存。清雍正十二年（1734 年），在周王府废弃的煤山上修建了一座万寿宫，内设皇帝万岁牌，遇到皇帝生辰大典，地方官吏到此朝贺朝拜，因此称为龙亭。如今在龙亭公园南朝门前东西一对雕刻精细的石狮，似为宋代遗物。勘探发掘表明，北宋皇城叠压在明周王府紫禁城下面，淤埋于地下 5 至 8 米，今午朝门以北、龙亭大殿以南，包括龙亭东西湖在内的区域，便是北宋皇城的范围。笔者多次漫步龙亭旁的潘杨二湖畔，通过一块块文保碑，初步了解了皇城各座殿宇的位置，古风犹存的龙亭周围处处都能感受到厚重的历史底蕴，在此可以体味到岁月的沧桑。

「金代都城遗迹」

会宁府为金国初期都城，位于黑龙江哈尔滨东南郊的阿城外，辽天庆五年（1115 年），阿骨打以此为都城，宣告金国建立。从此，会宁府作为金王朝的政治、军事、经济、文化中心，历经金太祖、太宗、熙宗三代四朝约 40 年。据史书记载，早年这里只设毡帐，称皇帝寨，后来才开始修筑宫殿，金熙宗时，称会宁府，号为上京，并以北宋都城汴京为模本进行大规模扩建。

金皇统九年（1149 年），金太祖完颜阿骨打庶长孙海陵王将金熙宗弑杀，即位为帝。天德三年（1151 年），他颁诏决定迁都燕京，并参照北宋都城汴梁的规划和建筑式样建设，两年后完成并正式迁都，定名为中都大兴府。而会宁府不仅削去了上京的封号，而且还毁掉了原来的宫殿庙宇。金世宗统治时期，会宁府才重新恢复了上京称号，并加以修葺，但由于金国政权统治中心已经南移，故旧观难复。清初，会宁城楼堞的一些砖石被拆运去修筑阿城，会宁城遂毁。当笔者来到这里，看到的是断墙残壁，如果没有一处处遗址前的文保碑，这些绿

黑龙江阿城会宁府遗迹
（摄于 2016 年 7 月 27 日）

黑龙江阿城会宁府千步廊遗址
（摄于 2016 年 7 月 27 日）

北京金中都遗址
（摄于2016年8月12日）

吉林农安古黄龙府御碑亭
（摄于2018年8月31日）

草覆盖着的夯土层根本没有人去注意。金中都也没有幸存，蒙古军队攻占后，虽然仍然在此建都，但元大都基本上是另起炉灶，金中都遗迹所剩无几，目前还残存一些金中都城墙的遗址，北京市政府在原金中都遗址上修建了纪念公园和纪念阙。

金代除上京会宁府和中都大兴府外，还有一座重要的城市——黄龙府，它位于今吉林农安县城内，因为抗金名将岳飞有一句“直抵黄龙府，与诸君痛饮尔”，以致被许多人误以为是金国的都城。黄龙府虽不是都城，却是金代一个重要的军事重镇和政治、经济中心。当年金兵押解宋朝徽、钦二帝北上途中，曾一度将他们囚禁于黄龙府。历史上的黄龙府几度繁华，几经毁弃。笔者寻访时，发现黄龙府的遗迹消失殆尽，只有在城内留存的一座辽金时期的古塔风姿依旧。塔旁有一座御碑亭，亭中石碑上刻有宋徽宗羁留时写的一首七言绝句《在北题壁》：“彻夜西风撼破扉，萧条孤馆一灯微。家山回首三千里，目断天南无雁飞。”反映了徽、钦二帝囚禁时的悲凉境遇。

「金代帝陵」

金朝有太祖完颜阿骨打、太宗完颜晟、熙宗完颜亶、海陵王完颜亮、世宗完颜雍、章宗完颜璟、卫绍王完颜永济、宣宗完颜珣、哀宗完颜守绪、末帝完颜承麟10位皇帝。收国元年（1115年），完颜阿骨打称帝时建都会宁府，金国早期的皇帝也都葬于会宁府附近的“护国林之东”，而且“仪制极草创”。金太祖完颜阿骨打病逝后也先葬于护国林之旁，最初地处旷野，后来在陵上建宁神殿，以时荐享，周围筑以城垣。天会十三年（1135年），改葬和陵。之后，改和陵为睿陵。笔者曾专程前去寻访阿骨打陵址，经过整修的阿骨打陵址很是气派，当年被金兵解押北上的北宋徽、钦两帝曾在这里袒露上身，披着羊皮，手持毡条，在金太祖陵前行“牵羊礼”，受尽凌辱。据载，宋钦宗的朱皇后难以忍受屈辱，当晚便自缢身亡。

黑龙江阿城金太祖阿骨打陵址
（摄于2016年7月27日）

黑龙江阿城金太祖阿骨打陵神道
（摄于2016年7月27日）

北京房山金陵碑亭遗址
（摄于 2016 年 8 月 8 日）

北京房山金陵御道遗迹
（摄于 2016 年 8 月 8 日）

贞元元年（1153 年），金海陵王迁都燕京（今北京），改称中都，并陆续把原先埋在会宁的帝陵迁往燕京西良乡县（今北京房山）西 25 千米的大房山，各立名号。此后的各代金朝皇帝除宣宗葬汴京（今河南开封）、哀宗葬蔡州（今河南汝南）外，其余都葬于此。各陵前建有享殿、碑亭、明楼等建筑，神道旁也肃立着石像、石羊、石马、石狮等。金代大房山帝陵经过 60 余年的营建，形成了一处规模宏大的皇家陵寝，其兆域达 150 余里。金朝帝陵直到明代中期，虽历经风雨侵蚀，但一直得到明王朝的祭祀。明朝晚期，明军与后金的战争频频失利，明天启帝惑于风水家之说，为断后金“王气”，罢祀毁陵，砍掉金太祖睿陵的主陵脉的“龙头”，又在“龙喉”部挖洞填石，金朝帝陵由此被彻底摧毁。清朝定鼎后，修复了太祖睿陵、世宗兴陵等，但清末民初，由于兵劫和匪祸，金朝帝陵仅存的睿陵和兴陵再遭摧残。如今，金朝帝陵完全隐没在一片荒草之中。笔者寻访时，发现陵山虽然气势雄浑，但整个陵区凄惨寥落，只剩陵号碑、享殿台阶等残基，引人叹息。

「北宋帝陵」

北宋是赵匡胤通过陈桥兵变建立的，建都开封。赵匡胤很想迁都洛阳，虽然由于多种因素没有迁成，但他先将陵墓选在了离洛阳更近的巩义。北宋皇陵大都建在巩义。按北宋规制，皇帝去世后才开始建陵，7 个月完成，因此宋陵规模不太大。

宋太祖赵匡胤（927—976），北宋开国皇帝，在位 17 年，开宝九年（976 年）猝然死去，终年 50 岁，葬永昌陵。永昌陵位于今河南巩义芝田镇，陵寝坐北朝南，由上宫、下宫和皇后陵组成。上宫是陵园主体，由鹊台、乳台、神道、石像和陵台组成，并在四周绕以神墙，陵台及陵冢呈方形覆斗状。下宫位于上宫西北。如今永昌陵仅存石像生和陵冢。笔者分别于秋、冬两季前往寻访，秋季的永昌陵掩没在茂密的庄稼之中，而冬季的永昌陵则突兀在空旷的农田上，在这种麦田、荒草、石刻、陵冢交织的时空里品味，更能感受北宋帝陵的岁月变迁。

宋太宗赵光义（939—997），北宋第二位皇帝，赵匡胤之弟，历史上对其继位多有疑问，留下了“斧声烛影”的历史疑案。赵光义即位后，迫使吴越王钱俶和平海节度使陈洪进“纳土”归附，灭北汉，结束了五代十国的分裂割据局面。两次攻辽失败后，从此对辽采取守势。在位共 22 年，59 岁时去世，葬永熙陵。永熙陵位于巩义西南西村镇，笔者两度来到这里。永熙陵地面上的建筑物早已片瓦无存，但陵台前方两侧还完好地保存着 60 件石雕像，形象生动，手法娴熟，是研究宋代雕刻艺术的重要资料。高大的陵台已被没膝深的野草包围，但仍

河南巩义宋太祖永昌陵
（摄于 2011 年 10 月 18 日）

河南巩义宋太宗永熙陵
（摄于 2011 年 10 月 18 日）

河南巩义宋仁宗永昭陵
（摄于 2017 年 7 月 19 日）

浙江绍兴宋徽宗永佑陵
（摄于 2017 年 4 月 14 日）

不失皇家气派，彰显了北宋王朝鼎盛时期的气象和威严。

宋仁宗赵祯（1010—1063），北宋第四位皇帝，宋真宗之子，在位 42 年，是宋朝在位最久的皇帝。他知人善用，在位时期名臣辈出，宋朝也进入鼎盛阶段，国家安定太平。54 岁时，宋仁宗病逝，葬于永昭陵。永昭陵位于巩义市区内。与北宋其他诸陵相比，永昭陵陵寝建筑都得到了修复，再现了曾经的恢宏气势。此外，巩义宋陵区还葬有宋真宗永定陵、宋英宗永厚陵、宋神宗永裕陵和宋哲宗永泰陵。北宋最后两位皇帝宋徽宗赵佶和宋钦宗赵桓在“靖康之变”后死于五国城。绍兴十二年（1142 年），金人归还了宋徽宗梓棺，被暂厝于浙江绍兴的永佑陵。当笔者前往寻访时，封土早已无存，只剩下一丛丛稀疏的古松随风摇曳。

金山兹塔闻鼓声

镇江慈寿塔

浮屠记胜

在镇江的长江畔，矗立着一座不大的山体，称为金山。说起金山，人们可能首先想起《白蛇传》中水漫金山的故事，今天山上的法海洞还常常游客满盈。这座不起眼的小山，在南宋抗击金的一场重要战役中，扮演了重要的角色，这就是流传甚广的梁红玉击鼓金山，以助军威，杀得金军丧魂落魄。金山上高耸的慈寿塔目睹了这幕历史，也一定会被梁红玉擂响的战鼓声所震撼。今天，金山上梁红玉击鼓的妙高台依然耸立。战争的硝烟早已消散，但抗金将领的事迹仍流传不绝。

慈寿塔位于江苏镇江市区西北的金山之巅，高耸在鳞次栉比的金山寺宇建筑群中，又名金山塔，为镇江重要标志。塔高40米，从数字上看并不起眼，但因慈寿塔矗立于金山之巅，塔借山势，就显得很是巍峨，与山寺建筑配合得恰到好处。塔为平面八角七层砖木结构楼阁式塔，由基座、塔身和塔刹组成。基座为石砌，上启塔身，每层八柱横梁穿枋斜撑飞檐翘角，端头悬铃，檐上平座木栏。每层四面交错

开券门佛龛，走廊绕塔，内有楼梯盘旋而上，登塔观景，面面有景，层层有别。尤其攀至最高层，极目千里，一览无余。东望，长江一泻千里，焦山屹立；南瞻，镇江山林城市，峰峦叠翠；西眺，天下第一名泉，甘洌诱人；北瞰，扬州瓜洲古渡，云雾飘渺。塔刹为八檐攒尖，上置相轮、铁环、宝珠收顶。塔的整体造型具有江南唐塔风格，雄伟秀丽，尤其金山之西，一片碧波荡漾，收映了宝塔的倒影，更觉美不胜收。宋代文学家王安石曾有诗赞慈寿塔：“数重楼枕层层石，四面窗开面面风。忽见鸟飞平地上，始惊身在半空中。”

慈寿塔始建于1400多年前的齐梁。唐代建有双塔，后毁。宋元符年间（1098—1100年），大臣曾布在唐塔的故址上为其父母建造“荐寿塔”和“荐慈塔”，两塔南北相对。明朝初年，双塔因大火而倒坍。明隆庆三年（1569年），和尚了明在北坡荐慈塔遗址上重建一塔，取原两塔各一字名“慈寿塔”。清咸丰三年（1853年），太平天国运动的一次战火使金山寺殿宇全毁，因慈寿塔主体建筑为仿木砖结构，虽外层塔檐被焚，然塔身依然残存。清光绪年间，当时的金山寺住持僧隐儒谋划复建此塔，往京城向清廷呼吁，慈禧命他自行募捐修建。他奔走南北，沿门托钵，多方募化，并得到两江总督刘坤一的支持，经过五年的努力，终于募够了银两，光绪二十六年（1900年），如愿修成了佛塔，仍名慈寿塔。此塔玲珑、秀丽、挺拔，矗立于金山之巅，和整个金山及金山寺配合得恰到好处。

慈寿塔外花墙上，刻有“天地同庚”四个大字，据传，这四个大字是光绪年间湖南一位8岁儿童李远安所写。传说当时正是慈禧太后六十寿辰，为了贺寿，两江总督刘坤一特地进京朝见慈禧，献媚道：

"老佛爷六十大寿，卑职没有什么厚礼，只是在江南镇江金山造了一座宝塔，取名慈寿塔，祝您长寿万岁。"慈禧心想，这宝塔标上她的名字，兀立在江南名山之巅，实在非同一般寿礼，不由渐露喜色。她问刘坤一："你祝我长寿，看我能活多大？"刘坤一听后一时无言以对，心想无论说多说少，都会招来杀头之罪，左右为难。此时，群臣百官之中，有一小孩从身后很敏捷地递给他一张小纸条，他一看如获至宝，迅速呈上，慈禧一看原来是"天地同庚"四个大字，便喜笑颜开，大大奖赏了刘坤一。后来这四字便被刻于慈寿塔下。

笔者多次登上金山。当大部分游客醉心于法海与白蛇故事的时候，笔者却一直在寻觅与抗金战役有关的遗迹。金山妙高台相传是梁红玉擂鼓助阵的地方，它是宋代元祐年间（1086—1094 年），由金山高僧佛印凿岩而成，离地 30 多米，上面有阁，也是中秋赏月的佳地。据载，宋代诗人苏东坡与友人游金山时曾在此赏月并吟唱《水调歌头》以怀念其弟。据说金山上曾建过一座纪念韩世忠的韩蕲王庙，可惜韩蕲王庙如今不知所在。笔者多次登上慈寿塔，眺望滚滚长江，眼前时常浮现梁红玉击鼓金山、韩世忠血战黄天荡的壮烈场面，以及岳飞抗金的悲壮事迹，他们的战绩保住了南宋的半壁江山。

史事钩沉

靖康二年（1127年）北宋灭亡，同年五月，钦宗之弟赵构在南京（今河南商丘南）即位。赵构是宋徽宗的第九个儿子，靖康元年（1126年），赵构奉宋钦宗之命，出使金国，在河北磁州被州官宗泽劝阻，得以免遭金兵俘虏。随后，赵构被任命为河北兵马大元帅，受命率师救援汴京，但他却移屯他处，以避敌锋。徽、钦二帝被俘后，赵构即位于南京应天府，仍沿用大宋国号，史称南宋，改元建炎，是为宋高宗。

宋高宗即位之初，迫于压力，起用了当时深孚众望的抗战派李纲为相。当时河北地区有忠义民兵抗击入侵的金军，李纲把这些力量加以组织、领导和使用，另推荐宗泽任东京留守，并提出改革军制、整顿军纪、募兵买马等一系列计策，部署收复河东和河北失地。但宋高宗只想用割让土地和缴纳岁币的办法，求得金人不再进军，不愿作武力抵抗，因而对李纲的谋划百般阻挠和破坏。李纲上任仅 75 天即被罢免。宋高宗也把“行在”设在远离中原的扬州，由宗泽留守开封。宗泽与黄河以北各地的农民起义军和忠义民兵密切联系，整顿防御，击退了金军的进攻。但宗泽收复失地的计划一直得不到宋高宗的批准。他几次呼吁宋高宗返回开封，未被采纳，积愤成疾，与世长辞。接任

宋徽宗、宋钦宗二帝被俘后，赵构即位于商丘，重建宋室（摄于 2011 年 10 月 16 日）

宗泽忧愤去世后，北方人民抗金武装遭受挫折（摄于 2013 年 3 月 31 日）

东京留守的杜充一反宗泽所为，北方人民抗金武装遭受挫折。

建炎三年（1129 年），金军发动攻势，前锋直指扬州。宋高宗仓皇渡江南逃，经镇江到杭州。当年冬，金将完颜宗弼率大军渡江南侵。此时，东京留守杜充放弃开封，率军退往江南的建康府（今江苏南京），见金军势大，开城投降，建康被占。宋高宗闻讯，率臣僚继续南逃，甚至漂泊海上。金人不擅水战，又遇暴雨，加上沿途不断遭到南宋军民的袭击，完颜宗弼只得在大肆掳掠后沿大运河北撤。

镇江地处长江与大运河的交汇处，担任南宋浙西制置使的韩世忠和夫人梁红玉料定完颜宗弼渡江必定会经过镇江，便率领八千兵士，驾着大船，严阵以待，在镇江扼住完颜宗弼的退兵之路。次年，当金军来到镇江，韩世忠立即率军拦击，两军在江中大战。韩世忠夫人梁红玉亲自在金山上击鼓助战，宋军士兵们听到咚咚鼓声，斗志昂扬，奋勇杀敌，摧毁了很多敌舟。完颜宗弼看到形势不妙，无法渡江，便派人向韩世忠行贿，表示愿意将所抢财物全部退还，以让金军北撤。韩世忠一口回绝。完颜宗弼表示愿意再赠名马，又遭到严词拒绝。完颜宗弼只好率军向西退去。韩世忠率领水军乘船追击，且战且行，一直追到黄天荡。

黄天荡是建康北面的一段长江，这里的江水很深，江面宽广，横宽达 30 余里。韩世忠利用其舟舰船身大、吃水深、行驶迅速的优势，将完颜宗弼的军队前后截住，封锁了长江南岸，以八千士兵巧妙地堵住了十万金军，使金兵在40日内不得出黄天荡一步，无法渡过长江。金朝派孛堇太一率军南下淮东救援完颜宗弼，当孛堇太一的援军到达长江北岸时，又被韩世忠的水师隔开，面对滔滔江水，孛堇太一也无法救出南岸的完颜宗弼部队。韩世忠将舰船分两道出击，命令身体强健、英勇善战的战士，带着有大钩的铁索，站在高大的舰船上，等到靠近敌船时，将金军的小船逐只钩沉。完颜宗弼感到这样下去，就要坐以待毙，但又无计可施，再三要求会见韩世忠，哀求让其北撤。韩世忠回答说："还我徽钦二帝，归还侵占的疆土，就可以放你逃去。"完颜宗弼无话可说。

完颜宗弼看到宋军舰船扬帆鼓风，往来神速，又害怕又妒忌地对部下说："南军使船如使马，奈何？"他悬重赏，要大家献计。有一个姓王的汉人献计说，宋舰船身高大，吃水深，载重大，没有风是不能行动的，可以在没风的时候用火攻。又有人献计说，可以在韩世忠大军的上游，开凿一条大渠接通长江口，这样就可以逃走而不被发觉。完颜宗弼觉得可行，于是就下令金兵连夜利用老鹳河故道凿通一条连接江口的大渠。在一天晚上，乘着天暗风止、宋军舰船没有风不能驶动的时刻，全部金军乘小船出江，并用火箭射向宋舰，引起大火，金军船队趁机从新开大渠逃往建康。

黄天荡战役，韩世忠水军虽然没有全部消灭金军，并且受到金军火攻，损失了不少舰船，但是以寡敌众，以八千宋军打得十万金军狼狈而逃、元气大伤。

完颜宗弼率领金军从黄天荡侥幸逃到建康后，把建康城抢劫一空，

黄天荡之战中韩世忠以八千宋军巧妙地堵住了十万金军（摄于2018年11月14日）

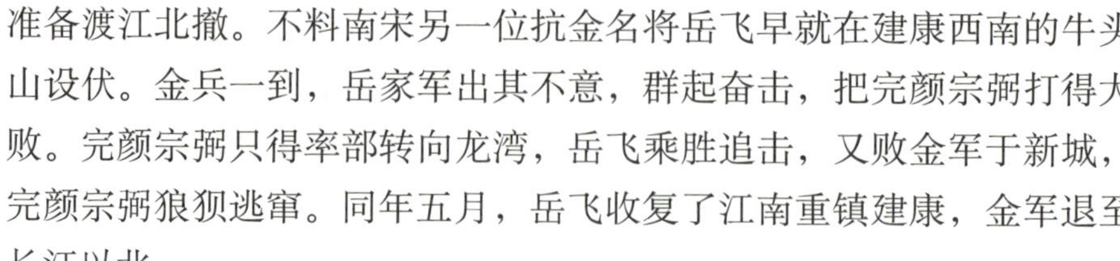

准备渡江北撤。不料南宋另一位抗金名将岳飞早就在建康西南的牛头山设伏。金兵一到，岳家军出其不意，群起奋击，把完颜宗弼打得大败。完颜宗弼只得率部转向龙湾，岳飞乘胜追击，又败金军于新城，完颜宗弼狼狈逃窜。同年五月，岳飞收复了江南重镇建康，金军退至长江以北。

之后，金军采取东南守西面攻的战略，妄图进入川蜀，形成对长江下游的包围之势。建炎四年（1130 年），完颜宗弼集结重兵，攻打川陕，宋朝都统吴玠率军扼守大散关附近的和尚原（今陕西宝鸡西南），屏蔽西川。绍兴元年（1131 年），完颜宗弼大军猛攻和尚原，吴玠、吴璘兄弟率军英勇抗击，死守和尚原，第三次战斗双方鏖战三昼夜，金军遭受重创，完颜宗弼也身中两箭。之后，吴玠在仙人关（今甘肃徽县南）再败金军，迫使金军退守凤翔，暂时不敢窥视川蜀。

经过抗金将士四五年的艰苦奋战，南宋的统治得以稳定下来。赵构任命韩世忠、岳飞等将领负责江、淮防务，同时一味求和，始终没有收复失地的打算。绍兴八年（1138 年），南宋正式定都临安（今浙江杭州），宋高宗重用力主投降的秦桧为宰相，加紧投降活动，控制舆论，竭力压制抗金将领的北进要求。

岳飞在建康牛头山设伏，大败金军，收复建康
（摄于 2021 年 11 月 6 日）

吴玠率军扼守大散关附近的和尚原，屏蔽西川
（摄于 2019 年 8 月 9 日）

金、南宋、西夏形势图

绍兴十年（1140 年），完颜宗弼率金军兵分四路大举南侵，迅速夺取陕西、河南等地，宋高宗被迫命令各路宋军进行抵抗。刘锜等率领宋军取得顺昌战役胜利，韩世忠则夺据海州（今江苏连云港）等地，陕西吴璘等军也屡败金军。岳飞通过“连接河朔”的战略方针，积极与北方忠义民兵保持密切联系，并挥师北上，接连攻克了蔡州（今河南汝南）、颍昌府（今河南许昌）、淮宁府（今河南淮阳）、郑州（今河南郑州）、河南府（今河南洛阳）等地，孤军深入。完颜宗弼见岳家军兵力分散，又探知岳飞只带少量军马驻于郾城（今河南郾城），决定亲率精锐骑兵一万五千人直插郾城，企图一举消灭岳家军的指挥中心。不久，完颜宗弼的金军与岳家军在郾城北对阵，岳飞令其子岳云率轻骑攻入敌阵，往来冲杀。金军出动重甲骑兵“铁浮图”作正面进攻，另以骑兵为左右翼，号称“拐子马”，配合作战。面对金军的精锐部队，岳飞胸有成竹，派遣背嵬军和游奕军的马军迎战，往来冲杀。并派步兵持麻扎刀、大斧等，上砍敌兵，下砍马足，杀伤大量金兵，取得郾城大捷。接着，岳家军又在颍昌大败金军，完颜宗弼被迫退还汴京（今河南开封），惊呼：“撼山易，撼岳家军难！”形势对南宋极为有利，宋军如果能够乘胜前进，收复故土大有希望。岳飞也

岳家军在北方节节胜利，却被诏令班师，抗金大好形势就此断送（摄于 2011 年 10 月 16 日）

为大河南北频传的捷报所鼓舞，他对部属说：“直抵黄龙府，与诸君痛饮尔！”以此策励自己与部下争取抗金斗争的最后胜利。

宋高宗一心准备与金议和，担心手握重兵的将领有碍对金和议，又担心将领功大势重，更怕迎回钦宗后自己帝位不保，因此下令各路宋军班师。据载，当岳飞接到班师的诏令，悲愤泣下：“十年之力，废于一旦！”然而在朝廷高压钳制之下，岳飞不得不下令班师，抗金斗争的大好形势就此断送。完颜宗弼乘机率兵进军淮南，形成大军压境之势。

绍兴十一年(1141 年),宋高宗解除了韩世忠、岳飞等大将的兵权。岳飞反对和议，遭秦桧党羽弹劾，罢官赋闲。不久，秦桧等人以“莫须有”罪名诬陷岳飞，最终岳飞被害于大理寺狱。对于秦桧迫害岳飞之事，当时举朝无敢言者，唯独韩世忠敢面诘秦桧误国，为岳飞伸张。之后韩世忠被迫退闲。与此同时，宋高宗和秦桧加紧对金乞降。同年十一月，与金朝签订《绍兴和议》，通过称臣、割地、纳贡，换取金朝承认自己在淮河、大散关以南的统治权，宋金对峙局面由此形成。绍兴三十一年（1161 年），弑君篡位的金海陵王完颜亮再度南侵，被宋大臣虞允文率军在采石（今属安徽马鞍山）击败，宋室再度转危为安。

韩世忠、岳飞、吴玠、吴璘、虞允文等抗金名将，率军同金军进行了大小数百次战斗，所向披靡。他们的事迹长期为后人所传颂。

史迹博萃

「南宋临安皇城遗迹」

宋室南迁，几经辗转，于绍兴八年（1138年）升临安府（今浙江杭州）为行在所，正式定都于此。之后，倾全国之力营造临安城，扩建原有吴越宫殿，增建礼制坛庙，疏浚河湖，增辟道路，改善交通，发展商业、手工业，使之成为古代一大都市。临安南倚凤凰山，西临西湖，北部、东部为平原，城市呈南北狭长的不规则长方形。皇城位于南部，街区在北部，形成了“南宫北市”的格局，而自宫殿北门向北延伸的御街贯穿全城，成为全城繁华区域。御街南段为衙署区，国子监、太学、武学等则在靠近西北角的钱塘门内。整座临安城将城市与优美的风景相结合，显得既宏伟又雅致，而其中最为壮观的无疑是皇城。

皇城即宫城，又称“大内”，位于南部凤凰山东麓，是在吴越国宫城的基础上扩建的，其规模与汴京大内相仿。据载，皇城“南至圣果寺入路，北则入城环至德侔天地牌坊，东沿河，西至山岗”，方圆9里。皇城内有殿堂楼阁130余座，建有小西湖、小飞来峰等多处园林。月岩、“忠实”摩崖石刻、太庙遗址均是其出色代表。皇城南大门为丽正门，只有在举行国家大典时，文武百官才能出入此门。北大门称为和宁门，文武百官由此进入皇宫。东华门为士人殿试和驸马出入皇宫之门。西华门则为皇宫的便门。皇城前朝的主体建筑与开封

浙江杭州南宋皇城文保碑
（摄于2021年7月3日）

浙江杭州南宋皇城太庙遗址
（摄于2020年10月30日）

浙江杭州南宋皇城南墙遗址
（摄于 2021 年 7 月 3 日）

浙江杭州南宋皇家籍田遗址
（摄于 2018 年 4 月 1 日）

皇城一样为大庆殿，是国家举行各种典礼以及皇帝朝会群臣、发号施令的场所，此外，前朝还有文德、垂拱、紫宸三殿。后朝则有孝思殿、复古殿及后苑等。

临安还兴建了太庙等礼仪性建筑。太庙位于皇城北部，绍兴五年（1135 年）诏令兴建，10 年后才初具规模，分为 13 室，每一室祭祀一帝神位，每年皇帝要亲自主持多场盛大祀礼。可惜南宋皇城内宫殿及太庙等建筑在宋元之交时大半被火焚毁，幸存的一些宫殿也被元朝江南释教总摄杨琏真伽改建为多座寺院。元末重修杭州城时，凤凰山麓的南宋皇宫遗址被划入城外，逐渐沦为一块荒郊之地。20 世纪 90 年代中期，在旧城改造过程中，发现了太庙遗址，现已保护起来。

在古代，“籍田”礼也是历代皇帝非常重视的一项礼仪。南宋在临安嘉会门外设籍田先农坛，每年春耕季节，皇帝会率领官员先祭祀先农、后稷，然后三推耒耜。由于南宋籍田形状似八卦，因此被称为八卦田。如今，先农坛已圮废，但八卦田犹存。笔者无数次来到杭州，在皇城、太庙、籍田、衙署等遗址前凭吊、感慨、思索，站在这些遗址前，觉得南宋不再遥远，那是一个依稀的旧梦。

「南宋古战场遗迹」

南宋建立后，与金兵大小战争、战役不断，著名的有黄天荡之战、和尚原之战、郾城大捷、颍昌大捷、采石之战等，留下无数战场遗迹。通过寻访古战场遗迹，我们能够感受战争的惨烈和宋军将士的壮烈。

和尚原之战是南宋初年抗金战争中的一次重要战役，金军在黄天荡之战后，退至长江以北，集结重兵攻打川陕，在富平（今属陕西）击溃了宋军五路兵马。宋都统吴玠收拾几千散兵，扼守大散关附近的和尚原（今陕西宝鸡西南），击溃了金军的多次攻势，使金兵重创而退。至此，完颜宗弼只得退守凤翔（今属陕西），不敢再进窥四川。和尚原之战保全了南宋半壁江山。笔者多次前往秦岭深处的和尚原古战场寻访，可惜已难觅踪影，只看到和尚原古战场附近的大散关遗址以及遗址中吴玠兄弟俩的雕像。

郾城大捷是宋金战争中的一次著名战役。此战尽管完颜宗弼出动了“铁浮图”“拐子马”等精锐骑兵，最终还是被岳家军杀得大败。不久，金军再犯郾城，被岳飞在城北的五里店再次击败。之后，岳家军又大破进犯颍川的金军主力。期间，宋军将领杨再兴率三百

陕西宝鸡大散关吴玠、吴璘雕像（摄于2012年9月25日）

河南临颍小商桥
（摄于 2012 年 7 月 27 日）

河南临颍杨再兴墓
（摄于 2012 年 7 月 27 日）

安徽马鞍山采石大战遗址
（摄于 2021 年 10 月 6 日）

骑兵出巡，途中在小商桥与金军遭遇，杀死金兵两千多人及多名将领，宋军也全部壮烈牺牲。据载，杨再兴所中箭镞有两升之多。如今，郾城之战的战火早已消散，但小商桥及杨再兴祠墓依然屹立在中原大地上，供人瞻仰怀念。

采石之战中南宋大臣虞允文面对金朝完颜亮的优势兵力，挺身而出，充分利用了水军优势，在江中严密布防，指挥宋军以少胜多，取得大捷，使金军无法从此渡江南侵。为纪念这次战役，后人在南临采石矶的荷包山山脚下镶嵌了一块长达 12 米的采石大捷浮雕，并在半山腰修建了虞公亭。采石大捷和虞允文永载史册。

「岳飞遗迹」

在南宋抗金将领中，最杰出的将帅无疑是岳飞。岳飞（1103—1142），字鹏举，相州汤阴县（今河南汤阴）人，出身农家。至今在汤阴县城东16千米的程岗村还有其家庙和故宅，村头还建有一座碑亭，亭中立有一块高大的石碑，上书“宋岳武穆王故里”，岳飞永远是家乡的骄傲。岳飞20岁投军，参加抗辽战争。金兵南侵后，岳飞随宗泽抗击金军，屡立战功。建炎三年（1129年），金将完颜宗弼率军渡江，企图一举灭宋。当各路宋军苦战之际，岳飞整饬所部，并在战斗中形成了一支军纪严明、英勇善战的部队——岳家军。他率军北进，连获大胜，一举收复建康。绍兴十年（1140年）岳飞挺进中原后，又取得郾城、颍昌等大捷，击溃金兵主力，先头部队直达朱仙镇。至今在朱仙镇还建有一座岳飞庙，以纪念岳飞抗金功绩。郾城之战后，宋军如能乘胜前进，收复故疆大有希望，岳飞也为抗金积极准备。可是，投降派充斥南宋朝廷，宋高宗下诏岳飞班师。之后，秦桧以“莫须有”

河南汤阴岳飞故里碑亭（摄于2020年8月8日）

河南朱仙镇岳飞庙（摄于2011年10月16日）

浙江杭州风波亭
（摄于 2020 年 10 月 30 日）

浙江杭州岳飞墓
（摄于 2011 年 7 月 30 日）

的罪名，将岳飞害死于大理寺狱中风波亭。岳飞时年仅 39 岁，其子岳云也惨遭杀害。如今，杭州已在钱塘门附近重建了风波亭，以此表达对岳飞的敬仰之情。

岳飞遇害后，狱卒隗顺冒着杀头之险，把岳飞的遗体背出城外，葬于钱塘门外九曲丛祠旁。21 年后，宋孝宗即位，给岳飞昭雪，岳飞遗体迁葬于栖霞岭下，就是现在岳坟的所在地。淳熙五年（1178 年），宋孝宗追谥“武穆”。嘉泰四年（1204 年），宋宁宗追封岳飞为鄂王。嘉定十四年（1221 年）始建岳王庙，庙由智果寺改建，建庙后名为“褒忠衍福禅寺”，明代天顺年间（1457—1464 年）改称“忠烈庙”。经过历代兴废，现存建筑为清康熙五十四年（1715 年）重建。

岳飞墓位于岳王庙的西侧，坐西朝东，墓道两侧立有石翁仲、石马、石羊、石虎，正中古柏交柯下为岳飞墓，墓碑镌刻“宋岳鄂王墓”，为明代重修时所立。左侧为岳云墓，碑刻“宋继忠侯岳云墓”。墓道阶下面对岳坟的是秦桧、王氏、万俟卨、张俊四个陷害岳飞的败类铸铁跪像，正如墓阙上的一副对联：“青山有幸埋忠骨，白铁无辜铸佞臣”。岳飞是笔者从儿时开始就最敬仰的历史人物之一，为此笔者瞻仰过许多岳飞的遗迹和纪念场所，他的精神感动了一代代的中国人。

「南宋其他抗金将领遗迹」

南宋一建立，就遭遇金军的强大攻势。面对金军铁骑，南宋众多抗金将领前赴后继，顽强抵抗，涌现出不少杰出将领。除岳飞外，韩世忠、吴玠也是其中的佼佼者。

韩世忠(1089—1151)，延安府绥德军(今陕西绥德)人，幼年家贫，18岁应募参军，勇冠三军。金灭北宋后，韩世忠带兵长期进行抗金斗争，数败金兵，尤其是建炎四年(1130年)，在黄天荡一带以八千水军邀击，将十万金兵逼进黄天荡，又追击至建康，前后战斗40日，名冠一时。由于宋廷一心求和，韩世忠后被解除兵权。秦桧迫害岳飞，举朝无人敢出一语，独韩世忠痛斥秦桧，为岳飞伸张。宋金和议后，他杜门谢客，绍兴二十一年（1151年）病逝。宋孝宗即位后，追封其为蕲王，谥“忠武”。

韩世忠逝后葬于江苏苏州西郊的灵岩山麓。墓园由韩蕲王祠、御碑及墓组成。祠堂简单朴素，掩映于苍翠之中，供奉有韩世忠塑像。御碑由宋孝宗亲笔御题：“中兴佐命定国元勋之碑”，赵雄撰文，周必大书。墓碑高5.3米，为江南之冠。韩墓为圆形墓冢，块石围护，墓前立有“宋韩蕲王墓”碑，显得庄严肃穆，其夫人梁红玉也合葬于此。在韩世忠故里，乡人为了缅怀韩世忠的功绩，在绥德县西南5千米的一步岩永寿寺旁修建了蕲王庙，以作悼念。

当岳飞、韩世忠在宋金东部战场鏖战的时候，吴玠、吴璘兄弟也

江苏苏州韩世忠墓碑亭
(摄于2010年8月29日)

江苏苏州韩世忠墓
(摄于2010年8月29日)

甘肃徽县吴玠墓碑亭
（摄于 2019 年 8 月 9 日）

甘肃徽县吴玠墓
（摄于 2019 年 8 月 9 日）

在西部战场上奋勇抗敌。吴玠（1093—1139），德顺军陇干（今甘肃静宁）人。少时参军，作战有功。宋金交战后，吴玠与弟吴璘奋起抗金，扼守和尚原，完颜宗弼集结大军强攻，被吴玠兄弟率军击溃。之后，金兵绕道饶凤关（今陕西石泉西），进入兴元府（今陕西汉中），吴玠等退守仙人关（今甘肃徽县南），并将攻击仙人关的完颜宗弼军打得大败，守住了入川道路的门户，其功绩可与岳飞齐名。绍兴九年（1139年），吴玠不幸病逝于仙人关军营中，宋廷追封他为涪王，谥号“武安”。

吴玠墓位于甘肃陇南徽县。徽县地处秦岭深处，交通不便。但吴玠的不朽功业让人仰望，因此笔者不远千里，翻越秦岭前往拜谒。吴玠墓位于徽县东北的钟楼山上，有碑亭和墓冢，碑亭内立有“宋故开府吴忠烈墓志铭”的高大石碑，碑亭前有翁仲和石兽，但已残破。吴玠墓在碑亭后面，墓呈圆形，立有“宋故将军吴玠之墓”石碑，墓周古柏笼罩，幽静肃穆。钟楼山下有一尊吴玠骑马戎装塑像，威风犹在。

「南宋帝陵」

北宋亡国后，宋徽宗之子赵构在南方重建宋朝，史称南宋。南宋因失去北方领土，诸帝无法归葬祖陵，只能“暂厝”在离都城临安不远的绍兴。南宋帝陵位于今浙江绍兴富盛镇宝山南麓，始建于绍兴元年（1131 年），是遵照宋哲宗皇后孟氏的遗诏而择地此处的。高宗永思陵、孝宗永阜陵、光宗永崇陵、宁宗永茂陵、理宗永穆陵和度宗永绍陵相继在此“攒殡”，共有六座皇陵，故称“宋六陵”。后来被金送回的宋徽宗遗体也埋葬于此，称为永佑陵。由于南宋皇帝还希望有朝一日能在收复北方后归葬巩义祖陵，故仅把绍兴作为暂厝之地，称为“攒宫”，导致皇陵的规模都不大，规制也比较简陋，棺椁埋得也比较浅。南宋王朝直至灭亡也没能收复祖先的领土，暂葬地也就成了永久的归宿。

南宋绍兴陵寝是根据北宋皇陵“五音姓利”的风水观念相地的，陵地呈西北低垂、东南仰高。南宋绍兴皇陵建筑沿袭北宋旧制，设有上宫、下宫和地宫，但比北宋巩义帝陵减去了乳台、石像生、陵台和神门等。宋高宗的永思陵位于绍兴东南 17 千米的皋埠街道牌口村攒宫山下，宋六陵区的西南隅，坐北向南，上宫外部以竹篱相环绕，竹篱开有南、东、西三门，外篱之内又有红灰墙一道，外篱南门侧筑有

浙江绍兴宋六陵文保碑（摄于 2011 年 9 月 22 日）

浙江绍兴宋六陵御井遗迹（摄于 2020 年 10 月 29 日）

鹊台两座。献殿之北有龟头三间，龟头之下建皇堂石藏子（即墓室）。皇堂石藏子为一长方形石室，外筑石壁一重。石壁之中，先置外棺椁，梓棺上覆以天盘囊网，然后再加盖柏木枋、条石、泥土、地砖等。皇堂石藏子没有墓道，也没有陵台，更不设石像生，相比北宋帝陵还是比较简陋的，南宋其他皇陵的形制也基本如此。

宋六陵在元朝时遭元江南释教总摄杨琏真伽等的盗掘，他们从南宋诸陵中盗得“真珠戏马鞍”“伏虎枕”“玉色藤丝盘”等随葬宝物。他们还把宋理宗赵昀的头颅截为饮器，直到明军攻占元朝大都，明太祖朱元璋派人将赵昀的头骨带回，并重新安葬。笔者多次到绍兴寻找宋六陵踪迹，陵区除了文保碑、御井外，群山环抱中，遍地是茶园，没有陵冢，只有葱绿满目的茶树以及数丛随风摇曳的古松，南宋君王们的陵寝就这样悄无声息地掩没在茶园深处。

浙江绍兴宋高宗永思陵和宋孝宗永阜陵陵址（摄于 2017 年 4 月 14 日）

浙江绍兴宋理宗永穆陵陵址（摄于 2011 年 9 月 22 日）

第十六章

白塔凌苍望庆陵

庆州白塔

浮屠记胜

辽代是我国古塔建筑的鼎盛时期，庆州白塔就是这个时代佛塔的代表作之一，也是我国现存古塔中不可多得的精品。这座坐落于辽圣宗耶律隆绪永庆陵奉陵邑庆州的佛塔，从矗立的那一刻起，就遥望着10千米之外庆云山中的永庆陵。今天，庆州早成废墟，庆州白塔依旧傲立在荒野中。每一位来到这里的人，都会被庆州白塔的风姿所震撼，也会想起辽圣宗和他的母亲萧太后，他们开创了辽代历史上的一个强盛时代。

庆州白塔位于内蒙古赤峰巴林右旗索博日嘎镇，全称为释迦佛舍利塔，因塔身涂满白垩土，通体白色，故称白塔。庆州白塔建成于辽兴宗重熙十八年（1049年），通高70多米，为一座八角七层砖木结构空心楼阁式塔。这种塔在盛行密檐式高座实心塔的辽代实属罕见，也说明了我国南北地区文化、技术交流的状况。整座塔由塔座、塔身

和塔刹组成。塔座为八角形素面砖砌，上部有高约1米的仰莲图案承托七层塔身。每层都用砖制作出柱子、枋檩、斗拱、门窗，开有东、南、西、北四面券顶塔门。塔身外表雕饰有佛像、天王、力士、人物以及其他各种花纹雕砖。

通塔上下遍饰铜镜，流光溢彩，华美绝伦。斗拱出檐，檐角上出脊，脊上螭首下挂铜铃，七层砖檐结构一致。最上层的八条檐脊上各骑一铜人，上身前倾，双手合握，铜人前置一铜质螭首，螭首前为一铜凤，这些铜饰表面皆经鎏金。顶部砖座之上，置一精致高大的鎏金塔刹。每层塔内部都是四面起拱的穹庐式顶，原有阶梯可以攀登上塔。因第一层的阶梯早已拆除，改为经堂，以致不能上达。整座塔每一层塔身都较下一层收缩，形成下大上小的塔身，结构稳固，因此经历近千年的风雨侵蚀，特别是多次严重的地震灾害，仍能矗立地表不倒。整座塔造型玲珑秀美，浮雕精湛细腻，规模宏伟壮观。七层出檐上缀挂的无数个铜铃，随风鸣响，声闻十里。

庆州白塔所在的地方，在辽代是为守卫和奉祀永庆陵而设置的奉陵邑，称为庆州。据载，庆州白塔为钦哀皇后萧耨斤特建。萧耨斤原为辽圣宗的元妃，后因其子耶律宗真即位为辽兴宗，自立为皇太后。但她干预政事，祸乱社稷，甚至阴谋废黜辽兴宗，谋立次子耶律重元。事情暴露之后，辽兴宗将皇太后废黜，幽禁到庆州城内守陵，直到年老才被迎回皇宫奉养，病逝后谥号钦哀皇后。钦哀皇后修建庆州白塔究竟是为了守望辽圣宗的陵寝，还是通过建造浮屠来为自己赎罪，我们不得而知。庆州白塔修建时，动用工匠数百人，历时两年半，于辽重熙十八年（1049年）竣工。此时正是辽代繁荣时期，因此佛塔造型雄伟，雕刻富丽。钦哀皇后还在塔刹的覆钵、相轮樘和塔刹座内供奉和密藏了大量珍品。

辽亡后不久，庆州城遭废弃，但塔下的佛寺却历经金、元、明、清，香火承继，不绝如缕。中华人民共和国成立后，政府非常重视文物保护，对庆州白塔进行修缮保护。在20世纪的维修过程中，在白塔的塔刹中发现了钦哀皇后密藏的大量文物，包括100多座金属和木雕的法舍利塔，品类繁多的雕版和手抄佛经，数百件丝织品以及部分菩萨雕像、瓷器、漆器、药材等。由于密封好、防腐药材多，加之这批珍品处于60余米的高塔顶部，虽然时隔近千年，文物宝藏仍然绚丽如新、光彩夺目。

笔者参观过无数古塔，但庆州白塔无疑是最惊艳的美塔之一，当时的场景直到今天还记忆犹新。那是几年前的一个秋日，笔者为寻访辽代帝陵而远赴内蒙古巴林右旗，途中突遇暴雨，积水像山洪般冲涌而来，把前后的公路全部冲断。直到晚上，才脱离险境。之后，在漆黑一片的草原公路上艰难行驶，直到半夜才来到一处小镇住下。第二天，天空晴朗，走出旅店，发现这座小镇正是辽圣宗永庆陵的奉陵邑旧址，小镇旁的原野中矗立着一座古塔，在蓝天白云下显得如此秀丽和端庄。这是笔者见过最动人心魄的古塔，一时目定魂摄，不能遽语。第二年，笔者忍不住再次来到这里。由于庆州城早已圮废，使这座兀然矗立在绿草地上的高塔显得格外醒目，加上塔身洁白如玉，挺拔秀美，天上白云朵朵，塔后青山如黛，令人久久不忍离去。难怪史学界、文博界齐称庆州白塔是“辽代塔寺艺术的精华”，是“契丹民族建筑之瑰宝”。

史事钩沉

辽朝是契丹族在我国北方地区建立的一个王朝。契丹族源于东胡，北魏以来，在今辽河上游一带游牧。唐朝曾在这里设立松漠都督府，并任命契丹首领为都督。唐朝末年契丹迭剌部首领耶律阿保机统一契丹及邻近各部。神册元年（916 年），建立契丹国，神册三年（918 年），修建皇都，后更名上京临潢府，成为契丹国的统治中心。建国后，阿保机不断向南深入中原掳掠，并向西北和东北展开大规模的征讨，灭渤海国后，封太子耶律倍为东丹王。天显元年（926 年）耶律阿保机病逝，在皇后述律平的支持下，其次子耶律德光即位，是为辽太宗。此时，中原正处于五代十国时期的后唐王朝。后唐河东节度使石敬瑭因与后唐末帝不睦，起兵反唐遭征讨，于是向契丹求救。

天显十一年（936 年），耶律德光出兵，灭后唐，册封石敬瑭为大晋皇帝，史称后晋，成为契丹属邦，石敬瑭将燕云十六州地奉献给契丹。石敬瑭病逝后，其子石重贵即位，不愿向契丹称臣。会同九年（946 年），耶律德光为此发兵南下，灭后晋。次年，耶律德光领兵入汴梁（今河南开封），改国号契丹为“大辽”。后因遭中原反抗，耶律德光撤

契丹耶律阿保机统一各部，建立契丹国，定都临潢府（摄于 2017 年 8 月 15 日）

高梁河之战拉开了宋辽长期战争的序幕（摄于 2017 年 8 月 17 日）

离汴梁，引兵北返，途中病逝于栾城（今河北石家庄栾城区）。之后，经过几代传承，乾亨四年（982 年），耶律隆绪即位，是为辽圣宗。

辽圣宗耶律隆绪（971—1031），契丹名文殊奴，为辽朝第六代皇帝。他是辽景宗的长子，精射法、晓音律、好绘画、喜读书、能诗文，推崇诗人白居易，曾以契丹文翻译《白氏讽谏》，所作曲达百余首。乾亨四年（982 年）继位为帝，改元统和。当时，他年仅 12 岁，由母亲承天皇太后萧绰摄政。萧绰（953—1009），字燕燕，我国民间戏曲中常称其为萧太后。萧绰是辽北府宰相萧思温之女，从小习武，勤快聪慧，被辽景宗选为贵妃，不久，便被册封为皇后。因辽景宗体弱多病，故萧绰帮助他处理一些日常政务。辽景宗病卒后，其子耶律隆绪继位，萧绰被尊为“承天皇太后”，临朝称制，总摄国家大事，辅佐辽圣宗。萧太后摄政期间，励精图治，进行了一系列改革，国势日渐强盛。

宋太平兴国四年（979 年），宋太宗在灭掉北汉后，率军伐辽，希望收复燕云十六州。宋军围攻南京幽都府（今北京），守城辽军苦守待援，宋军猛攻不下。辽景宗和萧皇后闻讯，立即调集精锐驰援，双方在幽州城外的高梁河畔（今北京西直门外）激战。宋军在辽军优势骑兵的夹击下大败，宋太宗负箭伤南逃，宋辽战争由此拉开序幕。

宋雍熙三年（986 年），宋太宗再度对辽朝发动大规模战争，史称“雍熙北伐”。萧太后与辽圣宗亲自率兵迎战，击败宋军，宋朝名将杨业被捉，悲愤之下绝食殉国。杨业（？—986）原为北汉名将。北汉（951—979）为五代十国时期的割据政权之一，都晋阳（今山西

雁门关之战的胜利使杨业获得了“杨无敌”的称誉（摄于 2011 年 6 月 24 日）

太原南），统治区域约为今山西中部和陕西、河北部分地方。杨业早年追随北汉世祖刘崇，很受器重，被赐姓刘，并任命为建雄军节度使，长期镇守代州（今山西代县）。他忠烈武勇，且有智谋，屡立战功。

太平兴国四年（979 年），宋太宗率军亲征北汉，北汉主刘继元求援于辽国，宋军击溃了援汉辽军后，对太原展开猛烈攻势，北汉抵御不住，刘继元被迫出降，北汉灭亡。此时，杨业依然在太原城与宋军苦战。宋太宗久闻杨业威名，就派人劝降，杨业大哭后解甲归降。宋太宗授其右领军卫大将军，因杨业对防御辽国有着丰富的经验，就命其继续镇守代州。杨业不负太宗厚望，多次迎击南侵辽军，不久，任知代州兼三交驻泊兵马部署。太平兴国五年（980 年），辽景宗率十万辽军围攻雁门，杨业派部将堵断峡谷南口，自已则领数百骑兵从西陉绕道雁门关峡谷北口，向南突袭辽军，大获全胜。自此之后，杨业在辽军中声威大震，据载：“契丹望见业旌旗即引去。”杨业因此被誉为“杨无敌”，以功升任云州观察使。

雍熙三年（986 年），宋太宗想趁辽朝景宗崩逝不久、新君辽圣宗初立之机，北伐辽国，收复燕云十六州。宋太宗派遣二十万大军分兵三路伐辽，杨业被任命为西路军的副将。战役开始打得较顺利，连克寰（今山西朔州东）、朔（今山西朔州）、应（今山西应县）、云（今山西大同）等州。萧太后和辽圣宗见北宋大军进逼，决定倾国相争，派十余万精锐骑兵南下，在岐沟关（今河北涞水东）击败宋东路军曹彬所部，然后集中兵力压向西路军。宋太宗闻讯后，急令撤军，并命潘美、杨业统率的西路军护送云、应、朔、寰等州百姓内迁。此

杨业在宁武关东北的陈家谷口遇伏殉国，英名远扬（摄于 2020 年 8 月 2 日）

时，辽朝兵势正盛。杨业提出了一个可保万全的作战计划，但遭到了主将潘美及监军王侁的反对和污蔑，王侁甚至指责杨业："你号称'无敌'，今日不敢与敌人正面交锋，难道有不可告人的打算？"杨业无法申辩，被迫冒险迎敌，临行前，泣求潘美等在陈家谷口（今山西宁武东北）接应。

杨业率部从中午奋战到傍晚，辗转退至陈家谷口，却发现无人接应，悲恸不已，只得继续率兵力战，身上多处受伤，士兵也死伤殆尽，最后因战马受伤不能前行被俘，绝食三日而亡。之后，其子杨延昭、孙杨文广等杨家几代前仆后继，镇守边关，尽忠抗敌，报效国家。杨家将的事迹后来通过演义、话本、戏剧等广为流传，演绎成了一部英雄传奇般的系列故事，不过其中的故事情节与真实的历史事件存在很大的出入。历史上杨业的战败和殉国虽然和主将潘美有着一定的关系，但是追根溯源，其直接原因还是监军王侁的谋害，不过，潘美也难辞其咎。虽然历史上的杨家将可能不如在小说和民间传说中描述的那么神奇，然而杨家将三代抗敌的忠勇，确实少有人及。

雍熙北伐失败后，宋放弃了收复燕云十六州的打算，对辽的战略由进攻转为防御。但萧太后与辽圣宗却利用骑兵优势，不断对宋展开攻势。雍熙北伐失败后的第二年，辽数万骑兵逾燕山南下，宋朝将士几番败绩后，闭门自守，不敢出战。至道三年（997 年），宋太宗去世，其子赵恒即位，是为宋真宗。赵恒从小生活在深宫中，性格懦弱，对辽朝一直心存畏惧。景德元年（1004 年）春，萧太后与辽圣宗耶律

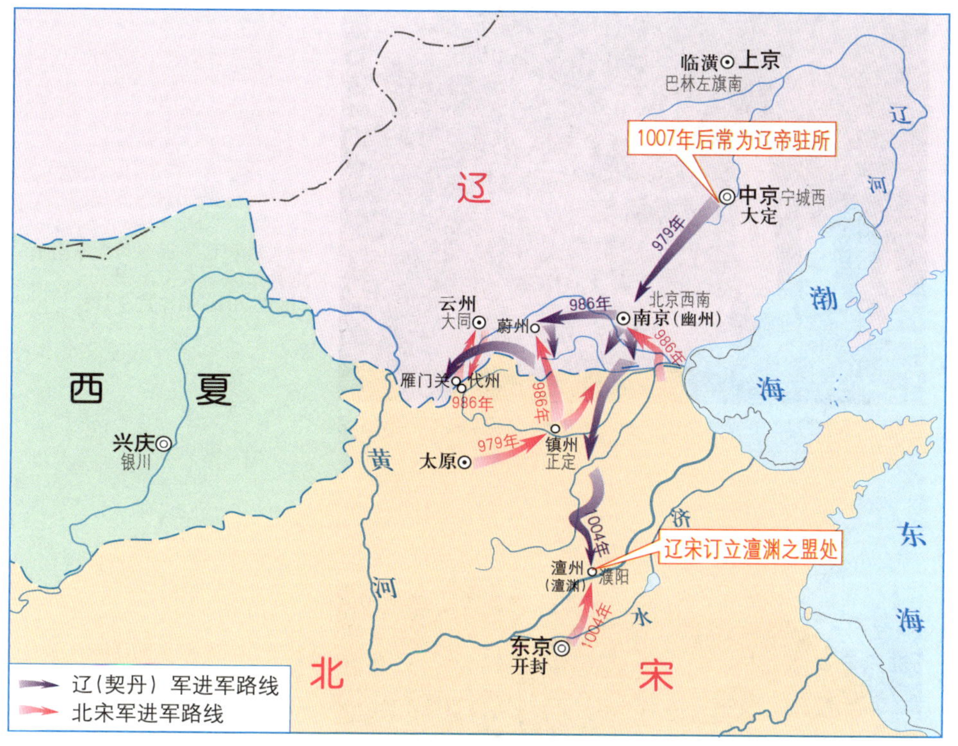

北宋、辽战争示意图

隆绪又以收复瓦桥关（今河北雄县旧南关）以南地区为名，率二十万军队再次大举南下。宋沿途州县坚壁清野，不敢阻击，辽军直驱黄河边的澶州（今河南濮阳），直接危及宋都汴梁的安危，宋廷朝野一片恐慌。大臣王钦若主张放弃汴梁，迁都昇州（今江苏南京），宰相寇准则力主抵抗。

在寇准的坚持下，宋真宗被迫“御驾亲征”抵澶州，并登上澶州北城门楼以示督战，宋军士气为之一振。寇准指挥宋军出战，在澶州前线射杀了辽南京统军使萧挞览。萧太后与辽圣宗这次南侵，目的只是抢掠物资和对宋进行政治讹诈，不料损兵折将，于是提出和议。宋真宗历来主张和议，只希望辽军能尽快撤走，于是立即遣使前往辽营谈判，很快与辽订立了和约。和约规定，宋朝每年给辽朝银 10 万两、绢 20 万匹，沿边州军各守疆界，不得创筑城堡、改易河道等，宋辽结为兄弟之国。因澶州在宋朝又称澶渊郡，故称“澶渊之盟”。盟约缔结后，两国交往频繁，不再有大的战事。辽圣宗为了便于接待宋朝使者，特地在辽上京之南修建中京。同时，北宋也在边境上的雄州（今河北雄县）、霸州（今河北霸州）等地设置榷场，开放贸易，为中原与北部边疆经济文化的交流创造了条件。

萧太后和辽圣宗率兵大举南下，屯兵萧城，直指澶州
（摄于 2016 年 6 月 9 日）

辽圣宗统治时期的辽国进入了鼎盛时期
（摄于 2017 年 8 月 14 日）

“澶渊之盟”是辽王朝历史发展的一个重要里程碑，标志着辽政权的稳定和国家的富强。宋朝每年定期向辽国交付的大量财物，增强了辽朝的国力。

统和二十七年（1009 年）辽圣宗亲政后，对内对外都有不少重要的作为。对外，曾向高丽和西北诸部用兵，两次攻打高丽，派兵征讨乌古、敌烈叛部，进攻甘州（今甘肃张掖）回鹘，还远征喀什噶尔，声威远播中亚。对内，实行进士考试，大力选拔人才，知人善任，使统治集团内部相对稳定。他尤其重用有才干的汉族士大夫，在他们的帮助下，进行了许多改革，积极整治弊蠹，改革法度，施行赋税制，建立均税法。这一系列措施和做法，使辽国进入鼎盛时期，辽圣宗也因此被视为辽朝最负盛名的“明主”，甚至有“小尧舜”之称。

史迹博萃

「萧太后遗迹」

萧太后形象对笔者来说并不陌生。由于《杨家将演义》等演义小说的缘故，笔者对萧太后一直没有好感，但在参观了萧太后的一些历史遗迹、了解了其生平后，发现萧太后有着非凡的治国及军事才能，一生充满传奇。

萧太后（953—1009），名绰，字燕燕，契丹人，其父是辽北府宰相萧思温，为辽景宗耶律贤宠臣，萧绰进宫不久就被册封为皇后。后萧思温为心怀不满的勋臣贵戚所杀，父亲之死深深刺激了年轻的萧皇后，使之迅速地成熟起来。她协助体弱多病的辽景宗治理国家，并在辽景宗的默许下，独立裁决辽国日常政务。乾亨四年（982 年），辽景宗病卒，12 岁的耶律隆绪嗣位，是为辽圣宗，萧绰被尊为承天皇太后，总摄军国大政，开始了辽代历史上著名的“承天后摄政”时期。萧太后对辽国的制度和风俗进行了一系列大刀阔斧的改革，使辽朝进入鼎盛时期。

宋辽战争中，在萧太后指挥下，辽军先后取得高梁河、陈家谷口等战役的胜利。辽军对宋战争的胜利，使萧太后逐渐对宋朝采取攻势。辽统和二十二年（1004 年），萧太后与辽圣宗发兵南征北宋，直趋澶州，

北京高梁河战役遗址
（摄于 2017 年 8 月 17 日）

山西忻州宁武关
（摄于 2020 年 8 月 2 日）

山东冠县萧城萧太后点将台
（摄于 2016 年 6 月 9 日）

内蒙古宁城辽中京遗址
（摄于 2017 年 8 月 14 日）

威胁宋都开封。为了与澶州城中的宋军相对峙，萧太后下令在今山东冠县北馆陶镇东南修筑土城，用于驻兵囤粮，称为萧城，至今土城仍坚固如初，点将台、箭楼、城门楼等遗迹尚存。之后，宋、辽在澶州达成和约，结束了宋、辽之间数十年的战争，萧太后以最小的损失换取了最大的利益，辽国也由此进入了稳定发展的昌盛时代。澶渊之盟后，萧太后为便于与中原交往，建新都中京大定府。萧太后和辽圣宗常年在此处理政事，这里成为辽代的统治中心。统和二十七年（1009年），萧太后病逝，终年 57 岁，葬于医巫闾山乾陵。

「杨家将遗迹」

在宋朝的烽烟岁月里，杨业父子为大宋守边抗辽几十年，确保了大宋北部边境的安定，其中的故事经过民间故事和小说的演绎，引起了一代代百姓的敬仰与怀念。在他们生活和战斗过的地方，保存了很多真假难辨的遗迹，流传着很多可歌可泣的故事。

雁门关位于山西代县城西北20千米的山间，号称“三关冲要无双地，九塞尊崇第一关”。杨业从北汉开始到投宋，一直镇守雁门关，因在雁门关大挫辽军而获得“杨无敌”的称号。如今雁门关依然高耸，门外东侧还建有镇边祠，祭祀李牧、杨业等历代守将。

代县城东的东留属村，至今还有一座杨七郎墓，墓呈圆形，坐落在围以汉白玉护栏的方形平台上，墓侧有碑石多通。相传在金沙滩战役中，杨家父子终因寡不敌众退守陈家谷口，七郎回代州向潘美搬兵，却被潘美用乱箭射死。杨七郎从小就是笔者心目中的英雄，常为其遭遇愤愤不平。不过，历史上杨七郎或许是个虚构人物，尽

山西代县雁门关镇边祠
（摄于2011年6月25日）

山西代县杨七郎墓
（摄于2016年8月9日）

山西五台山令公塔
（摄于 2015 年 11 月 1 日）

河北唐县倒马关杨六郎碑
（摄于 2020 年 8 月 6 日）

管如此，他在笔者心中永远栩栩如生。

在紧靠代县南界的五台山也留有多处杨家将的遗迹。龙泉寺位于五台山台怀镇西南 5 千米处的九龙山南麓，其所在地原为杨家将家庙所在。龙泉寺西北的山坡上有杨令公瘗骨塔。据说杨业殉国后，其遗体被大将孟良盗回，交予在五台山出家的杨五郎，五郎在五台山龙泉寺西北选了块风水宝地安葬父骨，称为令公塔。笔者与几位历史同行在深秋的一个下午，沿着山道前行，穿过高高的灌木林前往拜谒。这是一座高十余米、六角三层的宋塔，虽然残破，却是杨令公的象征。在令公墓塔不远处，就是远近闻名的杨五郎庙。关于杨五郎五台山出家之事，戏剧、小说及民间故事流传甚广，遗憾的是五郎庙已经被毁。

此外，在北京密云古北口和山西代县鹿蹄涧村均建有杨令公庙，有趣的是，古北口杨令公庙还是辽国修建的，可见杨业受到敌我双方的尊敬。杨家将第二代的代表人物是杨业的长子杨延昭，在杨家将传说中被称为杨六郎。他年轻时随父参加过雍熙北伐，其父殉国后，他便担负起河北沿边的抗辽重任，延续了杨家将的威名。笔者在长城倒马关附近的山巅，看到了杨六郎的塑像和杨六郎碑。杨家将的精神万古流芳，相关遗迹也寄寓了千余年来百姓对杨家将的怀念。

「澶渊之盟遗迹」

“澶渊之盟”是宋辽在澶州城下签订的，澶州城就此留名于世。澶州位于北宋都城汴京东北，古称帝丘，据传五帝之一的颛顼曾以此为都，在北宋时称澶州，因临古泊澶渊而得名。澶州居河津要扼，为京畿北边重镇，对阻挡北方铁骑、藩屏汴京发挥了巨大的作用。因此，辽军兵临澶州，引起宋廷大震，朝臣意见不一，在丞相寇准的坚持下，宋真宗亲临澶州城头，使宋军士气大振。辽因进攻受挫，表示同意与宋议和，宋真宗求之不得，立即遣使协商，宋辽最终签订“澶渊之盟”，澶州城也由此成为宋辽和议的见证者。

澶州城始建于五代，后唐出于军事防御需要，在黄河两岸修筑南北两城，故有南澶和北澶之称。宋神宗时期，南城为黄河所淹没，今天的濮阳城即是从澶州北城发展而来的。澶州北城作为“澶渊之盟”的和议地，不仅见证了这片大地的千年沧桑，更目睹了“澶渊之盟”签约前后的战火风云。当笔者在“澶渊之盟”千年之后来到这座古城时，虽然没能找到尚存的澶州北城遗址，但寻访到了“澶渊之盟”的遗存——“廻銮碑”。“澶渊之盟”签订后，宋、辽班师，宋真宗不胜欣喜，在行宫大宴群臣，并在回京时赋诗一首，命近臣唱和，

河南濮阳澶渊牌坊（摄于 2014 年 5 月 29 日）

河南濮阳廻銮碑亭
（摄于 2014 年 5 月 29 日）

河南巩义寇准墓
（摄于 2022 年 7 月 27 日）

陕西渭南寇准墓
（摄于 2016 年 8 月 16 日）

刻于碑石，以志其事，谓之“廻銮碑”或“契丹出境碑”。廻銮诗表达了宋真宗御驾亲征、雄师击敌、凯旋班师的喜悦心情。北宋签订屈辱的和约，宋真宗居然还如此志得意满，可见北宋君王的苟安心态。“廻銮碑”高 2.6 米，竖刻草书三行，字大如拳，秀丽流畅，立于古澶州城内，尽管历经沧桑，至今仍保存在濮阳城内御井街西侧的廻銮碑亭中。亭南有一古井，相传为宋真宗驻跸时所凿，故称“御井”，也是宋辽大战与“澶渊之盟”的见证。而力主宋真宗御驾亲征的寇准（961—1023）后因受参知政事王钦若等人的挑拨，逐渐失去宋真宗的信任并被罢相，又遭副相丁谓排挤，一再贬逐，最终病逝于雷州（今广东雷州市）贬所，初葬于河南巩义寇家湾村伊洛河边，后迁葬村东岭上，其家乡陕西渭南官底镇也有其墓冢。

「辽京遗址」

辽王朝是契丹族在我国北方建立的朝代，实行五京制，即上京临潢府（今内蒙古巴林左旗南）、中京大定府（今内蒙古宁城）、南京析津府（今北京）、东京辽阳府（今辽宁辽阳）、西京大同府（今山西大同）。辽上京是契丹建国之初设立的都城，神册三年（918年），耶律阿保机开始兴筑都城，名曰皇都。辽太宗即位后，扩展皇都城垣，兴建宫殿，并改称上京临潢府。辽上京分南北两城，皇城在北，汉城在南，平面呈“日”字形。皇城是宫殿和衙署所在地，城垣周长6398米，高三丈。汉城是汉族及其他民族聚居的区域，城垣周长5730米，高两丈。辽上京在辽国军事、政治和经济上占有重要地位。辽天庆十年（1120年），上京被金兵攻占，摧毁了宫殿等主要建筑，降为临潢路。金末，被蒙古人攻占，彻底摧毁了所有建筑，上京沦为一片废墟，加上河床改道，河水冲刷，辽上京已面目全非。笔者看到的是一片草场，文保碑孤独地矗立其中。

辽中京是辽代中期建立的陪都。“澶渊之盟”后，宋、辽间每年互派正旦使去祝贺新年，派生辰使去庆贺太后及皇帝的生日，双

内蒙古巴林左旗辽上京遗址文保碑（摄于2017年8月15日）

内蒙古宁城辽中京遗址文保碑（摄于2017年8月14日）

内蒙古宁城辽中京大明塔
（摄于 2017 年 8 月 14 日）

北京辽燕角楼故址
（摄于 2016 年 8 月 12 日）

方在经济和文化方面的交往日趋频繁。为了在接待宋使时显出国富民强，又便于皇帝的“四时捺钵”，辽圣宗在辽上京与南京之间的原奚王府所在地建立中京城。辽统和二十五年（1007 年），中京城开始兴建，次年便初具规模。全城的整体规划、街道布局和建筑结构都按照宋朝开封府的营建制度，尽量采取中原地区的营造方式，但又结合契丹族的一些传统习尚。中京城由外城、内城和宫城组成，外城平面为长方形，周长 15 千米。内城是皇城，位于外城内正中偏北，周长 7 千米。宫城就是大内，位于内城正中偏北，只筑东、南、西三面城墙，每面长 1000 米，南门为阊阖门，建有城楼。整个中京城内建筑布局对称，中间有大道，大道两侧对称布置街道、坊市、市廊、宫殿等。

中京在上京沦陷两年后被金兵攻占。金军将宫殿全部毁灭，在城南改筑新城。明初在此设大宁卫，后卫所迁入内地，此城遂成废墟。笔者在几年前专程前往考察，在中京城遗址内，看到的是一派草原景象，几块文保碑昭示这里就是曾经的辽中京城所在。幸运的是辽中京城遗址内还留存有一座高耸的大明塔，能使人感受到中京城昔时的繁华宏丽。其他如东京辽阳府、南京析津府和西京大同府城中的辽代遗迹也大多湮灭，或许还留下地名，笔者在北京寻访到一处称为“燕角楼”的石牌，燕角楼是辽南京城的东北角楼，其形制已无法考证，只留下地名。

「辽代帝陵」

辽上京临潢府是契丹崛起的地方，因此辽代的帝陵主要分布在上京附近，即今内蒙古赤峰的巴林左旗和巴林右旗一带，其中辽太祖耶律阿保机的祖陵在巴林左旗，辽太宗耶律德光、辽穆宗耶律璟的怀陵和辽圣宗耶律隆绪、辽兴宗耶律宗真、辽道宗耶律洪基的庆陵位于巴林右旗。此外，还有几位皇帝的陵墓修建在辽宁北镇，包括辽世宗耶律阮的显陵，辽景宗耶律贤、萧太后、天祚帝耶律延禧的乾陵。辽代帝陵均因山为陵，地表没有高大的封土。地宫分为前、中、后三室，后室是放置棺木的地方，地宫中有彩绘壁画。陵前都建有祭祀性建筑，如享殿、碑刻等，并置有奉陵邑。

辽太祖耶律阿保机（872—926），契丹族迭剌部人，契丹国的建立者。阿保机自幼聪慧，长大后身材伟岸，在四处征伐过程中迅速崛起，神册元年（916 年）正式称帝，建立契丹国。后在远征班师途中病逝，葬于辽祖陵。辽祖陵位于巴林左旗哈达英格乡石房子村西北的山谷中，陵前两峰突兀，对峙而出，形如山门，俗称“黑龙门”。山谷深处为阿保机玄宫所在，陵前建有太祖天皇帝庙、天膳堂、石像生等。辽祖陵在辽亡后遭到金人毁坏，加上自然的破坏，如今，辽祖陵地面遗存几近湮灭。

辽太宗耶律德光（902—947），辽朝第二位皇帝。他是辽太祖耶律阿保机次子，在母后述律平的支持下即位。天显十一年（936 年），辽太宗出兵帮助石敬瑭称帝，割取燕云十六州。后来闻知后晋有异心，

内蒙古巴林左旗辽太祖陵
（摄于 2017 年 8 月 15 日）

内蒙古巴林右旗辽太宗怀陵文保碑
（摄于 2018 年 8 月 14 日）

辽宁北镇辽景宗乾陵
（摄于 2018 年 8 月 15 日）

内蒙古巴林右旗辽圣宗庆陵
（摄于 2018 年 8 月 14 日）

率军攻入汴梁（今河南开封）灭后晋。大同元年（947 年），耶律德光在汴梁皇宫将国号改为“大辽”，后在北返途中病逝，葬于怀陵。辽怀陵位于巴林右旗幸福之路苏木床金沟。陵区三面群山环抱，山脊有石垒围墙，沟口设陵门，建有祭祀建筑。怀陵早年遭盗掘破坏，地表建筑成为一片废墟。

辽景宗耶律贤（948—982），辽朝第五位皇帝，辽圣宗的父皇，因长期患病，由皇后萧绰执掌朝政，宋、辽高梁河之战就是发生在其统治时期。他在外出游猎时病逝，葬于乾陵。辽乾陵是辽景宗与萧太后的合葬陵，位于辽宁北镇医巫闾山。由于金兵的破坏和千年风雨，乾陵确切位置不详，据载，应在辽宁北镇城北 10 千米的龙岗子一带，有待考古和研究。

辽圣宗耶律隆绪（971—1031），辽代在位时间最长的皇帝，葬于庆陵。庆陵位于内蒙古巴林右旗索博日嘎镇以北的庆云山。庆陵是辽朝走向全盛时期的产物，故规模宏大，地面建筑豪奢华丽，随葬品也极其丰富。陵寝由陵门、享殿和神道组成。辽亡之际，庆陵地面建筑遭到毁灭性破坏，后又经历代的盗掘，墓葬结构被破坏殆尽。在陵寝东南 1 千米处修建了奉陵邑庆州。

第十七章

承天寺塔问西夏

银川承天寺塔

浮屠记胜

在宁夏银川现代化的高楼大厦之间，庄重古朴的承天寺塔静静伫立，给城市平添了几许历史的韵味。历经千载风雨的承天寺塔不仅因其建筑风格的特殊美感，更因它与一位西夏皇太后的传奇经历相关而显得神秘。承天寺塔上叮当作响的风铃声，似乎还在述说近一千年前西夏王朝的那些刀光剑影和恩怨情仇。

承天寺塔，因塔在承天寺内而得名，又因位于银川城的西南部，所以又称“西塔”。塔高 64.5 米，比西安的大雁塔还高 0.5 米，是宁夏现存最高的一座古老砖塔。这是一座八角十一层的楼阁式砖塔，塔体建在边长 26 米的方形台基上。塔身三层开始开明窗，其中三、五、七、九层设南北向券门式明窗，四、六、八、十层设东西向券门式明窗，十一层设四明四暗的圆窗。各层没有窗门的各面，设有拱形壁龛。塔身自下而上，逐层收分，每层之间的塔檐上下各挑出三层棱角牙砖。各层檐角石榴状的铁柄上挂有铁铃，微风吹过，叮当作响。塔刹为绿色琉璃砖所砌成的桃形四角攒尖

顶，无相轮、华盖等部分，只有金属钵体和宝珠，为塔刹中所罕见。底层塔门面东，通过券道进入塔室。塔壁较厚，塔室呈方形空间。室内各层为木板楼层结构，有木梯盘旋，可登临各层至顶，从大圆窗中凭高远眺，银川古城风光和塞上景色尽收眼底。整座塔秀削挺拔，立体轮廓呈角锥形，古朴简洁。

承天寺塔是宁夏唯一有文献记载始建年代的古塔。据记载，古塔始建于西夏天祐垂圣元年（1050 年），为西夏皇太后没藏氏为祈求上天保佑小皇帝西夏毅宗李谅祚而建，寺塔名迎合了没藏太后“顾天承命”之意。没藏氏本是西夏开国皇帝李元昊皇后之兄野利遇乞的妻子，美艳绝伦。野利遇乞以善战著称，在与北宋军队的对抗中多有建树，为西夏的建立和巩固立下了汗马功劳，获得了很高的威望。战场失利的北宋王朝一直想除掉野利遇乞，于是就施展反间计，散布其谋降宋朝的传言，而刚好李元昊对位高权重的大舅子充满疑心，于是就借机杀害了野利遇乞。之后，李元昊将没藏氏接入宫中，并大加宠爱。李元昊的野利皇后对没藏氏入宫虽然忌恨，但也知道没藏氏的无奈，因此不想加害寡嫂，就将没藏氏送到寺庙当尼姑。没有想到李元昊依旧时常宠幸没藏氏，最后生下了谅祚。后来，李元昊见太子宁令哥的新妇没移氏年轻貌美，不顾多方反对，纳其为新皇后，并废掉野利皇后。太子宁令哥对李元昊废母夺妻的行为恨之入骨，受人挑唆，入宫刺伤李元昊，李元昊因伤重身亡，宁令哥与野利皇后也因弑君罪被处死，最后年仅周岁的谅祚被立为帝，是为夏毅宗，没藏氏被尊为太后。

没藏氏十分好佛，在她垂帘听政后不久，就大兴土木，开始兴建

承天寺和承天寺塔，希望以此保佑“幼登宸极”的小皇帝谅祚“圣寿以无疆”“宗祧延永”。据载，修建承天寺和承天寺塔的工程非常浩大，征调了数万兵民，于西夏天祐垂圣元年（1050年）始建，五年后建成了奢侈华丽的承天寺、承天寺塔。没藏太后还请人写了一篇铭文以志纪念，碣铭中记载了承天寺塔的地宫还埋有用金棺银椁密储的佛顶骨舍利。塔寺建成后，没藏太后常偕小皇帝谅祚亲临寺院聆听回鹘高僧的讲经。承天寺成为当时西夏最重要的皇家寺院。西夏灭亡后，承天寺逐渐没落。在元、明时期，塔、寺曾遭兵火和地震的损坏，但经过多次修缮，仍然“一塔独存”。清乾隆三年（1738年），宁夏发生大地震，塔受到了严重的破坏，日渐塌毁。清嘉庆二十五年（1820年），重修承天寺塔，保留了西夏佛塔的基本形制，现存的承天寺塔就是这时重建的遗物。

西夏王朝有寺塔无数，然而经过烽烟岁月后，在银川城内幸存下来的只有承天寺塔了，因而非常珍贵。笔者几次去银川，都会去位于古城西南角的承天寺塔看一看这座曾寄托没藏太后理想和爱的西夏皇家寺塔遗存。承天寺塔院古树参天，清幽静谧，笔者喜欢坐在院落中的凉亭里，仰观简洁古朴的古塔，俯思神秘的西夏历史。

史事钩沉

宋、辽关系通过“澶渊之盟”缓和后，西夏成为北宋最大的边患。西夏是由党项人建立的政权。党项族原居住在今青海省东南部黄河曲周边，唐朝时迁往甘肃东部和陕西北部一带。其首领拓跋思恭因镇压黄巢起义有功，被唐僖宗授为夏州节度使，赐李姓，统领夏（今陕西靖边白城子）、绥（今陕西绥德）、银（今陕西米脂）、宥（今内蒙古鄂托克前旗），其后裔经五代发展，逐渐成为当地藩镇势力。

宋太平兴国七年（982 年），党项族内乱，其首领李继捧献出夏、绥、银、宥、静五州地投附宋朝，但其族弟李继迁不愿归宋，带着部分亲信逃入草原。他采取联辽抗宋策略，投靠辽圣宗。辽圣宗为了削弱北宋在河西的控制力，册封李继迁为夏国王。李继迁实力日强，多次袭击北宋军队。宋太宗因屡次用兵无效，只得任命他为定难军节度使等职。但李继迁变本加厉，与李继捧合作，依靠辽国的支持，不仅收复了故地，还夺取了西北重镇灵州（今宁夏灵武），并迁都于此，改称西平府。北宋景德元年（1004 年），李继迁在战斗中因箭伤去世，其子李德明于柩前嗣夏王位。李德明在位期间，采取“依辽和宋”政策，同时向辽、宋称臣，接受两国封号，利用宋、辽矛盾，壮大力量，为西夏建国奠定了稳固的基础。

唐僖宗授占据夏州的党项族首领拓跋思恭为节度使（摄于 2018 年 7 月 26 日）

宋明道元年（1032 年），李德明因病去世，其子李元昊袭父职。据载，李元昊圆脸高鼻，身长五尺多，雄毅有大略。年轻时就独自率兵袭击并打败回鹘夜洛隔可汗，夺取甘州（今甘肃张掖），因此被立为太子。李元昊很早就对父亲的睦宋政策存有非议，袭位后下令恢复党项旧俗，改姓嵬名氏，发布秃发令，颁布党项文字，升兴州为兴庆府（今宁夏银川），扩建宫城。还整饬军政，对宋、吐蕃、回鹘作战，连续取胜。西夏天授礼法延祚元年（1038 年），李元昊在兴庆府“筑台受册”称帝，国号大夏，因其位于宋、辽之西，史称“西夏”。疆域东临黄河，西尽玉门，南迄萧关，北抵大漠。李元昊称帝后，宋、夏战争全面爆发，其中规模较大的有三川口之战、好水川之战、麟府之战和定川寨之战等四大战役。

西夏天授礼法延祚三年（1040 年），李元昊趁宋军不备，派军攻克保安军（今陕西志丹）、金明寨（今陕西安塞南），包围延州（今陕西延安）。宋延州知州范雍慌忙调集鄜延副都督石元孙和驻兵庆州的鄜延、环庆副总管刘平合兵万余昼夜行军，急赴延州增援，在三川口（今陕西延安西北）遭到西夏军队偷袭，石、刘二将仓促应战，兵败被俘。夏军立即集兵延州城下，延州危在旦夕。这时恰逢天下大雪，夏军缺少御寒衣物，无心再战。元昊又得报宋军进入夏境，只得率军回师。

李元昊在兴庆府称帝，建立大白高国，史称“西夏”（摄于 2012 年 7 月 12 日）

韩琦、范仲淹等名臣被宋仁宗派往西北负责对夏防务（摄于 2018 年 7 月 25 日）

三川口之战后，韩琦、范仲淹等名臣被宋仁宗派往西北负责对夏防务。在对西夏用兵的策略上，韩琦立场强硬，力主与夏军决战。范仲淹面对西夏的强悍攻势，力主持久防御，在此前提下乘便击讨。为此，范仲淹在陕西数年，筑青涧、大顺城，修复胡卢、细腰等寨，形成一道堡寨呼应的坚固战略体系，提高了军队战斗力，西夏人无计可施，人称其“腹中自有数万甲兵”。韩琦与范仲淹在军中威望很高，人称“韩范”。宋庆历元年（1041 年），李元昊率大军逼近怀远城（今甘肃平凉市北）。韩琦急忙调集镇戎军守兵两千人，并招募勇士八千，合计万余人，命行营总管任福率领出击。宋、夏军队在张家堡相遇，李元昊采取诱敌深入的计谋，假装西逃，任福不知是计，率数千轻骑奋力追击。此时，李元昊已经率领十万精兵埋伏在六盘山下的好水川（今宁夏隆德县北）。任福领兵沿好水川口西行，在道旁发现不少泥盒，打开一看，盒子里面装着的鸽子受惊腾起。李元昊看到直飞谷顶的鸽子，知道宋军已进入埋伏圈，立即下令埋伏的夏军从四面将宋军团团包围。宋军突遭袭击，不知所措，死伤甚众，韩琦与范仲淹等官员也因此被贬官降职。

同年七月，刚刚结束好水川之战的李元昊又点兵数万发动了麟府战役。他采取围困战术，将麟州城（今陕西神木）团团围住，麟州军民与夏军激战十余日，宋军奋力死战，夏军死伤惨重，不得不退兵。李元昊转而进攻府州（今陕西府谷），亦遭遇守军抵抗。夏军再转攻

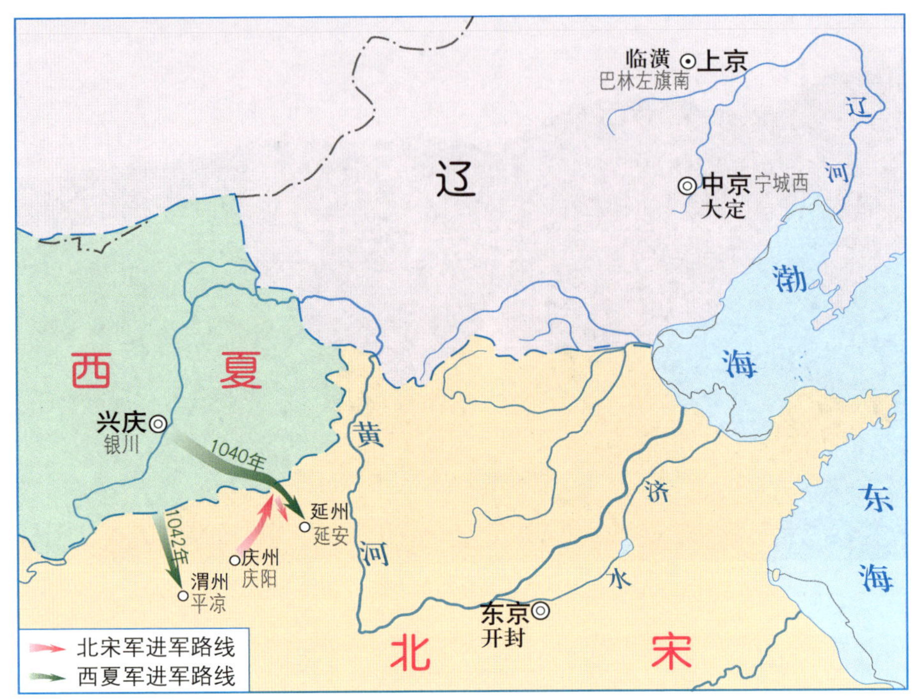

北宋、西夏战争示意图

丰州（今陕西府谷西北）并破城。之后，李元昊又回兵麟、府二州，并夺取麟、府之间的建宁寨，宋军组成万胜军出战，大败夏军，李元昊只得撤军而返。麟府战役以夏军占领丰州的结果宣告结束。

几场战役的胜利，使西夏气势愈盛，频频攻略宋西北边地，宋被迫采取守势。西夏天授礼法延祚五年（1042 年），李元昊派十万大军分东、西两路大规模进攻宋朝关中地区，一路从刘璠堡（今宁夏海原西南）出击，一路从彭阳城（今宁夏固原东北）出发，合攻镇戎军。宋将葛怀敏率军阻击，宋军兵分四路，向夏军发起攻击，结果遭遇败绩。夏军包围宋军驻扎的第背城（今宁夏固原南），乘夜放火，宋军抵挡不住，葛怀敏等十多名将官突围战死。此次战役中，宋军四十余名将校战死，近万名士兵和六百余匹战马被夏军俘获。此后，李元昊乘胜南下，直抵渭州，所到之处，焚民舍、毁城寨，掳掠而还。

西夏在军事上连续得胜，为其赢得与宋、辽的平等地位，形成了宋、辽、夏三足鼎立的局面。但战争的损耗及宋、夏间榷场贸易的停止，也使西夏经济大为受损，国内民众强烈不满，同时，由于李元昊在获胜后将战利品归于自己，不可避免地加深了各封建领主与李元昊之间的矛盾。宋朝利用了西夏内部的这种弱点，实施离间计来瓦解西

李元昊派大军大规模进攻宋朝关中地区，宋军连遭败绩（摄于 2017 年 7 月 25 日）

宋仁宗庆历年间宋夏和议（摄于 2017 年 7 月 18 日）

夏内部的团结，刚巧当时野利遇乞常驻天都山，拥有强大的兵力，对宋朝边境威胁很大，而李元昊对手握重兵的野利遇乞也心存疑虑。于是，宋朝散布野利遇乞准备投宋的传言，李元昊早就想削弱野利家族，借机将野利遇乞杀害。

西夏统治集团之间出现裂缝，削弱了团结侵宋的力量。同时，一向为西夏外援的契丹，也不愿看到西夏势力的过分强大，因此敦促西夏停止对宋用兵。李元昊鉴于多种因素，不得不向宋请和，一向屈辱妥协的宋仁宗也有意尽快与西夏和议。天授礼法延祚七年（1044 年），西夏与宋朝达成和议。和约规定：元昊以夏国王名义称臣，北宋每年“赐”西夏绢 15 万匹、银 7 万两和茶 3 万斤，史称“庆历和议”。和议使宋朝西北局势得以转危为安，也有利于双方经济文化的交往和发展，从此以后，宋夏之间的冲突逐年减少。

天授礼法延祚十一年（1048 年），李元昊被太子宁令哥所杀。在西夏国相没藏讹庞的谋划下，李元昊与没藏氏之子谅祚即位，是为西夏毅宗，因谅祚年幼，大权掌握在没藏兄妹之手。没藏太后信奉佛教，建寺咏经，大办佛事，耗巨资修建承天寺及塔。没藏兄妹的专权与奢

蒙古崛起后，成吉思汗把征服的矛头首先指向西夏（摄于 2012 年 7 月 15 日）

靡也引起了大臣的不满，福圣承道四年（1056 年），没藏太后外出途中，被大臣李守贵半路截杀，承天寺塔没能保佑没藏氏的安危。谅祚亲政后，对西夏进行了一些重要的改革，巩固了西夏政权。

西夏晚期，蒙古崛起，成吉思汗把征服的矛头首先指向西夏。从西夏天庆十二年（1205 年）开始，蒙古三次进攻西夏，西夏军队虽然顽强抗击，但大多以失败告终。西夏应天四年（1209 年），蒙古军队包围夏都中兴府（今宁夏银川），西夏求救金国，但金朝坐视不救，蒙古军又引黄河水灌城，西夏襄宗只得献女求和，并同意附蒙攻金。夏、金的战火，削弱了双方国力。同时，蒙古在西征过程中，不断向西夏征兵，西夏“不堪奔命，礼意渐疏”，这又激怒了蒙古人，西夏光定七年（1217 年），成吉思汗发动了第四次征夏战争，西夏无力抵抗，只得再次请降。西夏献宗李德旺即位后，打算趁蒙古大军西征的机会，联合漠北未被蒙古征服的各部共同抗击蒙古。不料被蒙古守将孛鲁察觉，孛鲁率先攻下西夏银州。西夏乾定三年（1226 年），成吉思汗西征回到漠北后，又亲自统兵由北路突入夏境，攻破西夏军事重镇黑水等城。接着，另一蒙古大军先后攻下西夏沙州、肃州、甘州和西凉府。蒙古大军兵临中兴府，被围半年，弹尽粮绝，西夏末帝李睍见大势已去，答应一个月后献城投降。关键时刻，成吉思汗病逝于军中，蒙古军秘不发丧，并不知情的李睍依约开城投降。按照成吉思汗的遗嘱，西夏末帝等被杀，西夏灭亡。

史迹博萃

「西夏都城遗址」

西夏是党项族建立的政权，其享国历史，如果从拓跋思恭进爵夏国公算起，有三百多年。夏政权最早的都城是夏州（今陕西靖边白城子），开始时间是“安史之乱”之后，党项族被唐政府安置在银州以北、夏州以东一带居住。之后，党项族首领拓跋思恭参与镇压黄巢起义有功，被唐僖宗授予左武卫将军，权知夏、绥、银州，从此，党项族拓跋部就稳固地占据夏州。到五代末期，党项族经营夏州已历五世，并利用五代混战局面，逐渐发展壮大自己的力量，形成了以夏州为中心的地方割据势力，史称党项族拓跋部贵族“虽未称国，而自其王久矣”，夏州城就是其政治中心。

夏州城原为赫连勃勃建立的夏国都城，城池坚固。北宋初年，宋太宗即位后，为消除割据状态，逼迫党项族首领李继捧献出夏、绥、银、宥、静五州之地，并下诏毁弃夏州城。李继捧的族弟李继迁带领其家族及亲信逃离，积蓄力量后，于宋咸平五年（1002年），攻下

陕西靖边夏州城遗址
（摄于2018年7月26日）

宁夏灵武灵州城墙
（摄于2021年7月28日）

宁夏银川南薰楼
（摄于 2021 年 7 月 27 日）

宁夏银川承天寺
（摄于 2021 年 7 月 27 日）

灵州（今宁夏灵武），改灵州为西平府，并于咸平六年（1003 年），宣布迁都西平府。李继迁之子李德明即位后，采纳部下建议，于宋大中祥符九年（1016 年），将都城由西平府迁到怀远镇（今宁夏银川），并改名兴州，在此正式建都。李德明之子李元昊嗣位后，升兴州为兴庆府，大兴土木，营建殿宇，广修宫室。西夏天授礼法延祚元年（1038 年），元昊在兴庆府南筑坛称帝。之后，元昊大肆营建。兴庆府呈长方形，“周回十八余里”，分西城和东城两大部分，西城主要是皇宫、官署和豪宅所在地，东城主要为民居、行市和作坊所在地。

兴庆府在西夏灭亡后遭毁灭性破坏，今已无存，只有从南薰楼和承天寺感受一些兴庆城的形制。南薰楼俗称南门楼，早在西夏时期就已存在，虽然屡毁屡建，我们也无从考查其原来的建筑式样，但当年兴庆城的位置应没有变，因此，南薰楼应为现在能够看到的兴庆府唯一原址修建的城楼。承天寺是文献明确记载始建于西夏的古寺，它也随着西夏的覆亡而日渐塌毁。明朝修复殿宇后，清朝又遇地震，后再度重建。作为一座已有八百年历史的寺庙，承天寺是我们了解西夏兴庆府的一个重要窗口。

「韩琦遗迹」

在对夏关系中，韩琦与范仲淹是不能不说的重要历史人物，他们均为北宋名臣，虽然相差9岁，但在戍守边疆、抗击西夏方面，同心协力，在军中享有很高的威望，人称“韩范”，被朝廷倚为长城。

韩琦（1008—1075），相州安阳（今河南安阳）人，出身世官之家。韩琦一生亲历和参与了许多重大历史事件，曾在宋仁宗、宋英宗和宋神宗三朝为相，也曾在开封、延州、扬州、郓州、定州、相州等地为官。但无论在朝中贵为宰相，还是任职在外，韩琦始终为朝廷着想，忠心报国。在对西夏用兵的策略上，韩琦持强硬立场，力主攻策，与夏军决战。在好水川之战中，因贸然出兵，导致失败。此后，韩琦又被派往泾州（今甘肃泾川）与范仲淹共守西陲，同担抗御西夏之责。熙宁八年（1075年），在相州溘然长逝，享年68岁，宋神宗“辍朝三日”，并亲撰墓碑：“两朝顾命定策元勋”，谥“忠献”，赠尚书令。宋徽宗时，追论其定策之功，又增封“魏郡王”。

韩琦被厚葬于安阳皇甫屯村家族墓葬区，建有高大的墓冢，墓前

陕西延安凤凰山城墙
（摄于2018年7月25日）

河南安阳韩琦墓
（摄于2015年8月6日）

河南安阳韩魏公祠
（摄于 2015 年 8 月 6 日）

河南安阳昼锦堂遗址
（摄于 2015 年 8 月 6 日）

有大批石像生、碑刻，但历史上遭受过不同程度的破坏，幸运的是韩琦墓没有遭盗掘。2004 年，在南水北调工程中，因干渠从墓区穿过，韩琦墓被整体搬迁。墓由墓道、砖封门、挡土墙、甬道、墓室和地宫等组成，为一独特的上砖下石结构形制的墓葬。笔者在一个天色昏沉的日子前往安阳郊外寻访搬迁后的韩琦墓。韩琦墓的荒凉是笔者没有想到的，几乎是在一片荒芜的乱草丛中。墓门洞开，走入其中，黑暗中能够感受到墓室不小的规模。一代名臣之墓，如此遭人冷落，使人为之感叹。

此外，在安阳市区还留有韩魏公祠，笔者寻迹其中，祠堂虽不甚大，但古朴雅致。旁有昼锦堂遗址，此处原为韩琦曾任职的衙署后花园，韩琦在此修建昼锦堂，作为读书休息的地方。据说，韩琦题额“昼锦”，是为了提醒自己时刻要记住皇上让自己“衣锦回乡”的眷顾，以守土尽职笃忠义大节。昼锦堂原有建筑现多数不存，但韩琦的人品才学值得敬重。

「范仲淹遗迹」

范仲淹（989—1052），苏州吴县（今江苏苏州）人。据载，其读书、葬祖、出仕都是从苏州西郊的天平山开始的，现建有范仲淹纪念馆。大中祥符八年（1015年）进士及第，开始其仕宦生涯。他在北宋政治、军事、文学等方面均有一定建树，尤其是其“先天下之忧而忧，后天下之乐而乐”的情怀至今为人所赞誉。康定元年（1040年），52岁的范仲淹被调任陕西经略安抚招讨副使，抵御西夏挑衅。范仲淹根据战场形势，分延州兵为六将，每将三千人，分部训练，量敌众寡出战，并修营寨，开营田，团结当地羌人。这一系列切实可行的措施，卓有成效地巩固了西北边防，使西夏无计可施。慑于其威望，西夏兵不敢轻易进攻，故西北局势得以转危为安。范仲淹镇守延州时，曾在宝塔山上安营筑寨、屯兵凿井，至今在延安宝塔山半山坡的岩石上还留有当年范仲淹所题的“嘉岭山”阴刻大字，遒劲有力，气势磅礴。此外，在延安清凉山还建有纪念他的范公祠，祠内有范仲淹塑像，神态英武。

江苏苏州天平山范仲淹纪念馆
（摄于2010年11月19日）

陕西延安宝塔山摩崖石刻
（摄于2018年7月26日）

陕西延安清凉山范公祠
（摄于 2018 年 8 月 28 日）

河南伊川范仲淹墓
（摄于 2011 年 10 月 19 日）

庆历三年（1043 年），范仲淹被调回京师，不久任参知政事，他针对当时朝政弊病，上疏条陈十事，宋仁宗采纳后推行“庆历新政”。新政损害了官僚贵族的利益，招致强烈反对，范仲淹遭罢贬。皇祐四年（1052 年），范仲淹在调往颍州的途中，因病逝世，享年 64 岁，宋廷追封其为兵部尚书，谥“文正”。他去世后葬于河南洛阳伊川。

笔者两度拜谒位于伊川县彭婆镇许营村的范仲淹墓，墓冢位居万安山南侧，此处古柏千株，牌坊、祭庙、墓冢掩映其中，踏入其中，顿有远离尘世、古风扑面之感。穿过“高山仰止”石坊，迎面是祭庙，范仲淹塑像端坐其中，神采奕奕。祭庙后为墓园，范仲淹墓呈圆形，墓冢草色青青，墓碑书有“宋参知政事范文正公墓”。墓园中保存多块碑石，其中以“神道碑”最为珍贵，它由宋仁宗亲撰题额，欧阳修撰文，后人评价极高，誉其文精字美，相得益彰。靠近这块穿越千年时光的巍峨石碑，会把每一个人带进历史深处，去探寻大宋王朝的尘封往事。

「黑水城遗迹」

黑水城位于内蒙古阿拉善额济纳旗境内干涸的额济纳河下游北岸的荒漠上，因额济纳河古称“黑水”而得名。黑水城南临巴丹吉林大沙漠，北靠大戈壁，地处沙漠戈壁之间，是河西走廊通往漠北的必经之路和交通枢纽，战略地位极为重要，是西夏防范吐蕃和回鹘的北方军事重镇。为此，西夏王朝将一个统军司设置在这里，称为“黑水镇燕军司”。当年黑水城除了驻扎军队外，还有不少在此垦殖的各族农牧民，党项族、汉族和其他民族共同开发了额济纳河下游的绿洲地带，黑水城也由此成为有一定规模的边境小城。城垣规模不大，长宽各约240米，城内建有藏传佛教噶举派的寺庙，以及一些民居。蒙古兴起后，要包抄夏王朝都城就必须先攻下黑水城。因此，西夏乾定三年（1226年），成吉思汗调集大军攻克了黑水城，使西夏北部屏障顿失，不久，西夏国都中兴府随之被攻陷，西夏灭亡。元朝建立后，黑水城依然沿

内蒙古额济纳旗黑水城城门
（摄于2012年10月2日）

内蒙古额济纳旗黑水城城垣
（摄于2012年10月2日）

内蒙古额济纳旗黑水城佛寺塔
（摄于 2012 年 10 月 2 日）

内蒙古额济纳旗黑水城佛寺遗迹
（摄于 2012 年 10 月 2 日）

用，在此设立亦集乃路，并扩展了城垣。元朝灭亡后，残余的蒙古贵族聚集于此对抗明朝军队。明洪武五年（1372 年），明王朝派大将冯胜攻破黑水城，为绝后患，将黑水城居民迁入内地，黑水城遭废弃，加上额济纳河改道，城垣变成一片废墟。

20 世纪初，俄国人科兹洛夫和英国人斯坦因在黑水城发现了大量的西夏文献，他们把从黑水城盗掘的大批西夏珍贵文物偷运回国，科兹洛夫偷运的文物现藏于俄罗斯冬宫和俄国科学院东方学研究所，斯坦因偷运的文物现藏于英国大英博物馆。西夏珍贵文物流失海外，是中国人心中的痛。当笔者在西夏灭亡 700 多年以后来到黑水城遗址时，从留存的断壁残垣中，依然可辨城池的范围，不过四周的城垣已有半数被流沙掩埋，遗址西北角上耸立的五座佛塔也被风沙剥蚀得裂痕斑斑。大漠长烟，沧海桑田，西夏的烽烟岁月随着历史的车轮而渐渐远逝，笔者坐在残破的黑水城畔，看着西沉的太阳及渐渐变黑的黑水城，遥想发生在西夏王朝的沧桑往事，不禁为那个消失的王朝感到几许悲凉。

「西夏王陵」

西夏存世 190 年，包括太祖李继迁和太宗李德明在内共有 12 位皇帝，其中有 9 位皇帝葬于贺兰山东麓洪积平原上。分别为太祖李继迁裕陵、太宗李德明嘉陵、景宗李元昊泰陵、毅宗李谅祚安陵、惠宗李秉常献陵、崇宗李乾顺显陵、仁宗李仁孝寿陵、桓宗李淳祐庄陵和襄宗李安全康陵。西夏最后三位皇帝神宗李遵顼、献宗李德旺和末帝李睍均无陵号，史籍也没有记载其陵寝的具体位置，可能是最后三王正当西夏败亡之际，无暇造陵。

西夏王陵位于兴庆府（今宁夏银川）的西南郊，这里背山面水，靠近帝都，且地势高亢，延绵不绝，因此，西夏把帝陵选在这里。陵区东西宽约 4.5 千米，南北长约 10 千米，总面积近 50 平方千米。陵区内的 9 座王陵，每一座都有独立的陵寝建筑，均坐北朝南，呈长方形，内部结构分为角台、阙台、碑亭、月城、陵台等建筑，这些建筑

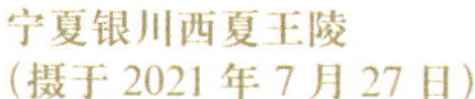

宁夏银川西夏王陵
（摄于 2021 年 7 月 27 日）

宁夏银川西夏王陵文保碑
（摄于 2021 年 7 月 27 日）

宁夏银川西夏王陵石雕力士
(摄于 2021 年 7 月 27 日)

宁夏银川西夏王陵陪葬墓群
(摄于 2021 年 7 月 27 日)

据南北中轴线对称分布。角台是陵园的外围建筑，也是茔域范围的标志。阙台是陵园正南门外的建筑，呈圆形，其北部为碑亭。月城是陵园南门外的一座小城，类似瓮城。月城至陵园南门之间，设有神道，两侧各有两排石像生。陵台为塔式建筑，八角形或圆形，为夯土实心砖木混合密檐式结构，这种陵寝建筑形式体现了汉族、党项族和佛教三种文化的有机结合，构成了我国陵园建筑中别具一格的形式。墓室位于陵台前，从已发掘的 8 号王陵看，为斜坡台阶式墓道，墓室距地面深达 25 米多，土洞墓室，方砖铺地，东西设有龛形配室。

在西夏王陵区域内还有大量皇亲国戚和贵族官僚的陪葬墓。由于历史上迭遭破坏，陵园地面建筑全毁，西夏王陵只剩下一座座高高矗立的黄土堆。其中 3 号陵是陵园诸陵中茔域面积最大、保存最好的一座，有一种观点认为是李元昊的泰陵。笔者多次参观 3 号陵，尽管墓园陵墙残破，但基本模样保留了下来，金字塔形的黄土堆在远处贺兰山的映衬下还是显得相当雄伟。残破的西夏帝陵意味着曾经辉煌一时的党项人就这样静寂无声地退出了历史舞台，党项人留给后人更多的是一份历史的沉重。

第十八章

大都兴废塔亦知

北京妙应寺白塔

浮屠记胜

站在北京景山的万春亭前，向西眺望，一座通体洁白的古塔，以其巍然凌空的雄姿，屹立于妙应寺中，这就是北京妙应寺白塔。这座塔与北京的大多数塔不一样，是一座覆钵式喇嘛塔。其实，这里早在辽朝就建造过一座佛塔，但元世祖忽必烈登基后，下令拆毁佛塔，在其旧址修建了这座大型喇嘛塔。这一毁一建，反映了元朝统治者大力推行喇嘛教，把其作为思想统治工具的政治意图。同时，元朝的大都城（今北京）也伴随这座白塔的兴建拔地而起，可以说，妙应寺白塔是大都城兴废的见证者，目睹了元朝的盛衰。

妙应寺白塔位于北京阜成门内大街路北的妙应寺内，因其通体涂抹白灰，颜色洁白，故俗称“白塔”。喇嘛塔高约 51 米，由台基、塔身和十三天相轮塔刹三部分组成。塔基是用大城砖垒起，高 9 米，分为三层，下层为护墙，平面呈方形。上、中二层均为折角的须弥座，平面呈“亚”字形。每层四面各左右对称内收两个折角，筑成多折角方形塔座，使整个塔座轮廓分明，造型优美，富于变化。台基上用砖砌筑并雕出巨大的莲瓣和数条

名为金刚圈的圆形线条，以承托塔身，并将基座和塔身连接在一起。塔身为一巨大的覆钵，形似宝瓶，也叫塔肚。钵上肩略宽，外形粗壮稳健，其最大直径约 20 米。覆钵顶部又是一层“亚”字形小型折角须弥座，俗称“塔脖子”，用以连接塔身和塔刹。塔刹由相轮、华盖和宝顶组成。相轮用砖砌成，层层拔起，呈圆锥形，共十三层，也就是所谓的“十三天”，给人以高耸之感。“十三天”顶端承托着直径为 9.7 米的华盖，华盖为铜质，周围悬挂着 36 块铜制镂透的流苏和铃铎，远远望去亭亭如盖，微风吹动，铃声悦耳。华盖之上就是宝顶，宝顶是白塔的最上部分，是一座高 5 米、重 4 吨的金色铜质小喇嘛塔，金光闪耀，与高大洁白的塔体浑然一体，醒目壮观。

妙应寺白塔是我国现存建造年代最早、规模最大也是最优美的一座喇嘛塔，始建于元朝至元八年（1271 年），是元世祖忽必烈亲自下令并指派当时尼泊尔的工匠阿尼哥主持修建的。据《元史》载，阿尼哥“长善画塑，及铸金为像”，他应元世祖帝师八思巴之聘，带领 80 名工匠来中国参与当时京城重要庙宇的建设工程。妙应寺白塔经过八年的设计和施工，至元十六年（1279 年）建成后，随即迎请释迦佛舍利藏于塔中。与白塔一起建成的还有塔前的一座规模宏大的寺院，赐名“大圣寿万安寺”。寺院殿堂一如内廷，佛像、窗壁皆饰金，是元朝皇室在大都兴建的重要工程之一，并成为当时皇家进行宗教活动和百官习仪的中心场所。元成宗时，在殿东西设两影殿，月遣官员致祭。

明朝洪武元年（1368年），大圣寿万安寺全部殿堂被雷火焚毁，仅白塔幸免。明宣德八年（1433年），明宣宗下令修复。明天顺元年（1457年），改称“妙应寺”。之后，明朝成化、万历年间都对白塔进行过修缮。清康熙、乾隆时期，也多次修葺，康熙帝、乾隆帝均御笔亲题重修碑文。清光绪二十六年（1900年），八国联军攻占北京，曾冲入妙应寺，将供器、经卷等劫掠一空。清宣统元年（1909年）和1937年，又曾对白塔进行过较大规模的整修。

清代，僧人们将配殿和空地出租，白塔寺逐渐演变为北京城著名的庙会之一，每到逢年过节，这里就热闹非凡，以至在北京民间形成了“八月八，走白塔”的习俗。1978年，在对白塔进行维修加固的过程中，揭开塔顶铜制小喇嘛塔后，发现了清乾隆十八年（1753年）修缮时存留的僧冠、僧服、经书和多种珍贵文物。1980年，又成立了专门的保护机构，妙应寺经过修缮终于重新开放。不过，妙应寺几经毁建，殿宇禅房已非元代建筑，只有白塔仍为元代遗物。

白塔形制源于古印度的窣堵坡式，先传入我国西藏，之后传入元大都。妙应寺白塔融合了中、尼佛塔的建筑风格，不仅具备内涵丰富的佛教意义，能适应各种活动的要求，而且以其巍峨、优美的塔式，为我国建筑增添了光彩和气势。妙应寺白塔伴随着元大都的建设而诞生，当元大都消失以后，它也就成为元大都保留至今的重要标志，是元朝那段历史岁月的见证。

史事钩沉

蒙古族是我国北方主要少数民族之一，其祖先据说是蒙兀室韦，居于望建河（今额尔古纳河）之东。约在唐朝末年，蒙古一部西迁至漠北的不儿罕山（今蒙古肯特山）居住，进入草原的蒙古部落受到了中原先进经济、文化的影响，特别是铁的输入，促进了各部落社会生产力的发展，并由此分衍出诸多氏族和部落。各部落之间各自独立，为掠夺人口、牧畜和扩大统治区域，频繁地进行争战，一些部落为了保全自己，扩大势力，结成联盟。当时中国北方正处于金朝的统治之下，金朝君臣深恐蒙古势力强大会成为边患，在派兵剿杀劫掠的同时，挑动蒙古各部互相残杀。在诸部的战争中，蒙古乞颜部贵族铁木真的势力逐渐壮大，并先后击败其他部落，统一蒙古高原。1206 年，蒙古贵族在斡难河（今蒙古鄂嫩河）源召开大会，奉铁木真为大汗，尊号成吉思汗。

成吉思汗建国后，实行千户制，千户既是军事组织单位，又是地方行政单位，千户的首领都是成吉思汗的封臣，以此控制全国。同时

铁木真在斡难河源的大会上被推举为蒙古国大汗，号成吉思汗（摄于 2012 年 7 月 15 日）

又扩充护卫军，护卫军的职责是保卫大汗金帐和跟随大汗出征。蒙古势力兴起后，开始对外发动大规模的征服战争，成吉思汗的征服目标首先指向西夏和金朝。

根据先弱后强战略，成吉思汗决定首先消灭西夏。从西夏天庆十二年（1205年）开始，蒙古三次进攻西夏，西夏军队虽然顽强抗击，但大多以失败告终，被迫称臣纳贡。西夏乾定三年（1226年），蒙古大军再次出兵西夏，兵临中兴府（今宁夏银川）。西夏宝义元年（1227年），抵抗了半年之久的西夏末帝李睍最终投降被杀，西夏灭亡。成吉思汗在征战西夏的同时，也不断出兵金朝。金大安三年（1211年），成吉思汗统兵攻入金西北路边墙，占据昌、桓、抚等山后诸州。金贞祐元年（1213年），又在怀来大败金军，兵指居庸关。成吉思汗采用迂回战术，率主力从紫荆口入关，进围金中都（今北京）。第二年，金宣宗被迫献公主、金帛请和，并南迁汴京（今河南开封）。成吉思汗随即派兵南下，攻占金中都后，复旧称燕京，金朝黄河以北土地尽失。成吉思汗在设置镇守官兵后退回漠北。

从金兴定元年（1217年）开始，成吉思汗准备亲率大军西征，临行前，封木华黎为太师国王，专责经略中原。木华黎原为成吉思汗的奴仆，追随成吉思汗参与统一蒙古高原各部的战争，屡立军功，蒙古建国后，被封为左手万户长。他逐渐改变了蒙军之前肆行杀掠、得城不守的做法，注重招降和利用汉族地主武装攻城略地，并授予官衔，让其继续统军管民。通过这一做法，他先后征服了金朝的大部分国土。

成吉思汗去世后，遵照其遗命，蒙古贵族大会推荐其三子窝阔台为大汗。窝阔台即位后，决定继续出兵攻击金朝。金正大八年（1231年），蒙古军队分兵三路南下。第二年初，在钧州（今河南禹州）南的三峰山之战中，击溃金军主力，蒙军乘胜进围汴京，金兵极力抵抗，同年底，汴京城中粮尽援绝，金哀宗出奔归德（今河南商丘），汴京失守。次年，蒙古军队追围归德，金哀宗又逃往蔡州（今河南汝南）。蒙古约请南宋出兵联合夹击金朝，宋将孟珙受命率军自襄阳抵蔡州，宋蒙军队分攻蔡州南、北城。金天兴三年（1234年）初，蔡州被攻破，金哀宗自缢，金朝灭亡。

金朝灭亡后，窝阔台很快筹划进兵南宋。宋端平二年（1235年），蒙古分兵荆襄和四川，开始对宋战争。同一年，窝阔台调集汉族工匠，于斡耳罕河（今蒙古鄂尔浑河）旁建立哈剌和林城郭，作为都城，这是蒙古第一个首都，之前蒙古四处迁移，没有固定的驻地。

宋、蒙军队联合攻陷蔡州城，金朝灭亡（摄于 2014 年 9 月 6 日）

1241 年，窝阔台去世，皇后乃马真称制，直到 1246 年，其长子贵由才被立为大汗，但两年后，贵由在西征途中病逝。1251 年，诸王大会推举成吉思汗之孙蒙哥为大汗。蒙哥命其弟忽必烈总领漠南军国庶事。忽必烈受命后，驻扎金莲川（今内蒙古滦河上源），建立藩府，他招揽汉族知识分子为其谋士，这就是蒙元史上有名的“金莲川幕府”。

大理天定二年（1253 年），忽必烈受命与大将兀良合台统兵南征大理，以便迂回包抄南宋。大理国是以白族为主体在今云南建立的民族政权，由通海节度使段思平于后晋天福二年（937 年）联合滇东三十七部势力而建立的。宋太宗时册封“云南八国都王”，宋徽宗时赐“云南节度使、大理王”，大理也常向宋王朝纳贡致意，与中原保持密切的经济文化联系。忽必烈受命远征云南，率军经甘肃进入四川，然后分兵三路，抵金沙江，并以“革囊”渡江。面对十万蒙古铁骑，大理军队很快溃散，大理国王段兴智兵败被俘。蒙古控制大理国全境后，形成了对南宋的侧后包围之势。之后，忽必烈班师北归。1256 年，忽必烈考虑到“金莲川幕府”的大多数人习惯城居，难以适应住帐篷、逐水草而居的游牧生活，决定在驻帐处营建城舍，作长期打算。于是，命亲信刘秉忠于滦河上游选地建城，营造宫室，取名开平。

宋宝祐五年（1257 年），蒙古大汗蒙哥亲率大军征宋。第二年七月，蒙哥汗率军进入四川。宋开庆元年（1259 年）二月，蒙军抵达钓鱼城（今

钓鱼城坚固的城防使蒙哥汗最终命丧合川
（摄于2017年4月20日）

忽必烈在开平即大汗位，开平后来改称上都
（摄于2009年8月10日）

重庆合川东）。钓鱼城具有重要的战略地位，因此南宋在此驻以重兵，并建有坚固的城防。蒙军连攻五月不克，蒙哥汗亲自督阵，不料在战斗中被炮火击伤，不久逝于军中。此时，忽必烈正在鄂州（今湖北武昌）与宋军交战，听闻蒙哥汗病逝军中的消息后，立即与南宋贾似道密订和约，撤军北归。元中统元年（1260年），忽必烈在开平即大汗位，开平后来改称上都。

忽必烈称汗后，内部一度不稳，直到稳定北方局势后，才又将军事重点转向南方。考虑到上都位置偏北，远离中原，不利于调动兵力和控制中原的政局，忽必烈把目光投向了燕京。燕京北连朔漠，南控中原，西拥太行，东濒渤海，地势优越，辽、金两代觊觎中原，都选择以燕京为都城。忽必烈称汗后，元朝的统治重心已由漠北移到中原。忽必烈又抱有消灭南宋、统一中国的勃勃雄心，因此，至元元年（1264年），忽必烈升燕京为中都。至元四年（1267年），于中都旧城东北建造新城，新城虽然规模宏伟，工程浩大，但在刘秉忠和张柔、段天祐等人的主持下，进展很快。至元八年（1271年），忽必烈昭告天下，正式建国号大元。第二年，下令升中都为大都，正式成为大元都城。

忽必烈迁都大都是为了控制中原的政局，因此，在修建大都城的同时，抓紧部署灭宋战役。至元五年（1268 年），忽必烈调集元军围攻襄樊（今湖北襄阳），襄樊军民在拒守孤城 6 年后被攻破。至元十一年（1274 年），元军两路大举南进。其中元军统帅伯颜率领的右军主力一路上战、抚兼施，突破宋军防线，攻占建康（今江苏南京）。之后，伯颜趁势分兵三路向南宋都城临安进发。至元十三年（1276 年），面对兵集临安城下的元军，南宋主持朝政的太皇太后谢氏抱着五岁的宋恭帝向元军上表投降。但宋恭帝的哥哥赵昰和弟弟赵昺在文天祥、张世杰、陆秀夫等大臣的保护下逃离临安，在江南西路、福建路和广南东路一带继续抗元，力图恢复宋朝。景炎元年（1276 年），宋端宗赵昰在福州即位。但元兵步步进逼，宋朝君臣被迫乘船逃往海中。景炎三年（1278 年），赵昰病逝，文天祥也在转战至海丰北的五坡岭时被元军俘获。同年，张世杰和陆秀夫拥立赵昺为帝，改元祥兴，并退至崖山（今广东新会南海中），作为最后据点。祥兴二年（1279 年），元将张弘范猛攻崖山，宋军虽奋力抵抗，仍无法抵御元军的凌厉攻势，全军覆灭。陆秀夫抱幼帝赵昺投海殉国。张世杰突围途中遭遇大风，溺死海中，南宋王朝在悲壮中灭亡，忽必烈完成了全国的统一。

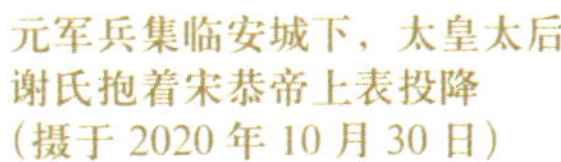
元军兵集临安城下，太皇太后谢氏抱着宋恭帝上表投降（摄于 2020 年 10 月 30 日）

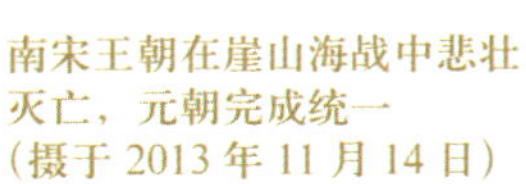
南宋王朝在崖山海战中悲壮灭亡，元朝完成统一（摄于 2013 年 11 月 14 日）

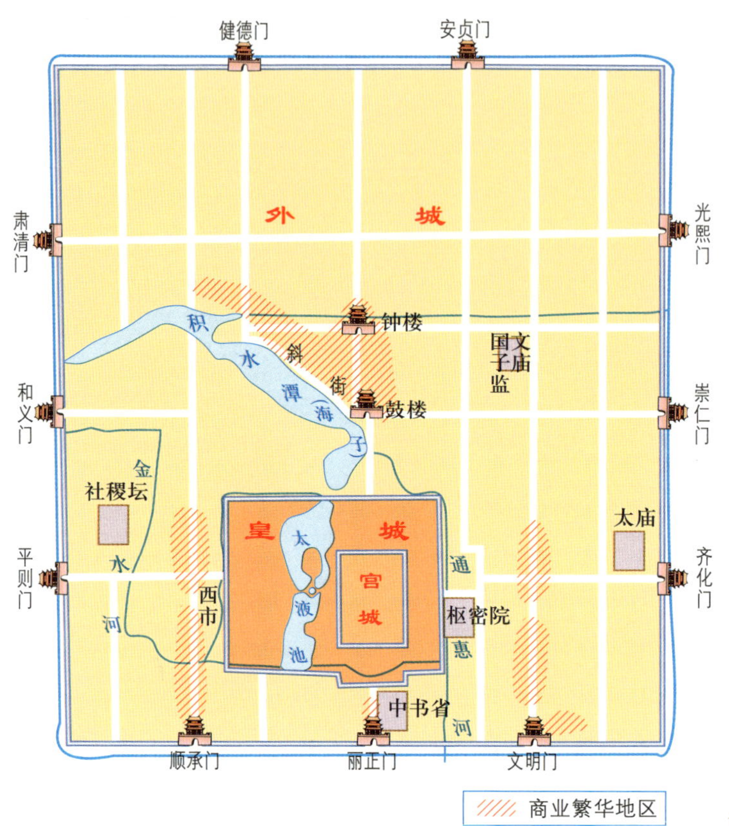

元大都城平面图

南宋灭亡后不久，大都城也基本建成，至元二十二年（1285 年）起，元朝皇室、贵族、中央机构相继迁入大都城，这时大都真正从地域性政治中心上升为全国性的政治中心。

元朝是我国统一多民族国家空前发展、壮大时期，实现了包括辽东、漠北、西域、吐蕃、云南等地区的大统一，幅员之广超过了汉、唐。元朝在社会经济、文化等方面也有所发展，尤其在交通和对外交流方面非常繁盛。但元朝的阶级矛盾和民族矛盾尖锐，到了末期，吏治腐败，国库空虚，灾荒频仍，而元政府推行的开河、变钞做法直接催发了轰轰烈烈的元末农民大起义，而且这次起义规模大、时间长，以红巾军为主力的农民起义军沉重打击了元朝在全国各地的统治，为朱元璋最后推翻元朝创造了条件。

史迹博萃

「成吉思汗遗迹」

成吉思汗（1162—1227），蒙古开国君主，出生于蒙古乞颜部，统一蒙古诸部后，被推为大汗，建立蒙古国。他病逝于征讨西夏的战争中，元朝尊其为元太祖。

据《元史·太祖纪》记载，成吉思汗去世于六盘山的清水行宫。清水行宫在哪里，史籍记载不一。1993 年，宁夏考古工作者在固原开城发现了元代大型宫殿建筑遗址。开城遗址位于六盘山北段东麓、清水河源头，遗址中出土了大量黄色琉璃瓦，说明其规模和等级很高，甚至直指帝王一级。专家们依据考古情况及成吉思汗发病天数与行程天数等进行分析，认为此处可能就是成吉思汗病逝的行宫，此处行宫后来被忽必烈的三皇子扩建为安西王府。笔者专程去开城遗址考察，因为正处在发掘阶段，遗址被遮盖，所以没能看到遗址全貌。成吉思汗去世后，因其灵柩是秘密安葬的，故关于其陵地至今众说纷纭，有克鲁伦河说、大鄂托克说、阿尔泰山说、六盘山说和伊金霍洛旗说等，它们各有所据。

成吉思汗病逝于盛夏，按照蒙古习俗，成吉思汗的遗体被存放在中间掏空的大树做成的棺木中，用金属条箍紧后，运至草原深处挖一个深坑。木棺下葬后，土回填，不起坟。为了不让外人看出动土的痕迹，用万马踏平墓域，再将这一区域封起来，待到墓域地面上长出青草，与周围的青草无异，才撤封。为方便以后祭祀，还会在墓域内当

宁夏固原开城遗址
（摄于 2017 年 7 月 24 日）

青海湟中塔尔寺
（摄于 2008 年 8 月 11 日）

内蒙古鄂尔多斯成吉思汗陵
（摄于 2012 年 7 月 15 日）

内蒙古乌兰浩特成吉思汗庙
（摄于 2006 年 7 月 23 日）

着母骆驼的面杀死小骆驼，来年祭祀的时候，就以这头母骆驼为向导，根据母骆驼停留悲鸣的地方，确定墓域，不过当母骆驼死后，成吉思汗的真正陵寝所在就无人知晓了。后世蒙古人为了便于祭祀，在远离墓域的蒙古草原上修建了专门祭祀成吉思汗的陵寝，即八白室。八白室由八座白色宫毡帐组成，分别供奉成吉思汗及其夫人，以及成吉思汗生前的遗物、器具等珍贵物品，由达尔扈特人负责守护。八白室在历史上几经迁移，先后移奉甘肃兴隆山东山大佛殿、青海塔尔寺。

1954 年，八白室被迎回内蒙古伊克昭盟（今鄂尔多斯市）伊金霍洛旗，两年后，建成成吉思汗陵寝建筑，由牌坊、碑亭、苏勒德祭坛和大殿等建筑组成。大殿为主体建筑，由 3 座蒙古包式的大殿构成，供奉有成吉思汗雕像、成吉思汗生前用过的马鞍等珍贵文物、成吉思汗四子拖雷及其夫人的灵柩、旗帜和“苏鲁锭”等圣物。此外，在内蒙古兴安盟乌兰浩特市罕山之巅还建有一座成吉思汗庙。

「大理国遗迹」

大理国（937—1253）是以白族为主体建立的民族政权，由通海节度使段思平创建，辖区包括今天云南全境、四川西南部等地，分八府、四郡、三十七部，都城为羊苴咩城（今云南大理太和村）。大理国推行汉族文化，农业、畜牧业和手工业较为发达。蒙古在灭宋战争期间，蒙哥汗采纳了其弟忽必烈的建议，决定避开宋军主要防线，先行攻取大理国，以此形成对南宋的迂回之势。大理天定元年（1252 年），蒙哥汗命忽必烈率军远征云南。蒙古大军翻山越岭，进抵金沙江畔。忽必烈命令将士将牛羊杀死后，塞其肛门，充气后用作渡江的工具，这种渡河工具被称为“革囊”，昆明大观楼长联里的“元跨革囊”典故就出自这里。忽必烈用“革囊”渡江，与西路军会合，包围大理都城羊苴咩城，大理国王段兴智派遣军队迎战，在三路蒙军的合力攻击下，大理军主力被歼，段兴智弃城逃走，羊苴咩城失陷。不久，大理全境被蒙古军队占领，段兴智后来也被俘，历时 300 余年的大理国至此灭亡。

为纪念忽必烈平云南的功绩，元大德十一年（1307 年），主管云

云南昆明大观楼
（摄于 2009 年 7 月 21 日）

云南大理“元世祖平云南碑”
（摄于 2022 年 7 月 16 日）

云南大理城
（摄于 2006 年 1 月 12 日）

云南大理崇圣寺三塔
（摄于 2022 年 7 月 16 日）

南的官员奏请刻石纪功，在苍山脚下立下了“元世祖平云南碑”。碑文追颂了忽必烈的功绩，叙述了建立云南行省的情况。笔者参观时，因大门紧闭，只能在围墙的花窗远观古碑雄姿。羊苴咩城是大理都城，在蒙古军队攻击大理国的军事行动中遭到重创，后来又遭兵燹焚毁。

明洪武十五年（1382 年），大理卫指挥使周能在羊苴咩城的范围内修建大理城，后经扩建，方圆 12 里，有 4 座门楼和角楼，清朝又多次修缮，使古城留存至今。笔者多次参观大理古城，虽然羊苴咩城的历史遗迹基本泯灭，但原址重建的大理城依旧雄伟，其繁华的街市充满古意。此外，古城西北高耸的崇圣寺三塔，为南诏和大理国留下的珍贵文物，当羊苴咩城毁于兵火的时候，它们却幸运地被保存了下来，成为今天大理的标志。笔者每次去大理，都会去大理三塔下转一下，它们由一大两小组成，呈鼎立之态，卓然挺秀，俊逸不凡，见证了大理的沧桑岁月。

「南宋古战场遗迹」

南宋后期，面对蒙古铁骑，南宋军民展开了艰苦卓绝的抵抗。襄阳之战是蒙古对宋战争的开始，也是决定宋王朝命运的一次大战役。襄阳城控扼南北，地势险要，自古为兵家必争之地，也是南宋抵抗蒙古军队的边防重镇。蒙古军队从宋端平二年（1235 年）开始多次实施对襄阳的围攻，襄阳守城将士孤城苦战，杀敌无数。咸淳九年(1273 年)，终因孤城无援，襄阳失守，但守城军民英勇抗击的气概，青史留名。如今在襄阳城西龟山脚下的一块摩崖上依然留有“李曾伯纪功铭”，它是宋代京湖制置使李曾伯在淳祐十一年（1251 年）率兵收复襄阳、樊城后，为铭记这一功绩而劈崖刻石，是襄阳之战的历史见证。

钓鱼城之战是宋蒙战争中的一次著名战役。钓鱼城坐落在今重庆合川区城东的钓鱼山上，此山突兀耸立，三江环绕，地势险要。嘉熙四年（1240 年），四川安抚制置副使彭大雅为抗击蒙古军，派人在钓鱼山上筑寨。三年后，四川安抚制置使余玠命冉琎、冉璞主持修筑钓

湖北襄阳李曾伯纪功铭
（摄于 2016 年 10 月 5 日）

重庆合川钓鱼城古战场遗址
（摄于 2017 年 5 月 29 日）

广东新会崖山祠
（摄于2013年11月14日）

广东新会杨太后陵
（摄于2013年11月14日）

鱼城，并迁合州治所于此，驻以重兵。蒙古大汗蒙哥率主力入川后，攻占多地，但钓鱼城却巍然屹立。开庆元年（1259年），蒙哥汗亲自督阵攻城，被击退，蒙哥汗也被击伤，不久死于军中，蒙军被迫撤围，宋军创造了古今中外战争史上的奇迹。在南宋多年苦心修建下，钓鱼城成为一座十分完备的军事堡垒，城垣、城门、指挥台、校场、午朝门、财库、牢房等一应俱全，俨然一城。从尚存的护国门、倚崖而建的坚固城墙和炮座等残迹中，依然能够感受当年的气势。

崖山祠是当年南宋流亡朝廷的驻跸处，也是当年崖山之战的指挥所，是那段悲壮历史的见证。据载，明朝在崖山南宋行宫的废墟上陆续兴建了大忠祠、慈元庙、义士祠等纪念性建筑，后三毁三建。如今，崖山祠旧观渐复，成为人们祭祀忠魂的场所，笔者是带着悲壮和崇敬的心情参观崖山祠的。此外，笔者还拜谒了离崖山祠不远的“国母坟”，这座极为简陋的陵冢因据传为杨太后陵而在笔者心目中增添了沉甸甸的分量。徘徊在崖山，总忘不了这里曾经的杀声震天和残骸塞流，每每想到这一段历史，笔者总不禁掩面长叹。

「南宋抗元将领遗迹」

在南宋抗元战争中涌现出许多著名的文臣武将，他们受任于南宋危难之际，为支撑南宋王朝半壁河山做出了杰出贡献。他们大多数没有留下遗迹，只有余玠、文天祥、陆秀夫等尚存祠墓。

余玠（1199—1253），作为南宋抗元名臣，先后于汴城、河阴、安丰等地击败蒙古军。淳祐二年（1242 年），他出任四川安抚制置使。在蜀时期，他整顿军政，构筑山城防御体系，其修筑的钓鱼城等十多座城防，形成防御网，有效地抗击了蒙古军的进犯。从淳祐三年（1243 年）到淳祐四年（1244 年），余玠与蒙古军大小三十六战，战果显著。宝祐元年（1253 年），宋理宗听信谗言，召余玠回朝。余玠闻召不安，在四川猝逝，或说饮毒而亡。其墓位于湖北黄冈武穴余川镇青蒿村余公山麓，依山为墓，墓前有门楼式墓碑，颇具气势，墓周松篁交翠，草木葱茏。

文天祥（1236—1283），号文山，吉州庐陵（今江西吉安）人，状元出身，官至右丞相兼枢密使。德祐二年（1276 年）被派往元营谈判，遭扣留，后脱险南归，坚持抗元活动。祥兴元年（1278 年），在广东海丰五坡岭被元军追及俘虏，在大都狱中坚持斗争三年多，后在柴

湖北武穴余玠墓
（摄于 2019 年 8 月 12 日）

广东海丰五坡岭
（摄于 2015 年 2 月 9 日）

江西吉安文天祥墓
（摄于 2014 年 5 月 1 日）

江苏建湖陆秀夫读书处
（摄于 2014 年 5 月 14 日）

市从容就义，写有《过零丁洋》《正气歌》等诗作。笔者专程去北京参观过文丞相祠，文丞相祠原址为当年关押文天祥的元朝兵马司土牢，现存前后两殿，前殿为文天祥事迹陈列室，后殿为享堂。后院庭中还有枣树一棵，传为文天祥手植。据载，文天祥就义后，其遗体被生前至交赎出并安葬。笔者在江西吉安富田镇木湖大坑村北的虎形山寻访并拜谒了文天祥英灵，墓高矗山腰，呈半球形状，墓碑刻“宋丞相文信国公天祥之墓”，墓前有一高大的石牌坊和一条长 47 米的神道。

陆秀夫（1236—1279），楚州盐城（今江苏盐城建湖）人，与文天祥同科进士，官至左丞相。在蒙古大军压境之际，陆秀夫坚持组织抗元，最后在宋军崖山大败、张弘范率蒙军步步紧逼的危急关头，毅然负帝跳海殉国。其故乡建有多座纪念性建筑。盐城陆公祠建于明代，几经修缮，至今犹存，祠堂由门厅、仰止堂、正祠堂和两侧对称的东西厢房组成，著名书法家武中奇题写了“陆公祠”的门额。在陆秀夫家乡建湖县建阳镇南建有纪念馆，此馆修建在陆秀夫故居遗址上，有忠烈堂、读书处、碑林等建筑。陆秀夫投海后，据说其遗体漂到海边被人捞起，台山、潮州等地建有墓冢。南宋虽亡，但这些大臣们的报国忠心永存。

「蒙元都城遗迹」

12 世纪崛起的蒙古虽然威震四海，但早期并无都城，直到成吉思汗之子窝阔台即位后，才开始营建都城，之后，上都、大都和中都相继修建，成为蒙古的统治中枢。蒙古的第一座都城是哈喇和林，它是蒙古大汗窝阔台在漠北草原上建起的蒙古人的第一座城市，位于今蒙古国首都乌兰巴托以西 300 多千米处，作为蒙古的政治、经济、文化和贸易中心，曾繁盛一时。元朝灭亡后，蒙古残余仍据守于此，后在明朝大军的屡次进攻和蒙古贵族内讧下，北元政权衰落，哈喇和林城也随之荒芜。

开平是蒙古的第二座都城，它是由忽必烈主持修建的。当时，忽必烈作为大汗之弟总领漠南军国庶事，驻扎在金莲川一带。他广招天下名士，形成自己的智囊集团。1256 年，忽必烈命人择地建城，最终选择在桓州以东、滦河北岸的龙冈建城。忽必烈即汗位后，定开平为上都，正式取代哈喇和林。上都由宫城、皇城和外城组成，全城为方形，城墙全部由石块和土砌成，很是繁华。

内蒙古锡林郭勒元上都城墙遗迹
（摄于 2009 年 8 月 10 日）

内蒙古锡林郭勒元上都宫殿遗迹
（摄于 2009 年 8 月 10 日）

北京元大都遗址
（摄于 2018 年 8 月 17 日）

河北张北元中都遗址
（摄于 2010 年 8 月 18 日）

随着元朝政权的统治重心转向中原，开平作为都城显得偏远。因此，至元元年（1264 年），忽必烈改燕京为中都，后又在中都东北修建新城。之后，改中都为大都，并正式迁都于此。自此，上都作为陪都，成为皇室的避暑离宫。上都宫殿毁于元末农民起义。明初，在开平设卫，永乐元年（1403 年）开平卫撤离后，上都逐渐变成一片废墟。新建的元大都宏伟壮观，整座城市以宫城、皇城为中心设置，全城的中轴线就是宫城的中轴线，全城道路分为“干道”和“胡同”两类，在两胡同间的地段上再划分住宅基地。作为国际大都会，元大都商贾云集，繁盛一时。元朝灭亡后，明朝重建北京城，元大都就此消失，只留下一段北城墙。

元朝还曾经有过一座中都城，位于今河北张家口张北馒头营乡。它的建造者为元世祖忽必烈的孙子元武宗海山。大德十一年（1307 年），他登帝位后下诏在漠北与中原交通往来的要道上建造中都城。历经 4 年的艰辛劳作，建成了巍然屹立、金碧辉煌的宫殿。至大四年（1311 年）武宗之弟仁宗登位后，下诏罢中都。中都从此日渐冷落，并日益毁颓。据传最后是红巾军烧毁了元中都，之后元中都便从历史的视野中消失了。

哈喇和林、元上都、元大都和元中都等几大蒙元都城，如今只留下依稀的痕迹，这就是历史的沧海桑田。

第十九章

碑塔凄凄燕风野

北京姚广孝塔

浮屠记胜

北京房山区常乐寺村北，群山环抱中，有一座清秀挺拔的砖塔静静地矗立在这里。今天，很少有人注意到这座被称为姚广孝塔的墓塔。但在明朝初年，这座墓塔的主人策划了一场震惊朝野的战争，最终使江山易主，明朝的政治格局就此改变。亦僧亦俗的姚广孝以其传奇般的经历改写了历史，也造就了自己。

姚广孝墓塔为八角九层密檐式砖塔，坐北朝南，通高 33 米。整座塔坐落在一级四方形的平台上。最下面是八角形基座，基座上立有两层八角形须弥座。须弥座式塔座束腰处浮雕有寿字和菊花、莲花、西番莲花等花卉造型的图案，其上为三重外倾的莲花瓣，上承塔身。塔身东、西、南、北四面雕刻着仿木隐作隔扇假门，其他四面则雕有花棂假窗。正面门楣之上嵌有方石一块，其上镌刻楷书：“太子少师赠荣国恭靖公姚广孝之塔”。塔身之上是九层塔檐，除首层雕出仿木椽外，其余八

层为砖砌叠涩檐。塔刹为铁制，形似葫芦，为莲花形刹座的仰莲托着球形刹身，由八条铁链锢于檐角吻兽上。刹杆串起的相轮、圆光、仰月和宝珠，直插云霄。塔身轮廓清秀挺拔，结构匀称。塔身上的花卉图案别致，且雕刻精细，充分体现出明代砖塔的建筑风格。

姚广孝墓塔建于明代永乐十六年（1418 年）。据载，姚广孝随朱棣前往北京后，一直居住在金元名刹双塔庆寿寺。永乐十六年（1418 年）三月，84 岁的姚广孝已是重病在身，大约是感到自己将不久于人世，于是特地进宫朝见永乐皇帝，随后，永乐皇帝又亲往庆寿寺探病。三月二十八日，姚广孝病逝于庆寿寺，朱棣不胜哀悼，辍朝三日。命官府为其治丧。为了纪念姚广孝的功绩，追赠他为“推诚辅国协谋宣力文臣、特进荣禄大夫、上柱国、荣国公”，谥号“恭靖”。永乐皇帝鉴于其道衍和尚的身份，按照出家人的仪规，于四月六日将姚广孝遗体火化，并抓紧修建了这座八角九层的密檐式砖砌墓塔，于六月十一日将姚广孝的骨灰等物存放在墓塔下的地宫中。

姚广孝墓塔前，原来还建有享殿一座，殿侧有围墙，殿前建有门楼。享殿前，自南向北有一条神道，在大约距塔 30 米处立有一块姚广孝神道碑。如今享殿已经圮废，但神道碑依旧矗立。神道碑高约 4 米，碑文由朱棣亲撰，碑额刻有篆字“御制荣国公神道碑”。碑文详细记载姚广孝的生平和功绩，字里行间隐约可见明成祖发起“靖难之役”时的血雨腥风。据载，神道碑虽然立于永乐十六年姚广孝入葬时，但不知何故未及时刻上文字，直到 8 年以后的宣德元年（1426 年）才将明成祖御制碑文刻于神道碑上。螭首龟趺的神道碑，颇有气势，与姚广孝墓塔遥相呼应。

据载，在民国时期，姚广孝墓塔地宫被盗，明代青花瓷缸被抬至房山城，后来下落不明。中华人民共和国成立以后，政府对姚广孝塔进行过两次修缮。第一次是在 1980 年，这次修缮填平了地宫盗掘后留下的洞穴，并围绕塔基筑石砌基座，将塔基加固。1985 年春，文物部门第二次对姚广孝墓塔进行了全面修缮，使姚广孝墓塔这座历经 500 余年沧桑的古塔重现原有的风采。

笔者拜谒姚广孝墓塔时，正值秋高气爽时节，在京郊常乐寺村外的一片林地中，墓塔醒目地矗立在那里，显得秀美挺拔，尤其在连绵起伏的青山及蓝天白云的映衬下，显露出一种仙风道骨的气韵。姚广孝一生的是非功过，几百年来争论不断。历史上有大智慧者不乏其人，姚广孝就是其中一位用自己的文韬武略帮助藩王登基称帝并安定天下的“缁衣宰相”，而且功高不震主，为自己赢得生前身后名。他还有超凡的人生智慧，在那个笃信佛道的时代，以佛门为庇护所，根据时势变化，退可守，进可取。当然对于功名利禄，或许他早已看淡，晨钟暮鼓、青灯黄卷才是他最后的归宿。作为朱棣新王朝的最高军师，姚广孝给后人留下的只是一座卓然脱世的墓塔。这就是历史，当历史的烟云消失殆尽，回顾他传奇般的经历，依然还是令人无限感慨。

史事钩沉

明太祖朱元璋奠定的江山、定下的规矩，在 30 年以后就发生了变化。其第四子燕王朱棣起兵“靖难”，夺取帝位，并迁都北京。这一切事件的发生，背后都有姚广孝的身影，并不为大众所熟知的姚广孝就这样悄悄地改变了明朝的历史。

明朝诞生于此起彼伏的元末红巾军农民起义的烽烟之中。当时，多支起义队伍在各地与元军殊死战斗，占城攻地，扩展力量。其中，朱元璋势力的发展最为显著。朱元璋于元至正十二年（1352 年）参加濠州（今安徽凤阳东北）郭子兴领导的红巾军，因有勇有谋，能征善战，很受郭子兴器重。郭子兴病故后，朱元璋成为这支起义军的首领。他采纳了谋士李善长等人的建议，制定自己的战略计划。元至正十六年（1356 年），朱元璋率军攻占集庆路（今江苏南京），改名应天府，将这里作为自己的根据地，接纳儒生朱升“高筑墙、广积粮、缓称王”的建议，改筑南京应天城，在应天屯田，兴修水利，增强经济实力。并以应天府为中心，采取稳健的进攻措施，与陈友谅、张士诚、元朝军队进行较量。元至正二十三年（1363 年），朱元璋与陈友谅决战于鄱阳湖，陈友谅败死，第二年攻下武昌。元至正二十七年（1367 年）

洪武元年（1368 年）正月，朱元璋在应天府称帝，国号大明（摄于 2010 年 9 月 23 日）

朱元璋派兵攻破平江（今江苏苏州），俘获张士诚，一统江南。明洪武元年（1368年）正月，朱元璋在应天府称帝，国号大明。同年八月，明朝大将徐达攻克元大都，元朝覆亡。

登上皇位的朱元璋，为确保江山万代，加强了君主专制统治。朱元璋的长子朱标，被立为太子，可惜他英年早逝。朱元璋按照嫡长子继承原则，把长孙朱允炆立为皇储。洪武三十一年（1398年），朱元璋病逝，朱允炆即位，称惠帝，年号建文。早先，朱元璋为了加强皇室力量，把二十四个儿子和一个从孙分封为王，分驻全国各战略要地，想通过他们来屏藩皇室。这些封藩不但建王府，置官属，部分藩王还拥有军事指挥权，从而导致藩王势力膨胀，形成对中央政权的威胁。惠帝朱允炆即位后，鉴于北方诸王势力太大，在与大臣商量后，决定削藩。但削藩引起中央与藩王之间的矛盾激化，实力最强的燕王朱棣于建文元年（1399年）起兵造反。

朱棣十岁时受封燕王，洪武十三年（1380年）就藩燕京（今北京）后，受命参与了多次军事活动，历练了其军事才能，也加强了他在北方军队中的影响力。朱元璋晚年，由于朱棣三位兄长相继去世，其在军事实力上和家族尊序上成为诸王之首。惠帝削藩时，也顾及燕王实力，没有最先从燕王开始，而且也对朱棣作了一些防范措施，派亲信出任北平布政使，掌北平都指挥使司，以控制燕京。据说，面对严峻的局面，朱棣曾经犹豫过，但在其谋士姚广孝的密劝下，朱棣决定起兵。

姚广孝，长洲（今江苏苏州）人，年轻时出家为僧，法名道衍。他精通儒、道、佛及兵家之学，善诗文，为当时较有名望的高僧。后被明太祖挑选，随侍燕王朱棣至燕京，住持庆寿寺，成为朱棣的重要谋士。当惠帝在燕京有所行动的时候，他通过对当时政治、军事形势的分析，促使朱棣坚定信心。于是朱棣暗中扩招兵马，姚广孝则承担起了后勤保障工作，他在王府后苑训练军队，打制军器，做好军事准备。在起兵前夕，他还协助朱棣用计擒获了明朝北平布政使张昺和都指挥使谢贵，攻夺北平九门，为起兵扫除了障碍。在充分准备的基础上，建文元年（1399年）六月，朱棣以遵祖训、诛奸臣、为国“靖难”为名，誓师出征，史称“靖难之役”。据《明史》记载，燕王起兵之初，恰逢大风暴雨，强风将王府的檐瓦吹落，这被视为不祥之兆，朱棣等人脸色大变，姚广孝却说：“这是祥兆！飞龙在天，一定有风雨跟随。青瓦掉落，那是要改用皇帝的黄瓦了。”这才稳定了军心。

战争爆发后，姚广孝留守北平，与世子朱高炽一同率万人固守燕

建文帝削藩举措引发实力最强的燕王朱棣发起“靖难之役”（摄于2013年8月31日）

在朱棣起兵过程中，姚广孝留守北平，出谋划策（摄于2013年2月1日）

京城。在朱棣率大军袭击大宁的时候，明朝主帅李景隆趁机围攻北平。姚广孝指挥苦战坚守，白天甚至连城里的妇女和儿童也扔石块抵抗朝廷军攻击。晚上姚广孝派壮士潜下城墙偷袭敌军，终于坚持到援军归来，里应外合，获得大胜。虽说姚广孝一直奉命留守北平，并未随军出征，但在朱棣起兵过程中，他为朱棣出谋划策，战守机事皆由他决断。当朱棣的燕师高歌挺进时，姚广孝做好后勤保障；当朱棣战事受到挫折时，姚广孝审时度势，相机行事。朱棣围攻济南时，山东参政铁铉以逸待劳，率兵固守，燕师久攻不下。这时，姚广孝写信让其班师回北平，避战休整。燕师虽然多胜，但损失颇重，而朝廷兵多将广，导致燕师所夺城市往往得而复失。姚广孝观察战局，预测京师南京兵力空虚，认为不要纠缠于其他城市的得失，夺取京师才是取胜的关键。于是，他立即献策朱棣绕开大中城市，轻骑直捣后防虚弱的南京。朱棣采纳了他的意见。

建文四年（1402年）正月，朱棣率师南下。绕道河北，绕过济南等城市，连拔沛县、徐州等地，强渡淮水，克扬州、通州等江北重镇，自瓜洲渡江，攻克镇江，进抵南京金川门。南京守将李景隆和谷王朱橞开门迎降。此时，南京城内皇宫起火，火势扑灭后发现几具烧焦了的尸体，官方史籍称他们是建文帝、皇后及其长子的遗体。不过

靖难之役示意图

建文帝真正的结局至今成谜，有的说朱允炆于宫中自焚而亡，有的说朱允炆从皇宫暗道出走为僧。随即朱棣在南京登上帝位，称成祖，改元永乐。当时朱棣曾让名儒方孝孺为其草拟即位诏书，但遭刚直不阿的方孝孺拒绝，最后将其诛灭十族。朱棣还取消了建文年间的各项改革举措，但削藩政策却在朱棣时期继续实施。永乐十九年（1421 年），朱棣出于政治、军事等方面的考量，迁都北京，以南京为留都。

靖难之役是中国历史上唯一一次藩王造反成功的案例。姚广孝决策果断，起到了重要作用。但朱允炆心慈手软也是一个重要因素。建文帝虽然在位时期不长，但后世对其评价颇高。关于建文帝的下落，坊间有各种传说，因无法证实，其下落终为一件悬案。尽管朱棣对外声称朱允炆已在宫中自焚，但其实他也不信，故史籍记载，他派户科都给事中胡濙以寻访武当道士张三丰为名义，从陆路遍访各州、郡、乡、邑，打探朱允炆的下落。当他闻听朱允炆逃亡海外，又派亲信宦

朱棣进抵南京，据传建文帝从玄武湖武庙闸脱身（摄于 2015 年 9 月 10 日）

为寻访建文帝下落，朱棣下令修造宝船，遣郑和下西洋（摄于 2008 年 7 月 2 日）

官郑和远巡西洋，这就是历史上著名的“郑和下西洋”。据载，永乐二十一年（1423 年），在外面漂泊十几年的胡濙突然赶到朱棣驻扎的宣府（今河北宣化），深夜求见，已经就寝的朱棣立即披衣召见，并秉烛长谈至四更。《明史》记载：“先濙未至，传言建文蹈海去，帝分遣内臣郑和数辈浮海下西洋，至是疑始释。”以此推断，胡濙显然已经打探到了朱允炆的确切消息，而且时隔多年，朱允炆早已没有任何争夺皇位的能力了。自此，朱棣不再追查朱允炆的踪迹。据传，明英宗时，年迈的朱允炆被发现后，迎入京城西宫奉养，“以寿终”，“葬西山，不封不树”。《明史》又载，明万历二年（1574 年），明神宗朱翊钧曾向首辅张居正问及朱允炆下落。张居正回答说：“国史不载此事，但先朝故老相传，言建文皇帝当靖难师入城，即削发披缁，从间道走出，后云游四方，人无知者。”可见张居正也认为朱允炆并没有烧死，而是逃走了。但朱允炆的真正下落，至今难以确考，成为明史一大疑案。

朱棣夺位虽然心狠手辣，进入南京之初，残酷诛戮，妄引株连，

明成祖在位时国家富强，疆域辽阔，史称“永乐盛世”（摄于 2012 年 6 月 20 日）

但其在位期间采取措施大力发展经济，使得天下大治，国家富强，疆域辽阔，史称“永乐盛世”。

成祖登基后，姚广孝因功担任僧录司左善世，又拜资善大夫、太子少师。他受明成祖委托负责迁都北京事宜，监修《明太祖实录》，并与解缙等编纂了《永乐大典》。此外，姚广孝多次留在南京，辅佐太子朱高炽监国，后又奉命教导皇长孙朱瞻基，可谓位极人臣。朱棣还赐宅第和宫人，命其蓄发还俗，但他坚辞不受，宁愿长居寺院，做不蓄发的出家人，被称为“缁衣宰相”。永乐十六年（1418 年），84 岁的姚广孝病逝于庆寿寺，明成祖将其遗体按佛教仪规火化后安葬于已经落成的房山圣岗墓塔中。据说，姚广孝帮助朱棣起兵造反之举，为时人所不齿，甚至其看望姊妹老友时，胞姐不认，老友不纳，不知姚广孝当时有何感慨，但一代奇僧姚广孝的传奇经历，改写了明朝历史，也使他载入史册。

史迹博萃

「朱元璋统一战争遗迹」

南京是明朝初年的都城，也是中国历史上唯一坐落于江南的统一王朝的都城。南京城临水拥山，地势险要，建有高坚甲于海内的城墙，其城北的卢龙山曾是朱元璋与陈友谅激战的古战场。此战发生在元至正二十年（1360 年），陈友谅率领十万水军，夺取采石，并派人联合张士诚，企图南北夹击，一举消灭朱元璋。朱元璋则利用陈友谅急功近利的弱点，采用诱敌深入的战略，在南京城周围设下埋伏，自己亲率主力在卢龙山迎战。陈友谅果然中计，被各路伏军击溃，朱元璋乘胜追击，迅速扩大控制区域。由于卢龙山之战为大明王朝的建立奠定了基础，洪武六年（1373 年），明太祖朱元璋诏改卢龙山为“狮子山”，下令山巅修建阅江楼，以纪念其在此大败陈友谅，并亲撰《阅江楼记》，后因故停建，直到 2001 年才建成，虽为现代建筑，但碧瓦朱楹、飞檐峭壁，极具明代风格。

至正二十三年（1363 年），张士诚派兵围攻安丰，朱元璋闻讯率兵救援。陈友谅乘江南空虚之机，以号称六十万的水陆大军围攻洪都（今江西南昌）。鉴于洪都重要的战略地位，朱元璋一面命洪都守军坚守，一面亲率水军二十万往救，不久进抵江西湖口。陈友谅听说朱元璋大军来援，立即撤洪都之围，东出鄱阳湖迎战。朱元璋针对陈

江苏南京阅江楼御碑
（摄于 2007 年 2 月 26 日）

江西余干忠臣庙（摄于 2018 年 11 月 24 日）

友谅水军巨舰首尾相连、进退不便的弱点，用火炮、火铳、火箭、火蒺藜等发起猛攻，陈军舰船火焰冲天。经过一个多月的战斗，虽互有伤亡，但陈军已疲惫不堪，粮草殆尽，陈友谅只得冒死突围，结果在湖口遭朱军截击，中流矢身亡，全军溃败。鄱阳湖之战取胜后，朱元璋为祭祀大战中死难的将士，在鄱阳湖岸边余干康郎山上修建了忠臣庙。此庙建成后饱经风雨沧桑，至今犹存。陈友谅身亡后，归葬于湖北武昌蛇山山麓。笔者在武汉长江大桥引桥南侧一条小山道的僻静处找到了陈友谅墓，墓前立有牌坊，墓冢呈圆形，由红石砌成，墓前竖立书有“大汉陈友谅墓”的墓碑。陈友谅的墓冢能够修建并且保留至今，应该说是相当幸运的。不过，陈友谅墓偏居山隅，显得十分冷清。

朱元璋灭陈友谅汉政权后，从至正二十五年（1365 年）开始，全面进攻张士诚，围困两年后，平江（今江苏苏州）城破，张士诚被俘至应天，自缢身亡，朱元璋命具棺木安葬。其墓位于今苏州工业园区一街边花园内，圆形墓冢，条石围护，墓前镌刻有“张吴王墓”碑。

湖北武汉陈友谅墓
（摄于 2016 年 10 月 3 日）

江苏苏州张士诚墓
（摄于 2013 年 6 月 16 日）

「靖难之役遗迹」

建文元年（1399 年），燕王朱棣在北平发起靖难之役，河北及山东北部各城守军皆望风而溃。次年四月，朱棣包围济南，山东参政铁铉誓师抵抗燕军南下，拒绝朱棣的劝降，多次挫败燕军。朱棣久攻不下，只好撤兵，建文帝朱允炆闻报，擢升铁铉为山东布政使。建文四年（1402 年），朱棣再次兴兵，绕过济南，攻下南京，夺取帝位，铁铉兵败被俘。朱棣亲审铁铉，铁铉坐在地上，大骂朱棣叛逆，被处以磔刑，死时年仅 37 岁。后人敬其英烈，建祠纪念。其中自明代中叶起济南就修有铁公祠，清乾隆年间迁至济南大明湖畔，之后，几经毁建，现在的铁公祠为 1995 年由铁铉后裔在大明湖畔捐资所修。笔者专程拜谒铁公祠，铁铉铮铮铁骨令人感慨。

靖难之役最后一战是攻克南京金川门。金川门是南京城十三座城门之一，为南京城北门，负责防守金川门的是朱元璋第十九子谷王朱橞和曹国公李景隆，他们不战而降，打开金川门迎接燕军入城，京师陷落，建文朝终结，金川门由此进入人们的眼帘。可惜的是此门在 1957 年因交通道路改造而被拆毁，至今护城河上的金川门桥名犹存，笔者在这里只看到楼群密集的住宅区，金川门之变遗址早已烟消云散。

朱棣从金川门进入南京城后，夺了侄子的皇位，在南京皇宫登上帝位。南京明宫城是明太祖朱元璋于元至正二十六年（1366 年）开始修建的皇宫，第二年建成，这是一处殿阁崇闳、气势恢宏的帝王宫殿

山东济南铁公祠
（摄于 2021 年 10 月 3 日）

江苏南京金川门遗址
（摄于 2021 年 9 月 15 日）

江苏南京明故宫遗址
（摄于 2013 年 8 月 31 日）

江苏南京方孝孺墓
（摄于 2013 年 7 月 14 日）

建筑群，曾作为明初洪武、建文、永乐三代皇宫，盛极一时。靖难之役后，朱棣于永乐十九年（1421 年）迁都北京，并参照南京皇宫式样修建了北京皇宫。明成祖迁都北京后，虽然南京故宫仍保持原有建制，但渐趋冷落、荒芜，最终毁于战火。笔者无数次来到南京明故宫，从布满沧桑的午门、金水桥和大量残存的石础基等遗物中，能够想见当年这座故宫的辉煌。

据载，朱棣攻入南京后，立即下令搜寻大臣方孝孺，因为靖难之役期间，惠帝的讨伐诏檄大多出自方孝孺之手。朱棣让方孝孺为他草拟登位诏书，方孝孺拒不从命，最后孤忠赴难，被灭十族。明万历年间，朝廷为方孝孺平反，著名戏剧家汤显祖敬重方孝孺的人格品行，为其修墓立碑建祠，历代均有修葺，至今墓冢犹存。方孝孺墓位于南京雨花台东岗后山西麓，由牌坊、神道、半身塑像、墓冢和碑林组成。石砌墓冢呈圆形，墓碑刻有“明方正学先生之墓”，为清两江总督李鸿章所立，方孝孺的铮铮铁骨在明史上留下了浓墨重彩的一笔。

「明代藩王遗迹」

朱元璋定制封藩的同时，又对藩王的待遇作了相应规定。这些封藩不但建王府，置官属，有部分还被授予兵权，特别是分封在北方沿边的藩王，还经常统率大军出征。藩王拥兵自重，对朝廷形成威胁。惠帝朱允炆即位后，密议削藩，先后废黜五位藩王。削藩举措引起了实力最强的燕王朱棣的反击，他于建文元年（1399 年）起兵造反。朱棣夺取天下后，深知藩王势力对皇权的威胁，逐步解除了藩王的兵权，并加强了对宗室的限制和监视，如朝廷规定藩王除了皇帝生日及少数几个节日或者战乱原因外，平时不得踏出封地一步。从此之后，藩王再也不可能对皇权构成威胁。当然，藩王们享有禄米，赐有田产。朝廷还为藩王修建宫邸、坟墓，并提供随从官员、仆役以及其他待遇。今天在这些藩王的受封地，还能看到一些王府遗址和陵墓，可以窥见其曾经的奢华。

朱橚是朱元璋第五子，被封在开封为周王，共传十一世。从洪武十四年（1381 年）朱橚就藩开始，至崇祯十五年（1642 年）末王朱恭枵结束，周藩王几乎与明王朝相始终。开封曾建有规模宏大的皇宫，周王府就建在宋、金故宫遗址上，由内、外两座城垣组成，内城是紫禁城，外城是一道萧墙，极其恢宏。明亡后，黄河决堤，王府沦没。清康熙年间，在原周王府煤山上修建万寿亭，供奉皇帝万岁牌位，称龙亭。如今，在周王府旧址上修建的龙亭公园依旧气势不凡。

河南开封周王府旧址（摄于 2012 年 7 月 26 日）

山东邹城鲁荒王墓
（摄于 2019 年 10 月 30 日）

河南卫辉潞王府望京楼
（摄于 2020 年 8 月 8 日）

河南新乡潞王墓
（摄于 2011 年 10 月 17 日）

鲁荒王朱檀为明太祖第十子，出生两月受封鲁王，15 岁就藩兖州。他好文礼士，本可得到清名，可他为觅长生不老药，炼丹服食，至毒发伤目，及至身亡，年仅 19 岁。朱元璋恶其荒唐，谥为“荒”。死后葬于山东邹城北的九龙山南麓，其墓园规模宏伟，虽经明末清初兵火，但经修复后原貌初显。

潞王朱翊镠为明穆宗第四子，明神宗之弟。隆庆四年（1570 年）受封潞王，万历十七年（1589 年）就藩卫辉府，建有规模宏大的潞王府，府内建有高达 23 米的望京楼。今天潞王府虽然已经圮废，但望京楼犹存。潞王朱翊镠病逝后，葬于河南新乡北郊的凤凰山南麓。其墓园依山据岭，形制完全仿照万历皇帝定陵。如今它们已经历了四百多年的沧桑之变，几处木结构建筑已毁，墓室内大量珍贵文物也早被洗劫一空，但现存的明代建筑及大量的石雕和碑碣仍蔚为壮观。

「南京明初帝陵」

明太祖朱元璋是明代开国皇帝，洪武元年（1368 年）在应天（今江苏南京）称帝，洪武三十一年（1398 年）病逝，葬于南京明孝陵。明孝陵修建工程始于洪武十四年（1381 年），次年地宫刚完成，马皇后去世，首先入葬，朱元璋定陵名为“孝陵”，含有“以孝治天下”之意。此后，工程继续进行，但直到朱元璋病逝入葬时，工程还未结束，整个陵寝工程到永乐十一年（1413 年）才全部完成，历时 30 余年。

明孝陵坐落于南京东郊紫金山南麓的独龙阜玩珠峰下，规模宏大，沿途依次有下马坊、大金门、“神功圣德碑”碑亭、御河桥、石像神道、翁仲神道、棂星门、金水桥、文武方门、享殿、方城、明楼、宝城、宝顶等建筑，其首创的陵寝建筑形式直接影响了明、清两代 500 多年帝王陵寝的规制。明初的开国将帅也大多赐葬明孝陵周围，形成“山外群峰列侍臣”的格局。清康熙帝南巡谒明孝陵时所题的“治隆唐宋”则立于孝陵门原址上。可惜明孝陵地区在清咸丰三年（1853 年）成为太平军和清军对峙的重要战场，导致地面木构建筑几乎全毁。不过，从大量留存的砖石构件依然能够感受明孝陵的宏伟壮观。笔者在

江苏南京明孝陵神道
（摄于 2010 年 11 月 12 日）

江苏南京明孝陵享殿及基座
（摄于 2010 年 11 月 12 日）

江苏南京明孝陵方城、明楼
（摄于 2010 年 11 月 12 日）

江苏南京明东陵遗迹
（摄于 2012 年 3 月 28 日）

不同的季节多次参观明孝陵，这里是南京历史文化内涵最丰富的遗存之一，不禁令人发思古之幽情。

朱标（1355—1392）是朱元璋的嫡长子，13 岁就被立为太子，朱元璋格外重视对太子的教育，使之成为一位慈仁勤勉的储君。可惜，朱标因病于洪武二十五年（1392 年）不幸病故，终年 38 岁。对此，朱元璋极其痛心，谥“懿文”，命人在孝陵之东修建太子陵，称东陵。朱允炆即位为建文帝后，追尊朱标为明兴宗，并下诏提高朱标陵墓的建筑等级。但建文帝即位不久便面临燕王起兵之乱，因而未能对其父的陵寝加以扩建。靖难之役后，朱棣废黜了朱标的帝王名号，将东陵由帝陵降为太子陵。以后，太子陵日益破败，年久失修的太子陵屡遭风雨侵袭，殿宇的兽脊、梁柱、墙垣等大多朽蚀脱落，到明代后期渐成废墟，以致湮灭。直到 1999 年，文物工作者在孝陵之东约 60 米的丛林中发现了东陵遗址。从遗址可以看出，寝园坐北朝南，建筑呈中轴对称布局，由两进院落构成。第一进院落包括寝园大门、享殿前门以及环绕两侧的弧形围墙。第二进院落中心建筑即为享殿，东、西、北三面有园墙围护，寝园以北则是隆起的宝顶。由于东陵掩映在孝陵东侧茂密的树林之中，而且陵阙已经化为断壁残垣，因此多数游人不会在意。笔者参观孝陵之余，常常会来到孤寂的东陵残垣间，看着这座被萋萋荒草所掩盖的皇家陵阙，追忆发生在东陵及朱标身上的历史故事。

「建文帝遗迹」

建文帝是明朝第二位皇帝，在位四年，后来被朱棣通过武力夺取帝位，官方文献一再强调建文帝为自焚而亡。不过，各种野史、戏剧众说纷纭。谷应泰《明史纪事本末》、史仲彬《致身录》与程济《从亡随笔》等都认为建文帝并未自焚，而是由密道逃出南京，或说“削发为僧，易服出走”，或说“建文蹈海去”等。

其实，明成祖朱棣也清楚建文帝并未自焚，据《明史·郑和传》记载：“成祖疑惠帝亡海外，欲踪迹之。”顾起元《客座赘语》更点明：“宝船之役，时有谓建文帝入海上诸国者，假此踪迹之。”联系朱棣篡位后的种种做法，可以想见，朱棣对建文帝下落不明非常焦虑。当听说建文帝逃亡海外的传言后，派遣郑和下西洋正是隐含着寻找建文帝的目的。当然，郑和下西洋并没有找到建文帝的下落，倒是起到了展示明朝国力、加强明朝与海外各国联系的作用。

建文帝究竟是隐匿山寺还是逃亡海外，我们不得而知，但国内一些地方不仅流传着建文帝逃离的传闻，据说还留有其滞留的遗迹。有关建文帝的传说和遗址主要分布于江浙、闽粤、云贵、川鄂等地。笔者为此专程考察了江苏苏州、云南武定和福建宁德等处传说中的建文帝遗迹，亲身感受建文帝后半生颠沛流离的苦难生活。苏州的建文帝遗迹位于城西南的穹窿山，据《苏州府志》《吴县志》等文献记载，

江苏南京郑和宝船（摄于2008年7月2日）

江苏苏州穹窿山
（摄于 2010 年 10 月 4 日）

云南武定狮子山正续禅寺
（摄于 2018 年 5 月 9 日）

福建宁德建文帝疑似陵
（摄于 2015 年 2 月 25 日）

当年建文帝离开南京紫禁城后，一直藏于苏州穹窿山皇驾庵（一说隐藏在拈花寺）。据传，姚广孝一直对建文帝心怀愧疚，当他得知建文帝隐藏在苏州穹窿山，不仅不告发，反而利用自己的特殊身份对建文帝实施保护，使建文帝得以安度时日。据载，建文帝病殁后，葬于穹窿山拈花寺后山坡上，不过今天穹窿山麓的建文帝陵已踪迹依稀。

云南武定建文帝遗迹位于城西狮子山。相传建文帝逃离南京后就隐居于山林丛中的正续禅寺，晚年有叶落归根之想，被明英宗迎入北京。今狮子山正续禅寺中还建有惠帝祠阁，塑有建文帝僧袍坐像。

福建宁德建文帝遗迹位于宁德蕉城区金涵畲族乡的上金贝村。据传上金贝村的金贝寺是建文帝隐居之处，离寺院不远处的一座墓塔混搭的古墓据说为建文帝陵。尽管疑似遗迹不少，但建文帝的真正下落至今仍是一个尚未解开的历史之谜。不过，当笔者站在这些传闻中的建文帝遗迹面前，仍然会想起那段对于建文帝来说不堪回首的历史。

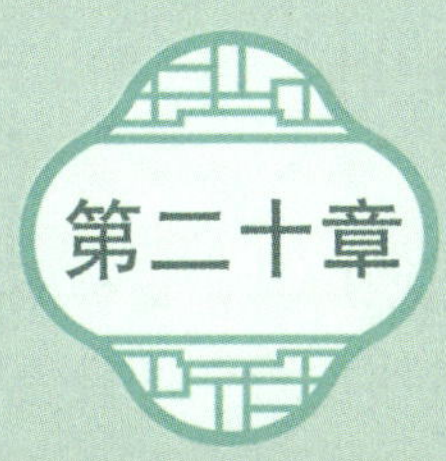

第二十章

木塔曾睹狼烟起

应县木塔

浮屠记胜

山西应县，古称应州，一个中国北部的小城，却拥有一座闻名于世的雄伟古塔——佛宫寺释迦塔，俗称应县木塔。在明朝，皇帝为抗击元朝残余势力，曾几度御驾亲征。山西北部靠近京畿，明成祖、明武宗两代皇帝在北征时，都曾登临应县木塔远眺，并为塔御书匾额。应县木塔第五层外檐和第四层外檐的南侧至今仍悬挂着的“峻极神工”“天下奇观”匾额，即明朝两位皇帝的御题。

佛宫寺释迦塔，是我国现存最古老、最高大的木结构佛塔，被誉为我国辽代楼阁式木塔的奇珍。塔高 67.31 米，塔平面为八角形，共九层，其中有 4 层是暗层，从外观看呈五层六檐。塔基座高达 4 米，分上下两层，下层为方形，上层依塔作八角形，上层台基和月台角石上雕有伏狮，风格古朴。台基上建塔身，塔底层重檐，直径 30 余米，有附阶，正南面辟门，西南有木制楼梯可以登塔。二层以上各层外槽均有出挑的平座为走廊，以便观景，循栏周绕，环顾古镇市容，恒岳、桑干尽收眼底。

塔内各层均塑有佛像，佛像雕塑精细，情态各异，具有较高的艺术价值。内槽、门额壁板上还留有多幅壁画，有金刚、天王、弟子等，其中所绘的女供养人像尤为精美。此外，顶部精美华丽的藻井也令人难忘。

木塔各层外侧还悬挂大量的匾额和楹联，数量之多，为其他古建筑所少见。整座塔身均为木结构，各层用内外两圈木柱支撑梁架，木柱之间互相交错勾连，组成各式各样的复梁式木架，既坚固，又美观。塔刹为铁铸部件组成，有仰莲、覆钵、相轮、露盘、仰月及宝珠等，塔刹高 9.91 米，立于砖砌莲座，八条浪风索系于戗脊下端。整座塔虽然体量很大，但由于塔身各层注意收分，加上层层飞翘的塔檐，使木塔并无臃肿之感，不能不让人惊叹古人高超的建筑技艺。整个塔不施彩绘，显得古朴端庄。

应县木塔修建年代，有两种说法，一种是据《古今图书集成》记载应为“五代晋天福间建，辽清宁二年重建”，另一种则根据石碑所记“辽清宁二年田和尚奉敕募建”。因为考虑到天福年间后晋刚建国不久，应州又在割让辽朝的“燕云十六州”之内，因此似不可能在此大兴土木，故现在专家基本倾向于辽清宁二年（1056 年）说，即辽道宗在位期间。据载，应县木塔为当时佛宫寺院中的主要建筑，塔居于寺院的中心位置，大殿则位于塔的后面。这种布局，保存了早期以塔为主的寺塔布局形式。

从文献记载看，中国早期的著名古塔都是纯木结构，例如东汉的白马寺塔、北魏的永宁寺塔等，唐时期也还有很多木塔，只是木塔容易遭雷击火灾，因此这些著名古塔现在大多已不复存在，应县木塔可以说是硕果仅存。历史上，应县木塔也曾经历多次强烈地震和战火的考验。据文献记载，元顺帝时曾大震七日，塔屹然不动，可见建塔工匠技术的高超精湛。当然，木塔在历代也不断得到维修。1974 年，在加固维修时，发现了一批珍贵文物，其中有采药图和经卷，均系辽

代原物，有很高的价值。

笔者几度参观应县木塔。在建筑普遍不太高的应县县城，应县木塔高高地矗立。在应县的每个角落，笔者都能够观赏到它雄伟的身姿。笔者见过许多古塔，但应县木塔体型之庞大还是超乎笔者的想象。应县木塔已经矗立在中华大地近千年，古老悠久的岁月，加上地震、人为等因素，木塔目前已显老态：木构已倾斜，表面已剥落。笔者前几次参观木塔尚可登临至顶，最近一次参观时只允许登至二层，佛宫寺释迦塔确实应该得到切实的维修和保护。记得第一次登临木塔，沿着吱吱作响的楼梯，一层层地往上攀登，每层四周围廊都可观景。站在塔的顶层，放眼望去，整个县城的景致尽收眼底，据说天清气朗的日子里，甚至可以看到远处的恒山。在塔的周围，常年有一群群的鸟儿绕着塔檐飞翔，增添了古塔的神秘。塔每层檐下都装有风铃，微风吹动，叮当作响，十分悦耳。铃声悠悠，往事悠悠。

史事钩沉

明朝洪武元年（1368年）正月，朱元璋在应天（今江苏南京）称帝，是为明太祖。同年八月，明朝大将徐达、常遇春率领北伐部队攻入大都，元顺帝率后妃、太子北逃，元朝灭亡。逃到蒙古的元朝残余势力，在明军的多次打击下，内部发生分裂，自西向东形成了瓦剌、鞑靼、兀良哈三部势力，成为明朝北部边境的劲敌。

为了防止元朝残余的侵扰，巩固北部边防，明朝在北部修筑长城，并在边塞要隘设置了九个军事重镇，派重兵驻守，简称“九边”。同时，明军也多次北征。从永乐八年（1410年）至永乐二十二年（1424年），明成祖朱棣曾先后五次亲自率兵北征，前三次都是出开平（今内蒙古多伦）、应昌一带。第四次即永乐二十一年（1423年），明成祖出师宣府（今河北宣化），回师途中驻跸应州。此时明成祖豪情壮志，为了炫耀自己的功绩，他挥笔写下了“峻极神工”四个字，既是对木塔雄伟建筑的赞赏，也是对自己文治武功的肯定。就在明成祖为应县木塔题额的第二年，明成祖开始了第五次北征，但在回师途中病逝于榆木川（今内蒙古多伦西北）。

明成祖的亲征，给元朝残余以沉重的打击，保持了边境的安定，

明朝大将徐达率领北伐部队
攻入大都灭亡元朝
（摄于2010年11月10日）

明成祖先后五次亲自率兵北征，
曾驻跸应州
（摄于2010年7月20日）

明朝形势图

但这种状况并没有维持多久，到了明英宗正统初年，瓦剌部逐渐强大。瓦剌部首领也先不断对外扩张，控制了东至女真、西至赤斤蒙古的广大地区，并开始大举侵入明朝边境。正统十四年（1449 年）七月，也先率军大举南下，攻扰宣府、大同等地。为了邀功，明英宗宠幸的太监王振极力怂恿皇帝亲征，20 多岁的明英宗不顾朝臣反对，仓促出征。大军出居庸关，过怀来，至宣府。由于粮草未备，军旅不整，沿途因饥渴而亡的士兵、马匹不计其数。八月初一，驾临大同，由于天降大雨，前方败报又传来，加上士卒多有死伤逃亡，明英宗兴趣全无，王振又劝说明英宗起驾回銮，于是明英宗传旨班师回京。

归途中，王振为了炫耀乡里，不听大同总兵郭登坚请英宗速入紫荆关的建议，反邀英宗至蔚州（今河北蔚县），以访其家。队伍行进四十里后，王振又害怕大军过境损坏家中庄稼，复令军队转道宣府。此时，瓦剌的骑兵已尾随其后，明军连战皆败，只得且战且走。八月十四日，行至土木堡（今河北怀来附近），诸将商议进入怀来城据守，但王振以辎重车千余辆未至，不肯听从，下令就地宿营，遂被瓦剌军包围。土木堡旁无水泉，明军掘井二丈余仍无水，将士饥渴，疲惫不堪。

明英宗不顾朝臣反对，仓促出征，兵败土木堡（摄于2013年7月17日）

十五日，也先遣使议和，英宗表示同意，于是，瓦剌军假装退兵。王振立即传令移营就水，明军逾越壕堑而出，阵势混乱，南行未及三四里，瓦剌军突然发起四面围攻，劲骑呼啸而入，明军溃散，死者蔽野塞川，文武朝臣五六十人无一生还。明英宗突围未成被俘，史称“土木之变”。

也先俘虏了明英宗，想以此要挟明廷获取利益。九月，明朝兵部尚书于谦、吏部尚书王文等拥立英宗之弟朱祁钰为帝，即明景帝，并遥尊英宗为太上皇。十月，也先率军攻至北京城下，于谦等调集重兵，在北京城外奋力击退瓦剌军。也先见扣留英宗并无作用，于是在次年将英宗放回。景帝怕英宗回来后自己帝位不保，不情愿接纳英宗回京，仅派了学士商辂以二马一轿的规格到居庸关迎接。兄弟二人在东安门相见后，英宗径直被送往南宫幽禁起来。英宗在南宫一住就是7年，从未走出宫门一步。据说为了断绝与外面的联系，宫门被锁起来，连院子里的树都被砍光，景帝也从未前去看望。钱皇后与明英宗同住南宫，经常做些女红以补贴日常用项。景泰八年（1457年）正月，景帝病重，不能临朝，就令武清侯石亨摄行祀事。石亨见景帝病情严重，就与太监曹吉祥、副都御史徐有贞等密谋发动政变，拥英宗复辟，以邀功赏。是月十六日夜，徐有贞、石亨等引兵千余潜入长安门，急奔南宫，毁墙破门而入，扶英宗登上辇舆，自东华门入宫，直入奉天殿，鸣钟擂鼓，召见百官，宣布复位，改号天顺，史称“夺门之变”。不久，景帝病逝。

从南宫开始的“夺门之变”使明英宗成功复辟（摄于 2018 年 8 月 17 日）

“土木之变”以后，瓦剌首领也先因日益骄横，于景泰六年（1455 年）被杀，瓦剌部落分散，逐渐衰落。之后，鞑靼兴起，明朝北方边境狼烟再起，应州作为边境重镇，首当其冲。

明正德十二年（1517 年），鞑靼小王子以五万骑自榆林攻入，进犯阳和（今山西阳高），抢掠应州，明朝总兵王勋迎战，被围于应州，告急文书传到京师，此时正是明武宗朱厚照在位时期。明武宗是明朝历史上以荒淫和荒唐出名的皇帝，接到应州告急文书时，他正化名“总督军务威武大将军总兵官朱寿”在宣府、大同和延绥（今陕西榆林）等北部边境巡查。他亲自带兵赶到应州迎战。这时，小王子已经退兵，武宗命令军队追赶，与小王子后面部队交战，杀死了对方不少兵士。第二天，小王子纵兵再来，武宗仓促应战，从早晨战至傍晚，遇上大风黑雾，只好回师。武宗认为自己指挥军队打了个胜仗，非常高兴。

第二年七月，为了庆祝应州之捷，明武宗又一次来到应州，登塔宴赏功臣，乘兴写下了“天下奇观”四字，借赞美木塔，抒发个人文治武功的自赏情感。

明正德十四年（1519 年），宁王朱宸濠在南昌起兵反叛，这又激起了武宗的巡游之心，他以亲征为名，巡游南京，沿途骚扰百姓，纵情玩乐。不料在一次湖中游乐时掉入水中，左右将他救起，半晌才苏醒过来，自此之后开始生病，但他仍不收敛，照样纵情荒淫，身体日益亏空，最终病逝于玩乐之所——豹房，连一个子嗣都没有留下。

明武宗为庆祝应州之捷乘兴写下“天下奇观”（摄于 2010 年 7 月 20 日）

由于明武宗没有后代，最后内阁首辅杨廷和等按遗诏，经与太后商议，只能以旁系入继大统，让武宗堂弟、兴献王长子朱厚熜登位，是为明世宗。

世宗是明朝在位时间最长的皇帝，即位之初，颇有作为，但为了追尊自己生父兴献王为皇帝，不惜与群臣闹出“大礼议之争”。在这之后，他尊尚道教，移居西苑，一心修玄，20 多年不上朝，由首辅严嵩擅权，导致军饷吞没，边事废弛。此时，蒙古达延汗已统一漠南，鞑靼被分为左右两翼。16 世纪，右翼土默特首领俺答汗势力日盛，西逐瓦剌，并不断兵犯大同，侵入应州一带，直至兵临北京。嘉靖三十年（1551 年），明朝迫于俺答汗的威势，开马市于宣府、大同。但这并不能遏制蒙古部族的抢掠，世宗在位期间，整个北方边墙战祸连年，无一年一季息兵。明世宗对此很少过问，仍然沉湎在其醉生梦死的“真君”“仙翁”生活中，最后也因长期服用丹药致病身亡。

明世宗之子明穆宗朱载垕即位后，对蒙古俺答汗部不断入侵甚至围困北京的局面开始重视。隆庆元年（1567 年），穆宗下旨由内阁会同文武官员商讨稳定北部局势的策略。内阁首辅徐阶等人遂列出了加强防务十三事疏奏朝廷。其中一些条款如申军令、重将帅、练军兵、缮城堡、择边吏等，后来都不同程度地得到施行。如几经周折将抗倭名将戚继光等人由东南沿海一线调到北京，令其驻守蓟州负责东北一线的练兵和防务。经过数年的经营，北部沿线防务能力大为加强。再

大同得胜堡见证了汉、蒙两族间经济、文化的交流（摄于 2020 年 8 月 3 日）

加上高拱、张居正等内阁首辅与边臣协调得当，隆庆年间北部疆域的局势比较稳定。以“封贡、互市”为主要内容的“隆庆议和”不仅免除了常年战争给边地百姓带来的痛苦，而且也大大促进了汉、蒙两族间经济、文化的交流和发展。这里面，蒙古三娘子功不可没。

三娘子是俺答汗之妾，深受俺答汗信任，她力主与明朝贡市，发展通商贸易，被明朝封为忠顺夫人。其执掌权柄时期，修建归化城（今内蒙古呼和浩特），并一直保持与明朝的平安互市关系，为明朝与蒙古之间的友好关系作出了特殊贡献，受到蒙、汉人民的尊重。

女真崛起后，统一了漠南蒙古，漠北、漠西蒙古部落也不断内附，蒙古各部最终都归入清朝版图中。

史迹博萃

「明长城九边遗址」

元朝灭亡后，其退至北方的残余依旧实力强劲，与明朝开始了长期的对峙。为了巩固北方边防，明朝统治的270多年间，几乎没有停止过修筑长城和经营边防。据统计，从明初到万历年间，就曾有20余次较大规模的修筑长城，形成东起鸭绿江，西至甘肃嘉峪关讨赖河东岸的长城。为了加强长城的防御，便于指挥调遣长城沿线的兵力，并能经常修缮长城关隘，明朝把长城沿线分为9个防守区段，称之为“九边”或“九镇”，长城也被称为“边墙”。九边各镇设置镇守总兵官、副总兵官、参将、游击将军、守备、千总、把总等官，各镇均驻有重兵。九边重镇分别为：

辽东镇，总兵初驻广宁卫（今辽宁北镇），隆庆后，冬季移驻东宁卫（今辽宁辽阳），所辖长城东起今丹东宽甸满族自治县虎山南麓鸭绿江边，西至山海关北锥子山，全长970余千米。

蓟镇，总兵驻三屯营（今河北迁西境内），管辖长城东起山海关，西至慕田峪（今北京怀柔境内），全长880余千米。

宣府镇，总兵驻宣府卫（今河北宣化），管辖长城东起慕田峪渤海所和四海治所分界处，西达西阳河（今河北怀安境内）与大同镇接界处，全长510多千米。

辽宁北镇广宁城
（摄于2018年8月15日）

河北宣化宣府古城
（摄于2021年7月23日）

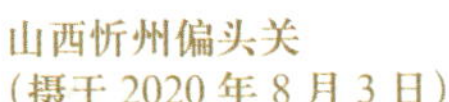
山西忻州偏头关
（摄于 2020 年 8 月 3 日）

陕西榆林卫城
（摄于 2018 年 7 月 26 日）

大同镇，总兵驻大同府（今山西大同），管辖长城东起镇口台（今山西天镇东北），西至丫角山（今内蒙古清水河县，另一说今山西偏关东北），全长 330 千米。

山西镇，也称太原镇，总兵初驻偏头关（今山西偏关），后移驻宁武所（今山西宁武）。管辖长城西起河曲（今山西河曲旧县城）的黄河岸边，东接太行山岭之真保镇长城，全长 800 千米。

延绥镇，总兵初驻绥德（今陕西绥德），成化以后移治榆林卫（今陕西榆林），故亦称榆林镇。管辖长城东起黄甫川堡（今陕西府谷县黄甫镇），西至花马池（今宁夏盐池），全长 880 千米。

宁夏镇，总兵驻宁夏卫（今宁夏银川），管辖长城东起花马池（今宁夏盐池），西至宁夏中卫喜鹊沟黄河北岸（今宁夏中卫西南），全长约 1000 千米。

固原镇，总兵驻固原州（今宁夏固原），管辖长城东起延绥镇饶阳水堡（今陕西定边县姬塬镇）西界，西达兰州、临洮，绵延 500 千米。

甘肃镇，总兵驻甘州卫（今甘肃张掖），管辖长城东南起自今兰州黄河北岸，西北抵嘉峪关西讨赖河岸，全长 800 余千米。

以上九镇所辖长城总长度已超过万里，故称“万里长城”，而明长城的大小关口与城堡总计不下 2000 余处。笔者利用多年时间几乎走遍了九边长城及众多关口，它们或者为砖石垒砌者，或者为夯土墙，后来有些被拆毁，有些被风沙掩埋，经过陆续修复，现在多段长城已能够部分连贯，一些关城也展露雄姿，寻访这条腾戈壁、越沙漠、跨草原、翻群山的万里巨龙，不由得心生自豪。长城见证了中国悠久的历史。

「土木之变与夺门之变遗迹」

明正统十四年（1449 年），明英宗受太监王振裹挟亲征瓦剌，结果在土木堡被瓦剌军俘虏，从此瓦剌势力大增，明朝北边长期处于被动挨打局面。土木之变也使土木镇这个河北怀来的小镇名载史册。多年前的一个春天，笔者来到了土木镇。走进镇中街道，看到的是北方常见的农家宅院，但就是在这个不起眼的小镇，当年明英宗和明朝大军在此遭瓦剌军包围。这次战役使明军伤亡过半，随英宗亲征的文武大臣有五六十人被杀，大量骡马、衣甲、器械、辎重尽为瓦剌掠夺，战况极其惨烈。

现今，土木之变的大部分战争遗迹已消失，只有明军赖以抵御的城墙还部分散落在小镇街道中，残破不堪。笔者参观了一座被称为显忠祠的小祠堂，它是土木之变后明廷为祭祀死难将士而建造的，几经毁坏和重修。祠堂由一座祭殿和两侧厢房组成，院落中矗立着几块碑刻。祭殿内非常简陋，墙上挂着显忠祠的简介和阵亡将官的名录。在

河北怀来土木堡城墙遗址
（摄于 2013 年 7 月 17 日）

河北怀来土木堡显忠祠
（摄于 2013 年 7 月 17 日）

北京南宫遗址
（摄于 2018 年 8 月 17 日）

浙江杭州于谦墓
（摄于 2012 年 8 月 28 日）

小镇旁的山地前还矗立着一座宏伟的牌坊，上书“明代土木之变遗址”，说明平静的小镇不会忘却这段烽烟岁月。

土木之变后，瓦剌首领也先见明景帝已经即位，于是放回了明英宗。明英宗后被明景帝幽禁于南宫，尊为太上皇。景泰八年（1457 年）正月，石亨、曹吉祥、徐有贞等发动“夺门之变”，拥立英宗复位，并残杀了在北京保卫战中功勋卓著的于谦。明宪宗即位后，于谦得以平反昭雪，杭州三台山下有于谦祠和于谦墓。

笔者寻访到了“夺门之变”的重要遗址——南宫。南宫，又称小南城，位于北京南池子东侧，离故宫很近，明初为皇城东苑，皇帝常游幸于此。明景帝时期，明英宗放还回京后就被幽居于此。英宗复辟后，曾大事建筑，成为皇城中一个独立的宫殿群。清初，这里成为睿亲王多尔衮府邸。多尔衮病死并议罪后，王府随即废弃，后改建成寺庙，王府的主要建筑变成了寺院的诸殿，如今只存山门、大殿及部分配房。大殿面阔七间，顶覆黄、绿色琉璃瓦，依旧雄伟壮丽。笔者站在这里，感觉南宫就像历史的舞台，上演过太多的历史剧，不管王府如何变迁，这里发生的故事都会继续讲述下去。

「“大礼议之争”遗迹」

明正德十六年(1521年)四月,明武宗朱厚照突然病逝,没有子嗣,依兄终弟及的祖训,选定其从弟、兴献王朱祐杬的儿子朱厚熜继承皇位。按朝廷议定的规矩,朱厚熜从兴献王封地湖北进京接替皇位前,必须先过继给他的伯伯明孝宗朱祐樘当儿子,再以太子礼仪继承皇位,但朱厚熜坚决不同意。为此,朱厚熜滞留通州,不肯进京即位,朝廷大臣们不得不作出让步,让他以皇帝身份而不是以孝宗皇帝的太子身份直接进京即位,即明世宗。

世宗即位后不久,便以“礼从义起”为根据,要求追封他的亲生父母兴献王夫妇为皇帝皇后,众大臣不同意,形成僵持局面,史称“大礼议之争”。随着世宗皇权的不断稳固,杨廷和等反对派大臣逐渐失势,不少官员因此被削籍、充军、入狱、罚俸,甚至廷杖致死。而拥戴派大臣张璁、严嵩等因在世宗面前竭力推崇追尊生父之举,相继入阁,大受重用。在两派激烈斗争交锋中,世宗皇帝悍然出手集体庭杖反对派群臣,制造了明朝史上有辱斯文的惨案。如大臣杨慎集合二百余朝中官员跪左顺门大哭,两遭廷杖,还被削籍,谪戍云南。其晚年写下了著名的《临江仙》“滚滚长江东逝水,浪花淘尽英雄……”,借叙述历史兴亡,抒发人生感慨。

北京故宫左顺门(摄于2017年3月22日)

湖北钟祥明显陵（摄于 2010 年 8 月 8 日）

明世宗在“大礼议之争”中最终确立和巩固了自己的统治，其父被追赠为睿宗，祔于太庙，其墓也被改建成帝陵，改名显陵。笔者专程参观了位于湖北钟祥的明显陵，这座由王墓改造而来的帝陵，神道长度达 1300 米，两侧石刻森然，祾恩殿已毁，但方城、明楼保存良好，其“一陵两冢”的陵寝结构在历代帝王陵墓中绝无仅有。如今皇陵虽有破损，但蜿蜒起伏于山峦叠嶂之中，极具气势。

“大礼议之争”中两派大臣，或被流放，或受提拔。反对派首领杨廷和历仕宪宗、孝宗、武宗、世宗四朝，前后在阁 15 年，颇有声望。因“大礼议”事件违世宗意，辞归故里，后被削职为民，嘉靖八年（1529 年）病逝于新都（今属四川成都），葬于新都状元坟。其子杨慎也一起葬于此。拥戴派大臣张璁迎合帝意，深受宠信，位居首辅。其墓位于今浙江温州大罗山第一峰下，俗称太师墓，有神道门、仪门、神道、享堂、坟茔等建筑，可惜今已圮毁，只有文保碑孤零零地竖立在山前村口。

四川新都杨慎墓（摄于 2022 年 7 月 7 日）

浙江温州张璁墓文保碑（摄于 2020 年 12 月 14 日）

「俺答汗与三娘子遗迹」

俺答汗（1507—1582），又称阿拉坦汗，是明代蒙古右翼土默特万户首领，他是成吉思汗的十七世孙，蒙古达延汗的孙子。其部落初期驻牧丰州滩（今内蒙古呼和浩特）一带，后来人们把这里称为“土默川”。俺答汗在明朝嘉靖初年崭露头角，势力日强，将察哈尔宗主汗迫往辽东，控制着以土默川为中心，东起宣化、西至河套，包括大青山南北的广大地区。由于明朝建立后，与蒙古之间战事紧张，明政府对蒙古断绝贸易往来，而蒙古地区亟需中原地区生产的生活用品，因此，俺答汗多次遣使请求明政府恢复互市，但都遭到明王朝保守势力的拒绝。

明嘉靖二十九年（1550 年），俺答汗兵临北京城下，胁求通贡。明政府迫于俺答汗的威势，于次年在宣府、大同等地开马市，但不久又闭关停市。明隆庆四年（1570 年），俺答汗的孙子把汉那吉因家庭纠纷投奔明朝，俺答汗拥兵大同索要把汉那吉，与明朝谈判。俺答汗的夫人三娘子力主与明朝媾和贡市，停止战争，恢复往来。

三娘子（1550—1612），又称钟金哈屯，她资性聪颖，擅长骑射，深得俺答汗的尊宠，诸事多取其裁夺。在三娘子的主导下，俺答汗以流亡于自己领地的 9 名明朝白莲教首领换回了把汉那吉，并再次达成了互市协议。隆庆五年（1571 年），明朝皇帝在得胜堡封俺答汗为顺义王，封三娘子为忠顺夫人，从此开始了明、蒙几十年和平友好的局面。随着明、蒙交往的频繁，大量汉人涌入，土默川呈现繁荣景象。俺答

山西大同得胜堡
（摄于 2020 年 8 月 3 日）

内蒙古包头美岱召城门
（摄于 2020 年 8 月 4 日）

内蒙古包头美岱召太后庙
（摄于 2020 年 8 月 4 日）

内蒙古包头大青山俺答汗墓
（摄于 2020 年 8 月 4 日）

汗先后在土默川建成了城寺——美岱召和青山黑水间的新城——库库和屯。

美岱召于明万历三年（1575 年）建成，为俺答汗军事、政治中心，后改为寺庙。笔者参观时，发现召城尚在，有城门和城墙，城门上还建有城楼，城墙四角建有角楼，俨然如同帝都规模。召内建有太后庙，供奉三娘子的骨灰和木梳、首饰等。而俺答汗的骨灰就在美岱召背倚的大青山上的宝丰塔内，俺答汗与三娘子生前互相扶持，逝后依旧遥相呼应。

库库和屯历时 10 年，于明万历九年（1581 年）建成。俺答汗进驻这座城郭的第二年就病逝了，明朝遣使吊唁，赐城名“归化”，它即是今天呼和浩特的前身。俺答汗去世后，三娘子执掌权柄，她上书明朝，表示继续忠顺。之后，她又辅佐几代顺义王继续保持蒙古内部的安定和维护与明朝平安互市关系，受到蒙、汉人民的尊敬与纪念。此城早已今非昔比，只有旧城北门等一些地名还在使用。

「北京明朝帝陵」

靖难之役使朱棣（1360—1424）登上了皇帝宝座，永乐十九年（1421 年），朱棣迁都北京。永乐七年（1409 年），朱棣开始在北京天寿山营建长陵，至宣德二年（1427 年）才完工。明长陵规模宏大，南起石牌坊，北倚天寿山主峰，陵寝建筑遵明太祖孝陵制度而稍有增删，整个陵寝用料严格，施工精细。庆幸的是，长陵历经沧桑，仍保存完好。自从朱棣长陵定址天寿山后，以后明朝诸帝都相祔长陵左右，形成规模宏大的明十三陵。笔者曾在一个春天的早晨，在薄雾中沿着石牌坊、大红门、碑楼、石像生和龙凤门一路走到长陵祾恩门，宽敞的神道幽深曲折、石刻森然。而祾恩殿、方城、明楼更是宏伟壮观。尽管朱棣帝位来路不正，且异常残暴，但不可否认他是一位有为雄主，其统治时期，缔造了大明最兴盛的“永乐盛世”。

明英宗朱祁镇（1427—1464），明朝第六位皇帝。他 9 岁即位，在他的帝王生涯中，先后发生了“土木之变”和“夺门之变”两个重大历史事件，使他成为明朝历史上唯一两次登上帝位的皇帝。“夺门之变”7 年后，英宗病逝，葬裕陵。裕陵位于天寿山西峰石门山南麓。据载，裕陵修建仅用了 4 个月时间，当时参加营建裕陵的军民工匠共达 8 万余人。不过裕陵后来遭到了很大的破坏，虽然在清代曾几度修缮，但后来又陷于荒芜。当笔者 2016 年前往参观时，裕陵祾恩门已经修缮。

北京昌平明成祖长陵祾恩殿
（摄于 2012 年 6 月 20 日）

北京昌平明英宗裕陵
（摄于 2017 年 8 月 18 日）

北京昌平明世宗永陵明楼
（摄于 2017 年 8 月 8 日）

北京海淀明景帝景泰陵碑亭
（摄于 2016 年 8 月 11 日）

明武宗朱厚照（1491—1521），明朝第十位皇帝，生前声色犬马，曾借着宁王朱宸濠造反之机，亲率军队南下，在南京住了八九个月，后在淮安清江浦（今江苏淮安）覆舟溺水，回北京后病逝，葬于康陵。

明世宗朱厚熜（1507—1567）以旁系入继大统，是明朝第十一位皇帝。在位前期有所作为，力革前朝时弊，朝政为之一新。但大礼议之后日渐腐朽，一心修玄，甚至长期不临朝。病逝后葬于北京阳翠岭南麓的永陵。永陵规模宏大，其规制仅次于长陵。

明穆宗朱载坖（1537—1572），明朝第十二位皇帝。他倚靠高拱、张居正等大臣的辅佐，朝政有所起色。但很快便沉迷声色，荒于政事。在位 6 年后就因病去世，葬于昭陵。

明景帝朱祁钰（1428—1457），明朝第七位皇帝，是朱棣迁都北京之后唯一没有入葬十三陵的明朝皇帝。他因“土木之变”而登位，励精图治，取得了不俗的政绩。后在“夺门之变”中被废为王，在怨愤中病逝。英宗废弃了明景帝原本修建好的帝陵，以王礼将其葬于北京西郊的金山南麓。明宪宗即位后，恢复了他的帝号，并改王陵为帝陵，扩修了明楼、享殿等，嘉靖时又改建陵碑亭，使景泰陵成为一座地道的帝王陵。不过，今天其陵寝仅剩碑亭和祾恩门，其余建筑已经消失殆尽。支离破碎的景泰陵，宛如明景帝命运多舛的一生。

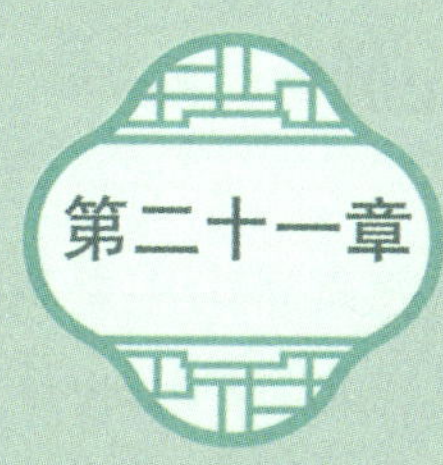

第二十一章

塔高廿丈敬皇祖

承德永佑寺舍利塔

浮屠记胜

承德避暑山庄是我国现存最大的皇家园林，也是清朝帝王木兰秋狝、巡视北方的中心行宫。清朝早期的帝王几乎每年都要来这里，使山庄俨然成为清王朝的第二个政治中心。乾隆帝为了表示继承祖业，祈求福佑，在避暑山庄的东北部修建了一座规模宏大的永佑寺及舍利塔。如今，寺院其他建筑早已无存，但高耸的舍利塔依然矗立在湖山之间，成为山庄的一个重要标志，让人不禁想起康熙大帝的丰功伟绩。

永佑寺舍利塔坐落在承德避暑山庄万树园东北侧，位于山庄平原区的制高点，为仿木结构楼阁式砖石塔，高 67 米，共九级八面。整座塔由基座、塔廊、塔身和鎏金塔顶组成。基座为石砌八角形高台，四周绕以白石围栏。基座上建八角形塔廊，宽大舒展，亭亭如盖。塔廊有“妙莲涌座”的御题匾额，八面内壁塑有浮雕佛像。南北各开有石券拱门，进入拱门拾级而上可登塔。塔廊之上为塔身，各层檐斗、梁枋均砌以黄、绿色琉璃瓦，且均有御题匾额和供奉佛像。第一层

建有八角形平台，外缘绕以白石栏杆，匾额为“初禅精进”，供奉弥勒佛；第二层匾额为“二谛超宗”，供奉燃灯佛；第三层匾额为“三乘臻上”，供奉阿弥陀佛；第四层匾额为“四花宝积”，供奉不动佛；第五层匾额为“五智会因”，供奉毗卢佛；

第六层匾额为“六通普觉”，供奉狮吼佛；第七层匾额为“七果圆成”，供奉不动金刚；第八层匾额为“八部护持”，供奉济集王佛；第九层匾额为“九天香界”，供佛较多，中间供奉释迦牟尼佛，南供妙宝胜佛，北供开化庆佛，东为恶趣王佛，西为释迦木王佛。塔内还绘有壁画。塔中各层均有四门四窗，塔身每层八个檐角还都悬有风铎，微风掠过，铎声叮当作响，增加了几分神秘色彩。塔顶装有 800 千克的铜鎏金攒尖顶塔刹。整座塔造型美观，挺拔高大，色彩鲜明，光亮夺目，突兀于万绿丛中，成为承德避暑山庄的一个标志。

永佑寺舍利塔兴建于清乾隆十九年（1754 年），塔名“永佑”取“我皇祖圣日所照，千秋万岁后，子孙臣庶无不永如在之思”之意。此塔又称“六和塔”，传仿杭州六和塔而建；也称“六合塔”，所谓“六合”，是古人对天地四方的称呼，即“天、地、东、西、南、北”。据说乾隆帝修建永佑寺及舍利塔是效仿其父雍正帝于北京修建恩佑寺供康熙帝御像的做法，在避暑山庄内也建一座庙塔，用以纪念其祖父康熙帝，因此在永佑寺舍利塔后偏西北处建有一座面阔三楹重层的御容楼，楼内供奉有康熙帝的御像。每年，乾隆帝到山庄的第一项活动，就是到这里祭拜。乾隆帝曾在诗中写道：“每至先瞻谒，无遑善继心。”乾隆二十九年（1764 年），乾隆帝还在永佑寺舍利塔后刻立了一通石碑，面南镌刻《御制永佑寺舍利塔记》，面北镌刻《御制避暑山庄百韵诗并序》。如今，这通石碑依然保存完好。

《御制永佑寺舍利塔记》要求子孙以康熙帝为永世的典范，勤恳地继承祖业。《御制避暑山庄百韵诗并序》碑文颂扬了康熙帝的功绩：

“我皇祖建此山庄于塞外，非为一己之豫游，盖贻万世之缔构也……巡狩之典，或一岁而二三举行，耗财劳众之论，夫岂不虑？然而凛天戒、鉴前车、察民瘼、备边防，合内外之心，成巩固之业。”寥寥数语，既点明了康熙帝木兰秋狝和修建避暑山庄的意义和作用，又倾注了乾隆帝对康熙帝的尊崇和怀念之情。

现永佑寺建筑大部已毁，孤塔独矗。塔内有楼梯，可达各层，每层四门四窗，正对着避暑山庄外的明山秀水。登高远眺，东瞧武烈河蜿蜒南去，南看十里塞湖烟波浩渺，西瞰绵绵群山层峦叠翠，北望外八庙若隐若现，好一派北国风光。想必乾隆帝每次拜祭康熙帝御容后，也会登塔眺望，追思其祖父的丰功伟绩。

史事钩沉

清朝是由满洲统治者建立的，满洲是女真族后裔，居住在中国东北地区。明朝初期，在东北设置都司卫所，管辖女真各部。当时，女真分建州、海西、野人三部，满洲出自建州女真，明政府在此设立建州三卫，恩威并施。明万历十一年（1583 年），明辽东总兵李成梁出兵围剿骚扰边境的女真阿台部的古勒寨时，误杀了建州卫将领觉昌安及其子塔克世。塔克世之子努尔哈赤袭承父职后，以父祖“遗甲十三副”起兵，统一女真各部，于明万历四十四年（1616 年）建立后金政权，定都赫图阿拉（今辽宁新宾）。

明万历四十六年（1618 年），努尔哈赤公布“七大恨”的讨明檄文，公开起兵反明。第二年，明军派出十万兵力分四路围剿后金，双方在萨尔浒（今辽宁抚顺东）交战，明军惨败。此战后，明朝对后金的战略态势由主动变为被动，后金尽占辽河以东之地。为抵御后金的攻势，明廷派袁崇焕镇守宁远城（今辽宁兴城）。明天启六年（1626 年），袁崇焕与全城一万多守军英勇抗击努尔哈赤六万大军的进攻，激战中，努尔哈赤被西洋大炮击中，不久伤重身亡。次年，其子皇太极为父报仇，再次猛攻宁远城，仍以失败告终。明崇祯二年（1629 年），皇太极率军绕道突破长城，进逼北京城下。生性多疑的明崇祯帝中皇

努尔哈赤以父祖“遗甲十三副”起兵反明（摄于 2016 年 7 月 19 日）

太极反间计，于次年处死袁崇焕，使得已经风雨飘摇的明王朝陷入穷途末路。

崇祯帝朱由检是明朝最后一位皇帝，即位伊始，力图有所作为，但明朝积弊深重，崇祯帝又刚愎自用，导致内外交困，加之天灾人祸，使各种矛盾日益尖锐。崇祯十七年（1644 年）李自成领导的起义队伍攻克北京。崇祯帝回天无力，遣散儿子，逼缢皇后和贵妃，又拔刀砍死砍伤公主和妃嫔数人，然后登上煤山（今北京景山），自缢于寿皇亭树下。

明崇祯帝自缢的前一年，顺治帝登基。顺治帝是皇太极第九子。皇太极逝世后，由于其生前并没有指定皇位继承人，因此长子豪格和皇太极之弟多尔衮互相争位。僵持之下，多尔衮最终扶立 6 岁的福临即位。清崇德八年（1643 年），福临登上皇位，是为顺治帝，由叔父睿亲王多尔衮等辅政，实权由多尔衮执掌。福临生母为孝庄皇后，据传年轻的孝庄为保其儿子的皇位，下嫁于咄咄逼人的小叔子多尔衮，但是否属实，尚有争议。

顺治帝在盛京（今辽宁沈阳）登基不久，李自成农民起义军攻克北京城，明崇祯帝自缢。对此，多尔衮静观势态，准备伺机入关。李自成大顺军进入北京后，明辽东总兵吴三桂尚握有重兵，李自成胁迫吴三桂的父亲吴襄写信劝降，并派人携银四万两犒赏吴三桂。吴三桂率军西行途中，听闻其宠妾陈圆圆为李自成部将刘宗敏掠去，冲冠大

明崇祯帝自缢于煤山寿皇亭树下，明朝灭亡（摄于 2017 年 3 月 21 日）

怒，立即引兵回师山海关，并向多尔衮求助，多尔衮立即率军抵达关门外，吴三桂出关迎降。吴三桂与关外清军联合在山海关一片石（今山海关北）击溃李自成起义军。李自成兵败后撤回北京，匆忙称帝，怒杀吴三桂全家，带着大量财宝经晋入陕。在清军的进逼下，李自成采取避战流动方式，自陕西经河南退至湖北。据说，于清顺治二年（1645年）在湖北通山九宫山受地主乡团袭击身亡。

清军击溃李自成起义军后进入北京，并迁都于此。顺治帝十四岁时，多尔衮因行猎时坠马跌伤致死，顺治帝开始亲政。他注重吸取明王朝灭亡教训，澄清吏治，任用汉官，奖励耕种，使受战乱影响的农业生产有了转机。同时也极为重视与各民族的联系等。但其在宠妃董鄂妃病逝后，精神状态大受影响。顺治十八年（1661 年），顺治帝因染上天花，病逝于养心殿。

康熙帝玄烨（1654—1722）是顺治帝的第三子，其祖母孝庄太后力排众议，力主玄烨成为继承人，并对玄烨的培养倾注了大量心血。顺治十八年（1661 年），年仅 8 岁的玄烨即位，顺治帝遗命由索尼、苏克萨哈、遏必隆、鳌拜四大臣辅政。康熙六年（1667 年），康熙帝亲政，但鳌拜结党专权，把持朝政。两年后，康熙帝利用少年侍卫智擒鳌拜，鳌拜最后死于禁所。康熙帝由此完全夺回朝廷大权。他先后平定“三藩”、统一台湾、粉碎厄鲁特蒙古准噶尔部上层的分裂阴谋，基本上实现了国家统一。

吴三桂出关迎降，使清军势如破竹入主中原（摄于 2021 年 7 月 26 日）

清朝疆域

“三藩”是指平西王吴三桂、平南王尚可喜和靖南王耿精忠三位藩王。他们在清朝入关后，作为攻击李自成大顺军和南明的先锋，因功被封王赐地。三藩拥有重兵，势力日大，严重威胁清王朝的统治。康熙十二年（1673 年），康熙帝果断下诏撤藩，引起以吴三桂为首的三藩起兵反清，一时警讯频传，人心动摇。康熙帝调兵出师征讨，利用政治分化和军事压力，迫使尚之信、耿精忠相继投降，逐步扭转局势。康熙十七年（1678 年），吴三桂病逝衡州，导致众心瓦解。康熙二十年（1681 年），清军攻下昆明，吴三桂之孙吴世璠自杀，历时八年的三藩之乱终告平定。

台湾位于我国的东海之滨，三国、隋朝时期，祖国大陆与台湾已有交往。元朝在澎湖设立巡检司，对台湾和澎湖进行管辖。明朝末叶，荷兰登陆台湾，强行修建了热兰遮城和赤崁楼等据点，并逐渐侵占全

康熙帝撤藩诏书引起以吴三桂为首的三藩起兵反清
（摄于 2014 年 1 月 8 日）

施琅奉康熙帝之命进攻台湾，郑克塽率众归顺
（摄于 2012 年 8 月 2 日）

岛，实行殖民统治。清顺治十八年（1661 年）三月，郑成功亲率两万五千名将士，分乘数百艘战船，从金门出发，多次击败荷军。同年十二月，迫使荷兰殖民总督揆一投降并撤离台湾。康熙元年（1662 年）五月，郑成功因染病去世，之后台湾先后由郑成功之子郑经和孙子郑克塽执掌。康熙二十二年（1683 年），康熙帝任命施琅为福建水师提督，率领二百余艘战舰进军台湾，一举攻克澎湖，郑克塽归顺。次年，康熙帝设置台湾府，隶属于福建省。

明末清初，蒙古族分为漠南蒙古、漠北喀尔喀蒙古和漠西厄鲁特蒙古三大部。蒙古族在清初臣服于清廷，但噶尔丹成为漠西厄鲁特蒙古准噶尔部首领后，在俄国的支持下，不断向蒙古各部发起进攻，公然向康熙帝提出“圣上君南方，我长北方”的分裂主义要求。为确保边疆安定，康熙帝亲征漠北。康熙二十九年（1690 年）的乌兰布通（今内蒙古克什克腾旗南境）之战，使噶尔丹败退至科布多，元气大伤。康熙三十五年（1696 年）的昭莫多（今蒙古国乌兰巴托东南）之战，清军击溃噶尔丹主力，噶尔丹兵败流窜，众叛亲离。为绝后患，一年之后，康熙帝第三次亲征，围剿噶尔丹残部。不久，噶尔丹暴病身亡。

康熙帝诏令从瑷珲城出发的清军收复雅克萨城（摄于 2016 年 7 月 26 日）

清朝初年，以哈巴罗夫为首的沙俄军队利用清廷忙于国家统一和平定三藩之乱之机，开始入侵我国黑龙江流域，侵占雅克萨（今黑龙江漠河东）等地，修筑城堡，并以此为据点，四处劫掠。康熙帝决心收复失地，康熙二十四年（1685 年），康熙帝令都统彭春等统兵，自瑷珲城出发，兵抵雅克萨城下，分水、陆两路列营攻击，俄军伤亡甚重，被迫撤离雅克萨，清军焚毁雅克萨城后，旋即班师。同年，俄军卷土重来，重建并盘踞雅克萨城。次年，康熙帝令清军再次攻取雅克萨城，经过激战，侵略军死伤惨重，侵略军头目托尔布津也中弹毙命。清军围攻雅克萨城，危城旦夕可下，沙俄政府见状，只得派员到北京请求谈判，康熙帝准许侵略军残部撤离雅克萨。康熙二十八年（1689 年），中、俄签订了《尼布楚条约》，从法律上肯定黑龙江、乌苏里江流域的广大地区是中国的领土。

康熙帝以其睿智和果断，维护了国家的统一，也奠定了清朝兴盛的根基，文治武功都超越前人，被后世尊为“千古一帝”。康熙帝晚年特别喜爱孙子弘历，甚至将其接入宫中养育。乾隆帝弘历即位后，感怀皇祖的恩德，在承德避暑山庄修建了永佑寺及舍利塔，既表达了对康熙帝功绩的崇仰，也是出于皇孙对皇祖的情感。

史迹博萃

「明清战场遗迹」

清朝起始于后金，从后金建立到明朝灭亡这一段时间里，双方战事不断，其中规模较大的有萨尔浒之战、宁远之战等。萨尔浒战役发生于明万历四十七年(1619年)，由明朝辽东经略杨镐担任明军总指挥，并制定了周密的计划，但明军的意图早已泄漏，使努尔哈赤能够及时采取对策，导致明军惨败。萨尔浒之战，使明朝与后金的整体局势发生扭转，此后，明朝在与后金和清兵的战争中陷于被动。

萨尔浒战场遗址位于今辽宁抚顺东，因后来大伙房水库的修建，许多地域被淹成湖区，因此历史遗迹留存不多。笔者沿着蜿蜒起伏的山路弯行，经过铁背山下努尔哈赤骑马塑像，最后来到萨尔浒山之战书事碑亭。此碑亭始建于清乾隆四十一年（1776年），为当年乾隆帝东巡祭祖至此，有感先祖创业之艰而建，他亲撰碑文，记述大战经过，为其先祖歌功颂德。嘉庆十年（1805年），嘉庆帝巡谒至此，又在碑侧亲书碑文，再颂其祖上功绩。据说原碑亭后来倾毁，现在的碑和亭为近年复建。笔者站在碑亭举目四望，岁月之风早吹散了战争之痕，只留下青山苍翠，绿水浩渺。

宁远之战发生在明天启六年（1626年），努尔哈赤亲率六万大军渡过辽河，进攻宁远城，明将袁崇焕依靠坚固的城池，与守城将士

辽宁抚顺铁背山努尔哈赤塑像
（摄于2016年7月19日）

辽宁抚顺萨尔浒山之战书事碑亭
（摄于2016年7月19日）

辽宁兴城宁远城
（摄于 2013 年 7 月 18 日）

北京袁崇焕墓
（摄于 2013 年 9 月 10 日）

多次击退后金的进攻，还用西洋大炮击伤努尔哈赤，使之不治身亡。宁远城是明宣德三年（1428 年）由辽东总兵巫凯、都御史包怀德奏请明廷而兴建的，是明政府为抵御后金而在关外设立的一座军事重镇。后来，袁崇焕重新修建了宁远城，使之成为阻挡后金进攻的关外堡垒，与锦州城一起形成宁锦防线，成为拱卫京师的重要屏障。今天，宁远古城外城虽已无存，但内城基本保持原貌。笔者在宁远城沿城墙的蹬道走上城墙，城门上箭楼高耸，代表袁将军的“袁”字军旗依旧飘扬，处处能够感受到袁崇焕将军的影响。

后来，明崇祯帝中了皇太极的反间计，将袁崇焕凌迟处死，加速了明朝的灭亡。袁崇焕的部下佘义士冒死为其修墓，并立遗嘱佘家子孙世代守墓，让袁崇焕的忠魂得到安息。笔者两度前往位于北京东城广渠门内的佘家院落瞻仰袁崇焕祠墓，祠堂正堂供有袁将军的画像。后院为墓园，墓冢不大，墓前立有供桌和墓碑，墓碑上书“有明袁大将军墓”，墓旁是佘义士的墓丘。站在英雄的墓前，追忆袁公悲壮的一生，笔者不禁感慨万千。

「清朝都城遗迹」

清朝从后金建国起，先后建都赫图阿拉、辽阳、盛京和北京，这些都城，除赫图阿拉成为废墟之外，辽阳、沈阳和北京仍为重要城市，遗迹仍有保存。

赫图阿拉为满语，是“横岗”之意，因是努尔哈赤建立后金政权的地方，故被视为清王朝发祥圣地。故址在今辽宁新宾满族自治县西老城，这里的长白山余脉连绵不断，苏子河蜿蜒在山谷之间，水草丰美，易守难攻。明万历三十一年（1603 年），努尔哈赤始建城堡于此，两年后，又增修内城，内城周长 4 里，努尔哈赤及其亲族在此居住。外城周长 9 里，居住女真八旗兵卒，外城北门外则居住着各种工匠。内、外城当时共有居民约两万户，繁盛一时。清军入关之后，赫图阿拉城仍设员守护，后逐渐圮废，内、外城墙仅留有部分残存，城门遗址尚清晰可辨，其余建筑已荡然无存。笔者来此寻访时，赫图阿拉城内修复了汗宫大衙门、八旗衙门、关帝庙、城隍庙、启运书院、文庙、努尔哈赤故居等。此外，赫图阿拉城郊外还建有埋葬努尔哈赤先祖的永陵，极具特色，至今保存完好。

后金天命六年（1621 年），努尔哈赤迁都辽阳。辽阳曾是明朝的辽东都司首府，努尔哈赤在原辽阳城东的太子河畔另建新城，称作东京。东京城是一座砖石城，城郭坚固，努尔哈赤还把其先祖的

辽宁新宾赫图阿拉故城（摄于 2016 年 7 月 19 日）

辽宁辽阳清东京城天祐门
（摄于 2021 年 7 月 20 日）

辽宁沈阳故宫大政殿
（摄于 2013 年 10 月 2 日）

北京故宫角楼
（摄于 2008 年 3 月 2 日）

遗骨也移葬到东京城北的阳鲁山。但四年后，努尔哈赤迁都沈阳，随之东京城逐渐倾圮，今八角殿遗址可寻，南正门天祐门尚存。

天命十年（1625 年），努尔哈赤在沈阳城内着手修建皇宫。天命十一年（1626 年），清太宗皇太极在此即位，扩建沈阳城，继续修建宫殿。天聪八年（1634 年）沈阳改称盛京。清顺治元年（1644 年）清军入关，将都城从盛京迁到北京，盛京成为陪都，并设户、礼、兵、刑、工五部和盛京将军，盛京旧宫成为清帝回东北祭祀祖陵时的驻跸之处，至今保存完好。

进入北京城以后，清朝基本完整地继承了明代的所有建筑，所有的宫殿仍然被沿用，只将名字改为新名，总体布局也没有变更。之后，在城内的西苑和西北郊修建了大量供皇帝游赏的苑囿。后来，由于城市建设的需要，城墙等被拆毁，但故宫、颐和园等被完整保留下来。

「李自成农民军遗迹」

李自成（1606—1645）是明末农民起义的主要领导人之一。崇祯十六年（1643 年）在襄阳（今湖北襄阳）成立新顺政权。同年，占领西安。次年正月，建立大顺政权。三月，攻克北京，推翻明王朝。四月，李自成起义军在山海关附近遭多尔衮八旗军与吴三桂的联合攻击，败退北京。匆忙称帝后，离京南下，后在湖北通山九宫山遇害，至今当地仍留有多处遗迹。

李自成是陕西米脂人。据载，明崇祯十六年（1643 年），李自成在西安称王后，命侄儿李过回米脂修复祖坟并筹备祭祖等事宜。李过回到米脂后，见城北马鞍山山势雄伟，便将山上原有真武祖师庙扩建为闯王行宫，以备闯王驾临，山亦改名为盘龙山。李自成农民起义失败后，为了保护这座行宫，米脂的父老乡亲把行宫再度改回真武庙，才使行宫幸存下来。今天，盘龙山下还建有一尊闯王的骑马塑像。

李自成推翻明王朝后，决定招降实力尚存的辽东总兵吴三桂，后由于其部下拷夹吴三桂父亲吴襄、掳掠吴三桂妾陈圆圆，导致吴三桂降而复叛，并求得清军支援，最终使李自成大军在山海关九门口长城脚下被清、吴联军击败。李自成被迫率余众西走，此战开启清朝入主中原的序幕。300 多年后，笔者登上地处辽宁、河北两省分界处的九门口长城，曾经破败不堪的城墙已经修葺一新。九门口长城像一条横跨九江河的巨大水上城桥，高大雄伟，这种结构在长城中是特有的。

陕西米脂李自成行宫
（摄于 2015 年 8 月 4 日）

辽宁绥中九门口长城
（摄于 2017 年 8 月 17 日）

湖北九宫山李自成殉难处
（摄于 2012 年 11 月 10 日）

湖北九宫山李自成墓
（摄于 2012 年 11 月 10 日）

站在九门口长城上，只见九江河水从九个水门口潺潺流过，当年这里便是李自成与吴三桂、清军鏖战的一片石战场。如今这里已无杀气，战争留下的一切早已烟消云散。

李自成在一片石之战失败后，退出北京，率军转战陕西、河南和湖北，之后不知所终。流传有自缢、误杀、归隐、搏斗死等几种说法，但多数专家认为李自成应在湖北通山九宫山搏斗遇害，其遗体被草草埋葬于九宫山麓，长期湮灭于荒山野岭之中。中华人民共和国成立后，经调查考证，确定了墓葬的位置，并多次对李自成墓地维修增建。

笔者在一个淫雨霏霏的季节，冒雨翻山越岭前往九宫山北麓拜谒闯王陵。整个墓园由门楼、台阶、墓冢、祭台、陈列馆等组成，墓碑上刻有郭沫若题写的“李自成之墓”几个大字。墓冢附近还有“落印荡”“激战坡”“李自成殉难处”等遗址。雨中的李自成墓空旷寥落，墓后略显破落的李自成陈列馆门框两侧有姚雪垠先生撰写的一副长联，其中几句笔者印象很深：“牛迹岭巨星落地，宏愿皆空。青史千秋悲壮志，何曾怕死遁空门。”李自成也算是一个悲剧英雄。

「康熙帝功绩遗迹」

康熙帝作为一位有为君王，为维护国家的统一，建立了不朽功勋，其中最重要的是平定三藩、统一台湾、击败准噶尔、驱赶沙俄等，其所取得的伟大成就，足以让他成为千古一帝。

三藩之乱起始于吴三桂。吴三桂（1612—1678）因邀清军入关和镇压农民起义、南明抗清力量而被清廷封为平西王，留镇云南。康熙十二年（1673 年），康熙帝下令撤藩，吴三桂起兵反叛，福建靖南王、广东平南王闻风响应，史称三藩之乱，清政府历时八年将此乱平定。如今，位于昆明西郊五华山上，由原南明永历帝宫殿扩建的吴三桂奢华宫殿群早已宫室俱毁，只有在昆明东郊鸣凤山麓还保存着吴三桂修建的金殿，金殿大梁上尚可看到“平西亲王吴三桂敬筑”的铜铸字样。这座重达 250 吨的金殿，是我国现存最大的纯铜铸殿，也是吴三桂留下的屈指可数的遗迹之一。

统一台湾是康熙帝的重要功绩之一。郑成功收复台湾后，将其作为反清复明的基地。为此，康熙二十二年（1683 年）六月，康熙帝命福建水师提督施琅指挥清军水师一举攻占澎湖，郑成功之孙郑克塽投降，清朝统一了台湾，施琅因此受封为“靖海侯”。康熙三十五年（1696 年），施琅病逝，其墓位于福建泉州惠安黄塘镇虎窟村，笔者慕名前往拜谒。墓园青山环抱，墓前有一座书有“钦赐祭葬”的石牌坊，墓前设有石祭台，墓碑刻有“皇清光禄大夫太子少傅靖海将军襄壮施公

云南昆明金殿
（摄于 2014 年 1 月 8 日）

福建惠安施琅墓
（摄于 2016 年 10 月 19 日）

内蒙古呼和浩特席力图召御碑亭
（摄于 2021 年 7 月 24 日）

黑龙江瑷珲古城魁星阁
（摄于 2016 年 7 月 26 日）

赐茔”，整座墓园规模恢宏，庄严肃穆。

三次亲征噶尔丹也是康熙帝的功绩之一，平叛行动维护了北疆的安全，今天在内蒙古呼和浩特席力图召内的御碑亭中还立有康熙帝征噶尔丹纪功碑。抗击沙俄侵略、收复领土雅克萨是康熙帝维护祖国领土完整的一次重要贡献。康熙帝面对沙俄侵占黑龙江流域、修筑尼布楚和雅克萨等城堡的侵略行径，组织了两次收复雅克萨之战。之后，中俄双方于康熙二十八年（1689 年）正式签署了《尼布楚条约》，从法律上确定了中俄东段边界。

笔者曾专程去黑龙江寻访瑷珲城，参观了瑷珲历史陈列馆和复建后的魁星阁。瑷珲城曾为第一任黑龙江将军的驻地，康熙二十四年（1685 年），由江左岸迁往江右岸，仍名瑷珲。两次雅克萨之战期间，瑷珲是前线基地与指挥部。光绪二十六年（1900 年），瑷珲城曾遭沙俄侵略军的夹攻，瑷珲军民奋力抵抗，终因寡不敌众，城池失陷。沙俄侵略者将古城付之一炬。瑷珲城见证了康熙帝维护祖国统一的不朽功勋和中国军民不屈的抗争历史。

「清朝帝陵」

清朝帝陵分为关外三陵和清东陵、清西陵。关外三陵是指清朝入关前安葬在关外的先祖永陵、努尔哈赤福陵和皇太极昭陵。永陵位于辽宁新宾满族自治县永陵镇西北的启运山麓，毗邻后金早期都城赫图阿拉，为清朝皇室的祖陵，陵内葬有努尔哈赤六世祖孟特穆、曾祖福满、祖父觉昌安和父亲塔克世。陵寝建筑简明、疏朗，只有大门、碑亭、享殿等少量建筑，陵冢采用堆土坟，极富满洲特色。

努尔哈赤福陵位于沈阳东北，故又称东陵，是清朝营建的第一座皇陵。早期福陵规制草创，后经康熙、乾隆两朝增建，才形成今日规模。陵墓背倚天柱山，进入大红门后有一段很长的所谓一百零八磴石阶，这在清朝帝陵中是独有的。福陵的方城与明清其他陵寝的方城形式不同，它不是一座城楼，而为城堡式，隆恩殿建于方城正中，方城后即为宝城、宝顶，宝城之下便是埋葬努尔哈赤与皇后灵柩的地宫。

皇太极昭陵位于沈阳北郊，故又称北陵。昭陵是在皇太极“无疾而终”后才开始兴建，顺治八年（1651 年）初建完成，此后又历经多次改建和增修，它是清关外三陵中规模最大的一座。其结构与福陵大致相似，有大红门、碑亭、方城、隆恩殿、石五供、明楼、宝城、宝顶等。昭陵大红门前的石牌坊，极其精美，在明清诸陵中是独有的。

盛京三陵避过了朝代更迭、社会动乱等人为的破坏，地面建筑与地下宫殿保存完整。

辽宁新宾永陵
（摄于 2016 年 7 月 19 日）

辽宁沈阳努尔哈赤福陵方城
（摄于 2013 年 10 月 1 日）

清东陵位于河北遵化马兰峪，其定址据传与顺治帝有关，据说当年顺治帝到此狩猎，被此处山势所震撼，当即宣旨“可为朕寿宫”。自孝陵开始，此后康熙帝景陵、乾隆帝裕陵、咸丰帝定陵和同治帝惠陵相继在孝陵两旁各依山势东西排开，加上皇后和嫔妃的园寝，最终形成了规模宏大的清东陵陵区。

顺治帝孝陵是清东陵的首陵，规模最大，体系最完整。最南端为石牌坊，之后为大红门，然后是一条长长的神道直抵孝陵隆恩门，门内有隆恩殿、方城、明楼、宝城、宝顶等。孝陵的建筑制度，基本上沿袭明朝陵制，并加以发展和改进，成为清代帝陵建筑的蓝本。康熙帝景陵位于孝陵东南，规模稍逊于孝陵，但规制基本上相仿。乾隆帝裕陵位于孝陵西部，其时正值清王朝鼎盛时期，故裕陵工精料美，其地宫由九券四门构成，四壁及券顶都刻满了佛教雕刻，极其奢华。孝庄太后病逝后，也葬于东陵大红门外东侧。

清西陵位于河北易县城西的永宁山下，由雍正帝钦定。至于雍正帝另辟陵区之由，除正史外，还有野史传说：有说是因改诏篡位、弑兄屠弟，不敢葬在父皇之旁；有说是易地建陵为显示其气势；有说是出于战略防御、保卫京师安全的考量。不过，雍正帝另辟陵区的做法显然有违“子随父葬”的制度，为此，乾隆帝作出了以后父子不葬一地、选分东西的昭穆之制。雍正帝泰陵为清西陵首陵，规模、体系、典制为最。清西陵自雍正帝泰陵起，历经 185 年的建设，陵区内共有雍正帝泰陵、嘉庆帝昌陵、道光帝慕陵、光绪帝崇陵等 4 座帝陵，以及一些后陵、妃陵、公主墓等。清西陵虽然相比清东陵规模要略小，但陵域面积也极其庞大，为我国最大的帝陵区之一。

河北遵化清康熙帝景陵
（摄于 2012 年 7 月 8 日）

河北易县清雍正帝泰陵碑亭
（摄于 2012 年 6 月 18 日）

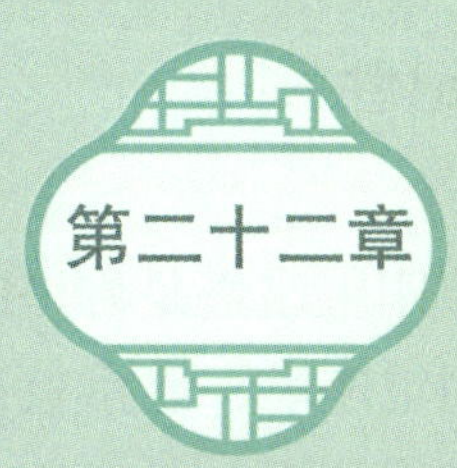

第二十二章

碧塔永怀中山魂

香山碧云寺金刚宝座塔

浮屠记胜

金刚宝座塔是佛塔的一种建筑形式，源于印度。中国现存有十余处金刚宝座塔，北京就有多座，其中最著名的是北京香山碧云寺金刚宝座塔。其闻名天下不仅是因为宝塔的式样别致、气势雄伟，更重要的是塔内曾经存放过我国伟大的民主革命先行者孙中山先生的遗体。金刚宝座塔在近代史上占有重要地位，成为后人瞻仰的对象。

香山碧云寺是北京西山风景区中雄伟壮丽的古老寺院，金刚宝座塔位于香山东麓的碧云寺后院，坐落于寺院中轴线上的地势最高点。金刚宝座塔高 34.7 米，由塔基、宝座和塔身三部分组成。塔基分两层，呈方形，砖石结构，外以虎皮石包砌，有石阶从正面盘旋而上，台基四周有石雕护栏。宝座建于台基正中，为三层，全部由琢磨过的汉白玉石砌成，四边还雕刻有藏传佛教的传统佛像，以及各种动植物图案装饰花纹。正中开券洞，券洞内有一石须弥座，座后正面券墙上有一汉白玉石匾额，上书“孙中山先生衣冠冢”八个金字。

孙中山先生于 1925 年 3 月 12 日在北京逝世，其遗体暂殓于西式玻璃盖楠木棺内，存放于碧云寺金刚宝座塔中。直到 1929 年，孙中山灵柩移葬南京中山陵，历时四年之久。移灵时更换出的孙中山先生的衣帽，被放回原殓的楠木棺中，封入金刚宝座塔内，形成衣冠冢，

以示对孙中山先生的崇敬。

从“孙中山先生衣冠冢”汉白玉石匾额两侧券门登石阶可达宝座顶部，四周围以石栏，宝座上有八座石塔：一座小金刚宝座塔，两座圆形喇嘛塔和五座十三层密檐方塔。密檐方塔中，四座小塔各占一隅，一座大塔独居中央，这是一种独特的建筑形式，据说是曼陀罗的一种变体。这些佛塔的基座为须弥座，塔肚四面刻佛像。整座金刚宝座塔，布满大小佛像、天王力士、龙凤狮象和云纹等精致浮雕。

金刚宝座塔建于清乾隆十三年（1748 年）。相传此处原为金章宗玩景楼的旧址。元至顺二年（1331 年），耶律楚材后裔舍宅修建碧云庵。明正德十一年（1516 年），明代御马监太监于经相中了这块风水宝地，扩建了碧云寺，并把寺后的地域划为自己死后的葬身之所，不料于太监后来获罪下狱瘐死。之后，权宦魏忠贤也看中了这块宝地，再度扩建碧云寺，并对于经的墓圹加以扩建，打算自己死后葬于此处，后因获罪死于发配途中，所以墓圹未能使用，一直空旷于此。到了清代，绮丽壮观的碧云寺引起了清朝帝后的关注。乾隆十三年（1748 年），对碧云寺进行了大规模修建，之后又在墓圹的原址上建造了金刚宝座塔。香山碧云寺金刚宝座塔为乾隆时期汉藏雕塑艺术的典型样式，是我国同类的十余座金刚宝座塔中修建年代较早、样式最秀美的一座，堪称建筑和石雕艺术的代表之作。碧云寺金刚宝座塔也是我国现存最高的金刚宝座塔，非常壮观。

孙中山先生是中国民主革命的先行者，他领导的辛亥革命推翻了清王朝，结束了中国两千多年的封建帝制，创立了共和国。他为了改

造中国耗尽毕生的精力，在历史上留下了不可磨灭的功勋。1925 年，孙中山先生因病在北京去世，年仅 59 岁。

笔者十分崇敬孙中山先生，也多次拜谒碧云寺内的孙中山纪念堂和金刚宝座塔中的孙中山先生衣冠冢。沿着曲折的山路，穿过碧云寺山门、钟鼓楼、弥勒殿、碑亭，首先来到孙中山纪念堂。堂前为一处林木葱茏、优雅恬静的小院，纪念堂正门上方悬挂着红底金字木匾，上面的题额由宋庆龄亲笔题写，殿内正中安放着孙中山先生汉白玉全身塑像，右边停放一口 1925 年苏联赠的玻璃盖钢棺，当时因遗体已殓未及使用。纪念堂后为塔院，塔院以一个牌坊入门，四周围以短墙，金刚宝座塔就位于塔院中央，依山而筑，雄伟壮观。院内和塔后山上遍植松柏，置身其中，但觉虬曲幽郁，松涛苍翠。碧云寺金刚宝座塔因孙中山先生的衣冠冢所在而显得格外庄严和肃穆。

史事钩沉

清乾隆帝时，中国还沉浸在“康乾盛世”的幻觉之中，实行闭关锁国政策，国势日渐衰弱。此时，欧洲国家正致力于第一次工业革命，社会发展突飞猛进。道光帝即位后，虽然做了一些努力，但社会弊端积重难返。道光帝及其宰辅不了解中国与西方国家日益扩大的差距，依然执行闭关自守的政策，导致社会危机加重。面对进入殖民时代的欧美国家，积贫积弱、武备不兴的清朝自然无法抵御。

十八世纪初期，英国开始向中国输入鸦片。鸦片是一种毒品，长期吸食鸦片，会引起体质严重衰弱及精神颓废，甚至死亡。鸦片的泛滥，给中国带来了严重的社会问题，不仅影响中国民众的身心健康，使吏治败坏，士气萎靡，还导致中国白银外流，造成国库空虚，银贵钱贱，国家财政遭受重大破坏和损失。为此，道光帝派林则徐以钦差大臣身份赴广州禁烟。林则徐与两广总督邓廷桢通力合作，在广东查封烟馆，逮捕烟贩，并于道光十九年（1839 年）四月二十二日（6 月 3 日）将缴获的全部鸦片在虎门海滩当众销毁。英国以此为借口，派懿律率领远征军侵华。第二年六月，英军 40 余艘船舰抵达广东海面，封锁珠江口，第一次鸦片战争开始。英军看到广东军民早有戒备，于

钦差大臣林则徐将缴获的全部鸦片在虎门海滩当众销毁（摄于 2013 年 11 月 13 日）

英国海陆军进攻虎门炮台遭到清军英勇抵抗（摄于 2013 年 11 月 13 日）

是北上进攻福建厦门，被中国军民击退，只得继续北上，7 月，英军攻陷浙江定海，8 月，英舰抵达天津大沽口外。道光帝慑于英军兵威，同意惩办林则徐，并派琦善为钦差大臣到广东与英国谈判。琦善在谈判过程中，私自允许将香港割让给英国。但英国并不满足，决定战后再商。

道光二十一年（1841 年）初，英国海陆军进攻虎门炮台，清军英勇抵抗，但不敌英军新式武器，虎门炮台最终失陷，广东水师提督关天培力战殉国。不久，英军北上，攻陷厦门，再犯定海，定海总兵葛云飞率军血战六昼夜，壮烈牺牲。英军又发起吴淞之战，江南提督陈化成战死，接着英军又攻陷镇江。道光二十二年（1842 年）七月，英舰进逼南京下关江面。道光帝被迫派大臣耆英等与英军议和，8 月 29 日签订了《南京条约》，这是清朝第一个屈辱条约，中国逐渐沦为半殖民地半封建社会。

鸦片战争的炮火震醒了国人，一批有识之士为民族前途忧心忡忡，林则徐、魏源等发出了“师夷长技以制夷”的呐喊，一些热衷于“洋务”的人士涌现出来。从 19 世纪六七十年代起，这些洋务派掀起了一场以“自强”“求富”为口号的洋务运动，涉及军事、政治、经济、文教、外交等方面。“自强”主要是兴办军事工业、建立新式陆海军等，北洋水师就是当时由北洋大臣李鸿章奉谕在山东威海卫刘公岛创建的近代海军舰队。此时，邻国日本也正在进行明治维新，国力日渐强盛，衰落的清朝成为日本对外扩张的目标。

光绪二十年（1894 年），朝鲜爆发东学党农民起义，应朝鲜政

甲午中日战争导致中国人民挽救民族危亡运动的高涨（摄于 2008 年 7 月 29 日）

府的请求，清廷派兵帮助镇压起义，日本却以此为借口，挑起甲午中日战争。同年 8 月，清政府被迫宣战。陆战中，虽然有左宝贵等将领的奋力作战，但清军主帅叶志超贪生怕死，临阵脱逃，导致清军全线溃败，日军占领朝鲜全境。9 月 17 日，日本舰队又在鸭绿江大东沟外的黄海海面袭击中国舰队，海军提督丁汝昌率北洋舰队主力迎战，北洋舰队官兵英勇作战，旗舰炮塔起火后，丁汝昌负伤仍坐镇旗舰，“致远”号管带邓世昌则在舰身着火情况下勇撞敌舰，壮烈殉国。

黄海海战历时 5 个多小时，双方互有伤亡，北洋水师虽损失较大，但主力尚存，然而李鸿章为保存实力，命令北洋舰队躲进威海卫军港内，不许出战，导致日本掌握黄海制海权，并突破鸭绿江防线，攻陷旅顺口，制造旅顺大屠杀惨案。不久，日军登陆荣成，占领威海卫，中国海军陷于绝境，丁汝昌拒降自杀，北洋舰队全军覆没，清政府被迫签订丧权辱国的《马关条约》。消息传至北京，引起参加科举会试的十八省举人的愤怒，康有为、梁启超等起草万言书，提出拒和、迁都、练兵、变法等主张，史称“公车上书”。这一主张得到清光绪帝及部分高级官员的支持。

光绪二十四年（1898 年）四月二十三日（6 月 11 日），光绪帝发布《明定国是诏》，宣布变法，史称“戊戌变法”。变法主要内容有：学习西方，提倡科学文化，改革政治、教育制度，发展农、工、商业等。但变法运动遭到以慈禧太后为首的守旧派的强烈反对，同年 9 月，慈禧太后发动政变，囚禁光绪帝，下令捉拿变法人士，康有为、梁启超逃亡国外，谭嗣同等 6 人被杀害，史称“戊戌六君子”。历时

仅103天的变法虽然以失败告终，但它是中华民族觉醒的重要里程碑。

清朝晚期，国势日衰，帝国主义加紧侵略，一系列不平等条约使中国陷入苦难的深渊，国内改革呼声纷起。迫于国内外形势，清政府宣布实行“新政”。从光绪二十七年（1901年）开始，清政府连续颁布了一系列上谕，包括训练新兵、废除科举、奖励实业等。这些改革措施使新式陆军逐渐取代八旗、绿营及地方防营，也使延续一千余年的科举取士制度就此终结，新式学堂开始兴办，国内的工商业也有所发展。光绪三十二年（1906年），清政府宣布预备立宪，但只是借“立宪”之名集权皇族，防止发生革命，因此最终组建的“皇族内阁”使清廷人心尽失，也使越来越多的有志之士意识到，只有推翻清政府，国家才有希望。孙中山首先举起了反清革命的大旗。

孙中山，广东省香山县（今中山市）翠亨村人，从小怀有爱国志向。其兄为在美国檀香山（今美国夏威夷）经营农牧业的华侨资本家，孙中山早年随母亲去檀香山，并在此入学读书，接受资产阶级教育。回国后进入医科学校学习，毕业后在澳门和广州等地行医，目睹政局日非，曾上书李鸿章，提出改革主张，但遭李鸿章冷落，从此走上革命道路。光绪二十年（1894年），他在檀香山成立了第一个资产阶级革命团体兴中会，筹划在广州、惠州等地起义，均遭失败。但此时，西方资产阶级民主革命思潮迅猛传播，国内出现多个革命团体，影响较大的还有华兴会、光复会等。

光绪三十一年（1905年），孙中山与黄兴、宋教仁等在日本东京创立了中国同盟会。它是由兴中会、华兴会、光复会等革命团体合并而成，以“驱除鞑虏，恢复中华，建立民国，平均地权”为纲领。孙中山当选为总理，他积极奔走海外，筹募经费。同盟会成立后，组织了一系列武装起义，黄花岗起义是其中之一。宣统二年（1910年）

清末国内外出现多个革命团体，华兴会是其中之一（摄于2016年7月10日）

同盟会成立后组织了一系列武装起义，黄花岗起义最为壮烈（摄于 2013 年 11 月 16 日）

秋，革命党人决定在广州发动武装起义。宣统三年（1911 年）三月二十九日（4 月 27 日）下午，黄兴率 130 余名敢死队员进攻两广总督衙门，击毙衙门卫队数人，总督张鸣岐越墙逃走，起义军焚毁总督署后，在东辕门外与水师提督李准派来弹压起义的清军短兵相接。起义军孤军奋战，终因寡不敌众而失败。喻培伦、方声洞、林觉民等百余人死难，其中七十二烈士遗骸收殓于广州红花岗（后改名黄花岗），因此，这次起义被称为黄花岗起义。起义虽然失败了，但成为辛亥革命的前奏。

武昌起义示意图

宣统三年（1911 年）五月（6 月），清政府强收川汉、粤汉铁路“国有”的政策引发了四川保路运动，清政府调集部分湖北新军入川镇压。这为在武汉发动起义创造了有利条件，湖北革命党人决定发动武装起义。1911 年 10 月 10 日，武昌城内的新军工程营首先起义，起义士兵攻占了楚望台军械库，接着，打开中和门（后改为起义门）迎接驻扎城外的炮兵营入城，然后一起攻打并占领湖广总督府，湖广总督瑞澄逃走。起义军光复武昌，并成立了以黎元洪为都督的

武昌起义胜利后，中华民国临时政府在南京成立（摄于 2017 年 7 月 31 日）

湖北军政府。1911 年是农历辛亥年，故称这次革命为“辛亥革命”。

武昌起义产生了巨大影响，各省闻风响应，纷纷独立。12 月，各省代表齐聚南京，一致推选孙中山为第一任中华民国临时大总统。1912 年 1 月 1 日，中华民国临时政府在南京正式宣告成立，孙中山就职，颁布了一系列除旧布新的政令。

当武昌起义爆发的消息传到北京，清朝监国摄政王载沣被迫起用北洋军阀首领袁世凯。袁世凯在帝国主义的支持下，挟持北洋军阀的实力，一方面恫吓清政府，迫使清朝亲贵交出权力，一方面又向革命派威胁利诱，派兵攻占汉口、汉阳的同时，与革命党人进行和谈，压迫革命派妥协。孙中山表示只要清帝退位，宣布共和，自己立即辞去职务，另选袁世凯为中华民国临时大总统。2 月 12 日，在袁世凯的逼迫下，清朝发布《清帝逊位诏书》，宣布清宣统皇帝退位，至此，清王朝正式终结。

史迹博萃

「鸦片战争遗迹」

鸦片战争的战火波及广东、福建、浙江、江苏等东南沿海省份，笔者逐一寻访了这些鸦片战争的见证地。虎门之战是鸦片战争中重要的战役，当时，年已六旬的广东水师提督关天培坚守炮台，昼夜督战，负伤数十处，终因寡不敌众，壮烈牺牲。笔者在关天培的家乡江苏淮安，拜谒了关忠节公祠和关天培墓。祠堂不甚大，正面安放着关天培坐姿官服塑像。其墓则位于城东街道南窑村，圆形墓冢为水泥块石结构，墓前立有“关忠节公天培之墓”的墓碑，四周植有松柏。

英军攻陷广州后，又北上攻占了厦门和定海，并于道光二十二年（1842 年）6 月攻击吴淞，年近七旬的江南提督陈化成坚持抵抗，开炮重创英舰多艘，自己也中弹负伤，仍亲燃大炮，最后因伤势过重，英勇捐躯。陈化成墓在厦门思明梧村街道金榜山麓，墓呈“风”字形，墓园中央竖立陈化成半身戎装铜像。

江苏淮安关天培墓
（摄于 2010 年 8 月 4 日）

福建厦门陈化成墓
（摄于 2009 年 7 月 15 日）

江苏镇江焦山古炮台
（摄于 2009 年 9 月 13 日）

江苏南京《南京条约》议约处
（摄于 2008 年 3 月 23 日）

英军攻占吴淞要塞后，溯江而上，在镇江遭到了守军的顽强抵抗，镇江之役是鸦片战争中最后一战。当时英军集结一万多海陆军官兵、舰船 70 多艘直逼镇江城下，在焦山遭到了守军的坚决抵抗，英军付出了沉重的代价，中国将士最后全部壮烈牺牲。今天焦山古炮台依然保护完好，它是我国抗英反侵略斗争的重要遗迹。

同年 8 月，英军直抵南京江面。8 月 29 日，清政府与英国代表签订了丧权辱国的《南京条约》，这是清政府第一份不平等条约，中国被迫割地赔款，严重损害中国的主权，中国由此开始了半殖民地半封建社会的历程。今天，中英《南京条约》的议约地南京静海寺虽然几经沧桑，但仍屹立在下关江边，这里建起了《南京条约》史料陈列馆，向人们展示了英国侵略中国，腐败的清政府屈膝求和、割地赔款这一中国近代史上屈辱的一幕。

林则徐因为虎门销烟的壮举而留名青史。鸦片战争爆发后，林则徐遭诬陷，被革职，发往伊犁。之后重新起用，调任陕甘总督、陕西巡抚、云贵总督，后因病辞归。道光三十年（1850 年）病逝，终年 66 岁。林公生活和工作过的地方留下多处遗迹，其墓位于福州鼓楼区五凤街道马鞍村，现保存较好。

「甲午中日战争遗迹」

甲午中日战争使北洋舰队全军覆没，汹涌的黄海波涛已经吞噬了当年中日海战的痕迹。不过在刘公岛（今属山东威海）还保留有北洋舰队的指挥中心——北洋海军提督署。光绪元年（1875 年）李鸿章受命督办北洋海防事宜，光绪十四年（1888 年），北洋海军正式成军，同年在刘公岛建立提督署。北洋海军是清朝后期建立的一支近代化海军舰队，是清政府建立的三支近代海军中实力最强、规模最大的一支，丁汝昌为提督。笔者多年前到刘公岛参观，在北洋海军提督署宁静的庭院中感受不平静的甲午之殇。

北洋海军提督署为明清典型的官衙式建筑格局，衙署大门上方悬挂李鸿章所题“海军公所”匾额，大门外建有乐亭和东西辕门，门前广场对称竖立旗杆两支。提督署由左右对称的三进院落组成，每进院落均有正堂及两边的厢房，三进院落的正厅分别为议事厅、宴会厅和祭祀殿。想当年，北洋海军提督丁汝昌及其他将领就是在这里谋划指挥甲午中日战争时期的军事事宜，今天，这里已经成为甲午中日战争文物陈列室，笔者在这里特别瞻仰了提督署内的丁汝昌殉难处。

山东刘公岛北洋海军提督署
（摄于 2008 年 7 月 29 日）

山东刘公岛丁汝昌殉难处
（摄于 2008 年 7 月 29 日）

安徽无为丁汝昌墓
（摄于 2017 年 5 月 7 日）

辽宁大连旅顺口万忠墓
（摄于 2016 年 6 月 18 日）

丁汝昌（1836—1895），安徽庐江县人，在任北洋海军提督期间，对北洋海军和北洋海防建设呕心沥血。面对海战失败、威海卫遭围攻的局面，光绪二十一年（1895 年）正月，丁汝昌在自己的书房自杀殉国，后葬于安徽无为严桥镇小鸡山上。

随着威海卫海军基地的陷落，北洋舰队全军覆没。同时，日军还在辽东大肆用兵，突破清军鸭绿江防线，清军虽发动多次攻势，但均遭挫败，在辽河东岸全线溃退。光绪二十年（1894 年）十月，日军占领旅顺口，残杀 2 万余人，制造了震惊世界的旅顺惨案。为了纪念爱国同胞，旅顺人民把殉难同胞的遗体集中火化后埋葬于“万忠墓”。今天，万忠墓仍屹立于旅顺白玉山东北麓。

笔者先后拜谒了北洋海军提督署、丁汝昌墓、万忠墓等甲午中日战争遗址。徜徉在这些历史遗迹中，脑际不断浮现出甲午中日战争的炮火硝烟和奋力抵抗的清军将士。这段历史时刻提醒着国人勿忘国耻、振兴中华。

「戊戌变法遗迹」

戊戌变法是清末资产阶级改良派进行的一次政治改良运动，其直接起因是清政府因甲午中日战争失败，被迫与日本签订《马关条约》。消息传到北京，群情激奋。当时康有为刚好在北京参加会试，便联合各省在北京应试的1300多名举人，聚集在达智桥松筠庵，联名上书光绪帝，史称“公车上书”。之后，维新派积极进行宣传和组织活动，著书立说。光绪帝深受震动，颁诏变法。但变法运动遭到以慈禧太后为首的守旧派的强烈反对，慈禧太后再次临朝“训政”，将光绪帝幽禁于中南海瀛台，下令捉拿维新人士，并废除新法，史称“戊戌政变”。康有为、梁启超逃亡海外，而谭嗣同、杨锐、刘光第、林旭、杨深秀、康广仁6人被捕，后在北京菜市口惨遭杀害。

今天戊戌变法的遗迹大多消失，笔者在宣武门外达智桥畔找到了松筠庵，这是“公车上书”的酝酿地。康有为和梁启超在变法失败后曾流亡海外，辛亥革命后归国。康有为墓位于青岛市崂山区中韩街道浮山南麓，石砌圆形墓冢，简朴庄严。梁启超墓位于北京国家植物园内，墓园由其子——中国著名建筑学家梁思成设计，墓呈长方形，幽静肃穆。光绪二十四年（1898年）八月十三日（9月28日），在北京宣武门外菜市口，六君子从容地走上断头台，轰轰烈烈的“百日维新”就此落下苍凉的帷幕。如今北京菜市口已是宣武门外大街较

山东青岛康有为墓
（摄于2016年10月12日）

北京海淀梁启超墓
（摄于2016年8月11日）

湖南浏阳谭嗣同墓
（摄于 2016 年 7 月 7 日）

山西闻喜杨深秀墓
（摄于 2017 年 7 月 21 日）

繁华的商业街和交通枢纽，刑场的记忆早已褪去。当年，在这里被害的六君子遗体由其家人或朋友安葬。

笔者拜谒了谭嗣同、杨深秀和杨锐等先烈的墓冢。谭嗣同墓位于湖南浏阳荷花街道嗣同村，墓地群山环抱，墓呈半圆形，石构围护，墓碑刻有："清故中宪大夫谭公复生府君之墓"。杨深秀是六君子中最年长的，其墓在山西闻喜县仪张村南，墓冢已为绿植围护，墓碑上镌刻着"戊戌志士杨深秀之墓"。杨锐墓在四川绵竹人民公园内，公园里现建有杨锐广场和一尊杨锐雕像。其他戊戌先驱的墓地，有的尚存，有的湮灭。戊戌喋血的刀光剑影和戊戌志士的满腔碧血，是中华民族不可忘却的历史。英烈们的墓冢，历经历史的风雨侵蚀，不管存世与否，我们都不能让岁月的嚣尘掩匿仁人志士们"我自横刀向天笑，去留肝胆两昆仑"的豪情和勇气。

「武昌起义遗迹」

武昌起义前夕，中国各种社会矛盾激化，革命的客观条件日趋成熟。宣统三年（1911 年）四月（5 月），清政府颁布铁路“国有”上谕，宣布将已归民间所有的川汉、粤汉铁路筑路权收归“国有”，随后将其出卖给英、法、德、美 4 国银行团。此举立即引起了全国人民的愤怒，尤其是遭到了与铁路有关的湘、鄂、粤、川等省人民的强烈反对，掀起了轰轰烈烈的保路运动。四川省尤为激烈，群众暴动接连发生，猛烈冲击清政府在四川的统治。清廷派大臣端方率部分湖北新军入川镇压。

同盟会中部总会觉得起义良机已到，筹划暴动。不料，起义前夕孙武等人在配制炸弹时不慎引爆，清军开始四处搜捕革命党人。情急之下，革命党人提前行动，经过一夜苦战，起义军占领了总督署，成立湖北军政府，推举黎元洪为都督。

今天，在武汉还保留着武昌起义发难处——工程营、楚望台、起义门和武昌起义军政府旧址等遗迹。武昌起义发难处因工程营官兵于宣统三年（1911 年）八月十九日（10 月 10 日）在此率先举义而闻名，工程营旧址立有纪念碑，正面刻着：“辛亥武昌起义工程营发难处”，背面记述工程营发难经过。楚望台因明太祖第六子朱桢封藩武汉为楚王，为示不忘父皇之恩筑台遥望帝京，故名“楚望台”。清末，此处改为湖北新军的军械库。10 月 10 日晚，工程营占领楚望台，并以楚望

湖北武汉工程营发难处
（摄于 2016 年 10 月 3 日）

湖北武汉楚望台旧址
（摄于 2016 年 10 月 3 日）

湖北武汉起义门
（摄于2016年10月3日）

湖北武汉辛亥革命军政府旧址
（摄于2010年8月11日）

台为起义军临时大本营，在此组织和指挥了向湖广总督署的进攻。如今，这里已经辟为楚望台遗址公园。

起义门原为武昌古城的中和门，始建于明初。武昌起义时，工程营迅速控制中和门，从而使得驻在城外的南湖马队、炮队得以从此门入城，并在城楼、楚望台和蛇山等地布设炮位，炮轰湖广总督署。武昌起义胜利后，中和门改名为起义门。笔者登上城楼的时候，起义门已修复一新。辛亥革命军政府旧址原为清末湖北省谘议局，大楼主体建筑平面呈“山”字形，为红砖两层西式楼房，颇为壮观。武昌起义成功后，革命党人就是在这里成立了军政府。1931年，在院门外正前方竖起了孙中山塑像，现建为辛亥革命博物院（辛亥革命武昌起义纪念馆）。

武昌起义后被推举为湖北军政府都督的黎元洪，后曾先后出任中华民国临时政府副总统和北洋政府总统，其墓在武汉市洪山区土公山南坡，笔者在华中师范大学院内看到了由牌坊、墓碑、墓冢等组成的黎元洪墓园建筑群。

「孙中山先生遗迹」

孙中山（1866—1925），名文，号逸仙，广东省香山县（今中山市）翠亨村人，是中国近代民主革命的伟大先行者。孙中山在翠亨村度过了童年。笔者多次参观翠亨村，孙中山故居是一座融合中、西方建筑特点的两层砖木结构楼房，现为孙中山故居纪念馆。

光绪五年（1879 年），孙中山随母赴檀香山。当时其长兄孙眉已成为该地的一位华侨资本家，在他的资助下，孙中山先后在檀香山、广州、香港等地比较系统地接受西方近代教育。他目睹满清政府的专制和腐败，产生了反清和以资产阶级政治方案改造中国的想法。光绪十八年（1892 年），孙中山在香港西医书院毕业后，在澳门、广州等地一面行医，一面准备创立革命团体。

光绪二十年（1894 年），孙中山在檀香山组织兴中会，以“驱除鞑虏，恢复中国，创立合众政府”为誓词。笔者曾去檀香山寻访兴中会旧址，没有找到，据说已被拆毁，只在临河边的一个小广场上看到一尊孙中山手捧兴中会宣言的铜像。

孙中山在建立兴中会的次年，又建立了香港兴中会，并密谋在广州起义，事泄失败。孙中山被迫亡命海外。在流亡日本时，曾化名“中山樵”，这是“孙中山”名字的由来。之后，孙中山游历了欧美，考察欧美各国的政治经济状况。光绪三十一年（1905 年），孙中山

广东中山翠亨村孙中山故居
（摄于 2013 年 11 月 13 日）

美国夏威夷孙中山先生铜像
（摄于 2006 年 5 月 8 日）

北京香山碧云寺孙中山纪念堂
（摄于 2018 年 8 月 18 日）

江苏南京中山陵
（摄于 2013 年 12 月 27 日）

与黄兴等在日本东京创建同盟会，孙中山任总理，首次提出了“民族、民权、民生”三大主义。

武昌起义爆发后，孙中山回国，被推举为中华民国临时大总统，1912 年 1 月 1 日在南京宣誓就职。临时大总统府原址至今保存完好。就任临时大总统后，孙中山制定和公布一系列改革和进步的法令。辞职后，仍为中华复兴而奔走，并创建中国国民党。1925 年 3 月 12 日，孙中山因病在北京逝世，其遗体暂厝在北京碧云寺。

1929 年，遵照孙中山先生遗嘱，其遗体移葬南京。中山陵位于南京东郊紫金山南麓，墓园建筑群依山势而建，主要建筑有牌坊、墓道、陵门、石阶、碑亭、祭堂和墓室等，祭堂为仿宫殿式的建筑，拱门门楣上刻有“民族”“民权”“民生”的横额。祭堂内放置孙中山先生大理石坐像，壁上刻有孙中山先生手书《国民政府建国大纲》全文，墓室中央石圹是一具孙中山先生的汉白玉卧像，其遗体就安放在石圹下。中山陵于1926年1月动工，1929年春主体工程完成，由吕彦直设计，全局呈“警钟”形图案。笔者每次走上中山陵，其建筑之精美，气势之宏大，加上中山先生的伟大人格，不得不由衷感叹！